Panos Terz

Vertragsrecht internationaler Organisationen

Panos Terz

Vertragsrecht internationaler Organisationen

Entstehung der Konvention von 1986

Lehrbuchverlag

Imprint

Cover image: www.ingimage.com

Publisher:
Der Lehrbuchverlag
is a trademark of
International Book Market Service Ltd., member of OmniScriptum Publishing Group
17 Meldrum Street, Beau Bassin 71504, Mauritius

Printed at: see last page
ISBN: 978-620-0-27201-0

Panos Terz

Rechtsfragen der internationalen Organisationen

Entstehung der Konvention über das Vertragsrecht von 1986

INHALTSVERZEICHNIS

1 Grundlegende Rechtsfragen der internationalen Organisationen

1.1. Zum Begriff der internationalen Organisationen

Internationale Organisationen (folgend: Organisationen) werden von Staaten geschaffen, um gemeinsame Interessen durchzusetzen. Sie sollen speziell zur Erhaltung des Weltfriedens, zur Festigung der internationalen Sicherheit und zur Entwicklung gleichberechtigter friedlicher Beziehungen beitragen.

Es ist davon auszugehen, daß im Zeitalter der globalen Probleme der Menschheit ihre Bedeutung eben bei der Lösung dieser Probleme zunehmen wird.

Gegenstand der vorliegenden Studie sind nur jene internationale Organisationen, denen Staaten aus allen Kultur- und Rechtskreisen der Gegenwart angehören.

Diese Organisationen weisen eine Reihe von Merkmalen auf: Sie stützen sich auf die Souveränität ihrer Mitgliedstaaten und besitzen damit einen zwischenstaatlichen Charakter[1]; sie werden von Staaten auf der Grundlage eines völkerrechtlichen Vertrages geschaffen[2]; sie verfügen über ständige Organe[3]; die Organisationen werden mit bestimmten Kompetenzen ausgestattet[4]; sie besitzen Völkerrechtssubjektivität und Vertragsfähigkeit[5]; ihre Gründung dient der Zusammenarbeit sowie der Durchsetzung gemeinsamer Ziele und Interessen der Mitgliedstaaten[6].

In den von der International Law Commission (folgend: ILC) der UNO 1982 vorgelegten Artikelentwürfen sowie in der „Vienna convention on the law of treaties between states and international organizations or between international organizations“ (folgend: WVRK2) vom 20. März 1986 wurde der entsprechende Terminus der Wiener Vertragsrechtskonvention von 1969 (folgend: WVRK1) übernommen. Er lautet (Artikel 2, Absatz 1, Buchstabe (i)): „Internationale Organisation means an intergovernmental organization“[7]. In ihrem Bericht vom 7. Juli 1982 wies aber die ILC darauf hin, daß hier eine Organisation gemeint ist, die aus Staaten und in seltenen Fällen aus einer oder aus zwei anderen Organisationen besteht, wie z.B. die UNO innerhalb der ITU und die EEC innerhalb des GATT[8]. In der ILC wurde die Frage aufgeworfen, ob der Entwurf von Artikel 2, Absatz 1, Buchstabe (i) sich auf Organisationen universellen Charakters beschränkt, wie dies bei dem Artikel 1 der „Vienna convention on the representation of states in their relations with international organizations of a universal character“[9] vom 14. März 1975 der Fall ist.

Der ILC-Spezialberichterstatter P. Reuter vertrat 1974 in seinem dritten Bericht die Auffassung, daß Organisationen sowohl universellen als auch regionalen Charakters gemeint sind[10]. Dagegen gab es keine Einwände. Reuter wurde im Gegenteil vom ILC-Mitglied Kaerney unterstützt, der für eine bewegliche Gestaltung des gesamten Artikelentwurfs plädierte[11].
Es kann festgestellt werden, daß der Artikel 2, Absatz 1, Buchstabe (i) keine Definition, sondern eine knappe und abstrakte Feststellung enthält, die im Grunde nur eines der oben erwähnten Merkmale einer Organisation nennt. Einerseits kann dies als Mangel eingeschätzt werden. Andererseits bleibt es aber der Staatenpraxis unbenommen, unter Berücksichtigung der Aufgabenstellung der Organisation konkretere und damit aussagekräftige Definitionen zu schaffen, wie dies bei der „Konvention über den Rechtsstatus, die Privilegien und Immunitäten zwischenstaatlicher ökonomischer Organisationen, die in bestimmten Bereichen tätig sind“ vom 5. Dezember 1980 geschah. Artikel I, Buchstabe (a) dieser Konvention definiert eine zwischenstaatliche ökonomische Organisation als eine Organisation, deren Mitglieder Staaten sind und die auf der Grundlage eines völkerrechtlichen Vertrages zur Koordinierung der Tätigkeit ihrer Mitglieder bei der Zusammenarbeit und Kooperation in bestimmten Bereichen der Wirtschaft, Wissenschaft und Technik gegründet wurde[12]. In Artikel III werden Völkerrechtssubjektivität und Vertragsfähigkeit der ökonomischen Organisationen zwischenstaatlichen Charakters geregelt[13]. Solche eindeutigen Bestimmungen erleichtern die Interpretation und Realisierung der Konvention und sind als beispielgebend einzuschätzen. Der knappe und verallgemeinernde Begriff der Organisation ist offenkundig auf den Umstand zurückzuführen, daß während die Staaten juristisch gleich sind, es zwischen den einzelnen

Organisationen bezüglich der Rechtsform, Kompetenz, Struktur, Vertragsfähigkeit und der Funktionen große Unterschiede gibt, wie mehrmals in der ILC[14] und in Regierungsstellungnahmen[15] betont wurde. Gerade solche Unterschiede sind der Grund dafür, daß das Völkerrecht keine verbindlichen generellen Regeln über die Bildung und Struktur der Organisationen aufstellen kann[16].

1.2 Völkerrechtssubjektivität und Vertragsfähigkeit der internationalen Organisationen

1.2.1 Charakter und Quelle der Völkerrechtssubjektivität der internationalen Organisationen

Die Erarbeitung von Artikeln zu den Vertragsbeziehungen der Organisationen setzte als eine Selbstverständlichkeit voraus, daß die Organisationen Völkerrechtssubjektivität besitzen.
Deswegen war diese Frage bei der ILC von Anfang an unstrittig. Dennoch wurde jahrelang der Begriff „subject of international law" in den Artikelentwürfen vermieden, um keine zeitraubenden Diskussionen über die verschiedenen Aspekte dieser Problematik zu provozieren, wie die ILC in ihrem Bericht über die 33. Tagung 1981 hervorhob.[17] Diese Position führte dazu, daß noch im Mai 1981 im Artikelentwurf 3 („International agreements not within the scope of the present Convention") auch Abkommen unter Beteiligung anderer „entities" als Staaten und internationale Organisationen erfaßt wurden[18]. In einer Stellungnahme von 1980 wurde dieser Begriff mit dem Hinweis darauf kritisiert, daß internationale Abkommen nur von Völkerrechtssubjekten abgeschlossen werden können[19]. Der auf der 33. ILC-Tagung angenommene Text des Artikelentwurfs 3 ersetzte den Begriff „entities" durch jenen des „subject of international law". Im ILC-Bericht wurde diese Änderung damit begründet, daß der Begriff „entities" zu vage sei. Er könnte außerdem auch jedes Subjekt des Privatrechts erfassen. Als Beispiel für andere Völkerrechtssubjekte als Staaten und Organisationen wurden von der ILC der Heilige Stuhl und anerkannte nationale Befreiungsbewegungen genannt[20]. Somit wurde zugleich eine Wertung dieser unterschiedlichen Völkerrechtssubjekte vorgenommen.

In der internationalen Fachliteratur herrscht die Auffassung vor, daß Organisationen Völkerrechtssubjektivität besitzen[21]. Wenn es aber konkret um die Frage geht, ob jede Organisation Völkerrechtssubjektivität besitzt, dann scheiden sich die Geister. Einige Völkerrechtler vertreten die Auffassung, daß nicht jede Organisation Völkerrechtssubjektivität besitzt.
Als Beispiel hierfür werden Flußkommissionen und Schiedsgerichtskommissionen genannt[22]. Andere Völkerrechtler sind der entgegengesetzten Ansicht[23]. Die Kompromißlösung der Probleme könnte darin bestehen, daß zum einen jede Organisation, abgesehen von seltenen Ausnahmen, als die Völkerrechtssubjektivität besitzend betrachtet wird. Zum anderen müßte wohl im Rahmen der internationalen Vertragsbeziehungen darauf hingewiesen werden, daß der völkerrechtliche Charakter der von den Organisationen abgeschlossenen Verträge den Besitz der Völkerrechtssubjektivität voraussetzt. Schließlich ist darauf aufmerksam zu machen, daß für die Zwecke der WVRK2 Organisationen ohne Völkerrechtssubjektivität weder von Interesse noch von Bedeutung sind.

Will man das typische Merkmal der Völkerrechtssubjektivität der Organisationen bestimmen, so ist der Umstand zu beachten, daß souveräne Staaten sie gründen und ihnen die Fähigkeit verleihen, als Teilnehmer an den internationalen Beziehungen relativ selbstständig aufzutreten und speziell durch völkerrechtliche Verträge Rechte zu begründen und Pflichten zu übernehmen. Diese Formulierung ist gegenüber anderen z. B. dem Besitzen[24] oder dem Tragen[25] von Rechten und Pflichten vorzuziehen, weil sie das Aktivwerden der Organisationen am deutlichsten zum Ausdruck bringt. Sie unterstreicht außerdem das Vorhandensein der Handlungs- und der Vertragsfähigkeit. Aus diesem Merkmal ergeben sich logischerweise einige Konsequenzen, wie die Durchsetzung der eigenen Rechte gegenüber den anderen Völkerrechtssubjekten[26], die Teilnahme an den Maßnahmen, die der Einhaltung von Völkerrechtsnormen dienen[27], der Besitz von Privilegien und Immunitäten[28] und unter Umständen das Geltendmachen von Schadenersatzansprüchen gegenüber den Staaten[29].
Deswegen ist es nicht unbedingt erforderlich, diesen Konsequenzen die Qualität besonderer Merkmale zu verleihen und sie neben dem eigentlichen Merkmal zu nennen. Gerade darauf bezieht und beschränkt sich die Staa-

tenpraxis. Als eines der neueren Beispiele hierfür soll die „Konvention über den Rechtsstatus, die Privilegien und Immunitäten zwischenstaatlicher ökonomischer Organisationen ...“ vom 5. Dezember 1980 erneut erwähnt werden. In Artikel III wird die Völkerrechtssubjektivität der Organisationen folgendermaßen umschrieben:

... die die sich insgesamt aus den Bestimmungen ihrer Gründungsdokumente ergebende Völkerrechtssubjektivität besitzen, und die in dieser Eigenschaft in Übereinstimmung mit den genannten Dokumenten und Beschlüssen ihrer bevollmächtigten Vertretungsorgane völkerrechtliche Verträge abschließen und internationale Beziehungen in dem Umfang unterhalten, der für die Verwirklichung ihrer Ziele und Funktionen notwendig ist.[30]

Diese gelungene Umschreibung verdient es, in der internationalen Fachliteratur in besonderem Maße beachtet zu werden.

Charakter und Umfang der Völkerrechtssubjektivität der Organisationen werden dadurch bestimmt, daß souveräne Staaten sie zur Durchsetzung ihrer Interessen schaffen und ihnen zu diesem Zweck ausdrücklich[31] oder stillschweigend[32] Völkerrechtssubjektivität verleihen. Die Mitgliedstaaten entscheiden konkret darüber, in welchem Umfang die Organisationen Rechte begründen und Pflichten übernehmen. Dies geschieht im Rahmen des Völkerrechtsschöpfungsprozesses und zwar in Form eines völkerrechtlichen Vertrages, nämlich des Gründungsvertrages der betreffenden Organisation[33]. Daher ist jenen Auffassungen nicht zu folgen, nach denen die Völkerrechtssubjektivität der Organisationen durch das allgemeine Völkerrecht und nicht durch das Gründungsdokument entstehe[34] und von der Völkerrechtssubjektivität der Staaten völlig unabhängig sei[35]. Hieraus könnten für die souveränen Staaten unter Umständen Probleme entstehen. Die Völkerrechtssubjektivität der Organisationen ist vielmehr <u>abgeleitet</u>[36] und außerdem <u>begrenzt</u>[37]. Sie wird den Organisationen nur insoweit zuerkannt, wie sie sie für die Verwirklichung ihrer Aufgaben benötigen[38]. Im Grunde handelt es sich hier um eine <u>funktionell bedingte</u> Völkerrechtssubjektivität. Diesen allgemeinen Erkenntnissen widerspricht jedoch die in Stellungnahmen der Organisationen zu den Artikelentwürfen der ILC erhobene Forderung nach einer Unabhängigkeit der Völkerrechtssubjektivität von den

Gründungsdokumenten und nach einer fast unbeschränkten Handlungsfreiheit[39].

Aus der gewonnenen Erkenntnis, daß die Quelle der Völkerrechtssubjektivität der Organisationen, namentlich das Gründungsdokument, das Ergebnis des internationalen staatlichen Willensbildungs- und Normensetzungsprozesses ist und damit von den Staaten abhängt und daß ihre Völkerrechtssubjektivität abgeleiteten und begrenzten Charakters ist, ergibt sich automatisch die Schlußfolgerung, daß Handlungen der Organisationen in keinem Fall den völkerrechtsgemäßen Interessen ihrer Mitgliedstaaten widersprechen dürfen. Es ist stets von der Prämisse auszugehen, daß die Völkerrechtssubjektivität der Staaten eine höhere Qualität und einen größeren Umfang besitzt als jene der Organisationen. Dies gilt auch für die Ergebnisse der Realisierung der Völkerrechtssubjektivität dieser qualitativ und quantitativ unterschiedlichen Völkerrechtssubjekte: Der Gründungsvertrag einer Organisation besitzt gegenüber ihren Handlungen und Rechtsakten Priorität. Infolgedessen können die Organisationen von sich aus, d. h. ohne Zustimmung und Mitwirken ihrer Mitgliedstaaten, den einen völkerrechtlichen Charakter besitzenden Gründungsvertrag nicht ändern. Da aber der Status der Völkerrechtssubjektivität die Fähigkeit beinhaltet, völkerrechtliche Rechte zu begründen und Pflichten zu übernehmen, bedeutet dies, daß die Organisationen eben in ihrer Eigenschaft als Völkerrechtssubjekte befähigt werden, sich am internationalen Normenschöpfungsprozeß aktiv zu beteiligen. Das geschieht durch den Abschluß von Verträgen mit den Hauptvölkerrechtssubjekten, den Staaten sowie untereinander. Derartige Verträge richten sich aber nach dem Völkerrecht, d. h. nach Prinzipien und Normen, die nur von den souveränen Staaten auf dem Wege der Vereinbarung geschaffen werden. Darin liegt die eigentliche Grenze der Völkerrechtssubjektivität der internationalen Organisationen. Hieraus ist ersichtlich, daß die Beteiligung der Organisationen am völkerrechtlichen Normenschöpfungsprozeß nur zweitrangigen Charakters sein kann.[40]

1.2.2 Umfang und Quelle der Vertragsfähigkeit der internationalen Organisationen

Als eine konkrete Form der Völkerrechtssubjektivität der internationalen Organisationen wirft ihre Vertragsfähigkeit teils die gleichen teils sachspezifische Probleme auf, die hier in ihrer zeitlichen Behandlung im Rahmen der ILC kurz dargestellt werden sollen.

Bereits in den 50er Jahren, als es um die Erarbeitung der ersten Artikelentwürfe zu der späteren WVRK1 ging, wurde die ILC mit der Frage konfrontiert, ob jede Organisation Vertragsfähigkeit besitzt. Diesbezüglich wurden unterschiedliche Auffassungen vertreten. Der damalige ILC-Spezialberichterstatter Brierly meinte z. B. in seinem ersten Bericht im Zusammenhang mit dem Artikelentwurf 3, daß alle Organisationen Vertragsfähigkeit besitzen[41]. Hudson hingegen unterbreitete einen eingrenzenden Vorschlag: Eine Organisation kann mit Vertragsfähigkeit ausgestattet werden[42]. In der ILC herrschte die Auffassung vor, daß der Besitz der Vertragsfähigkeit nur bei bestimmten Organisationen unbestritten ist[43]. Erst in einem fortgeschrittenen Stadium wurde diese Diskussion wieder aufgenommen. In seinem zweiten Bericht vom 15. Mai 1973 bezog Reuter die Position, daß aus Staaten bestehende „entities“, die keine Vertragsfähigkeit besitzen, nicht als internationale Organisationen betrachtet werden können[44]. Ähnlich argumentierte Uschakov auf der 26. ILC-Tagung 1974, indem er den Standpunkt vertrat, daß jede Organisation als unabdingbare Voraussetzung für ihre Existenz Vertragsfähigkeit besitzt[45]. Die ILC beendete diese Diskussion mit dem Hinweis darauf, daß die Artikelentwürfe auf Organisationen ohne Vertragsfähigkeit nicht angewandt werden können. Entscheidend sei nicht der Status der Organisationen, sondern ihre Verträge[46].

Unter Berücksichtigung der bereits gewonnenen Erkenntnisse über die Merkmale einer internationalen Organisation und über ihre Völkerrechtssubjektivität wird hier der Standpunkt vertreten, daß, abgesehen von seltenen Ausnahmen, die für die internationalen Vertragsbeziehungen nicht von Bedeutung sind, jede internationale Organisation Vertragsfähigkeit besitzt. Nur dann ist sie für die Zwecke der WVRK2 von Interesse.

Im Mittelpunkt der ILC-Beratungen speziell zur Vertragsfähigkeit stand außerdem die Frage, ob die Satzung einer Organisation oder eine spezielle Rechtsnorm die Quelle der Vertragsfähigkeit ist[47]. Zur Herausbildung der vorherrschenden Auffassung innerhalb der ILC, daß die Vertragsfähigkeit vom Gründungsdokument abhängt, trugen Waldocks Berichte Anfang der 1960er Jahre wesentlich bei. Er sprach aber auch davon, daß die Vertragsfähigkeit durch Völkergewohnheitsrecht geschaffen werden kann oder notwendigerweise eingeschlossen ist[48]. Nach langen Diskussionen in der ILC wurde folgende Fassung des damaligen Artikelentwurfs 3, Absatz 3 angenommen: Im Falle von internationalen Organisationen hängt die Fähigkeit, Verträge abzuschließen, von der Satzung der betreffenden Organisation ab[49]. Dieser Standpunkt wurde von Reuter in seinem zweiten und dritten Bericht[50] wiederholt bekräftigt. Es wurden aber auch andere Meinungen vertreten, nach denen das Völkerrecht die Quelle der Vertragsfähigkeit der Organisationen sei.[51] Diese Meinungsdifferenzen veranlaßten die ILC in ihren Berichten von 1981 und 1982 zu konstatieren, daß es bezüglich der Quelle der Vertragsfähigkeit der Organisationen (Artikelentwurf 6) zwei Meinungen gäbe: Ableitung von den „relevant rules" jeder Organisation; Festlegung durch das Völkerrecht.[52] Schließlich setzte sich die erste Meinung durch. Sie fand ihre Widerspiegelung im Artikelentwurf 6: Die Fähigkeit einer internationalen Organisation, Verträge abzuschließen, wird durch die einschlägigen Regeln dieser Organisation bestimmt.[53] In der WVRK2 wurde das Adjektiv „relevant" weggelassen.[54]

Im Unterschied zur ILC, die sich mit den verschiedenen Aspekten der Vertragsfähigkeit befaßte, konzentrierten sich die Regierungsstellungnahmen und die Äußerungen der Regierungsvertreter im Rechtskomitee auf das Hauptproblem, nämlich auf die Vertragsfähigkeit. Abgesehen von wenigen Ausnahmen[55] wurde der Standpunkt vertreten, daß das Gründungsdokument die Quelle der Vertragsfähigkeit einer Organisation ist.[56]

Das Endergebnis der Beratung des Artikelentwurfs 6 in der ILC, sowie auf der Kodifikationskonferenz im Rechtskomitee kann im Prinzip als realistisch und souveränitätsfreundlich eingeschätzt werden. Hierdurch wird ferner deutlich, daß sich bestimmte Auffassungen über die Vertragsfähigkeit der Organisationen, worauf noch einzugehen ist, nicht durchsetzen konnten.[57]

Internationale Organisationen werden von souveränen Staaten zur Erfüllung konkreter Ziele und Aufgaben, also im Interesse ihrer Gründer- bzw. Mitgliedstaaten geschaffen. Zugleich wird den Organisationen ausdrücklich oder stillschweigend Völkerrechtssubjektivität verliehen, deren konkreter Ausdruck im Tätigwerden der Organisationen die Vertragsfähigkeit ist. Dabei besteht zwischen den den Organisationen übertragenen Aufgaben und dem Umfang ihrer Vertragsfähigkeit ein enger Zusammenhang. Konkret bedeutet dies, daß die Vertragsfähigkeit nicht allgemein gewährt wird. Sie wird vielmehr von den Mitgliedstaaten zur Wahrnehmung bestimmter Funktionen und zur Erfüllung ganz konkreter Aufgaben gewährt. Nur in diesem Rahmen darf sie von den Organisationen realisiert werden.[58] Wird es im Verlaufe der Entwicklung nötig, die bereits bestehende Vertragsfähigkeit zu erweitern, so bedarf es der ausdrücklichen oder wenigstens der stillschweigenden Zustimmung der Mitgliedstaaten. Von sich aus darf also eine Organisation ihre Vertragsfähigkeit nicht erweitern. Genauso ist es mit allen Kompetenzen[59], mit denen die Organisationen ausgestattet werden. Sie werden von den Staaten in den Gründungsdokumenten fixiert.

Der hin und wieder in der internationalen Fachliteratur geführte Meinungsstreit über das Verhältnis zwischen der Völkerrechtssubjektivität und der Vertragsfähigkeit einer Organisation ist deshalb von theoretischer und praktischer Bedeutung, weil es letzten Endes um die Souveränität der Mitgliedstaaten der Organisation geht. Während bei den Staaten die Vertragsfähigkeit untrennbarer Bestandteil ihrer ipso facto bestehenden Völkerrechtssubjektivität ist[60], kann bei den Organisationen die Vertragsfähigkeit nicht automatisch von der Völkerrechtssubjektivität abgeleitet werden. Aber gerade das tun einige Völkerrechtler.[61] Eine solche Auffassung zielt im Grunde darauf ab, den bestimmenden Einfluß der Staaten auf Quelle und Umfang der Vertragsfähigkeit der Organisationen auszuschalten und die Organisationen zu originären Völkerrechtssubjekten zu machen. Es ist jedoch nicht ausreichend zu konstatieren, daß die Völkerrechtssubjektivität Vorbedingung für die Vertragsfähigkeit ist[62], weil in den seltensten Fällen die Staaten den von ihnen geschaffenen Organisationen ausdrücklich Völkerrechtssubjektivität verleihen. Es ist ferner ein philologisches Spiel, die Existenz der Völkerrechtssubjektivität auf die Vertragsfähigkeit zurückführen zu wollen.[63] Die langen Diskussionen in der ILC und im Rechtskomitee der UNO vor allem zum Artikelentwurf 6 zeigten, daß es vielmehr darauf ankommt, Quelle und Umfang der Vertragsfähigkeit der Organisationen vom Willen ihrer Mitgliedstaaten abhängig zu machen, um in erster Linie ihre Interessen und ihre Souveränität zu schützen. Der Staatenwille manifestiert sich in koordinierter Form im Gründungsdokument einer Organisation. Im Gründungsdokument legen die Mitgliedstaaten fest, was für Verträge eine Organisation abschließen kann.[64] Damit bestimmen sie kollektiv den Umfang der Vertragsfähigkeit. Bei einigen Juristen gilt es als unstrittig, daß das Gründungsdokument Basis und Quelle der Vertragsfähigkeit einer Organisation ist.[65] Andere Juristen wiederum vertreten ebenfalls diese Auffassung.[66]

In den Gründungsdokumenten wird den Organisationen keine umfassende, sondern eine begrenzte, d. h. auf bestimmte Vertragsarten beschränkte Vertragsfähigkeit verliehen.[67] Dennoch herrschte bezüglich des Umfangs der Vertragsfähigkeit in der ILC jahrelang keine Übereinstimmung. Diesbezüglich gab es zwei Auffassungen: Die Vertragsfähigkeit der Organisationen ist begrenzt, deswegen sollte sie erweitert werden[68]; sie wird von den Gründungsverträgen nicht unbedingt begrenzt.[69] Schließlich stellte die ILC in ihrem Bericht von 1981 fest, daß die Vertragsfähigkeit der Organisationen doch begrenzt ist.[70] Sie ist außerdem von Organisation zu Organisation unterschiedlich.[71]

Die Vertragsfähigkeit der Organisationen unterscheidet sich ferner hinsichtlich der Quelle, des Umfangs und der Qualität von der Vertragsfähigkeit der Staaten. Dieser Vergleich erlangt praktische Bedeutung, sobald die ungleichen Völkerrechtssubjekte im Zuge der Realisierung ihrer Vertragsfähigkeit zueinander Vertragsbeziehungen aufnehmen. Geht es um Vertragsbeziehungen zwischen den Organisationen und ihren eigenen Mitgliedstaaten, die im Gründungsdokument die Vertragsfähigkeit der Organisationen genau festgelegt haben, dann sind sie bezüglich der Vertragsfähigkeit allgemein nicht gleichberechtigt. Hinsichtlich jedoch eines konkreten Vertrages bzw. der konkreten Vertragsbeziehungen sind sie als gleichberechtigt zu betrachten, weil der gleichberechtigte Status der Vertragspartner zum Wesen jedes völkerrechtlichen Vertrages gehört. Bei Vertragsbeziehungen zwischen den Organisationen und Nichtmitgliedstaaten ist die Vertragsfähigkeit der Organisationen gegenüber jener der Staaten selbständig. Der Rechtswille dieser unterschiedlichen Völkerrechtssubjekte ist sonst voneinander unabhängig. Hieraus ergibt sich, daß sie zwar als Völkerrechtssubjekte bezüglich ihrer Vertragsfähigkeit allgemein in den internationalen Beziehungen nicht gleichberechtigt, allerdings bei konkreten Vertragsbeziehungen zueinander, also als Vertragspartner gleichberechtigt sind.[72]

In den bisherigen Überlegungen wurde von der Regelung der Vertragsfähigkeitsfrage im Gründungsdokument ausgegangen. Problematisch wird es jedoch, wenn eine derartige Regelung nicht vorliegt. Dann müßte die Vertragsfähigkeit ausgeschlossen werden. Es fragt sich aber, ob in einem solchen Fall das Bestehen einer Organisation überhaupt einen Sinn hat. Es erweist sich vielmehr als notwendig, hier Flexibilität zu zeigen.[73] Es sollte von den in den Gründungsdokumenten fixierten Zielen und Aufgaben der Organisationen ausgegangen werden. Zu ihrer Realisierung sollten die Organisationen einerseits Verträge abschließen können, auch wenn diese im Gründungsdokument nicht vorgesehen sind. In der Praxis der Organisationen kommt dies hin und wieder vor.[74] Andererseits bedarf es aber der ausdrücklichen oder der stillschweigenden Zustimmung der Mitgliedstaaten zu den Verträgen oder des nachträglichen Abschlusses einer entsprechenden Vereinbarung zwischen den Mitgliedstaaten und den zuständigen Organen der Organisationen.[75] Kriterium hierbei müßte auf alle Fälle sein, daß die Interessen der Mitgliedstaaten der Organisationen nicht beeinträchtigt werden.

1.2.3 Die Gründungsdokumente der internationalen Organisationen als völkerrechtliche Verträge sui generis

Im Prozeß der Interessen- und Willenskoordinierung und schließlich der Willensübereinstimmung werden zwischen den souveränen Staaten Verträge abgeschlossen, auf deren Grundlage internationale Organisationen geschaffen werden. Unabhängig von ihrer konkreten Bezeichnung (Charta, Statut, Satzung, Verfassung) stellen sie Verträge sui generis dar. Ihre Besonderheit gegenüber anderen völkerrechtlichen Verträgen besteht darin, daß durch sie einerseits für die Vertragspartner Rechte und Pflichten entstehen und andererseits ein neues Völkerrechtssubjekt, eine Organisation geschaffen wird, der Vertragsfähigkeit sowie Rechte und Pflichten gegenüber den Mitgliedstaaten übertragen und deren Struktur und Funktionen genau geregelt werden.[76]

Die Gründungsverträge der internationalen Organisationen können daher keinesfalls mit den Verfassungen der souveränen Staaten verglichen werden, wie es einige Völkerrechtler mitunter tun.[77] Sinn dieser Auffassung ist die Loslösung der Organisationen von den Gründungsverträgen und damit von den Mitgliedstaaten.[78] Ebenfalls abzulehnen ist jene Konzeption, nach der die Satzungen bestimmter Organisationen den Charakter von Gesetzen besäßen.[79] Sie steht in enger Verbindung mit den nicht gerade souveränitätsfreundlichen Auffassungen über den überstaatlichen Charakter einiger Organisationen und über die „internationale Gesetzgebung".[80]

Derartige Theorien entsprechen nicht dem Vereinbarungscharakter des Völkerrechts und den Realitäten in den internationalen Beziehungen. Sie befinden sich ferner im Widerspruch zu konkreten Ergebnissen jahrelanger Kodifikationsarbeiten der Staaten. Von der unmißverständlichen Prämisse ausgehend, daß die Gründungsdokumente der Organisationen völkerrechtliche Verträge sind, haben z. B. die Staaten vereinbart, daß die Bestimmungen der WVRK1 auch auf sie anzuwenden sind (Artikel 5). Somit unterliegen die Gründungsverträge der Organisationen den Normen des internationalen Vertragsrechts und haben den Grundprinzipien des Völkerrechts zu entsprechen. Während aber der Artikel 5 in der WVRK1 als eine Selbstverständlichkeit betrachtet werden kann, war eine ähnliche Bestimmung bezüglich der neuen Konvention innerhalb der ILC von Anfang an so problematisch, daß der Artikelentwurf 5 erst in der zweiten Lesung 1982 in das System der Artikelentwürfe aufgenommen wurde. In der WVRK2 lautet der Artikel 5 zwar fast genauso wie der Artikel 5 der WVRK1, regelt jedoch einen anderen Fall, den es aber, soweit überblickbar, in der internationalen Praxis nicht gibt: Partner des Gründungsvertrages einer Organisation sind nicht nur Staaten sondern auch mindestens eine andere Organisation.[81] Somit gehört dieser besondere Fall zum Geltungsbereich der neuen Konvention und der Artikel stellt de lege ferenda im eigentlichen Sinne des Wortes dar.

Aus der Feststellung, daß das Gründungsdokument einer Organisation ein völkerrechtlicher Vertrag ist, ergibt sich die Notwendigkeit, auf ihn die über die Ergänzung und Veränderung völkerrechtlicher Verträge üblichen Bestimmungen anzuwenden. Vereinbarungstheoretisch bedeutet dies, daß der Rechtsbildungs- bzw. Normensetzungsprozeß, dessen erstes Ergebnis der Gründungsvertrag der Organisation war, wenn auch partiell, reaktiviert wird. Neue Vereinbarungen kommen im komplizierten Prozeß der Interessen- und Willenskoordinierung zwischen den Mitgliedstaaten zustande. Nur auf übereinstimmender Basis ist es daher möglich, neue Vertragsnormen, diesmal ergänzenden oder revidierenden Charakters, zu schaffen. Nur die Mitgliedstaaten entscheiden also auf der Grundlage konkreter Vereinbarungen erneut über den Umfang der Vertragsfähigkeit und allgemeiner der Kompetenzen einschließlich über die Kompetenzverteilung zwischen den Organen sowie über die Struktur einer Organisation. Erweist es sich in der Praxis der Organisationen als unbedingt notwendig, über das Gründungsdokument hinausgehende Maßnahmen zu ergreifen, so bedarf es auch in diesem Falle der ausdrücklichen oder zumindest der stillschweigenden Zustimmung der Mitgliedstaaten.

Dennoch waren noch auf der 30. ILC-Tagung 1978 im Zusammenhang mit dem damaligen Artikelentwurf 39 („General rule regarding the amendment of treaties"), relativ starke Versuche Reuters, unterstützt von den meisten ILC-Mitgliedern, zu verzeichnen, Staaten und Organisationen so gleichzustellen, daß die Organisationen unabhängig von ihren Gründungsverträgen über diese Materie entscheiden sollten.[82] Es ist auf den Widerstand Ushakovs zurückzuführen, daß der Artikelentwurf 39 in einer zusätzlichen Bestimmung (Absatz 2) die eingeschränkte Vertragsfähigkeit in dem Sinne berücksichtigt, daß zwischen der Zustimmung einer Organisation zur Änderung eines Vertrages und ihren „relevant rules“ ein direktes Abhängigkeitsverhältnis hergestellt wird.[83]

Durch die besondere Bedeutung der Gründungsverträge als Entstehungs- und Geltungsgrund der internationalen Organisationen muß ihnen vor allem im Interesse der Souveränität der Mitgliedstaaten Priorität gegenüber allen Verträgen der Organisationen zugesprochen werden.[84] Konsequenterweise müßte dies für jene Verträge ebenfalls gelten, denen die Organisationen beitreten. Entwicklungen in der Kodifizierung spezieller Bereiche des Völkerrechts zeigen jedoch, daß auch das Gegenteil der Fall sein kann. Eine solche Ausnahme-Regelung ist im Artikel 4, Absatz 6 der Anlage IX zur Seerechtskonvention enthalten: „In the event of a conflict between the obligations of an international organization under this Convention and its obligations under the agreement establishing the organization or any acts relating to it, the obligations under this Convention shall prevail“.[85] In diesem besonderen Fall sollte in Betracht gezogen werden, daß die Seerechtskonvention sowie die Gründungsverträge der Organisationen konkrete Ergebnisse des Willens- bzw. Normensetzungsprozeß souveräner Staaten sind. An beiden können daher die Organisationen keine Änderung vornehmen. Nur wenn das klar ist, können bezüglich ihrer Bedeutung für die internationalen Beziehungen und das Völkerrecht Vergleiche gezogen werden. Wichtiger als die Gründungsverträge der meisten Organisationen mag die Seerechtskonvention sein. Ob dies allerdings auch bei der UN-Charta der Fall ist, kann stark bezweifelt werden.

Die Gründungsverträge von Organisationen sind in der Regel nicht statischer Natur. Unter Berücksichtigung der Erfordernisse in den internationalen Beziehungen werden sie auf vereinbarungsmäßiger Grundlage weiterentwickelt. Mitunter werden zusätzliche Dokumente geschaffen. Für einen solchen Fall schlug die ILC den Begriff „Satzung“ vor, der in diesem Kontext die Gründungs- sowie die zusätzlichen Dokumente umfaßt und damit breiter als der Begriff „constituent-instrument“ ist.[86] Aus völkerrechts- und speziell aus vereinbarungstheoretischer Sicht ist dabei entscheidend, daß Gründungsverträge und folgende Dokumente Ergebnisformen des Rechtsbildungsprozesses nur der Mitgliedstaaten sind.

1.2.4 Zu den Theorien „implied powers“, „effet utile“ und „immanente Kompetenz“

Der Gründungsvertrag einer internationalen Organisation besitzt zwar, wie bereits nachgewiesen, eine doppelte Funktion und damit einen sui-generis-Charakter, hört jedoch nicht auf, ein völkerrechtlicher Vertrag zu sein, auf den das internationale Vertragsrecht angewandt werden kann und muß. Gerade deswegen legt Artikel 5 der WVRK1 unmißverständlich fest:
„The present Convention applies to any treaty which is the constituent instrument of an international organization.“[87]
Hieraus ergibt sich, daß zum Anwendungsbereich der Auslegungsregeln der Konvention selbstverständlich auch die Gründungsdokumente von Organisationen gehören, obwohl sie in den Auslegungsbestimmungen (Artikel 31 – 33) nicht expressis verbis genannt werden.[88] Besonders zu erwähnen ist in diesem Zusammenhang die im Artikel 31 enthaltene „General rule of interpretation“. Im Absatz 1 heißt es: „A treaty shall be interpreted in good faith in accordance with the ordinary meaning to be given to the terms of the treaty in their context and in the light of its object and purpose“.[89] Zunächst ist festzuhalten, daß etwas zwischen den Partnern Vereinbartes, also der Vertragswortlaut, in den Mittelpunkt der Interpretation gestellt wird. Daraus ist abzuleiten, daß sich die Interpretation in dem vom Vertragstext abgesteckten Rahmen zu bewegen hat. Sie wird konsequenterweise den Vertragsgegenstand bzw. die konkreten Vertragsbestimmungen nicht erweitern dürfen. Angewandt auf die Gründungsdokumente bedeutet dies, daß durch ihre Interpretation keine Kompetenzerweiterung bei den Organisationen herbeigeführt werden darf. Aus dem Wortlaut des Artikels 31 ergibt sich ferner, daß die Vertragspartner den Vertrag, oder vereinbarungstheoretisch betrachtet, das Ergebnis ihrer koordinierten und letztendlich abgestimmten Rechtswillen interpretieren. Da aber zu diesem

Ergebnis nicht nur der Gründungsvertrag, sondern auch die auf seiner Grundlage gebildete Organisation gehört, steht ihr nicht zu, bezüglich der Interpretationsfrage ihre Schöpfer zu ersetzen, geschweige denn, irgendwelche Interpretationen des Gründungsvertrages gegen deren Interessen vorzunehmen. Anders verhält es sich, wenn das Plenarorgan, in dem Gründer- und Mitgliedstaaten vertreten sind, Bestimmungen des Gründungsvertrages bzw. der Satzung interpretiert. Dann handelt es sich bei den Vertragsinterpreten nicht um die Organisation schlechthin, sondern um die normensetzenden souveränen Staaten. Ihnen obliegt es auch, auf vereinbarungsmäßiger Basis die Interpretationsfrage an den I. C. J. zu verweisen.

Dennoch wurden von einigen Völkerrechtlern einige theoretische Konstruktionen entwickelt, die letzten Endes auf eine Unabhängigkeit der Organisationen von ihrem Gründungsdokument und damit von ihren Gründerstaaten abzielen, indem sie den Organisationen durch die Gründungsverträge nicht vorgesehene Kompetenzen zuerkennen wollen. Beispielhaft sollen hier die Theorien „implied powers“, „effet utile“ und „immanente Kompetenz“ genannt werden. Bei einer prinzipiell einheitlichen Zielstellung sind zwischen ihnen einige Nuancierungen und Differenzen festzustellen. Dabei sind aber die Unterscheidungsgrenzen derart fließend, daß sie in der internationalen Fachliteratur mitunter als Synonyma verwandt bzw. verwechselt werden.

Die Theorie „implied powers“ oder „implied competence“ stützt sich auf die teleologische Interpretationsmethode.[90] Ihre Verfechter stützen sich hauptsächlich auf das fakultative Gutachten des I. C. J. vom 11.4.1949 zur „Reparation for Injuries suffered in the Service of the United Nations“, in dem es u. a. heißt: Nach Völkerrecht muß angenommen werden, daß die Organisation die Vollmachten hat, die ihr, obgleich nicht ausdrücklich in der Charta vorgesehen, durch notwendige Implikation als für die Erfüllung ihrer Pflichten unbedingt notwendige Vollmachten übertragen worden sind.[91] Die Sondermeinung des I. C. J.-Richters Hackworth hierzu scheint besonders aufschlußreich zu sein: Es muß angenommen werden, daß solche Vollmachten, die die Mitgliedstaaten ihr übertragen wollten, entweder in der Charta oder in von ihnen abgeschlossenen Zusatzabkommen festgehalten sind. Nicht ausdrücklich übertragene Vollmachten ergeben sich aus einer Übertragung ausdrücklicher Vollmachten, und sie sind auf diejenigen begrenzt, die ‚notwendig' sind, um ausdrücklich übertragene Vollmachten auszuüben.[92] Aus dem I. C. J.-Gutachten und der Sondermeinung des Richters Hackworth geht hervor, daß ein Sachzusammenhang, ein direktes Abhängigkeitsverhältnis zwischen den im Gründungsdokument ausdrücklich genannten und den sich angeblich aus diesen ergebenden stillschweigenden Kompetenzen einer Organisation besteht[93]. Es wird im Grunde den Gründerstaaten unterstellt, sie hätten der von ihnen geschaffenen Organisation stillschweigend alle Kompetenzen gegeben, die sich zur Durchführung der ausdrücklich aufgezählten Funktionen zur Erreichung des Zweckes der Organisation als notwendig erweisen[94], obwohl solche Kompetenzen „bei weitherzigster Auslegung des Textes" darin nicht zu finden[95], sondern außerhalb des Gründungsdokuments anzusiedeln sind[96]. Sie werden eigentlich durch Rechtsvermutung begründet.

Obwohl diese Theorie die international anerkannten Vertragsauslegungsregeln außer acht läßt und die im Gutachten des I. C. J. geäußerte Ansicht nach Reuter nicht zu verallgemeinern ist[97], fanden sie überraschenderweise immerhin in dem größten Kodifikationsprojekt der Gegenwart, in der Seerechtskonvention von 1982 ihren Niederschlag. Artikel 157, Absatz 2 regelt die Kompetenzen der Meeresbodenbehörde folgendermaßen:
„The powers and functions of the Authority shall be those expressly conferred upon it by this Convention. The Authority shall have such incidental powers, consistent with this Convention, as are implicit in and necessary for the exercise of those powers and functions with respect to activities in the Area".[98] Soweit überblickbar, erfuhr die „implied powers"-Theorie zum ersten Mal eine positivrechtliche Ausgestaltung internationalen Ausmaßes. Es gibt Grund zur Annahme, daß die Konventionspartner in der Zukunft mit großen Rechtsanwendungs- und speziell Interpretationsproblemen konfrontiert werden.

Mit der „implied powers"-Theorie weist die „effet utile"-Theorie[99] zwei wichtige Gemeinsamkeiten auf: Kompetenzerweiterung ohne statutarische Regelung und Absicherung; Auslegung als Mittel dazu. Im Unterschied jedoch zur „implied powers“-Theorie, die relativ konkrete Anknüpfungspunkte in den Gründungsverträgen für die Entstehung zusätzlicher Kompetenzen hat und sich auf die teleologische Interpretationsmethode stützt, ist bei der „effet utile“-Theorie lediglich ein allgemeiner Rückgriff auf die Ziele einer Organisation festzustellen. Bei ihr geht es nicht so sehr um die teleologische Interpretation, die man unter Umständen als auf konkrete Vertragsbestimmungen bezogene Interpretationsmethode akzeptieren könnte, sondern um eine höchst extensive Interpretation der Ziele einer Organisation ganz allgemein. Sehr zugespitzt ist diese Theorie bei Ermacora anzutreffen, der lediglich aus den Zielen der UNO eine „Rechtsetzungsbefugnis“ ableiten will[100] und damit die souveräne Entscheidungsfreiheit der Mitgliedstaaten ignoriert.

Diese Theorie birgt für die Mitgliedstaaten Komplikationen in sich, weil durch sie der Interpretationswillkür Tür und Tor geöffnet werden. Sie macht zugleich deutlich, wie notwendig die exakte Regelung der Kompetenzen von Organisationen in den Gründungsdokumenten ist. Umso problematischer ist es, daß sich diese Theorie in der Seerechtskonvention von 1982 (Artikel 176) widerspiegelt: „The Authority shall have international legal personality and such legal capacity as may be necessary for the exercise of its functions and the fulfilment of its purposes“.[101] Die „effet utile“-Theorie wurde in weiteren Dokumenten der III. UN-Seerechtskonvention angewandt. Im Anhang I zur Schlußakte der Seerechtskonferenz, speziell in der Resolution 1 (Schaffung der Vorbereitungskommission für die Internationale Meeresbodenbehörde und das Internationale Seerechtstribunal) wird die Rechtsfähigkeit der Kommission wie folgt festgelegt (Punkt 6): Die Kommission besitzt die Rechtsfähigkeit, die zur Wahrnehmung ihrer Aufgaben und der Erreichung ihrer Ziele, wie sie in dieser Resolution niedergelegt sind, erforderlich ist[102]. In diesem Falle geht es ebenfalls um eine erstmalig erfolgte internationale positivrechtliche Regelung einer nicht gerade souveränitätsfreundlichen Theorie. Es ist daher mit einer konfliktreichen und problembeladenen Anwendung der genannten Bestimmungen zu rechnen.

Vom Gründungsdokument und damit vom Rechtswillen der Gründerstaaten sollen unter Umständen die Kompetenzen von internationalen Organisationen vermittels der Theorie von der „immanenten" („inhärenten", „implizierten" oder „stillschweigenden") Kompetenz ebenfalls getrennt werden. Es wird dabei versucht, eine Gewohnheitsrechtsnorm zur Überschreitung der im Gründungsdokument verankerten Kompetenzen zu begründen, indem in der Praxis vorgekommene Kompetenzüberschreitungen durch Organisationen verallgemeinert werden. Der exponierteste Vertreter dieser theoretischen Konstruktion ohne Zweifel ist F. Seyersted. Ausgehend von der Theorie, daß Organisationen ipso facto Völkerrechtssubjekte seien, wird die Behauptung aufgestellt, daß die Kompetenzen der Organisationen nicht unbedingt aus dem Gründungsdokument ableitbar seien. Die Organisationen besäßen vielmehr alle Kompetenzen, die durch das Gründungsdokument nicht ausdrücklich ausgeschlossen worden sind.[103] Das wird in der Praxis kaum zu bewerkstelligen sein. Nach einer Spielart dieser Theorie sollen Gründungsdokumente mit dem Ziel elastisch ausgelegt werden, daß die Kompetenzen der Organisationen über die ihnen von den Staaten gesetzten Grenzen hinausgehen.[104]

Die Theorie von der „immanenten Kompetenz" befindet sich in einem Widerspruch zum Vereinbarungscharakter des Völkerrechts, weil sie eine fast automatische Entstehung von Gewohnheitsrechtsnormen bejaht. Sie widerspricht ferner der zwischenstaatlichen Natur der Organisationen, die von Staaten zur Erfüllung ihrer koordinierten Interessen geschaffen werden. Sie widerspricht ebenso dem Gründungsvertrag, in dem die Staaten die Kompetenzen der Organisationen in der Regel genau regeln. Sie richtet sich des weiteren gegen das Grundprinzip der Vertragstreue und seine stabilisierende Wirkung in den internationalen Beziehungen. Deswegen kann sie als die gefährlichste unter den genannten drei Theorien eingeschätzt werden.

Natürlich können die Staaten bei der Gründung einer Organisation nicht sämtliche Entwicklungen und Erfordernisse voraussehen. Deswegen wird es ganz normal sein, daß die Staaten unter Berücksichtigung der neuesten Entwicklungen den Gründungsvertrag auslegen. Ausschlaggebend ist es dabei, daß die üblichen Auslegungsregeln des internationalen Vertragsrechts korrekt angewandt werden. Ist ferner in Verbindung mit der Praxis der Organisationen die Herausbildung von Gewohnheitsrechtsnormen notwendig, so kann dies nur durch die entsprechende opinio juris zwischen den Mitgliedstaaten erfolgen. Da schließlich die Gründungsdokumente völkerrechtliche Verträge sind, müssen sie strikt eingehalten werden. Von ihnen dürfen, wie N. N. Uljanova zutreffend unterstreicht, weder die Staaten noch die internationalen Organisationen von sich aus abweichen.[105]

1.2.5 Der besondere Charakter des Rechtswillens der internationalen Organisationen

Charakter und Umfang des Rechtswillens der Völkerrechtssubjekte hängen von ihrer Völkerrechtssubjektivität und von der sich aus ihr ergebenden Vertragsfähigkeit ab. Während die Staaten auf der Grundlage ihrer originären Völkerrechtssubjektivität und der selbständigen Vertragsfähigkeit einen autonomen Rechtswillen besitzen, kann der Rechtswille der internationalen Organisationen eben wegen ihrer abgeleiteten Völkerrechtssubjektivität einen ebenfalls abgeleiteten Charakter haben. Es ist jedoch ihr eigener Rechtswille, der indirekt der Realisierung ihrer Völkerrechtssubjektivität und direkt ihrer Vertragsfähigkeit dient.[106] Dabei besteht zwischen dem Rechtswillen der Organisationen einerseits und dem Rechtswillen ihrer Mitgliedstaaten und weiterer Staaten andererseits ein kompliziertes Geflecht von Beziehungen.

Zunächst ist fest zuhalten, daß Staaten durch Willenskoordinierung und letztlich Willensübereinstimmung einen völkerrechtlichen Vertrag, den Gründungsvertrag einer Organisation, abschließen. Das unmittelbare und konkrete Ergebnis der Willensrealisierung durch die Staaten ist somit ein völkerrechtlicher Vertrag sui generis, weil durch ihn, wie bereits behandelt, zugleich ein neues Völkerrechtssubjekt geschaffen wird, das mit bestimmten, eingeschränkten Kompetenzen ausgestattet wird, die der Erfüllung jener Aufgaben dienen, wofür die Organisation geschaffen wurde. Um aber die ihnen übertragenen Aufgaben zu erfüllen, brauchen die Organisationen einen eigenen Rechtswillen, der nur indirekt, d. h. über die Völkerrechtssubjektivität und die Vertragsfähigkeit mit dem koordinierten Rechtswillen der Gründer- bzw. Mitgliedstaaten in Verbindung steht[107]. Treten nun die Organisationen mit diesen Staaten in Verhandlungen, um einen Vertrag abzuschließen, so stehen sich zwei unterschiedliche Rechtswillen, nämlich der Rechtswille der Organisationen und der Rechtswille ihrer Gründer- bzw. Mitgliedstaaten gegenüber. Beide Rechtswillen besitzen Selbständigkeit, weil zum einen die Abhängigkeit des Rechtswillens der Organisationen von jenen der Staaten derart indirekt und lose ist, daß man sogar von einer Willensentfremdung sprechen kann. Zum anderen können die Organisationen nur dann im eigenen Namen in den internationalen Vertragsbeziehungen handeln, d. h. Rechte begründen und Pflichten übernehmen, wenn sie über einen eigenen Rechtswillen verfügen. Sein Entstehungsgrund ist in diesem Zusammenhang nicht entscheidend. So betrachtet, spielt der Unterschied zwischen den verhandelnden Parteien und späteren Vertragspartnern hinsichtlich der Völkerrechtssubjektivität und der Vertragsfähigkeit keine praktische Rolle. Obwohl ihre Rechtswillen einen unterschiedlichen Entstehungsgrund haben, und eine recht unterschiedliche Qualität besitzen, sind sie im konkreten Fall gleichberechtigt. Infolgedessen ist das Ergebnis ihrer Willensübereinstimmung ein gleichberechtigter Vertrag, der ihre unterschiedlichen und andersgearteten Interessen weitgehend berücksichtigt. Hieraus ergibt sich, daß im Rahmen direkter Vertragsbeziehungen zwischen Organisationen und ihren Mitgliedstaaten eine Schädigung der Interessen letzterer ausgeschlossen ist. Das könnte durch Verträge der Organisationen zu Staaten eintreten, die nicht Mitglied dieser Organisation sind. Dies würde aber voraussetzen, daß die Organisationen den Umfang ihrer Völkerrechtssubjektivität und der Vertragsfähigkeit von sich aus und gründungsvertragswidrig erweitern und damit die Grundlage des Rechtswillens der Organisationen verändern. Konsequenz dessen wäre letzten Endes auch die Veränderung des Rechtswillens der Organisationen.

Aus vereinbarungstheoretischer Sicht sehen die Vertragsbeziehungen zwischen internationalen Organisationen und anderen Staaten etwas anders aus. Zwischen dem Rechtswillen einer Organisation und jenem der Staaten, die nicht Mitglied dieser Organisation sind, besteht bezüglich des Entstehungsgrundes keinerlei Zusammenhang. Somit stehen sich bei den Vertragsverhandlungen zwischen den im allgemeinen ungleichen Völkerrechtssubjekten nicht nur unterschiedliche, sondern auch völlig fremde Rechtswillen gegenüber. Ergebnis der Koordinierung und letzten Endes Übereinstimmung dieser Rechtswillen ist ein konkreter völkerrechtlicher Vertrag, der sich auf die sachbezogene gleichberechtigte Stellung der ansonsten ungleichen Partner stützt. Beide haben gemeinsam den Vertrag ausgearbeitet, beide haben ihn strikt einzuhalten. Für beide gilt also der Grundsatz Pacta sunt servanda gleichermaßen und uneingeschränkt. Hinsichtlich eines konkreten völkerrechtlichen Vertrages gibt es damit kein Subordinationsverhältnis[108] der Rechtswillen der allgemein in den internationalen Beziehungen ungleichen Völkerrechtssubjekte.

Koordinieren die internationalen Organisationen ihren Rechtswillen mit Staaten, die nicht ihre Mitglieder sind, so ist der koordinierte bzw. übereinstimmende Rechtswille der Mitgliedstaaten in Form des Gründungsvertrages stets zu respektieren. Die Organisationen dürfen keinesfalls ihren Rechtswillen so realisieren, daß er dem Rechtswillen ihrer Mitgliedstaaten widerspricht. Kommt es jedoch zur Kollision zwischen dem Rechtswillen einer Organisation, koordiniert mit dem Rechtswillen anderer Staaten und dem koordinierten Rechtswillen ihrer Mitgliedstaaten, so hat letzterer Vorrang.

Ist es wiederum notwendig, den Aktionsradius des Rechtswillens einer Organisation zu erweitern, so kann dies nur im Wege einer erneuten, in der Regel ergänzenden Koordinierung der Rechtswillen der Mitgliedstaaten erreicht werden. In dem konkreten Ergebnis der erneuten Willenskoordinierung, letztlich der Willensübereinstimmung, nämlich in der vereinbarungsmäßigen Ergänzung des Gründungsvertrages, würden dann die Staaten kaum expressiv verbis Regelungen über den Umfang des Rechtswillens der Organisation treffen. Die notwendig gewordenen Rechtsbestimmungen werden sich vielmehr auf die materielle Grundlage des Rechtswillens der Organisation, auf ihre Vertragsfähigkeit beziehen. Somit haben die Mitgliedstaaten die Möglichkeit, über vereinbarte Regelungen zur Vertragsfähigkeit der von ihnen geschaffenen Organisationen Aktionsradius und Betätigungsfelder ihres Rechtswillens zu bestimmen. Hieraus ist ersichtlich, daß die Willenskoordinierung der Staaten im Gründungsvertrag einer Organisation in der Regel kein einmaliger Akt und nicht statisch ist. Er zeichnet sich vielmehr durch Dynamik in dem Sinne aus, daß notwendig gewordene Veränderungen des Rechtswillens der Organisationen eine Reaktivierung des Koordinationsprozesses bezüglich der Rechtswillen ihrer Mitgliedstaaten voraussetzen. In diesem Kontext besitzen die koordinierten Rechtswillen der Mitgliedstaaten gegenüber dem Rechtswillen ihrer gemeinsamen Organisationen absolute Priorität.

1.2.6 Verträge der internationalen Organisationen

Hier sind Verträge der internationalen Organisationen im Sinne des Artikels 2, Absatz 1, Buchstabe (a) gemeint, d. h. Verträge „between one or more States and one or more international organizations“ or „between international organizations“, which „governed by international law“.[109] Diese Formulierung wurde bereits im ILC-Kommentar zum Artikelentwurf 2 der späteren WVRK1 so interpretiert, daß sie das Element „der Absicht zur Schaffung von Verpflichtungen gemäß Völkerrecht“ enthält.[110] Gerade diese Absicht der verhandelnden Staaten unterstreicht den völkerrechtlichen Charakter eines Dokuments[111]. Hieraus wird deutlich, daß die Verträge der Staaten untereinander – für sie gilt die WVRK1 –, die der Staaten mit den Organisationen und die der Organisationen untereinander juristisch gleich verbindlich sind[112]. Mögliche Unterschiede zwischen den Verträgen bleiben, was ihre reale Bedeutung in den internationalen Beziehungen anbelangt, davon unberührt. Dabei hängt die Wichtigkeit völkerrechtlicher Verträge nicht in jedem Falle von der Völkerrechtssubjektivität der Vertragspartner ab. Ausschlaggebend sind vielmehr Inhalt und Zielstellung eines konkreten völkerrechtlichen Vertrages. Im Zweifelsfall sollte im Zeitalter der globalen Probleme der Menschheit als Bewertungskriterium ihr Beitrag zur Erhaltung des Weltfriedens zugrundegelegt werden.

Die Verträge zwischen Staaten und internationalen Organisationen beziehen sich größtenteils auf den Hauptsitz der Organisationen und regeln hauptsächlich ihre Privilegien und Immunitäten[113]. Relativ häufig kommen Verträge über die Gewährung technischer Hilfe[114] und gemäß Artikel 43 der UN-Charta über Hilfsmaßnahmen sicherheitspolitischen und militärischen Charakters vor.

Die wichtigste und in der Fachliteratur deswegen am meisten genannte allgemeine völkerrechtliche Grundlage für Verträge zwischen internationalen Organisationen ist Artikel 63 der UN-Charta. Nach dieser Bestimmung kann der Wirtschafts- und Sozialrat und damit die UNO Verträge mit allen Spezialorganisationen abschließen. Sie dienen der Zusammenarbeit und der Koordinierung ihrer Tätigkeit. Unabhängig vom Artikel 63 der UN-Charta enthalten die Gründungsverträge der Spezialorganisationen detaillierte Bestimmungen über Vertragsabschlüsse mit der UNO und anderen Organisationen[115].

Die Verträge der internationalen Organisationen haben zunächst ihren Gründungsdokumenten zu entsprechen, die ihnen gegenüber in der Normenhierarchie einen höheren Stellenwert besitzen. Sie haben sich ferner, wie jeder völkerrechtliche Vertrag, in voller Übereinstimmung mit den Grundprinzipien (Artikel 103 der UN-Charta) und dem jus cogens (Artikel 53 beider WVRK) zu befinden.

Hierüber gab es allerdings in der ILC keinen Konsens, als es hauptsächlich um die Artikelentwürfe 42 und 53 ging. Der damalige Artikelentwurf 42 („validity and continuance in force of treaties“) sollte ursprünglich aus drei Absätzen bestehen. Dabei war nur Absatz 3 eine substantielle Neuerung gegenüber dem Artikel 42 der WVRK1. Absatz 3 lautete: Die vorangehenden Bestimmungen berühren nicht die Verpflichtungen, die sich aus der Charta und besonders aus Artikel 103 ergeben können[116].
Für diese eindeutige Bezugnahme auf die UN-Charta traten auf der 37. ILC-Tagung nur wenige ILC-Mitglieder ein. Unter ihnen bezog Reuter eine klare Position, indem er die Priorität des im Artikel 103 fixierten Grundsatzes im gegenwärtigen Völkerrecht unterstrich. Deswegen wollte er Artikel 103 nicht nur auf die Charta-Bestimmungen, sondern darüber hinaus auf zwischenstaatliche Verträge sowie auf die Verträge der Organisationen untereinander angewandt wissen[117]. Die teilweise widerspruchsvolle Diskussion führte aber zu einer Streichung des Absatzes 3[118], was nur bedauert

werden kann, weil auf eine unmißverständliche Bestimmung verzichtet worden ist. Hierdurch werden in der Zukunft bei der Anwendung des Artikels 42 Interpretationsprobleme entstehen.

Bei der Behandlung des Artikelentwurfs 53 auf der 31. ILC-Tagung ging es in erster Linie um den Inhalt der Formulierung „international community of states as a whole". Hierzu meinte Reuter, daß eine Ergänzung dieser übrigens sehr interpretationsfähigen Formulierung durch eine weitere („und der internationalen Organisationen") oder das Weglassen der Wörter „der Staaten" zusätzliche Schwierigkeiten verursachen würden[119].

Im Ergebnis der Diskussion verzichtete die ILC auf die Ergänzung „und der internationalen Organisationen".[120] Erst in ihrem Bericht vom Juli 1982 begründete die ILC dies damit, daß nur Staaten die ius-cogens-Normen schaffen, akzeptieren und anerkennen[121]. Deswegen ist·im Prinzip nichts einzuwenden.
Zu bemängeln ist aber der Verzicht auf jedwede Erwähnung der Organisationen. Die zu erwartenden Interpretationsprobleme werden, wie die Diskussion in der ILC gezeigt hat, groß sein.

Es gibt keinen einleuchtenden Grund, etwa Artikel 103 der UN-Charta und Artikel 53 beider WVRK auf die zwischenstaatlichen Verträge einzuschränken. Es ist vielmehr unabdingbar, diese Bestimmungen auf die Verträge zwischen Staaten und Organisationen sowie Organisationen untereinander auszudehnen, obwohl zwischen Staaten und Organisationen hinsichtlich der Völkerrechtssubjektivität, der Vertragsfähigkeit und des Rechtswillens wesentliche Unterschiede bestehen. Da aber die Beratung der entsprechenden Artikelentwürfe in der ILC und die in der Völkerrechtsliteratur vertretenen Auffassungen über das ius cogens und die Grundprinzipien zeigen, daß noch viele Probleme bestehen[122], wären einigermaßen konkrete Vertragsbestimmungen von größtem Nutzen. Deswegen ist das Fehlen von unmißverständlichen Bestimmungen in den Artikeln über die Anwendung der ius cogens-Normen auch auf die Verträge und Organisationen zu bemängeln.

1.2.7 Zu den Resolutionen der internationalen Organisationen – dargestellt am Beispiel von Resolutionen der UN-Generalversammlung

1.2.7.1 Charakter der Resolutionen der UN-Generalversammlung

1.2.7.1.1 Die UN-Resolutionen als Ausdruck eines consensus opinionis generalis

Hier geht es nicht um jene Beschlüsse (z. B. zu Haushaltsfragen), die juristisch verbindlich sind. Die Resolutionen der UN-Generalversammlung sind als Instrumente sowie als Vehikel von Normen Ausdruck eines consensus opinionis generalis. Bei ihnen spielt also der Staatswille nicht die ausschlaggebende Rolle. Die in den Resolutionen enthaltenen unterschiedlichen Normenarten drücken aus entweder einen consensus opinionis politicae generalis oder einen consensus opinionis moralis generalis oder auch einen consensus generalis über bestimmte Völkerrechtsprinzipien. Letztere sind jedoch ohnehin und unabhängig von der konkreten Resolution das Ergebnis eines consensus iuris generalis der Staaten.

In der Fachliteratur wird ebenfalls vereinzelt die Auffassung vertreten, daß die UN-Resolutionen Ausdruck einer allgemeinen Übereinstimmung sind[123]. Sowjetische Völkerrechtler betrachteten jedoch die Resolutionen im Sinne der längst antiquierten These Tunkins von der Willenskoordinierung nach wie vor als Ergebnis eben der Willenskoordinierung der UN-Mitgliedstaaten[124].

1.2.7.1.2 Der juristisch nichtverbindliche Charakter der UN-Resolutionen

Es wird zwischen Recht und Nichtrecht unterschieden. Eine Unterscheidung wird ebenfalls zwischen juristischen, politischen und Moralnormen getroffen. Auch in Übereinstimmung mit Prosper Weil[125] werden hier all jene Meinungen abgelehnt, nach denen es zwischen Recht und Nichtrecht „Zwielichtzonen“[126] oder Verbindlichkeit im „Halbdunkel“[127] gäbe. Der hin und wieder anzutreffenden Geringschätzung der juristischen Normen[128] kann ebenfalls nicht zugestimmt werden.

Bei aller Bedeutung der Auffassung von Völkerrechtlern sind hier die Satzung (Charta) der UNO sowie die offizielle Meinung von kompetenten UN-Organisationen ausschlaggebend. Zunächst ist zu konstatieren, daß sich aus der Charta der UNO keine Kompetenz der Vollversammlung ergibt, für ihre Mitglieder juristisch verbindliche Resolutionen anzunehmen. Ausnahmen bilden nur Beschlüsse zum Organisationsrecht der UNO. Der Meinungsstreit bezieht sich jedoch nicht auf solche Beschlüsse. Bereits auf der Gründungskonferenz der UNO in San Francisco (1945) ist der Vorschlag der philippinischen Regierungsdelegation abgelehnt worden, der UN-Generalversammlung gesetzgeberische Kompetenzen zur Völkerrechtssetzung zu übertragen (UN-Doc. 507, II/2/22). Etwas Ähnliches ist 1962 in einem Gutachten der Rechtsabteilung des UNO-Sekretariats klargestellt worden (UN-Doc. E/CN.4/L.610).

Der juristisch nichtverbindliche Charakter von Resolutionen der UN-Vollversammlung wird von den meisten Völkerrechtsexperten sowohl aus westlichen[129] als auch aus den ehemaligen sozialistischen Staaten[130] bejaht. Abgesehen von seltenen Ausnahmen[131] wird also eine fast automatische Verbindlichkeit solcher Instrumente abgelehnt. Es ist vielmehr jenen Auffassungen zu folgen, die eine mögliche juristische Verbindlichkeit von Resolutionen dieser Art von mehreren Bedingungen abhängig machen. Wenn z. B. die Staaten die Resolutionen ausdrücklich als juristisch verbindlich anerkannt bzw. akzeptiert haben[132] oder wenn sie verbindliche Völkerrechtsnormen enthalten[133]. In diesem Falle sollte jedoch zwischen der Resolution als einem internationalen Instrument und ihrem eigentlichen Inhalt unterschieden werden. Dann würde sich die Eigenschaft der juristischen Verbindlichkeit eher auf den Inhalt beziehen, der ohnehin verbindlich ist (z. B. die Grundprinzipien sowie weitere Normen des Völkerrechts). Demgegenüber erlangen Resolutionen nicht dadurch juristische Verbindlichkeit, wenn sie durch die Mehrheit der UN-Mitglieder und dazu noch auf der Grundlage des consensus-Verfahrens angenommen worden sind, wie hin und wieder behauptet wird.[134]

1.2.7.1.3 Der empfehlende Charakter der UN-Resolutionen

Streng juristisch betrachtet, besitzen die Resolutionen der UN-Vollversammlung einen empfehlenden Charakter. Dies entspricht der UN-Charta. Der Charakter der Resolutionen als Empfehlungen bedeutet jedoch nicht, daß sie keine praktische oder sogar juristische Bedeutung hätten. Allein den empfehlenden Charakter unterstreichen, käme einer Abqualifizierung der Resolutionen gleich.

1.2.7.1.4 Die politische und moralische Verbindlichkeit der UN-Resolutionen

Als Ausdruck eines consensus opinionis politicae generalis oder eines consensus opinionis moralis generalis besitzen die Resolutionen der UN-Vollversammlung nicht nur politischmoralische Autorität[135] und Wirkung[136], sondern auch politische oder moralische Verpflichtungen – das hängt von ihrem konkreten Inhalt ab – und damit in gewisser Hinsicht je nachdem politische oder moralische Verbindlichkeit. Staaten, die bestimmten Resolutionen ihre Zustimmung gegeben haben, sind moralisch verpflichtet, alles in ihrer Kraft stehende zu tun, um die Resolutionen auch zu realisieren. Auf alle Fälle dürfen sie nicht gegen derartige Resolutionen handeln. Besäßen die UN-Resolutionen überhaupt keine Verbindlichkeit, so würde man innerhalb der UN-Generalversammlung einer fast offiziellen Staatsheuchelei Tür und Tor öffnen. Mit Recht würde man sich auch fragen müssen, welchen Sinn die mitunter langwierigen Verhandlungen und sogar Auseinandersetzungen in der UN-Vollversammlung über viele Resolutionen hätten.

1.2.7.1.5 Zu den Thesen von „soft law“ und „droit programmatoire“

Speziell in den 70er Jahren und vor allem in Verbindung mit Resolutionen zur Neuen Internationalen Wirtschaftsordnung haben insbesondere britische und französische Völkerrechtler versucht, den juristischen Stellenwert von UN-Resolutionen etwas genauer zu bestimmen. Sie haben natürlich die Resolutionen nur durch die Brille der Rechtswissenschaft gesehen. Das heißt konkret, daß Fragen der politischen und der moralischen Normen bzw. Verbindlichkeit nicht berücksichtigt worden sind. Diese eher rechtspositivistische Sicht hat dazu geführt, daß die juristische Verbindlichkeit abgestuft worden ist. Zu diesem Zweck ist eine fast unübersehbare Anzahl von neuen Begriffen geprägt worden. Hier seien die geläufigsten und wichtigsten von ihnen genannt: „soft law", „green law", „instant law", „soft obligation", „droit recommandaire" („empfehlendes Recht"), „droit declaratoire" („deklaratorisches Recht"), „droit programmatoire" („programmatisches Recht"), „droit directif" („orientierendes Recht"), „droit incitatif" („aufforderndes Recht"), „droit fragile" („wackliges Recht"), „para-droit" („Fast-Recht"), „pre-droit" („Vor-Recht"), „pre-juridigue" („vorjuristisch"), „beginnendes Recht" etc.[137]

Als Beispiele speziell für das „soft law" werden nicht nur UNO-Resolutionen[138], sondern auch Verhaltenskodixes (z. B. die Richtlinien für multilaterale Unternehmen), einige UNESCO-Deklarationen, noch nicht in Kraft getretene Verträge und die Spruchpraxis von internationalen Gerichten und Schiedsgerichten[139]. Insgesamt will man das „soft law" in einer „Grauzone" zwischen Recht und Nichtrecht ansiedeln. Aus ihm erwüchsen für die betreffenden Staaten irgendwie doch juristische Pflichten. Diese These stößt jedoch auf Ablehnung. Vor allem P. Weil hat sie einer vernichtenden Kritik unterzogen und zugleich den juristischen Normativitätscharakter des Völkerrechts verteidigt.[140] Seiner gesamten Argumentation sowie jener von I. Seidl-Hohenveldern kann uneingeschränkt zugestimmt werden. Letzterer meint richtig, das Recht ist verbindlich, sonst handelt es sich um gar kein Recht.[141]

Gegen das „soft law" wendet sich auch R.-J. Dupuy jedoch aus einem anderen Grund: Er tritt eher für das „droit programmatoire" ein. Darunter versteht er normatives Recht, das auf der Ebene von Zielstellungen und Prinzipien liege, ohne die Ebene einer detaillierten Regelung zu erreichen. In bestimmten UNO-Resolutionen („résolutions programmatoires") käme nach Dupuy bereits Recht zum Vorschein.[142] Von diesem Verständnis ist jenes einiger russischer Völkerrechtler zu unterscheiden, die nicht von einem „programmatischen Recht", sondern vielmehr von „programmatischen

Normen" sprachen, die rechtlicher oder nichtrechtlicher Art sein können. Kriterium hierfür ist der Normalinhalt.[143] Dieser differenzierten Sicht kann teilweise gefolgt werden, denn programmatischen Charakters können auch politische, d.h. nichtrechtliche Normen sein.

1.2.7.2 Die allgemeine Bedeutung der UN-Resolutionen

Durch empirische Bobachtung kann festgestellt werden, daß die Bedeutung von UN-Resolutionen zunimmt. Beweis dafür sind nicht nur die große Anzahl von Resolutionen, die auf jeder Tagung der UN-Generalversammlung zu den verschiedenen Materien angenommen werden, sondern auch die mitunter kontrovers geführten Verhandlungen über den Inhalt dieser internationalen Instrumente. Für die wachsende Bedeutung der UN-Resolutionen liegen verschiedene Gründe vor: Zu nennen ist zuerst der Umstand, daß der traditionelle Rechtsbildungsprozeß (Kodifikation) relativ langwierig ist. Durch Resolutionen ist es hingegen möglich, die Behandlung bestimmter internationaler Fragen erheblich zu beschleunigen.[144] Vermittels der Resolutionen können im Unterschied von den Verträgen Verfahrensvorschriften des staatlichen Verfassungsrechts vermieden werden, denn Resolutionen werden nicht ratifiziert.[145]

Es wird wohl kaum möglich sein, die UN-Resolutionen pauschal und undifferenziert einzuschätzen, weil ihre Bedeutung von vielen Faktoren abhängt. Es soll hier der Versuch unternommen werden, diese Faktoren zusammenzufassen: 1. Zu erwähnen ist an erster Stelle die Bedeutung des Organs, welches die Resolutionen annimmt.[146] Im Falle der Generalversammlung handelt es sich im Grunde genommen um eine ziemlich konkrete Form der internationalen Staatengemeinschaft sowie um ein Forum der Verhandlungen und des Gesprächs von höchster internationaler Autorität. 2. Entscheidend dürfte auch die Art und Weise sein, wie Resolutionen angenommen worden sind. Ob z.B. die Annahme auf der Basis des consensus-Verfahrens oder mit großer Mehrheit, mit oder ohne Gegenstimmen erfolgt ist[147] und welche Staaten dafür gestimmt haben (z.B. Großmächte oder „Mikrostaaten").[148] 3. Von Interesse ist auch das Verhalten der Staaten sowohl in der Erarbeitungsphase einer Resolution als auch bei der Abstimmung über sie. Ob z.B. die Staaten Engagement an den Tag legten oder vielleicht mehrere Einwände erhoben haben.[149] 4. Der erreichte Stand der Übereinstimmung über den Inhalt einer Resolution ist ebenfalls von Wichtigkeit.[150] So besitzt eine einstimmig angenommene Resolution einen hohen Stellenwert. 5. Von besonders großer Bedeutung ist ferner, welche Staaten für eine Resolution gestimmt haben. Hier geht es speziell um den Inhalt und die Zielstellung der Resolution.[151] So wird eine Resolution über Technologietransfer kaum Wirksamkeit haben, wenn ausgerechnet die wichtigsten Industrieländer, d.h. die möglichen Geber-Länder, dagegen gestimmt haben. 6. Ein weiteres Kriterium ist, ob der Resolutionsinhalt konkret genug ist, d.h. ob aus ihm auch tatsächlich für die Staaten Verhaltensverpflichtungen erwachsen.[152] 7. Die Wirksamkeit einer Resolution ist fast vorprogrammiert, wenn sie bestimmte Kontrollmaßnahmen (z.B. Berichterstattungspflichten) vorsieht.[153] 8. Die internationale Autorität einer Resolution kann vor allem dann groß sein, wenn die Staaten sie respektieren und realisieren.[154] In diesem Falle vermag sie, obwohl juristisch nicht verbindlich, das Verhalten der Staaten zu beeinflussen. 9. Wird auf eine bereits angenommene Resolution häufig verwiesen, so kann dies als Indiz dafür gelten, daß es sich um ein international wichtiges Dokument handelt.

Auf einer hohen Abstraktionsebene betrachtet, besteht die allgemeine Bedeutung der UN-Resolutionen vor allem im folgenden: 1. Sie zeigen mit Nachdruck die Trends in den internationalen Beziehungen. Dies geschieht meistens lange, bevor konkrete Konventionen ausgearbeitet worden sind.[155] 2. Als gewichtiges Element der internationalen Staatenpraxis üben sie unter Umständen Einfluß auf die Gestaltung der internationalen Beziehungen aus.[156] 3. Die Resolutionen stellen ferner eine Widerspiegelung der internationalen Realität[157] dar und sind Ausdruck des Ausgleichs und realistischerweise auch der Gegensätze von Staatsinteressen auf höchster Ebene.[158] 4. Sie sind konkreter Ausdruck der Position der UN-Mitglieder zu bestimmten Fragen der internationalen Beziehungen (z.B. Frieden, Abrüstung, Umweltschutz, Unterentwicklung).[159] 5. Sie bringen außerdem, wenn sie einstimmig oder mit großer Mehrheit angenommen worden sind, die allgemeine Überzeugung[160] und in gewisser Hinsicht ein internationales Rechtsbewußtsein[161] zum Ausdruck. 6. Sie sind größtenteils ein nicht zu

unterschätzendes Instrument der Zusammenarbeit zwischen allen Staaten.[162] 7. Als Ausdruck von Übereinstimmung schaffen sie bei den Partnern bestimmte Erwartungshaltungen.[163] Dies ist vor allem bei jenen Resolutionen der Fall, die durch consensus oder einstimmig verabschiedet worden sind. 8. Die Resolutionen vermögen wohl, Verhaltensvorschriften und damit politische und moralische Verhaltensnormen zu begründen.[164] 9. Durch die Resolutionen kann unter Umständen die internationale öffentliche Meinung mobilisiert werden[165] bzw. es ist auch möglich, gegenüber bestimmten Staaten leichten Druck auszuüben.[166] 10. Ihre politische Bedeutung und internationale moralische Autorität sind Grund dafür, daß die Staaten es mit allen Mitteln vermeiden, sich den Resolutionen entgegenzustellen.[167]
Die oben dargelegte Bedeutung der UN-Resolutionen soll jedoch die Augen vor tatsächlich bestehenden Problemen innerhalb der UN-Vollversammlung nicht verschließen. So ist, wie der UN-Generalsekretär betonte, bei einigen Staaten die Tendenz zu beobachten, als hätten sie nach der Verabschiedung von Resolutionen keine Verantwortung mehr.[168]

1.2.7.3 Zu der juristischen Bedeutung der UN-Resolutionen

1.2.7.3.1 Grundsätzliche Einschätzung der juristischen Bedeutung der UN-Resolutionen

Die juristische Bedeutung der UN-Resolutionen hängt von vielen Faktoren ab. Hier seien nur einige genannt: a) Die Begleitumstände, unter denen die Resolution angenommen wurde; b) die zur Kontrolle ihrer Anwendung vorgesehenen Modalitäten; c) vor allem der Inhalt der Resolution.[169] Folgend soll der Versuch unternommen werden, nach Möglichkeit die wichtigsten Aspekte der juristischen Bedeutung der UN-Resolutionen zusammenzufassen: 1. Die UN-Resolutionen können auf die weitere Entwicklung des Völkerrechts einen orientierenden Einfluß ausüben, indem sie notwendige Entwicklungen aufzeigen und in gewisser Hinsicht kanalisieren.[170] Insofern können sie dazu beitragen, die „Planungs- und Steuerungsfunktion" des Völkerrechts zu verwirklichen.[171] 2. Die UN-Resolutionen bringen ferner die Rechtspolitik der UNO[172] sowie bestimmte Rechtsüberzeugungen[173] zum Ausdruck. 3. Sie enthalten juristische Elemente, obwohl sie juristisch nicht verbindlich sind.[174] 4. Wenn Resolutionen einstimmig, mit

großer Mehrheit oder auf der Grundlage des consensus-Verfahrens angenommen worden sind, stellen sie die Widerspiegelung einer Übereinstimmung der Staaten über bestimmte Völkerrechtsnormen dar.[175] 5. Resolutionen vermögen mitunter, vorhandene Lücken im corpus juris des Völkerrechts auszufüllen.[176] 6. Durch UN-Resolutionen werden oft Völkerrechtsnormen bestätigt. Hierdurch erhöht sich wesentlich die Autorität dieser Normen.[177] Durch die Resolutionen kann des weiteren der Inhalt von Normen und Prinzipien des Völkerrechts gefestigt werden. Hierdurch leisten die Resolutionen, wenn auch nur indirekt, einen nicht zu unterschätzenden Beitrag zur Weiterentwicklung der Normen und Prinzipien des Völkerrechts.[178] 8. Zu erwähnen ist auch der Beitrag der Resolutionen dazu, die Anerkennung vor allem von neuen Völkerrechtsnormen zu beschleunigen.[179] 9. Durch die Resolutionen können bestehende Völkerrechtsnormen angewandt werden.[180] So übt z. B. die Prinzipiendeklaration von 1970 einen großen Einfluß auf die Anwendung der Grundprinzipien des Völkerrechts aus. Dieser spezielle Aspekt ist bereits 1955 von dem Richter Lauterpacht während der Behandlung der Angelegenheit (case) von Süd-Westafrika vor dem IGH betont worden.
Lauterpacht meinte, daß die in einer UN-Resolution enthaltenen Völkerrechtsnormen auf einen breiten Kreis von Adressaten angewandt werden.[181] 10. Indem in bestimmten Resolutionen bereits existierende Völkerrechtsnormen wiederholt werden, wird im Grunde genommen verdeutlicht, daß solche Normen unangefochten sind.[182] 11. Durch die Resolutionen kann die Effektivität von Völkerrechtsnormen erhöht werden.[183] Es wird die Bedeutung dieser Normen konstant unterstrichen. 11. Außerordentlich groß ist die Rolle der UN-Resolutionen für die Interpretation von Völkerrechtsnormen, darunter auch der Grundprinzipien des Völkerrechts. Durch die Interpretation werden die Prinzipien und Normen an die Realitäten angepaßt.[184] 12. In der Praxis der Vereinten Nationen kommt es immer wieder vor, daß durch Resolutionen der UN-Vollversammlung neue Grundsätze zunächst proklamiert werden.[185] Hierzu gehören beispielsweise solche Resolutionen wie die Resolution 375 (IV) von 1949 („Entwurf für eine Erklärung über die Rechte und Pflichten der Staaten"). 13. Die Resolutionen vermögen ferner, indirekt zur Weiterentwicklung des Völkerrechts als eines Normensystems einen wichtigen Beitrag zu leisten.[186] Als Beispiel hierfür kann

man u. a. nennen: die Resolution 1514 (XV) von 1960 („Declaration on the granting of independence to colonial countries and peoples"); die Resolution 1803 (XVII) von 1962 („Permanent sovereignty over natural resources"); die Resolution 2625 (XXV) („Declaration on Principles of International Law concerning Friendly telations and Co-operation among States in accordance with the Charter of the United Nations"), on 24 Oct. 1970 (folgend: UN-Principles-Declaration 1970). Es ist jedoch zu bezweifeln, ob die Resolutionen fast genauso wie die Verträge des Völkerrechts kodifizieren könnten, wie mitunter behauptet wird.[187] Einen Mittelweg wählen jene Autoren, welche die UN-Resolutionen als „quasilegislative" Instrumente betrachten.[188] Davon unterscheidet sich jene Auffassung, nach der die „quasilegislative" Funktion des Völkerrechts als direkt rechtsschöpfend aufgefaßt wird.[189] 14. Die Resolutionen schaffen einen geeigneten Argumentationsrahmen[190] für die in Frage kommenden Staaten, um bestimmte Ansprüche zu legitimieren.[191] So sind z. B. durch die UN-Vollversammlung Kolonialismus und Rassismus des öfteren verurteilt worden. In diesem Zusammenhang ist auch die Rede von einer „kollektiven Legitimierung".[192] 15. Resolutionen werden hin und wieder vom I. C. J. in seinen Urteilen und Gutachten zur Begründung herangezogen.[193] Zu beachten ist in diesem Zusammenhang auch der Aspekt, daß durch die Bezugnahme auf die Resolutionen sowohl deren Bedeutung als auch die Autorität der I. C. J.-Urteile bzw. -Gutachten erhöht werden. 16. Die Gesetzgebung einiger Staaten wird teilweise auch von bestimmten Resolutionen, vor allem von Deklarationen der UN-Generalversammlung beeinflußt. Dies gilt z. B. für die Allgemeine Deklaration über die Menschenrechte von 1948. Es kann mitunter auch eine Inkorporation des Inhalts von Resolutionen in das innerstaatliche Recht erfolgen. Als Beispiel hierfür können die Resolutionen 388 (1976) und 409 (1977) genannt werden. Beide sahen Embargo-Maßnahmen gegen das damalige Rhodesien vor. Im Prinzip waren sie unmittelbar anwendbar, wenn sie nach der Inkorporation in die nationale Rechtsordnung von den zuständigen Organen (Gerichte, Verwaltung) als Entscheidungsgrundlage herangezogen worden wären: Eine Verwaltungsbehörde oder ein Richter könnte im allgemeinen solche Resolutionen als Grundlage für eine Verbotsverfügung nehmen, um z. B. private Waffenlieferungen zu unterbinden.[194] 17. Resolutionen vermögen unter Umständen, bereits veraltetes Recht zu zerstören. Auf alle Fälle zeigen sie an, daß über bestimmte Vertragsnormen kein internationaler Konsens mehr besteht.[195] 18. Bestimmte Resolutionen können als ein besonderes Mittel betrachtet werden, Verletzer des Völkerrechts zu erziehen.[196] Hier überwiegt wohl die moralische Seite. 19. Die vielschichtige Bedeutung der UN-Resolutionen für den internationalen Normenbildungsprozeß wächst ständig.[197]

Einige Aspekte des Beitrages der Resolutionen zur Weiterentwicklung des Völkerrechts sind oben bereits behandelt worden. Hier geht es vielmehr um die normbildungstheoretischen Fragen. Die in diesem Kontext vorhandene Bedeutung der Resolutionen besteht im folgenden: a) Resolutionen können „Inspirationsquelle“[198] und Ausgangspunkt[199] für die Schaffung von neuen Rechtsregeln sein. b) Sie bringen Rechtsbewußtsein zum Ausdruck[200], das in Rechtsnormen eingehen kann. c) Resolutionen signalisieren bestimmte Normvorstellungen der Staatenmehrheit und bringen damit Rechtsauffassungen zum Ausdruck[201]. d) Sie sind ferner Ausdruck des Verlangens nach Recht[202] und in diesem Sinne auch Ausdruck eines „erwünschten Rechts“, einer „lex ferenda“[203]. e) Resolutionen können als normative Vorschläge fungieren[204]. f) Sie können Grundlage für die Gestaltung des Verhaltens der Staaten sein[205]. g) Durch Resolutionen können Völkerrechtsnormen bereits vorformuliert werden[206]. Diese Normen können dann fast unverändert in Verträge übernommen werden. h) Resolutionen können im Rahmen des Normenbildungsprozesses eine Etappe darstellen. Ihr kann die Erarbeitung von Verträgen folgen. Hierzu eignen sich insbesondere die Vertragsresolutionen. i) Es ist auch durchaus möglich, daß auf der Grundlage von Resolutionen internationales Gewohnheitsrecht entsteht.

1.2.7.3.2 Die Beeinflussung des Vertragsararbeitungsprozesses durch die UN-Resolutionen

Resolutionen der UN-Vollversammlung vermögen unter Umständen, die Ausarbeitung von Verträgen bzw. Konventionen wesentlich zu beeinflussen. Dies ist in der internationalen Fachliteratur im allgemeinen erkannt worden.[207] Auch im Rahmen der Vereinten Nationen ist dieser Aspekt in erster Linie mit bestimmten Kodifikationsprojekten betont worden. So meinte der UN-Generalsekretär in einem Bericht zum „multilateral treatymaking process", daß die UN-Vollversammlung eine besondere Praxis übt: Vor der Formulierung eines Vertrages wird eine Resolution zur gleichen Materie angenommen. Eine Resolution beeinflußt die Situation schneller als ein mitunter langwieriges Verfahren der Vertragserarbeitung und kann dazu dienen, bestimmte Prinzipien vor ihrer Aufnahme in einen Vertrag in der Praxis zu testen und für das Projekt eine Leitlinie sein (UN-Doc. A/35/312). Ebenfalls in Verbindung mit dem oben genannten UN-Projekt ist darauf hingewiesen worden, daß es innerhalb des „treaty-making process" die Resolutionen als Indiz für das universelle Interesse an einem Gegenstand gelten", zu dem später ein konkreter Vertrag formuliert werden kann (UN-Doc. A/C.6/37/L.29). Durch Resolutionen können leitende Grundsätze für Konventionen vorgegeben werden[208]. Resolutionen können den Abschluß von Verträgen vorbereiten oder sogar vorwegnehmen.[209] Desweiteren kann der Inhalt von Resolutionen in völkerrechtliche Verträge aufgenommen werden.[210] Es ist außerdem möglich, zunächst eine Resolution zu verabschieden und danach auf dieser Grundlage eine Konvention auszuarbeiten.[261]

Aus der großen Anzahl von Resolutionen der hier behandelten Art seien nur die wichtigsten und bekanntesten erwähnt. Die Konvention über das Verbot der Verwendung umweltverändernder Techniken zu militärischen oder sonstigen feindseligen Zwecken vom 18. Mai 1977 (ILM 16/1977). Sie ist als Anhang einer Resolution veröffentlicht worden. Die Resolution wiederum ist im Dezember 1976 von der UN-Vollversammlung verabschiedet worden. Darin werden die Staaten aufgefordert, die Konvention zu unterzeichnen und zu ratifizieren (UN-Doc. A/31/382). Ähnlich war es auch mit der Resolution 2222 (XXI) vom Dezember 1966. Ihr ist beigefügt worden der Vertrag über die Prinzipien für die Tätigkeit der Staaten bei der Erforschung und Nutzung des Weltraumes einschließlich des Mondes und anderer Himmelskörper. Auf dieser Grundlage entstand die spätere Weltraum-Konvention. Der Text des Vertrages ist durch mehrere Resolutionen allmählich vorbereitet worden: Resolution 1472 (XIV) vom Dezember 1959 über die „Internationale Zusammenarbeit bei der friedlichen Nutzung des Weltraumes" und Resolution 1622 (XVIII) vom Dezember 1963

(„Declaration of legal principles concerning the activities of States in the exploration and use of outer space“).
Durch die Resolution 2749 (XXV) vom Dezember 1970 (Deklaration der Prinzipien für den Meeresgrund und -untergrund jenseits der Grenzen nationaler Jurisdiction) ist die entsprechende internationale Konvention gründlich vorbereitet worden. Schließlich diente die Allgemeine Deklaration über die Menschenrechte von 1948 der Vorbereitung der beiden Konventionen über die Menschenrechte von 1966.

1.2.7.3.3 Der Einfluß der UN-Resolutionen auf die Entstehung von Völkergewohnheitsrechtsnormen

Der prinzipiell konsensuale und Prozeßcharakter der Normenbildung wirkt sich auch auf die Herausbildung von Völkergewohnheitsrechtsnormen aus. Dabei weisen diese Normen hinsichtlich der Entstehung und der allmählichen Erweiterung ihres Geltungsbereichs gegenüber den anderen Rechtsnormen Besonderheiten auf. Die Herausbildung einer Völkergewohnheitsrechtsnorm beginnt in der Regel und ganz allgemein damit, das über das Vorliegen einer Gewohnheit überhaupt consensus entsteht. Hierbei geht es also um einen consensus der Auffassungen über das Bestehen bzw. über die Notwendigkeit (opinio necessitatis) einer Gewohnheit. Die Auffassungen wurzeln in gleichgearteten Bedürfnissen, die wiederum die Grundlage für ähnliche Interessenlagen bilden[212]. Danach erstreckt sich der consensus der Staaten auf den Inhalt der Gewohnheit. In der nächstmöglichen Phase geht es beim Staatenconsensus um die Bedeutung der Gewohnheit, d. h. daß sie überhaupt von Bedeutung ist. Der Bedeutungsgrad kann dennoch unterschiedlich sein. Erst in der nächsten Phase wird consensus darüber erzielt, daß die Gewohnheit bereits die Qualität einer Rechtsnorm erreicht hat.

Mehrere Autoren betrachten etwas allgemeiner, als dies hier der Fall ist, den consensus ebenfalls als Grundlage des Völkergegewohnheitsrechts[213]. Der sich auf die Rechtsnormqualität einer Gewohnheit beziehende consensus ist dialektischer Natur, denn er vollzieht sich allmählich und impliziert zwei sich wechselseitig bedingende Elemente, nämlich ein stabiles Verhaltensmuster (Übung, Praxis) der betreffenden Staaten und ihre Rechtsüberzeugung (opinio juris). Die Staaten verhalten sich in gleicher Weise[214], d. h. der consensus kommt durch übereinstimmendes Verhalten zustande[215]. Da keine Verhandlungen stattfinden, erfolgt der Interessenausgleich in indirekter Form. Danach liegt zwischen den Staaten ein consensus darüber vor, daß sie sich nach der nun existierenden Gewohnheitsrechtsnorm richten werden. Die opinio juris entwickelt sich allmählich aus einem anderen ebenfalls subjektiven Element, der opinio necessitatis[216] und ist nach vorherrschender Auffassung im Schrifttum[217] sowie nach dem I. C. J. der wichtigste konstitutive Teil einer Gewohnheitsrechtsnorm.[218]

Bisher ging es um den Entstehungsprozeß einer Völkergewohnheitsrechtsnorm. Normbildungstheoretisch entstehen aber einige Probleme, wenn eine solche Norm bereits existiert und ihr Adressatenkreis erweitert werden soll. In seltenen Fällen erkennen die Staaten eine Gewohnheitsrechtsnorm expressis verbis an. Vielmehr bringen sie in erster Linie durch ein bestimmtes Verhalten ihr Einverständnis (Zustimmung) mit ihr zum Ausdruck. Das ist aber keine Willenserklärung. In einem solchen Falle wird der consensus auf indirektem Wege erreicht, d. h. sie konsentieren mit dem bereits vorliegenden Ergebnis das consensus der die Norm schaffenden Staaten. Hier bleiben irgendwelche Verhandlungen ebenfalls aus[219]. Bei den Völkergewohnheitsrechtsnormen entsteht somit das Problem einer Willenskoordinierung nicht.

Über die Herausbildung von Völkergewohnheitsrechtsnormen wurden und werden weitere Auffassungen vertreten. Hier interessiert jene positivistische, auf die sich Tunkin bei der Erarbeitung seiner Konzeption gestützt hatte: „ältere“ Konsenslehre. Sie bestand im wesentlichen darin, daß eine Gewohnheitsrechtsnorm als stillschweigender Vertrag (tacitum pactum) betrachtet wurde[220]. Dann würde sich jedoch die Frage aufdrängen, worin der Unterschied zwischen dem Vertragsrecht und dem Gewohnheitsrecht besteht. Diese Auffassung wird, soweit überblickbar, von keinem Völkerrechtler vertreten. Völkergewohnheitsrecht kann auch auf der Basis von UN-Resolutionen entstehen. Darauf wird sowohl in UN-Gremien[221], als auch im Rahmen der ILA[222] sowie in der internationalen Fachliteratur[223], wenn auch mit unterschiedlicher Begründung, hingewiesen.

Dem konsensualen Charakter des Normenbildungsprozesses sowie des Völkergewohnheitsrechts widerspricht jedoch die Mitte der 60er Jahre entstandene These von einem „instant customary law“.[224] Abgesehen von einer einzigen Ausnahme[225] stieß diese These auf massive Ablehnung[226]. Aus normbildungstheoretischen Gründen ist die These von einem „coutume révolutionnaire“[227] ebenso strikt abzulehnen.

Die Rolle der UN-Resolutionen für das Völkergewohnheitsrecht kann wie folgt zusammengefaßt werden: 1. Im Unterschied von den Konventionen, deren Erarbeitung relativ lange Zeit benötigt, vermögen Resolutionen unter Umständen den Erarbeitungsprozeß von Gewohnheitsrecht erheblich zu beschleunigen[228]. 2. Durch UN-Resolutionen kann bestehendes Völkergewohnheitsrecht weiter entwickelt werden[229]. 3. Resolutionen können ferner Normen des Gewohnheitsrechts spezifizieren, bestätigen und bekräftigen[230]. 4. Vor allem einstimmig angenommene Resolutionen können Normen des Völkergewohnheitsrechts in statu nascendi kristallisieren. 5. Diese internationalen Instrumente können mitunter als Beweis für das Vorliegen von Völkergewohnheitsrecht dienen[231]. 6. Durch Resolutionen ist es ferner möglich, bereits existierende Normen des Völkergewohnheitsrechts anzuerkennen[232] und neue Normen dieser Art zu formulieren[233]. 7. Durch Resolutionen können Normen des Völkergewohnheitsrechts interpretiert werden[234]. 8. Unter Umständen sind ferner Resolutionen imstande, Völkergewohnheitsrecht zu realisieren. 9. Resolutionen vermögen schließlich, sich gegen bestehendes Völkergewohnheitsrecht zu wenden und dieses zu neutralisieren[235].

Bezüglich der Schaffung von Normen des Völkergewohnheitsrechts drängt sich die Frage auf, ob die Annahme von Resolutionen (Diskussion, Abstimmung) als Praxis im Sinne eines konstitutiven Elements zu betrachten ist. Weil nicht die Staaten als Völkerrechtssubjekte, sondern die UN-Vollversammlung die Resolutionen verabschiedet, wird hier die Auffassung vertreten, daß es sich hier nicht um eine Praxis im obigen Sinne handelt. Diese Auffassung ist international vorherrschend[236]. Demgegenüber vertreten nur wenige Völkerrechtler die entgegengesetzte Meinung[237]. Nach der Verabschiedung einer Resolution durch die UN-Vollversammlung bedarf es eines entsprechenden Verhaltens[238] seitens der UN-Mitglieder. Dabei geht es in erster Linie darum, ob sie die Bestimmungen der Resolution in einem längeren Zeitraum und beständig respektieren. Durch die nachträgliche Bestätigung einer Resolution durch die Praxis der souveränen Staaten liegt das konsitutive Element der Praxis für das Völkergewohnheitsrecht vor[239]. Es fragt sich auch, ob Resolutionen die Rechtsüberzeugung (opinio juris) der Staaten zum Ausdruck bringen können. Hier erweist sich als nötig, etwas zu differenzieren. Generell ist davon auszugehen, daß Resolutionen nicht automatisch universelle opinio juris zum Ausdruck bringen[240]. Es ist jedoch durchaus möglich, daß einzelne Staaten ihre eigene opinio juris äußern[241]. Dies reicht allerdings für die Herausbildung von universell verbindlichem Gewohnheitsrecht nicht aus. Mitunter wird allerdings diese partiell vorhandene opinio juris für universell gehalten[242]. Insgesamt kann eher eingeschätzt werden, daß Resolutionen zur Erzeugung von opinio juris führen können[243].

Es ist rechtsdogmatisch erforderlich, daß sowohl die opinio juris als auch die Praxis der Staaten vorliegen müssen, damit Völkergewohnheitsrecht entsteht. Dies gilt auch für die UN-Resolutionen[244]. Dabei ist es nicht unbedingt von entscheidender Bedeutung, wie die zeitliche Reihenfolge der beiden konstitutiven Elemente des Gewohnheitsrechts ist, ob z.B. die opinio juris vor der Praxis existiert[245], oder auch umgekehrt[246]. Möglicherweise ist es so, daß zwischen der Praxis der Staaten und der opinio juris ein inhaltliches Wechselverhältnis besteht. Dabei besitzt jedes Element seine spezifische Bedeutung: Einerseits steht die opinio juris in enger Verbindung mit den Interessen und der Souveränität der Staaten. Andererseits kommt die opinio juris in der Regel durch die Praxis der Staaten zum Ausdruck. Dies geschieht jedoch nicht automatisch mit der Annahme von UN-Resolutionen, wie hin und wieder behauptet wird[247].

1.2.7.4 Der juristisch nichtverbindliche Charakter, die politische sowie die juristische Bedeutung ausgewählter UN-Resolutionen

1.2.7.4.1 Zu der UN-Prinzipien-Deklaration von 1970

1.2.7.4.1.1 Der juristisch nichtverbindliche Charakter der UN-Prinzipien-Deklaration

Zunächst ist darauf hinzuweisen, daß eine UN-Deklaration eine besondere UN-Resolution ist. In einem Rechtsgutachten der Rechtsabteilung des UN-Sekretariats von 1962 ist die Deklaration wie folgt definiert worden: Eine Deklaration „stellt eine formelle und feierliche Erklärung dar, die nur bei seltenen Gelegenheiten erlassen wird, wenn große und wichtige Prinzipien verkündet werden. sollen, wie die Deklaration der Menschenrechte". Die Empfehlung ist weniger formell (UN-Doc. E/CN.4/L.610/1962). Aus heutiger Sicht kann eingeschätzt werden, daß die „Declaration on Principles of International Law concerning Friendly Relations and Cooperation among States in accordance with the Charter of the United Nations" on 24 Oct. 1970 die bedeutendste UN-Deklaration darstellt. Sie ist durch die 25. Tagung der UN-Generalversammlung am 24.10.1970 als Annex zur Resolution 2625 (XXV) ohne Abstimmung mit consensus angenommen worden. Die Deklaration trägt Kompromißcharakter[248] und ist Ausdruck des Einflusses der Entwicklungsländer auf das Völkerrecht[249].

Hier wird die Auffassung vertreten, daß die UN-Principles-Declaration 1970 als solche, d.h. aus sich heraus juristisch nichtverbindlich ist[250]. Infolgedessen vermag sie nicht, neues Völkerrecht zu schaffen[251]. Jene Teile jedoch dieses Dokuments, die sich auf die sieben Grundprinzipien beziehen, sind juristisch verbindlich[252]. Diese Verbindlichkeit ergibt sich jedoch nicht aus der Deklaration, sondern aus den Prinzipien selbst.

1.2.7.4.1.2 Die politische Bedeutung der UN-Prinzipien-Deklaration

Die politische Bedeutung dieses Dokuments besteht vor allem darin, daß die internationale Staatengemeinschaft sich über grundlegende Prinzipien und Normen in den internationalen Beziehungen geeinigt hat. Hierdurch ist eine breite Basis für die Sicherung des Weltfriedens und die Vertiefung der internationalen Zusammenarbeit geschaffen worden. Von besonders großer Bedeutung ist die Deklaration für die Dritte Welt.[253] Dies liegt darin begründet, daß jene Völkerrechtsprinzipien wesentlich konkretisiert und spezifiziert worden sind, die für die Entwicklungsländer gerade in den 70er Jahren von großer Bedeutung waren: Selbstbestimmungsrecht der Völker; Gewaltanwendungsverbot; Einmischungsverbot. Die Deklaration stellt ferner einen allgemeinen „Verhaltensstandard“[254] dar und legt den „Argumentationsrahmen“[255] für die Erreichung von politischen Zielen.

1.2.7.4.1.3 Die juristische Bedeutung der UN-Prinzipien-Deklaration

1.2.7.4.1.3.1 Der allgemeine Einfluß der UN-Prinzipien-Deklaration auf die Weiterentwicklung der Völkerrechtsprinzipien

Der Einfluß der Deklaration auf das Völkerrecht ist vielschichtig: 1. Die Deklaration legt den wesentlichen Inhalt der sieben Grundprinzipien des Völkerrechts fest[256] und enthält auf alle Fälle „autoritative Formulierungen“[257]. 2. Sie stellt ein „komplexes System der Grundregeln des Völkerrechts“[258] dar, denn alle sieben Prinzipien hängen inhaltlich eng zusammen. 3. Die Deklaration gibt internationales Vertrags- und Gewohnheitsrecht wieder[259]. 4. In diesem Dokument werden fundamentale Prinzipien und Normen des Völkerrechts konkreter und ausführlicher ausgestaltet und bekräftigt[260]. 5. Die Deklaration hat den Inhalt der Grundprinzipien des Völkerrechts beträchtlich erweitert und bereichert. Insofern vermag sie, wenn auch indirekt, einen Beitrag zur Kodifizierung des Völkerrechts zu leisten. Es wäre jedoch etwas übertrieben zu behaupten, daß sie das Völkerrecht direkt kodifiziert hätte[261]. Es ist eine allgemeine Erkenntnis der Völkerrechtswissenschaft, daß das Völkerrecht durch multilaterale Konvention kodifiziert wird. 6. Einen besonders großen Einfluß übt die Deklaration auf das Völkerrecht aus, indem sie Prinzipien und Normen allseitig und gründlich interpretiert.

1.2.7.4.1.3.2 Die Interpretation der Völkerrechtsprinzipien durch die UN-Prinzipien-Deklaration von 1970

Durch die Deklaration werden die UN-Charta und vor allem die sieben Grundprinzipien des Völkerrechts interpretiert[262]. Dabei handelt es sich angesichts der Art und Weise der Annahme dieses Dokuments um eine autoritative, repräsentative und auf höchster Ebene vorgenommene Interpretation. Diese Interpretation kann jedoch für die UN-Mitglieder juristisch nichtverbindlich sein, weil die Generalversammlung zu einer verbindlichen Auslegung der Charta nicht berechtigt ist. Bereits auf der Konferenz von San Francisco ist festgestellt worden, daß kein UN-Organ eine rechtsverbindliche Interpretation von Bestimmungen der UN-Charta vornehmen kann[263].

Infolgedessen kann die UN-Prinzipien-Deklaration von 1970 auch keine authentische Interpretation der UN-Charta darstellen[264]. Für eine authentische Interpretation liegen die üblichen formalen Voraussetzungen nicht vor. Die „authentische Interpretation“ bezieht sich eigentlich auf die Verträge. Die Vertragsparteien haben einen Vertrag abgeschlossen und sind dann in der Lage und dazu berechtigt, seinen Sinn zu erläutern und zu präzisieren. Dies geschieht in der Regel durch einen Auslegungsvertrag oder auch durch vereinbarte Auslegungserklärungen[265]. Bereits 1923 stellte der Ständige Internationale Gerichtshof (P.C.I.J.) in einem Rechtsgutachten fest, daß das Recht zur authentischen Interpretation nur demjenigen zusteht, der auch die Befugnis besitzt, den Vertrag zu ändern oder aufzuheben (P.C.I.J. Ser. B. No. 8, p. 37). Dennoch ist darauf hinzuweisen, daß einige Juristen die UN-Prinzipien-Deklaration doch als authentische Interpretation der UN-Charta betrachten[266].

1.2.7.4.2 Zu der Charta der ökonomischen Rechte und Pflichten der Staaten von 1974 (Charta 1974)

1.2.7.4.2.1 Die Charta von 1974 im Kontext der UN-Resolutionen zur Schaffung einer Neuen Internationalen Wirtschaftsordnung (NIWO)

1.2.7.4.2.1.1 Die allgemeine Bedeutung der UN-Resolutionen zur Schaffung einer NIWO

Die UN-Vollversammlung hat mehrere Resolutionen zur NIWO verabschiedet. Die wichtigsten von ihnen sind: die „Declaration on the Establishment of a NIEO“ (Resolution 3201 (S-VI) vom 1.5.1974); die „Charter of Economic Rights and Duties of States“ (Resolution 3281 (XXIX) vom 12.12.1974). Letztere Resolution ist von herausragender Bedeutung für die NIWO sowie allgemein für die internationalen Beziehungen.

Die NIWO-Resolutionen sind nach massiven Bemühungen der Entwicklungsländer zustandegekommen. Daher bringen sie in erster Linie die Wünsche dieser Länder zum Ausdruck[267], relativ schnell[268] geeignete internationale Instrumente zu schaffen, um die internationalen ökonomischen Beziehungen vorwiegend unter Beachtung ihrer Interessen umzugestalten, mit dem Ziel, eines Tages tatsächliche Gleichheit zwischen allen Staaten herzustellen[269]. Die NIWO-Resolutionen formulieren neue Grundsätze in den internationalen ökonomischen Beziehungen und sind die Grundlage aller internationalen Verhandlungen über Weltwirtschafts- und entwicklungspolitische Fragen[270].

1.2.7.4.2.1.2 Die juristische Bedeutung der UN-Resolutionen zur Schaffung einer NIWO

Wie bereits nachgewiesen worden ist, können Resolutionen der UN-Generalversammlung als internationale Instrumente juristisch nicht verbindlich sein. Dies gilt auch für alle NIWO-Resolutionen. Die hier vertretene Auffassung ist international vorherrschend[271]. Solche Resolutionen werden vielmehr als „normative Vorschläge“ („normative propositions“)[272], als Bestimmungen programmatischen Charakters[273] oder auch als Empfehlungen[274] betrachtet. Dennoch besitzen derartige Resolutionen politische und moralische Bedeutung[275] und die entsprechende Verbindlichkeit, die jedoch nicht juristischen Charakters sein kann. Letzteres gilt allerdings nur für die Staaten, die diesen Resolutionen ihre uneingeschränkte Zustimmung gegeben haben. Die westlichen Länder als mögliche Geber-Länder waren und sind mit dem Inhalt dieser Resolutionen nicht einverstanden (UN-Doc. A/C.6/34/SR.61)[276]. Obwohl juristisch nicht verbindlich, vermögen die NIWO-Resolutionen auf alle Fälle die internationale öffentliche Meinung sowie teilweise die Praxis der Staaten zu beeinflussen[277]. Einige Juristen betrachten sie als juristisch verbindlich[278].

Dennoch besitzen die NIWO-Resolutionen eine wichtige Bedeutung für das Völkerrecht. Weil sie die mehr ökonomisch ausgerichtete internationale opinio necessitatis zum Ausdruck bringen[279], können sie allgemein dazu beitragen, wenn auch indirekt, das bestehende System des Völkerrechts schneller an die neuen Realitäten in den internationalen Beziehungen anzupassen[280] und damit das Völkerrecht weiter zu entwickeln[281]. Sie vermögen auf alle Fälle, als Vehikel neuer Gedanken einen Änderungsprozeß innerhalb der Völkerrechtsnormen auszulösen[282]. Von besonderer Wichtigkeit ist ferner ihre mögliche Rolle innerhalb des internationalen Normenbildungsprozesses, in dem Werte zum Tragen kommen. Sie können die Herausbildung von internationalem Vertragsrecht oder auch von internationalem Gewohnheitsrecht beeinflussen[283].

Von den NIWO-Resolutionen gehen außerdem zahlreiche Impulse aus, um den neuen Zweig des Völkerrechts, nämlich das Entwicklungsvölkerrecht besser vorzubereiten und zu begründen. So gesehen, geben die Resolutionen den Staaten die Orientierung[284] und sind allgemeine Quelle, jedoch keine Rechtsquelle des Entwicklungsvölkerrechts, wie einige Juristen meinen[285]. Vielmehr ist der Auffassung der Menschenrechtskommission von 1981 zu folgen, daß NIWO-Resolutionen den Regierungen politische Vorgehensweisen empfehlen und als Inspirationsquelle für die Formulierung von juristischen Normen für das Entwicklungsvölkerrecht dienen können[286].

1.2.7.4.2.2 Die besondere Bedeutung der Charta von 1974 für die Entwicklungsländer in ihrem Bemühen um die Schaffung einer NIWO

Gleich zu Beginn dieses Unterpunktes ist darauf hinzuweisen, daß hier kein Anspruch darauf erhoben wird, die Charta von 1974 allseitig und vollständig zu behandeln. Es geht vielmehr nur um die normbildungstheoretischen Aspekte.

Die Charta ist mit überwältigender Mehrheit angenommen worden. Es stimmten 120 dafür und 10 dagegen. Es gab ferner 10 Stimmenthaltungen. Vorwiegend seitens der westlichen Industriestaaten, die als Geber-Länder infrage kämen, sind Einwände erhoben worden. Gerade diese Länder sind jedoch, unentbehrlich, um eine NIWO zu schaffen. Die Gegnerschaft der westlichen Staaten gegenüber der Charta und den anderen NIWO-Resolutionen ist später bei vielen Anlässen mit Nachdruck geäußert worden[287].

Die Charta von 1974 bezieht sich auf unterschiedliche Sphären der internationalen Wirtschaftsbeziehungen wie z.B. auf den internationalen Handel, die Nationalisierung, die internationale ökonomische Zusammenarbeit und die Entwicklung der Naturreichtümer des Seebodens. Insgesamt enthält sie Freiheitsprinzipien, Rechte auf formelle und „wirkliche Gleichheit" (z.B. Reziprozitätsprinzipien, die Meistbegünstigungsklausel, das Diskriminierungsverbot, die „positive Diskriminierung" zugunsten der Entwicklungsländer etc.) und Solidaritätsprinzipien[288]. Obwohl die Charta von 1974 als eine Magna Charta für Nord-Süd-Beziehungen[289] mit universellem Anspruch und als Instrument für Veränderungen der internationalen ökonomischen Beziehungen[290] betrachtet werden kann, soll sie in erster Linie den durchaus berechtigten Interessen der Entwicklungsländer dienen[291].

1.2.7.4.2.3 Der juristisch nichtverbindliche Charakter der Charta von 1974

Hinsichtlich der juristischen Aspekte gelten für die Charta von 1974 im großen und ganzen jene Erkenntnisse, die bereits gewonnen worden sind und für alle Resolutionen der UN-Generalversammlung gelten. Darüber hinaus soll hier auf einige Spezifika dieses Dokuments eingegangen werden. Ursprünglich war dieses Dokument als völkerrechtlicher Vertrag gedacht. Es sollte nach der UN-Charta von 1945 in erster Linie für politische Rechte und Pflichten der Staaten eine Charta für ökonomische Rechte und Pflichten werden[292]. Die meisten westlichen Industriestaaten waren jedoch gegen ein solches Dokument. So ist die Charta als UN-Resolution angenommen worden. Aus normbildungstheoretischer Sicht stellt sie in erster Linie einen Verhaltenskodex („code of conduct“) dar.[293] Es werden damit bereits Verhaltensnormen formuliert[294], die über allgemeine Leitlinien[295] und allgemeine internationale Rechtspolitik hinausgehen. Etwas mehr als „un instrument d'incitation“ für die Verbesserung der internationalen Rechtsordnung[296] ist die Charta von 1974 ebenfalls.

Die Charta von 1974 ist ein gewichtiges internationales Dokument mit recht unterschiedlichen Bestimmungen: a) juristisch verbindlich sind jene Bestimmungen, die deckungsgleich mit den Grundprinzipien des Völkerrechts sind oder allgemeinverbindliches Gewohnheitsrecht darstellen. Was darüber hinausgeht, besitzt einen empfehlenden Charakter. Insofern empfiehlt es sich, zwischen den einzelnen Bestimmungen dieses Dokuments zu differenzieren[297]. Die Differenzierung kann jedoch nichts daran ändern, daß die Charta eben als eine Resolution der UN-Generalversammlung juristisch nicht verbindlich ist[298]. Deshalb kann die Charta keine Quelle des Völkerrechts sein[299]. Echeveria und Castañeda wollten zwar ursprünglich ein internationales Dokument „of a juridical nature“ haben (UN-Doc. TD/B/AC, 12/1), die Charta von 1974 stellt allerdings kein juristisches Dokument dar, wie hin und wieder behauptet wird[300].

1.2.7.4.2.4 Die juristische Bedeutung der Charta von 1974

Die Charta von 1974 besitzt für das Völkerrecht eine nicht zu unterschätzende Bedeutung. Diese besteht im wesentlichen im folgenden: 1. Sie orientiert auf wichtige Entwicklungen des Völkerrechts in den internationalen ökonomischen Beziehungen. 2. Sie trägt damit, wenn auch indirekt, zur Weiterentwicklung des Völkerrechts bei[301]. 3. Die Charta legt die allgemeinen Grundlagen eines sich allmählich herausbildenden neuen Zweiges des Völkerrechts fest, nämlich des Entwicklungsvölkerrechts. In diesem Kontext enthält sie Bestimmungen de lege ferenda. 4. Durch die Charta werden die Prinzipien und Normen des Völkerrechts inhaltlich konkretisiert[302]. Dies kann jedoch nicht als Kodifikation des Völkerrechts betrachtet werden. 5. Auf der Grundlage der Charta kann regionales oder auch internationales Gewohnheitsrecht entstehen[303], wenn hierfür die erforderlichen Voraussetzungen vorliegen. 6. Ferner vermag die Charta, sowohl die Erarbeitung von multilateralen Konventionen (z.B. die Internationale Seerechts-Konvention), als auch bilateraler zwischenstaatlicher Verträge zu beeinflussen.

1.3 Anmerkungen

[1] Nach J. A. Carrillo Salcedo ist daher die Respektierung der Souveränität der Staaten eine normale Sache. See Soberania del Estado y Derecho Internacional. Madrid 1976, p. 291.

[2] Vgl. auch: Kurs des Völkerrechts in sechs Bänden, Band V. Moskau 1969, p. 8 (in Russisch); K. Zemanek: Das Vertragsrecht der internationalen Organisationen. Wien 1957, pp. 9 und 17; Special-Reporter of the ILC Brierly in the first Draft of a Convention on the law of treaties (articel 2, Sub-para. b). In: Yearbook of the International Law Commission (follow: ILC-Yearbook) 1950, Vol. II (A/CN.4/23), p. 224; ILC-Special-Reporter of the ILC Lauterpacht. In: ILC-Yearbook 1953, Vol. II (A/CN.4/63), pp. 99/100.

[3] Vgl. Kurs ... (Anm. 2), S. 8; K. Doehring: Internationale Organisationen und staatliche Souveränität. In: Festgabe für E. Forsthoff. München 1967,
S. 108; R.-J. Dupuy: Le Droit International. Paris 1976, p. 92. Nach ihm unterscheiden sich Organisationen von einer Diplomatenkonferenz gerade durch ständig funktionierende Organe. Vgl. auch M. Giulano: Diritto Internazionale, I. Milano 1974, p. 91.

[4] Vgl. auch: G. I. Morozow: International organizations. Moskau 1969, S. 103 (in Russisch); Kurs ... (Anm. 2, S. 8

[5] Dieses Merkmal wurde vom dritten ILC-Spezialberichterstatter zu den Artikelentwürfen der späteren WVRK1 Fitzmaurice besonders hervorgehoben. In: ILC-Yearbook 1956, Vol. II (A/CN.4/101), pp. 107/108.
Als das typische Merkmal einer Organisation betrachtet J. M. Peláez Marón die Völkerrechtssubjektivität. Vgl. La personalidad jurídica de las organizaciones administradoras de los acuerdos sobre productos básicos. In: Revista Española de Derecho Internacional, Vol. XXXIV. Madrid 1/1982, p. 13.

[6] Vgl. auch: E. A. Schibajewa: Die Spezialorganisationen der UN. Moskau 1966, S. 27; G. I. Morozow: International organizations (Anm. 4), S. 103 (beide in Russisch); K. Zemanek: Das Vertragsrecht (Anm. 2), S. 17; M. A. Ad-Daqqāq: The international Organization. Beirut 1982, S. 35 (in Arabisch). In dem von B. M. Klimenko/B. F. Petrovskij/I. M. Rybakow: Wörterbuch des Völkerrechts ... Moskau 1982, S. 94, 96 (in Russisch) werden folgende Hauptmerkmale der internationalen Organisationen genannt: Vorhandensein eines Gründungsdokuments, das die Struktur, die
Hauptziele und Hauptrichtungen ihrer Tätigkeit regelt; ständiger und regulärer Charakter der Tätigkeit; souveräne Gleichheit der Mitgliedstaaten; Besitz gemäß der Satzung eines bestimmten Umfangs von Völkerrechtssubjektivität; Festlegung der Kompetenzen durch die Satzung; Annahme der Beschlüsse durch Abstimmung; in der Regel empfehlender Charakter der Beschlüsse. Ob alle Punkte zu den typischen Merkmalen der Organisationen gehören, ist nicht ohne weiteres zu bejahen.

[7] In: United Nations-Report of the International Law Commission on the work of its thirty-fourth session, 3 May – 23 July 1982, Suppl. No. 10 (A/37/10), (follow.: ILC-Report vom Juli 1982, Suppl. No. 10 (A/37/10), p. 27). Auf der Kodifikationskonferenz als Dokument A/CONF.129/4 vorgelegen. „Vienna convention on the law of treaties between states and international organizations or between international organizations" on 2 March 1986 (A/CONF.129/15), (follow.: WVRK2 (A/CONF.129/15), p. 6).

[8] In: ILC-Report on July 1982, Suppl ..., op. cit., p. 33.

[9] In den Artikeln 1 und 2 dieser Konvention werden die internationalen Organisationen universellen Charakters wie folgt definiert: (1) „‚International organization' means an intergovernmental organization; (2) ‚international organization of a universal character' means the

United Nations, its specialized agencies, the International Atomic Energy Agency and any similar organization whose membership and responsibilities are on a world-wide scale". In: UN-Doc. A/CONF.67/16 sowie in: AJIL 69 (1975), p. 730.

[10] In: A/CN.4/279, 29.3.1974, vorgelegt der 26. ILC-Session, p. 20.

[11] In: A/CN.4/SR.1277, 17.6.1974, p. 11.

[12] GBl, Teil II, 1983, No. 1, p. 1.

[13] In: Ibid., p. 2.

[14] So im Bericht der ILC über ihre 33. Session 1981. In: ILC-Yearbook 1981 (Suppl., A/36/10), Vol. II, p. 274, para. 116 und im ILC-Report vom Juli 1982, Suppl. No. 10 (A/37/10), p. 16, para. 42.

[15] Stellvertretend für andere seien die Stellungnahmen Kanadas vom 25.4.1980 und Deutschlands vom 10.3.1981 genannt. Vgl in: ILC-Report 1981, Annex II, A/CN.4/339 Add. 1–8, pp. 417/418, 425, para. 3.
In der Fachliteratur wird auf derartige Unterschiede ebenfalls hingewiesen. Vgl. C. P. Economidés: Nature juridique des actes des organisations internationales et leurs effets en droit interne. In: Revue Hellénique de Droit Internationale, Athénes, 1–4/1970, p. 226.

[16] Vgl. auch: Völkerrecht, Lehrbuch, Teil 2. Berlin 1982, S. 13.

[17] In: ILC-Yearbook 1981 (A/36/10), Vol. II, p. 292.

[18] In: ILC (XXXIII)/Conf. Room, Doc. 2, p. 4.

[19] In: A/CN.4/339/Add. 6, p. 4, para. 8 or in: ILC-Yearbook 1981, op. cit., p. 424.

[20] In: A/CN.4/1.331/Add. 1, p. 14.

[21] Stellvertretend für die sowjetische Völkerrechtswissenschaft seien als Beispiel genannt: D. B. Lewin: Grundprobleme des gegenwärtigen Völkerrechts. Moskau 1958, S. 83; I. I. Lukaschuk: Partner der internationalen Verträge. Moskau 1966, S. 9, 120, 125; V. Schurschalow: Völkerrechtsbeziehungen. Moskau 1977, S. 44 – 47; D. I. Feldmann/G. I. Kurdjukow: Haupttendenzen der Völkerrechtsentwicklung. Kasan 1974, S. 24; G. I. Morozow: Internationale Organisationen (Anm. 4), S. 106 (alle Titel in Russische).

[22] Vgl. z. B.: D. B. Lewin: Fundamental tendencies (Anm. 21), S. 85. Auf der 605. Sitzung des Rechtskomitees der 14. Tagung der UN-Generalversammlung äußerte sich diesbezüglich der ukrainische Vertreter sehr vorsichtig: Einige internationale Organisationen besitzen vielleicht keine Völkerrechtssubjektivität. Vgl. nach A/CN.4/L.161 (Arbeitspapier des Generalsekretärs, beraten auf der 23. ILC-Tagung 1971), p: 43, para. 54, footnote 116.

[23] So z. B. E. A. Schibajeva/M. Potocny: Rechtsfragen des Aufbaus und der Tätigkeit internationaler Organisationen. Moskau 1980, S. 43 und teilweise auch N. A. Uschakow: Subjekte des gegenwärtigen Völkerrechts. In: SEMP 1964–1965, Moskau 1966, S. 60 (beide in Russisch).

[24] See: Z. I. H. Detter: Law Making by International Organizations. Stockholm 1965, pp. 21/22; M. Rama-Montaldo: International legal personality and implied powers of international organizations. In: The British Yearbook of International Law. London 1970, Vol. 44, pp. 126/127; E. A. Schibajewa: Die Spezialorganisationen ... (Anm. 6), S. 32. Im Wörterbuch des Völkerrechts. Moskau 1982, S. 214 werden die Völkerrechtssubjekte wie folgt definiert: „Teilnehmer an den internationalen Beziehungen, die internationale Rechte und Pflichten besitzen und sie im Rahmen und auf der Grundlage des Völkerrechts ausüben" (S. 214) (beide in Russisch). Dieser Definition kann im Prinzip zugestimmt werden, weil sie die Ausübung der Rechte als aktives Element enthält.

[25] See e. g. I. Cloşcă (Coord.): Dictionar de drept international public. Bucuresti 1982, p. 47 und T. Ansbach: Die Vertragsfähigkeit internationaler Organisationen mit Koexistenzcharakter und angrenzende Aspekte ihrer Völkerrechtssubjektivität. Dissertation A, Leipzig 1977, S. 23.

[26] J. Schulz nennt dies als ein selbständiges Merkmal. Vgl. Das Problem der Völkerrechtssubjektivität der internationalen Organisationen. Habilitationsschrift, Potsdam-Babelsberg 1967, S: 208.
[27] Bei E. A. Schibajewa ist dies ein wichtiges Merkmal der Völkerrechtssubjektivität. Vgl. Der Rechtsstatus der internationalen Organisationen. Moskau 1972, S. 12 (in Russisch).
[28] Vgl. E. A. Schibajewa/M. Potocny: Rechtsfragen ... (Anm. 23), S. 51.
[29] Vgl. V. M. Schurschalow: Völkerrechtsbeziehungen (Anm. 21), S. 60.
[30] GBl, Vol. II, 1983, Nr. 1, p. 2. Die Seerechtskonvention von 1982 bestimmt im Artikel 176 ebenfalls ausdrücklich die Völkerrechtssubjektivität der Meeresbodenbehörde: „Die Behörde hat den status einer internationalen Rechtspersönlichkeit." In: Convention on the law of the Sea (A/CONF.62/122), 7 Oct. 1982.
[31] So z. B. in Art. III der „Konvention über den Rechtsstatus, die Privilegien und Immunitäten zwischenstaatlicher ökonomischer Organisationen, die in bestimmten Bereichen tätig sind" vom 15.12.1980. In: GBl, Vol. II, 1983, S. 2.
[32] In: Ibid.
[33] Diese in der sowjetischen Völkerrechtswissenschaft vorherrschende Auffassung wird auch von vielen westlichen Juristen geteilt. Vgl. z.B.: K. Zemanek: Das Vertragsrecht der internationalen Organisationen. Wien 1957, S. 21; I. Seidl-Hohenveldern: Lernprogramm Internationale Organisationen und Europäische Gemeinschaften. Köln et alt. 1971, S. 46; G. Ress: Die Bedeutung der Rechtsvergleichung für das Recht internationaler Organisationen. In: ZaöRV Stuttgart 1–3/1976, S. 243; J. M. Peláez Marón: La personalidad jurídica ... (Anm. 5), p. 10.
[34] Diese Auffassung wird vor allem von W. Jenks vertreten. See The proper law of international Organizations. London 1962, p. 259.
[35] Damit kommt es zu einer Gleichsetzung der Völkerrechtssubjektivität von Staaten und Organisationen. Der international bekannteste Vertreter dieser Position ist F. Seyerstedt: International personality of intergovernmental organizations: Do their capacities really depend upon constitutions? In: The Indian Journal of International Law. Bombay 4/1964, p. 55.
[36] Hierbei handelt es sich um eine in der sowjetischen Völkerrechtswissenschaft unstrittige Erkenntnis. Vgl. z. B.: Kurs des Völkerrechts (Anm. 2), S. 141; G. I. Tunkin (Ed.): Völkerrecht. Moskau 1982, S. 99; Wörterbuch des Völkerrechts (Anm. 6) S. 171 (alle Titel in Russisch); G. Moca: Dreptul International. Bucuresti 1983, p. 260. Weitere Völkerrechtler sind ebenfalls dieser Meinung. Vgl. z. B.: St. Verosta auf der 29. ILC-Session im Juni 1977 (A/CN.4/SR.1432, p. 3); G. Abi-Saab: La notion d'organisation internationale: essai de synthèse, Introduction. In: Le concept d'organisation internationale. Paris 1980, p. 12.
[37] Dies ist in der sowjetischen Völkerrechtswissenschaft ebenfalls eine allgemeine Erkenntnis. Stellvertretend für mehrere vgl.: E. A. Schibajewa: Der Rechtsstatus ... (Anm. 27), S. 64/65; G. I. Morozow: Internationale ... (Anm. 4), S. 106; D. I. Feldman/G. I. Kurdukov: Haupttendenzen ... (Anm. 21), S. 48.
Einzelne westliche Völkerrechtler betrachten die Völkerrechtssubjektivität der Organisationen ebenfalls als begrenzt. Vgl. z. B.: M. Giulano: Diritto Internazionale, op. cit., p. 92; P. A. Sereni: Diritto Internazionale, II, Milano 1960, p. 847; M. Rama-Montaldo: International legal ... Ibid., S. 141; I. Seidl-Hohenveldern: Das Recht der internationalen Organisationen einschließlich der supranationalen Gemeinschaften. Köln 1972, S. 33; H. Mosler: Die Erweiterung des Kreises der Völkerrechtssubjekte. In: ZaöRV, Stuttgart 1962, Vol. 22, S. 23.
[38] Vgl. auch I. .I. Lukashuk: Die Partner ... Ibid. S. 48 (in Russisch).
[39] So e. g. die Stellungnahmen der FAO (A/CONF.39/5, Vol. I, p. 12) and of IBRD (A/CONF.39/7/Add. 1 and Corr. 1, para. 3). See first report of Reuter 3.4.1972 (A/CN.4/258, p. 34, para. 51).

[40] Eizelne Elemente dieser Auffassung sind auch bei S. V. Tschernitschenko zu finden. Vgl. Die Völkerrechtsnormen und die Besonderheit ihrer Struktur. In: SEMP 1979, Moskau 1980, S. 54, 60 (in Russisch).
[41] Das würde nach der Auffassung Brierlys bedeuten, daß die Vertragsfähigkeit der Organisationen anerkannt wird. See in: ILC-Yearbook 1950, Vol. II, p. 224.
[42] In: ILC-Yearbook 1950, Vol. I, 52nd meeting, para. 72.
[43] In: ILC-Yearbook 1950, Vol. II, p. 381.
[44] See A/CN.4/271, 15.5.1973, p. 13, para. 45.
[45] Uschakow schlug ferner vor, bei der Formulierung des Artikelentwurfs 6 seine Auffassung zu übernehmen (A/CN.4/SR.1275, 13.6.1974, p. 17).
[46] Vgl. ILC-Report on July 1982, Suppl. No. 10 (A/37/10), pp. 33/34, para. 21–23.
[47] In: ILC-Yearbook 1953, Vol. II (A/CN.4/63), p. 91.
[48] In: ILC-Yearbook 1962, Vol. II, pp. 35/36.
[49] In: Ibid., p. 163.
[50] In: A/CN.4/271 (2. report, 15.5.1973, p. 12, para. 41; p. 13, para. 43) and A/CN.4/279 (3. report, 29.3.1974), p. 28. Sein Formulierungsvorschlag für den Artikelentwurf lautete: Im Falle von internationalen Organisationen wird die Fähigkeit, Verträge abzuschließen, von den einschlägigen Regeln jeder Organisation bestimmt. Einen ähnlichen Vorschlag unterbreitete Kearney (A/CN.4/SR.1277, p. 11). In einem anderen Zusammenhang – es ging auf der 30. ILC-Session 1978 um den Artikelentwurf 39 – betonte Ushakov, daß die Organisationen bezüglich des Vertragsabschlusses durch ihre Gründungsdokumente und andere geltende Regeln gebunden sind (A/CN.4/SR.1507; p. 13, para. 34).
[51] So z. B.: von Tammes und Hambro auf der 26. ILC-Session 1974 (A/CN.4/SR.1274) and Schwebel auf der 30. Session 1978 (A/CN.4/SR.1507, p. 13, para. 36; p. 14, para. 40). Gegen diese Auffassung wandte sich Uschakow auf der 33. ILC-Session 1981 massiv (A/CN.4/SR.1648, pp. 13/14).
[52] See ILC-Report über ihre 33. Session 1981. In: ILC-Yearbook 1981 (Suppl. A/36/10), Vol. II, p. 295. Dennoch wurde von der ILC darauf hingewiesen, daß mit der Formulierung „relevant rules“ der Organisation im Artikelentwurf 6 nicht die Absicht verfolgt wurde, den Status einer Organisation festzulegen. Vgl. auch ILC-Report vom Juli 1982, Suppl. No. 10 (A/37/10), p. 41, para. 2.
[53] In: Ibid.
[54] Ibid., p. 27.
[55] Der Vertreter der USA im Rechtskomitee der 30. Session der UN-Generalversammlung meinte z. B., daß Organisationen volle Vertragsfähigkeit besitzen, außer wenn diese ihnen in den Satzungen ausdrücklich abgesprochen wird (A/C.6/SR.1494).
[56] Der Vertreter Kenyas lehnte die „inherente“ Vertragsfähigkeit ab und stellte klar, daß eine Organisation auf der Basis einer Ermächtigung durch das Gründungsdokument Verträge abschließen kann (A/C.6/SR.1401). Für die Ableitung der Vertragsfähigkeit vom Gründungsdokument plädierten ferner die Vertreter Griechenlands und Kenyas (ibid.) sowie die bulgarische und die rumänische Regierungsstellungnahme. In: ILC-Report 1981, Annex II, A/CN.4/339 Add. 1–8, pp. 416, 435, para. 3.
[57] G. Hartmanns Vorschlag zum Artikelentwurf 6 (Jede zwischenstaatliche Organisation besitzt die Fähigkeit, Verträge abzuschließen) nimmt keinen Bezug auf das Gründungsdokument und läuft im Grunde auf eine a priori-Vertragsfähigkeit hinaus. Vgl. The capacity of international organizations to conclude treaties. In: K. Zemanek (Ed.): Agreements of international

organizations and the Vienna Convention on the Law of Treaties, als Suppl. 1 der „Österreichischen Zeitschrift für öffentliches Recht" erschienen, Wien, New York 1971, p. 27.

[58] Vgl. auch M. Oeser: Probleme der Wirkung der Grundprinzipien des Völkerrechts in den internationalen Organisationen. In: Wissenschaftliche Zeitschrift der Humboldt-Universität, Berlin 3/1975, S. 331.

[59] G. I. Tunkin unterscheidet zwei Aspekte der Kompetenzen einer Organisation und ihrer Organe: Die gegenständliche Kompetenz. Sie bestimmt den Bereich der Fragen, die der Kompetenz der Organisationen unterliegen; die Juristiktionskompetenz. Sie legt die Rechtskraft der Akte einer Organisation zu einzelnen Fragen fest, die zu ihrer gegenständlichen Kompetenz gehören. Vgl. Theorie des Völkerrechts. Moskau 1982, S. 175. Zur Problematik der Kompetenzen, vgl. ähnlich auch: R.-J. Dupuy: Le Droit International. Paris 1976, p. 92; Ph. Manin: Droit International Public. Paris 1979, p. 229; S. Dreyfus: Droit des relations internationales. Paris 1981, pp. 92, 488; M. Virally: Le valeur juridique des recommandations des organisations internationales. In: Annuaire Français de droit international. Paris II/1956, p. 82.

[60] F. I. Koschevnikow geht noch weiter, indem er die Vertragsfähigkeit als „Grundrecht" der Völkerrechtssubjektivität bezeichnet. Vgl. Völkerrecht. Moskau 1980, S. 261 (in Russisch)

[61] So e.g. Lauterpacht: Die Fähigkeit Verträge abzuschließen, ist sowohl ein Ergebnis der Völkerrechtssubjektivität als auch eine Bedingung der effektiven Erfüllung ihrer Funktionen als internationale Organisation. In: ILC-Yearbook 1953, Vol. II, pp. 99/100

[62] So D. I. Feldmann/G. I. Kurdjukow: Haupttendenzen ... (Anm. 21), S. 26.

[63] So A. Peck: Die Kodifizierung des Vertragsrechts der internationalen Organisationen im Rahmen der Vereinten Nationen. Dissertation A, Potsdam-Babelsberg 1975, S. 33. Andere Juristen wiederum meinen, daß die Vertragsfähigkeit der Organisationen ihre Völkerrechtssubjektivität voraussetzt. Vgl. z. B. H. Thierry/J. Combacau: Droit International Public. Paris 1975, p. 72.

[64] Gemäß Artikel XI ihres Statuts kann z. B. die IAEA Vereinbarungen darüber treffen, zu welchen Bedingungen sie spaltbares Material, Dienstleistungen etc. zur Verfügung stellt. In: UNTS 276, p. 4 sowie in BGBl. 1957 II, p. 1357 und BGBl. 1958 II, p. 4. Das neueste Beispiel auf diesem Gebiet ist in Artikel 1 der Anlage IX („Die Teilnahme internationaler Organisationen") zur Seerechtskonvention von 1982) enthalten. Dort heißt es: „Im Sinne des Artikels 305 und diese Anlage bedeutet, internationale Organisation' eine zwischenstaatliche, von Staaten geschaffene Organisation, der ihre Mitgliedstaaten die Zuständigkeiten für durch diese Konvention geregelte Fragen, einschließlich der Zuständigkeit in bezug auf diese Fragen Verträge zu schließen, übertragen haben." Convention on the Law of the Sea, A/CONF.62/122, 7 Oct. 1982.

[65] So insbesondere Wörterbuch ... (Anm. 6), S. 44; V. M. Schurschalow (Anm. 29), S. 83.

[66] Statt mehrerer seien genannt: J. M. Peláez Marón: La personalidad jurídica ... (Anm. 5), pp. 14/15; J. A. Carrillo Salcedo: Soberania del Estado y Derecho Internacional. Madrid 1976, p. 19. Er sieht im Bestreben, die Rechtssubjektivität und Handlungsfähigkeit aus dem Völkerrecht abzuleiten und damit der Kontrolle durch die Mitgliedstaaten zu entziehen, eine der wichtigsten Ursachen für Spannungen in den internationalen Beziehungen.

[67] Vgl. auch: H. Neuhold: Organs competent to conclude treaties for international organizations and the international procedure leading to the decision to be bount by a treaty. In: K. Zemanek (Ed.): Agreements of international organizations ... Ibid., p. 205; E. A. Schibajewa: Der Rechtsstatus ... (Anm 27), S. 65.

[68] Vgl. A/CN.4/279 (3. Reuter-Report on 29 March 1974), p. 30, para. 4/5. Reuter begründete den begrenzten Charakter der Vertragsfähigkeit damit, daß Verträge der Organisationen sich vorwiegend auf Verwaltungsfragen und operative Aktivitäten erstrecken. See A/CN.4/271 (2. Reuter-Report), p. 14, para. 47.

[69] In: ILC-Yearbook 1962, Vol. I, para. 39. Entgegengesetzter Meinung war auf der 29. ILC-Session 1977 Verosta (A/CN.4/SR.1432).
[70] In: ILC-Yearbook 1981 (Suppl. A/36/10), Vol. II, p. 274, para. 116.
[71] Vgl. the ILC-Report on July 1982, Suppl. No. 10 (A/37/10), p. 41, para. 3. In seinem 1. report meinte Reuter, daß einige Organisationen mehr Vertragsfähigkeit als andere besitzen (A/CN.4/258, p. 17, para. 27).
[72] G. Hartmann lehnt hingegen jedwede Gleichstellung von Staaten und Organisationen ab. See The capacity of international organizations to conclude treaties. Ibid., p. 135.
[73] Hierfür plädierte die bulgarische Regierungsstellungnahme vom April 1981 zu den Artikelentwürfen. In: ILC-Report 1981, Annex II, A/CN.4/339 Add. 1–8, p. 416.
[74] Am 2.7.1954 wurde z. B. zwischen Frankreich und der UNESCO das Sitzabkommen abgeschlossen und am 3.3.1951 zwischen Syrien und der ILO über technische Hilfe, obwohl sie in den Gründungsdokumenten der genannten Organisationen nicht vorgesehen waren (UNTS 357:3 bzw. UNTS 110:69).
[75] Vgl. in diesem Sinne auch J. Schulz: Das Problem der Völkerrechtssubjektivität der internationalen Organisationen. Habilitationsschrift, Potsdam 1967, p. 298.
[76] Vgl. teilweise auch: Wörterbuch des Völkerrechts. Ibid., S. 225; N. N. Uljanova: Allgemeine multilaterale Verträge in den gegenwärtigen internationalen Beziehungen. Kiew 1981, p. 116 (in Russisch); J .M. Peláez Marón: La personalidad jurídica. Ibid., p. 11; T. I. H. Detter: Law Making by International Organizations. Stockholm 1965, pp. 24/25; Sperduti, italienischer Vertreter im Rechtskomitee der 37. Tagung der UN-Generalversammlung (A/C.6/37/SR.47, p. 12, para. 40).
[77] Stellvertretend für andere seien erwähnt: E. J. de Aréchaga: Derecho constitucional de las Naciones Unidas. Madrid 1958, p. 204; Sh. Rosenne: Is the constitution of an international organization an international treaty? In: Communicazioni e studi. Milano 1966, V. XII, p. 50; W. Friedmann: The Changing Structure of International Law. New York 1966, p. 153; K. Zemanek: Das Vertragsrecht der internationalen Organisationen, Wien 1957, p. 11. Letzterer betont den nach seiner Meinung doppelten Charakter der Satzungen der Organisationen: völkerrechtliche Verträge und Verfassungen. Er begründet den Verfassungscharakter mit dem Hinweis darauf, daß die Satzungen einiger Organisationen (WHO, ILO, FAO etc.) offiziell als „Constitutions“ bezeichnet werden.
[78] Vgl. auch: N. N. Uljanowa: General multilateral treaties … (ibid.), S. 114; G. I. Tunkin: Theorie des Völkerrechts. Ibid., S. 378 (in Russisch).
[79] N. Valticos behauptet, dies sei bei der ILO-Satzung der Fall. Vgl. Droit international du travail. Paris 1970, p. 143.
[80] Zu den wichtigsten Verfechtern dieser These zählen: McNair: The Law of Treaties. Oxford 1961, p. 729; G. Scelle: Cours de droit international public. Paris 1948, p. 598 und vor allem W. Jenks: New World of Law. A Study of the Creative Imagination in International Law. London 1968, p. 134. Andere Juristen sprechen von der „gesetzgebenden“ oder der „quasi-gesetzgebenden“ Gewalt der UNO. Vgl. besonders: La Pradelle: Cours de droit international public. Provence 1955, p. 38; P. Reuter: Organisations internationales et l’évolution du droit. Paris 1956, p. 451.
[81] Vgl.the ILC-Report on July 1982, Suppl. No. 10 (A/37/10), p. 40.
[82] Reuter begründete den Artikelentwurf 39 damit, daß er vom Artikelentwurf 6 nicht abweicht, der die Vertragsfähigkeit einer Organisation von ihren „relevant rules“ abhängig macht. Er wurde dabei nur von Uschakow nicht unterstützt. Letzterer wandte sich im Gegenteil massiv gegen die Auffassung Reuters (A/CN.4/SR.1507), pp. 5–7, 11, 13, para. 8, 11, 26, 34. Uschakow ver-

trat die Meinung, daß während Staaten von ihrer Verfassung abweichen und sie dann revidieren können, etwas ähnliches bei Organisationen nicht möglich ist. Sie haben sich auch im Falle des Artikelentwurfs 39 nach ihren Gründungsdokumenten zu richten (ibid., pp. 5/6, 13, para. 8, 34).

[83] Vgl. ibid.

[84] Um Rechtswirkungen entfalten zu können, haben die Verträge der Organisationen ihren Gründungsverträgen zu entsprechen. Vgl. P. Terz/T. Ansbach: Die Kodifizierung des Vertragsrechts der internationalen Organisationen – Theoretische Probleme. In: Wissenschaftliche Zeitschrift der Universität Leipzig, 4/1982, S. 372. B. Kaczyński bezeichnet zutreffend die Verträge von Organisationen als „Durchführungsakte bezüglich der statutenmäßigen Bestimmungen". Vgl. Zur Frage der Rechtssubjektivität der Organisation der Afrikanischen Einheit. In: Casopis pro mezinárodni
Právo. Praha 2/1966, X, S. 166 (in Tschechisch).

[85] Convention on the Law of the Sea, A/CONF.62/122, 7 Oct. 1982.

[86] Vgl. in: ILC-Yearbook 1962, Vol. II, p. 164.

[87] Doc. A/CONF.39/27. In: United Nations Conference on the Law of Treaties, First and second sessions 1968/1969, Official records, p. 290.

[88] Deshalb kann der Meinung Reuters (3rd report on 29 March 1974, A/CN.4/279, p. 34) nicht beigepflichtet werden, wonach die WVRK1 über die Auslegung von Gründungsdokumenten nichts aussagt.

[89] Doc. A/CONF.39/27. In: United Nations Conference on the Law of Treaties ..., op. cit., p. 293.

[90] Vgl. auch F. McMahon: The Court of the European communities: Judicial interpretation and international organization. In: The British Yearbook of International Law. London 1961, XXXVII, p. 340. Nach seiner Meinung sollen durch die teleologische Interpretation Vertragslücken geschlossen werden.

[91] I.C.J.-Reports, 1949, p. 182. Es ging um die Wiedergutmachung von Schäden, die durch UN-Organe verursacht wurden.

[92] Ibid., p. 308.

[93] Vgl. auch G. Peruzzo: Das Problem der implied powers der Organe der Europäischen Gemeinschaften. Dissertation, Marburg/Lahn 1979, S. 32/33 und 37.

[94] So K. Zemanek: Das Vertragsrecht der internationalen Organisationen. Wien 1957, S. 22.

[95] Vgl. I. Seidl-Hohenveldern: Lernprogramm Internationale Organisationen und Europäische Gemeinschaften. Köln, Berlin 1971, S: 251.

[96] So J. F. McManon: The Court of the European communities (ibid.), p. 340.

[97] Vgl seiner 3rd report (A/CN.4/279, p. 39).

[98] Convention on the Law of the Sea, op. cit.

[99] Als Vertreter dieser Theorie können betrachtet werden: P. Reuter: Institutions internationales. Paris 1956, p. 307; A. Verdross: Völkerrecht. Wien 1964, S. 175 und besonders T. H. I. Detter: Law Making by International Organizations. Stockholm 1965, p. 25. Detter geht sogar soweit, daß sie dieser Interpretationsmethode den „Vorrang vor dem ausdrücklichen Wortlaut des Basisvertrages" zuerkennt.

[100] Vgl. F. Ermacora: Das Problem der Rechtsetzungsbefugnis durch internationale Organisationen im Rahmen der UNO. In: Berichte der Deutschen Gesellschaft für Völkerrecht. Karlsruhe 1971, Nr. 10, S. 51.

[101] Convention on the Law of the Sea, op. cit.

[102] A/CONF.62/121, p. 2.

[103] Vgl. F. Seyersted: International personality of intergovernmental organizations: Do their capacities really depend upon their constitutions? In: The Indian Journal of International Law. Bombay 1/1964, Vol. 4, pp. 40, 55, 63 and Treaty making capacity of intergovernmental organizations: Article 6 of the International Law Commission's draft articles on the law of treaties between states and international organizations or between international organizations. in: ÖZöRV 34/1983, p. 264. Seyersted behauptet ferner, daß die „stillschweigenden Kompetenzen" im Vertragsrecht vorgesehen seien, wobei er damit nicht den Gründungsvertrag meint. Vgl. United Nations Forces in the Law of Peace and War. Leiden 1966, p. 146.
[104] Eine solche Position wird von D. W. Bowett bezogen. See United Nations Forces. London 1964, p. 308.
[105] Vgl. N. N. Uljanowa: Allgemeine multilaterale Verträge ... (ibid.), S. 118.
[106] Auf den Zusammenhang von Völkerrechtssubjektivität und Rechtswillen der Organisationen wird hin und wieder hingewiesen. Vgl. z. B.: J. M. Peláez Marón: La personalidad jurídica ... Ibid., p. 13; E. A. Schibajewa/M. Potocny: Rechtsfragen ... Ibid., S. 45.
[107] Im Unterschied hierzu wird in der Fachliteratur teilweise eine unmittelbare Abhängigkeit des Rechtswillens der Organisationen von jenem der Staaten gesehen. Vgl. z. B. Wörterbuch des Völerrechts. Ibid., p. 172; E. A. Schibajewa: Der Rechtsstatus ... Ibid., S. 62; V. Tschernitschenko: Die Völkerrechtsnormen ... Ibid., S. 53. Letzterer betrachtet den Rechtswillen der Organisationen zutreffend als „eine bestimmte Einheit, Ganzheitlichkeit und relative juristische Selbständigkeit" (in Russisch).
[108] I. Seidl-Hohenveldern verabsolutiert derart den Rechtswillen der Organisationen, daß es bei ihm zu einem Subordinationsverhältnis kommt, wobei dem Rechtswillen der Organisationen gegenüber jenem der Staaten Vorrangstellung eingeräumt wird. Damit soll offenkundig die These von der Notwendigkeit der Rechtserzeugung durch die Organisation begründet werden. Vgl. Lernprogramm Internationale Organisationen ... Ibid., S. 190. Später hat er offensichtlich seine Ansicht in einem ähnlichen Zusammenhang modifiziert: Die Gründerstaaten einer Organisation bleiben die Herren über den Gründungsvertrag und ihr „Geschöpf". Vgl. Der Rückgriff auf die Mitgliedstaaten in internationalen Organisationen. In: Völkerrecht als Rechtsordnung. Internationale Gerichtsbarkeit, Menschenrechte. Festschrift für H. Mosler, ed. von R. Bernhardt, Berlin, Heidelberg 1983, S. 885.
[109] A/CONF.129/4.
[110] United Nations Conference on the Law of Treaties. First and second sessions 1968/1969, Official Records, p. 9.
[111] Vgl. zu den theoretischen Aspekten des Problems P. Terz: Die Rolle des völkerrechtlichen Vertrages in der Gegenwart. In: Neue Justiz, 3/1980, S. 106.
[112] Im Wörterbuch des Völkerrechts. Ibid., S. 44, wird ebenfalls die Meinung vertreten, daß die völkerrechtlichen Verträge der Organisationen genauso juristisch verbindlich sind wie die von Staaten abgeschlossenen Verträge.
[113] So schlossen die meisten UN-Spezialorganisationen Sitzabkommen mit der Schweiz ab: die ILO (UNTS:15, p. 377), die WHO (UNTS:26, p. 331). Weitere Organisationen taten dies mit anderen Staaten: die UNESCO mit Frankreich (Doc. ST/CEG/SER.B/11, p. 240) und die IAEA mit Österreich (UNTS:339, p. 110).
[114] Zwischen Sudan und der IMCO wurde z. B. 1965 ein solcher Vertrag abgeschlossen (UNTS:547, p. 264).
[115] Artikel XII und XIII schaffen z. B. die juristische Basis für die Beziehungen zur UNO und für Vereinbarungen mit anderen Organisationen. Vgl. in: International Governmental Organizations, Ed. A.I. Peaslee, Vol. I, The Hague 1956, p. 496.

[116] Doc. A/CN.4/SR.1546, 8.6.1979, p. 10.
[117] Ibid., p. 10, para. 10/11.
[118] Am Anfang setzten sich folgende ILC-Mitglieder für die Beibehaltung des Absatzes 3 ein: Yankow (ibid., p. 14, para. 34), Pinto, Schwebel und Sucharitkul (A/CN.4/SR.1547, pp. 3/4, 7 und 12, para. 1, 2, 13 und 22). Pinto meinte jedoch, daß sich Artikel 103 auf die Organisationen nicht erstrecke (ibid., p. 4, para. 2). Die eben genannten Völkerrechtler äußerten zugleich Bedenken, ob der Inhalt des Absatzes 3 richtig plaziert sei (ibid., p. 4, 12, 14, para. 2, 22 und 34). Tsuruoka schlug vor, die Bezugnahme auf Artikel 103 im Zusammenhang mit den allgemeinen Bestimmungen der Artikelentwürfe vorzunehmen (ibid., p. 5, para. 7). Für die Streichung des Absatzes 3 setzte sich Francis ein, weil nach seiner Ansicht sich Artikel 103 nur auf Staaten erstrecke (ibid., p. 6, para. 10).
[119] Vgl. A/CN.4/SR.1559, p. 4, para. 5.
[120] Während Uschakow die Frage stellte, ob alle Ius cogens-Normen, die für die Staaten gelten, auch für Organisationen Geltung besitzen sollten, bejahte Francis letzteres mit der Begründung, daß die Organisationen ebenfalls Völkerrechtssubjekte sind. Die Bedeutung des Artikelentwurfs 53 für Staaten sowie für Organisationen wurde von Vallat ebenfalls hervorgehoben (ibid., pp. 4/5, para. 7/8).
[121] Vgl. ILC-Report an July 1982, p. 118 (Kommentar zum Artikelentwurf 53).
[122] Vgl. ausführlich: P. Terz: Westliche Auffassungen über Grundprinzipien und ius cogens im Völkerrecht. In: Neue Justiz, Berlin 7/1983, S. 279 und E. Koloma: Kritische Analyse bürgerlicher Auffassungen über das ius cogens im Völkerrecht. Vom Autor betreute Dissertation A, Leipzig 1981.
[123] Vgl. beispielsweise: M. Virally: L'Organisation mondiale. Paris 1972, p. 195, (la généralité du consensus); G. Arangio-Ruiz: The normative role of the General Assembly of the United Nations and the Declaration of principles of friendly relations. In: RdC 1972 (III) 137, p. 453 („Generalised and intense consensus"); I. M. Sinclair: Principles of international law concerning friendly relations and co-operation among states. In: Essays on international law in honour of Krishna Rao. Leyden 1976, p. 140 („general agreement").
[124] So G. Tunkin: Recht und Macht im internationalen System. Moskau 1985, S. 124 und A. S. Gaverdovskij: Die Anwendung der Völkerrechtsnormen. Kiew 1980, S. 36 (in Russisch).
[125] P. Weil hat den verschiedenen Thesen eigentlich über die Aushöhlung der Normativität des Völkerrechts einer gründlichen Kritik unterzogen. Vgl. seinen Beitrag „Vers une normativité relative en droit international?" In: RGDIP 1/1982, pp. 5–47.
[126] So E. Schwelb: Neue Etappe der Fortentwicklung des Völkerrechts durch die Vereinten Nationen. In: AdV 1966/1967, Vol. 13, p. 25 (Anmmerkung 93).
[127] So Chr. Tomuschat in einem Diskussionsbeitrag auf dem Symposium „Entwicklungslinien der Praxis der Vereinten Nationen in völkerrechtlicher Sicht". In: W. Kewenig (Ed.): Die Vereinten Nationen im Wandel, Berlin 1975, p. 118.
[128] So M. Bulajic: Legal aspects of a New International Economic Order. In: K. Hossain (Ed.): Legal Aspects of the New International Economic Order. London, New York 1980, p. 61. Bulajic geht sogar so weit, daß er die Unterscheidung zwischen bindenden und nichtbindenden Normen als schädlich bezeichnet. Eine solche Position ist im Interesse des Völkerrechts strikt abzulehnen.
[129] Stellvertretend für mehrere vgl. z.B. Juristen aus unterschiedlichen Rechtskreisen: J. L. Brierly: The Law of Nations. New York 1955, p. 107; M. Bos: The interpretation of decisions of international organizations. In: Netherlands international law review 1/1981, p. 1; Quoc Dinh, N./ P. Daillier/A. Pellet: Droit international public. Paris 1980, p. 336; A. Verdross: Kann

die Generalversammlung der Vereinten Nationen das Völkerrecht weiterbilden? In: ZaöRV, Band 26, 1966, p. 690 (er begründet seine ablehnende Meinung mit dem Grundprinzip der souveränen Gleichheit der Staaten); B. Simma: Zur völkerrechtlichen Bedeutung von Resolutionen der UN-Generalversammlung. In: Fünftes deutsch-polnisches Juristen-Kolloquium, Baden-Baden 1981, p. 51.

[130] So z. B.: V. David: Die Resolutionen der UN-Vollversammlung und das Völkergewohnheitsrecht. In: B. Graefrath (Ed.): Probleme des Völkerrechts. Berlin 1987, p. 23; I. I. Lukaschuk: Der Regelungsmechanismus des Völkerrechts. Kiew 1980, S. 83 (in Russisch). K. Skubiszewski: Rechtscharakter der Resolutionen der Generalversammlung der Vereinten Nationen. In: Fünftes deutsch-polnisches ..., op. cit., p. 14.

[131] So z. B. T. O. Elias: Modern sources of international law. In: Transnational law in achanging society. Essays in honour of Philip C. Jessup. New York, London 1972, p. 51; M. Bedjaoui: Un point de vue du tiers monde sur l'organisation internationale. In: G. Abi-Saab (Éd.): Le concept d'organisation internationale. Paris 1980, pp. 265/266.

[132] Vgl. insbesondere: P. Buirette-Maurau: La participation du Tiers-Monde á l'élaboration du droit international. Paris 1983, p. 70; Quoc Dinq N./P. Daillier/A. Pellet: Droit international public. Paris 1980, p. 336; J. Frowein: Der Beitrag der internationalen Organisationen zur Entwicklung des Völkerrechts. In: ZaöRV 1–3/1976, p. 150.

[133] Vgl. ähnlich auch K. Becher: Die Charta der ökonomischen Rechte und Pflichten der Staaten. In: UNO-Bilanz 1974/75, p. 81.

[134] So z. B. H. Thierry/J. Combacau u. a.: Droit international public. Paris 1975, p. 172.

[135] So G. I. Tunkin (Ed.): International law. Moscow 1982, p. 175 (in Russisch); L. A. Podesta Costa/J. M. Ruda: Derecho Internacional Publico. Ibid., p. 22.

[136] So M. Sørensen: Principes de droit international public. In: RdC 1960 (III) 101, p. 96.

[137] Die bekanntesten Vertreter von „soft law“ etc. sind R.-J. Dupuy: Droit déclaratoire et droit programmatoire: de la coutume sauvage á la „soft law“. In: L'élaboration du droit international public. Paris 1975, pp. 132–149; J. Gold: Strengthening the soft international law of exchange arrangements. In: AJIL 3/1983, pp. 443–489. See also C. Jabloner/W. Okresek: Theoretische und praktische Anmerkungen zu Phänomenen des „soft law“. In: ÖZöRV, 2–3/1983, pp. 217–241. In dieser Publikation wird die Gesamtproblematik des „soft law“ gründlich untersucht.

[138] Vgl. J. P. A. Tammes: Soft law. In: Essays on international and comparative law in honour of Erades. The Hague 1983, p. 192.

[139] Vgl. Chr. Schreuer: Die innerstaatliche Anwendung von internationalem „soft law“ aus rechtsvergleichender Sicht. In: ÖZöRV 3–4/1983, p. 245.

[140] Vgl. P. Weil: Vers une normativité relative en droit international? In: RGDIP 1/1982, pp. 5–47.

[141] Vgl. I. Seidl-Hohenveldern: International economic law. General course on public international law. In: RdC 1986 (III) 198, p. 67.

[142] Vgl. R.-J. Dupuy: Droit déclaratoire ... Ibid., pp. 132, 134, 144/145. Nach der Meinung von P. M. Martin stellt die gesamte NIWO ein „droit programmatoire“ dar. Vgl. Le Nouvel Ordre Économique International. In: RGDIP 2/1976, p. 535.

[143] Vgl. insbesondere I. I. Lukaschuk: Der völkerrechtliche Regelungsmechanismus. Ibid., S. 41–43. Als Beispiel für solche Normen nennt er das Selbstbestimmungsrecht, das ursprünglich als ein Programm verkündet wurde und sich allmählich als Rechtsnorm herausbildete und den Artikel 2 der Internationalen Konvention über sozial-ökonomische Rechte von 1966. Der programmatische Charakter dieser Bestimmung sei offensichtlich, da viele Staaten nicht in der Lage sind, solche Rechte gleich zu realisieren.

[144] Vgl. ähnlich auch J. Mourgeon: Conditions actuelles de l'élaboration du droit international public. In: L'élaboration du droit international public. Paris 1975, p. 7.
[145] Vgl. ähnlich auch Chr. Schreuer: Die Bedeutung internationaler Organisationen im heutigen Völkerrecht. In: AdV 4/1984, S. 378.
[146] Vgl. auch H. Miehsler: Zur Autorität von Beschlüssen internationaler Institutionen. In: Chr. Schreuer (Ed.): Autorität und internationale Ordnung. Berlin 1979, S. 45.
[147] Vgl. auch R.-J. Dupuy: Droit déclaratoire ... Ibid. p. 146.
[148] Vgl. auch G. S. Varges: The New International Economic Order. Frankfurt/M., Bern 1983, p. 90.
[149] Vgl. auch M. Grüningen: Die Resolutionen der Generalversammlung der Vereinten Nationen und ihr Einfluß auf die Fortbildung des Völkerrechts. In: Festschrift für R. Bindschedler. Bern 1980, S. 196–198.
[150] Vgl. insbesondere the UNITAR-Study von 1984 über die Entwicklung der Völkerrechtsnormen durch die NIWO (A/39/504/Add. 1).
[151] Vgl. auch P. Buirette-Maurau: La Participation du Tiers-Monde á L'élaboration du droit international. Paris 1983, p. 71.
[152] Vgl. the UNITAR-Study, ibid., p. 37.
[153] Vgl. auch ibid. und A. Pellet: Le droit international du développement. Paris 1978, p. 66.
[154] Vgl. auch Chr. Schreuer: Die Beschlüsse internationaler Organisationen. In: Österreichisches Handbuch des Völkerrechts, 1, Textteil, Wien 1983, S. 90.
[155] Vgl. ähnlich auch T. Gebrehana: Duty to negotiate, an element of international law. Uppsala 1978, p. 27.
[156] Vgl. auch M. Bos: The interpretation of decisions of international organizations. In: Netherlands international law review 1/1981, p.1.
[157] Vgl. I. I. Lukaschuk: Der völkerrechtliche ... Ibid., S. 93.
[158] Vgl. ähnlich auch J. Frowein: Der Beitrag der internationalen Organisationen zur Entwicklung des Völkerrechts. In: ZaöRV 1–3/1976, S 147.
[159] Vgl. auch M. Ad-Daqqāq: The international ..., op. cit., p. 128.
[160] Vgl. auch J. Mourgeon: Conditions actuelles ... Ibid., p. 7.
[161] Vgl. G. K. Dmitrijewa: Die Gerechtigkeit und das Völkerrecht. In: SGiP 5/1984, p. 93 (in Russisch).
[162] See also B. Bollecker-Stern: The legal character of ... Ibid., p. 71.
[163] Vgl. auch M. Bothe: Legal and non-legal norms – a meaningful distinction in international relations. In: Netherlands Yearbook of International Law, Vol. XI, 1980, p. 68; Chr. Schreuer: Die Bedeutung internationaler ... Ibid., S. 390; indirekt auch G. Moca: Dreptul International. Bucuresti 1983, p. 74 (Resolutionen als Ausdruck der Willensübereinstimmung).
[164] Vgl. ähnlich auch N. Quoc Dinh/P. Daillier/A. Pellet: Droit International Public. Paris 1980, p. 335; G. Arangio-Ruiz: The normative role of the ... Ibid., p. 487; K. Becher: Der Beitrag der Vereinten Nationen zum demokratischen Völkerrecht. In: Deutsche Außenpolitik 10/1980, S. 53.
[165] Vgl. auch V. David: Die Resolutionen der UN-Vollversammlung und das Völkergewohnheitsrecht. In: B. Graefrath (Ed.): Probleme des Völkerrechts. Berlin 1987, S. 25.
[166] See N. Quoc Dinh/P. Daillier/A. Pellet: Droit International ... Ibid., p. 337.
[167] See also U. Scheuner: Zur Auslegung der Charta ... Ibid., p. 112.
[168] Rede des UN-Generalsekretärs. Abgedruckt in: Vereinte Nationen 6/1982, p. 201.
[169] Vgl. ähnlich auch V. A. Honrubia: Codificacion y desarrollo progresivo del derecho internacional del desarollo. In: Revista Española de Derecho Internacional 2–3/1976, p. 371; E.

Kusch: Die Weiterentwicklung des Völkerrechts – eine friedenserhaltende Funktion der Vereinten Nationen. In: Österreichische Zeitschrift für Außenpolitik 2/1971, S. 81.

170 Vgl. insbesondere U. Scheuner: Zur Auslegung der Charta ... Ibid. S. 112; K. Becher: Der Beitrag der Vereinten Nationen ... Ibid., S. 54/55; J. Frowein: Der Beitrag der ... Ibid., S. 153, 165.

171 So B. Simma: Methodik und Bedeutung der Arbeit der Vereinten Nationen für die Fortentwicklung des Völkerrechts. In: W. Kewenig (Ed.): Die Vereinten Nationen im Wandel. Berlin, S. 93.

172 Vgl. K. Skubiszewski: Rechtscharakter der Resolutionen der Generalversammlung der Vereinten Nationen. In: Fünftes deutsch-polnisches Juristen-Kolloquium. Baden-Baden 1981, S.·18.

173 Vgl. H. Mosler: Völkerrecht als Rechtsordnung. In: ZaöRV 1–3/1976, S. 23.

174 Vgl. auch J. Casteñeda: Legal effects of United Nations resolutions. New York, London 1969, p. 11; A. Malintoppi: Le raccomandazioni internazionali. Milano 1958, p. 49.

175 Vgl. auch J. Castañeda: Valeur juridique des résolutions des Nations Unies. In: RdC 1970 (I) 129, pp. 302 ss.; P. Visscher: Observations sur les résolutions déclaratives de droit adoptées au sein de l'Assemblée générale de L'Organisation des Nations Unies. In: Festschrift für R. Bindschedler. Bern 1980, p. 179.

176 In: UNITAR-Study (A/39/504/Add. 1), p. 38.

177 Vgl. ähnlich auch M. Sørensen: Principes de droit international public. In: RdC 1960 (III) 101, p. 99; A. D'Amato: On Consensus. In: The Canadian Yearbook of International Law, Vol. VIII, 1970, p. 113; Gh. Moca: Dreptul International. Bucuresti 1983, p. 74.

178 Vgl. auch UNITAR-Study, op. cit., p. 37; I. I. Lukaschuk: Der völkerrechtlich ... Ibid., S. 82.

179 See also S. Zamora: Voting in international economic organizations. In: AJIL 3/1980, p. 569.

180 Vgl. stellvertretend für mehrere: G. R. Moncayo/R. E. Vinuesa/H. D. T. Gutierrez Posse: Derecho Internacional Publico, I, Buenos Aires 1981, p. 165 (Resolutionen bedingen z.B. die Anwendung des Kapitels XI der UN-Charta); S. Zamora: Voting in ... Ibid., p. 569.

181 Vgl. M. Sørensen: Principes de droit ... Ibid., p. 97.

182 Vgl. ähnlich auch K. Skubiszewski: Rechtscharakter der ... Ibid., S. 17; J. Aréchaga: El Derecho Internacional Contemporaneo. Madrid 1980, p. 42; H. Miehsler: Zur Autorität von Beschlüssen internationaler Institutionen. In: Chr. Schreuer (Ed.): Autorität und internationale Ordnung, Berlin 1979, S. 45.

183 Vgl. auch V. David: Die Resolutionen der UN-Vollversammlung ... Ibid., S. 25.

184 G. Tunkin (Ed.): Völkerrecht. Moskau 1982, S. 56; M. Bedjaoui: Un point de vue du tiers monde sur l'organisation internationale. In: G. Abi-Saab: Le concept d'organisation internationale. Paris 1980, p. 271 (bei ihm geht es in erster Linie um die NIWO-Resolutionen); K. Skubiszewski: Remarks of the interpretation of the United Nations Charter. In: Völkerrecht als Rechtsordnung, Internationale Gerichtsbarkeit, Menschenrecht. Festschrift für H. Mosler. Heidelberg 1983, S. 897.

185 Vgl. auch A. Verdross/B. Simma: Universelles Völkerrecht. Berlin 1976, S. 333.

186 Vgl. auch B. Simma: Zur Völkerrechtlichen Bedeutung von Resolutionen der UN-Generalversammlung. In: Fünftes deutsch-polnisches Juristen-Kolloquium, Baden-Baden 1981, S. 45; J. Castañeda: The underdeveloped nations and development of international law. In: International organization, Vol. XV, 1961, p. 46.

187 So M. Bedjaoui: Pour un nouvel ordre économique international. Paris 1978, p. 142.

188 Paradigmatisch seien erwähnt: Das kollektiv erarbeitete Papier mit dem Titel „Theory and Methodology of international Law" auf der Manila-Konferenz der International Law

Association von 1978. In: ILA Report 1978, p. 196; K. Skubiszewski: Rapport provisoire zu „Les techniques d'élaboration des grandes conventions multilatérales et des normes quasi-législatives internationales. In: Annuaire de l'Institut de Droit International, Vol. 57, Tome II, Session d'Oslo 1977. London, New York 1978, p. 63; J. G. Merrills: Anatomy of International Law. London 1976, p. 4.

[189] So z.B. O. Y. Asamoah: The legal significance of the declarations of the General Assembly of the United Nations. The Hague 1966, p. 20 and Faez Anjak: La signification juridique de la charte des droits et devoirs économiques des états. In: Droit international et développement, Actes du colloque d'Alger du 1976. Alger 1978, p. 80.

[190] Vgl. A. Verdross/B. Simma: Universelles Völkerrecht. Berlin 1976, S. 331; Chr. Tomuschat: Die neue Weltwirtschaftsordnung. In: Vereinte Nationen 4/1975, S. 99; O. Wulff: Völkerrechtliche Aspekte der Nord-Süd-Beziehungen. Die Forderungen der Dritten Welt und das Völkerrecht. In: Politik und Zeitgeschichte, B 43/1985, S. 27.

[191] Gemeint sind die in Verbindung mit der NIWO bekannten Ansprüche der Entwicklungsländer. Vgl. R.-J. Dupuy: Droit déclaratoire et droit programmatoire: De la coutume sauvage á la „soft law". In: L'élaboration du droit international public. Paris 1975, p. 146.

[192] Diese interessante Argumentation entstand bereits Mitte der 1960er Jahre. Vgl. Inis L. Claude, jr.: Collective legitimation as a political function of the United Nation. In: International Organization, Vol. 20, 1966, p. 377 und R. P. Anand: Towards a new economic order. In: International Studies 15/1976, pp. 477/478.

[193] See B. Simma: Zur völkerrechtlichen Bedeutung von ... Ibid., S. 45/46 und Chr. Schreuer: Die Beschlüsse internationaler Organisationen. In: Österreichisches Handbuch des Völkerrechts, 1, Textteil, Wien 1983, S. 90.

[194] Diese interessante Argumentation ist von P. Rösgen herausgearbeitet worden. Vgl. Rechtsetzungsakte der Vereinten Nationen und ihrer Sonder organisationen in der Bundesrepublik Deutschland, Dissertation, Bonn 1985, S. 227/228.

[195] Vgl. ähnlich auch Chr. Schreuer: Die Bedeutung internationaler Organisationen im heutigen Völkerrecht. In: AdV 4/1984, S. 381.

[196] Vgl. auch V. David: Die Resolutionen der UN-Vollversammlung ... Ibid., S. 25.

[197] Auf diesen besonders wichtigen Aspekt wird in der internationalen Fachliteratur relativ oft hingewiesen. Vgl. einige repräsentative Stimmen: Chr. Tomuschat in einem Diskussionsbeitrag auf dem Symposium „Entwicklungslinien der Praxis der Vereinten Nationen in völkerrechtlicher Sicht". In: W. Kewenig (Ed.): Die Vereinten Nationen im Wandel. Berlin 1975, S. 118 (Resolutionen haben einen bestimmten Rechtswert und befinden sich „im Vorhof der Verrechtlichung"); P.-M. Dupuy: Sur la spécifité de la norme en droit international du développement. In: M. Flory/A. Mahiou/J.-R. Henry (Éd.): La formation des normes en droit international du développement. Paris, Alger 1984, p. 135 (Resolutionen sind Voraussetzung für die Schaffung von lex ferenda); B. Stern: Le droit international du développement, un droit de finalité? In: Ibid., p. 51 (Resolutionen spielen als Bekräftigung des „muß-sein" eine wichtige Rolle bei der Entstehung von Rechtsnormen); I. F. Dekker: The new international economic order and the legal relevance of structural violence. In: Revue belge de droit international 2/1976, p. 481 (Resolutionen zeigen die Richtung, in der sich das Völkerrecht entwickeln wird); U. Scheuner: Internationale Verträge als Element der Bildung von völkerrechtlichem Gewohnheitsrecht. In: Internationales Recht und Wirtschaftsordnung, Festschrift für F. A. Mann. München 1977, S. 432/433 (Resolutionen, vor allem die einstimmig angenommenen, spielen eine große Rolle im „Vorgang der Rechtserzeugung"); E.-U. Petersmann: Zur Inkogruenz zwischen völkerrechtlicher und tatsächlicher Weltwirtschaftsordnung. In: Die Friedens-Warte 1/1976, S. 9

(Elemente oder Stufen der Völkerrechtserzeugung); E. J. Aréchaga: El Derecho internacional contemporaneo. Madrid 1980, p. 42 (in Resolutionen kristallisieren sich oft Rechtsregeln in statu nascendi); H. Golsong: Das Problem der Rechtsetzung durch internationale Organisationen (insbesondere im Rahmen der UNO). In: Berichte der Deutschen Gesellschaft für Völkerrecht, Band 10. Karlsrune 1971, S. 1 (Resolutionen können Ausgangspunkt für die Bildung von Völkerrechtsnormen bilden); O. Kimminich: Völkerrecht im Atomzeitalter. Der Atomsperrvertrag und seine Folgen. Freiburg i. Br. 1969, S. 37 (Resolutionen können Völkerrecht allgemein formen); Wörterbuch Völkerrecht, Moskau 1982, S. 191 (Wenn die Hauptgruppen von Staaten ihre Zustimmung zu Resolutionen gegeben haben, können diese „bei der Formierung, Entwicklung und Verankerung der Prinzipien und Normen des Völkerrechts" eine wichtige Rolle spielen).

[198] B. O. Rivero: New Economic Order and international development law. Oxford, Paris 1980, p. 122. Er meint in erster Linie den möglichen Beitrag der Resolutionen zur Schaffung eines Entwicklungsvölkerrechts.

[199] Vgl. M. Virally: Le róle des principes dans le développement du droit international. In: Hommage á P. Guggenheim. Genéve 1968, p. 533; S. Bastid: Observations sur une étape dans le développement progressif et la codification des principes du droit international. In: Ibid., p. 132.

[200] Vgl. ähnlich auch R. P. Anand: Towards a new ... Ibid., p. 477.

[201] Vgl. auch B. Simma: Zur völkerrechtlichen Bedeutung der ... Ibid., S. 72; V. David: Die Resolutionen der UN-Vollversammlung ... Ibid., S. 25.

[202] Vgl. A. Pellet: Le droit international du développement. Paris 1978, p. 70.

[203] Vgl. M. Virally: Panorama du droit international contemporain. Dordrecht/Boston/Lancaster 1983, p. 362.

[204] Vgl. P. Weil in einem Diskussionsbeitrag. In: M. Flory/A. Mahiou/J.-R. Henry (Ed.): La formation des normes ... Ibid., p. 371.

[205] Vgl. ähnlich auch H. Bokor-Szegö: The United Nations' role in treaty-making. In: Questions of international law. Budapest 1977, p. 20.

[206] Vgl. auch Chr. Tomuschat: Die Charta der wirtschaftlichen Rechte und Pflichten der Staaten zur Geltungskraft von Deklarationen der UN-Generalversammlung. In: ZaöRV 1–3/1976, S. 444; J. Frowein: Der Beitrag der internationalen Organisationen zur Entwicklung des Völkerrechts. In: Ibid., S. 147; V. David: Die Resolutionen der UN-Vollversammlung ... Ibid., S. 24.

[207] Vgl. stellvertretend für mehrere: M. Lachs: The international law of outer space. In: RdC 1963 (113), p. 97 (Resolutionen als Entwicklungsstufe zur Kodifizierung des Völkerrechts); Chr. Schreuer: Die Beschlüsse internationaler Organisationen. Ibid., S. 94 (Resolutionen als Ausgangspunkt für die Ausarbeitung von Verträgen); G. R. Moncayo/R. E. Vinuesa/H. D. T. Gutierrez Posse: Derecho Internacional publico, I, Buenos Aires 1981, p. 165; G. Tunkin/V. Schischkin: Über die Völkerrechtsprinzipien der NIWO. In: SGiP 9/1980, S. 94 (Resolutionen können Teil des Ausarbeitungsprozesses eines Vertrages sein); N. N. Uljanova: Allgemeine multilaterae Verträge in den gegenwärtigen internationalen Beziehungen. Kiew 1980, S. 201 (Resolutionen als „vorvertragliche Regulierung"), (beide in Russisch); H. Bokor-Szegö: The United Nations role in ... Ibid., S. 19 (Resolutionen können als Stadium zum Normsetzungsprozeß gehören).

[208] Vgl. auch B. Simma: Zur völkerrechtlichen Bedeutung von ... Ibid., S. 51.

[209] Vgl. auch K. Skubiszewski: Rechtscharakter der ... Ibid., S. 38.

[210] Vgl. auch A. Verdross/B. Simma: Universelles Völkerrecht. Berlin 1976, S. 332.

[211] Vgl. auch L. G. Lacharriere: Tendances contradictoires en matiére de consentement des états. In: L'élaboration du droit international public. Paris 1975, p. 194.

[212] Vgl. teilweise ähnlich auch B. J. Theutenberg: Changes in the norms guiding the international legal system-history and contemporary trends. In: Nordisk Tidsskrift for international Ret 1–2/1981, p. 29.

[213] Vgl. z.B.: E. Suy: Les actes juridiques unilatéraux en droit international public, 1962, p. 249 (bei ihm beginnt allerdings die Schaffung von Völkergewohnheitsrecht mit der einseitigen Setzung einer Norm, die dann von anderen Staaten ausdrücklich oder stillschweigend anerkannt wird); H. Mosler: Völkerrecht als Rechtsordnung. In: ZaöRV 1–3/1976, S. 19 (Völkergewohnheitsrecht als Konsensualrecht); W. Jenks: Unanimity. The veto, weighted voting, special and simple majorities and consensus as modes of decision in international organizations. In: Cambridge Essays in international Law. London, New York 1965, p. 56 (das Völkergewohnheitsrecht sei aus einem allgemeinen consensus entstanden); H. Okularczyk: Consensus in the decision-making process of the United Nations Organs. In: Studies on international relations 1/1973, p. 125; R. Higgins: The Development of International Law through the Political Organs of the Uni ted Nations. Oxford, New York 1969, p. 1 (das Völkergewohnheitsrecht als Widerspiegelung der großen Mehrheit der Staaten).

[214] Vgl. auch L. A. Podesta Costa/J. M. Ruda: Derecho Internacional publico, 1. Buenos Aires 1979, p. 15.

[215] Vgl. auch A. J. P. Tammes: Soft law. In: Essays on international and comparative law in honour of judge Erades. The Hague 1983, p. 194.

[216] Vgl. V. David: Die Resolutionen der UN-Vollversammlung ... Ibid., S. 19.

[217] Vgl. z.B. B. M. Virally: Panorama du Droit International. op. cit., p. 186 und J. Charney: International agreements and the development of customary international law. In: Washington Law Review 3/1983, p. 972.

[218] Vgl. North Sea Continental Shelf Case, on 20 Febr. 1969, C. I. J. 1969, § 77, p. 44.

[219] Auch G. I. Tunkin macht auf diese Probleme aufmerksam, wenn er schreibt: „Das Wesen des Prozesses zur Herausbildung einer Gewohnheitsnorm des Völkerrechts besteht nicht in Verhandlungen, sondern ... in der Herausbildung einer Vereinbarung zwischen den Staaten ..." Vgl. Das Völkerrecht der Gegenwart. Berlin 1983, S. 136.

[220] Zu nennen sind insbesondere H. Triepel: Völkerrecht und Landesrecht (Nachdruck). Aalen 1958, S. 136 (er führte die Normen des Völkergewohnheitsrechts auf eine Vereinbarung der Staaten zurück, entstanden durch deren konkludentes Verhalten) und D. Anzilotti: Lehrbuch des Völkerrechts. Berlin/Leipzig 1929, S. 53 (durch bestimmte Handlungen der Staaten – z.B. Handeln in der Überzeugung, „daß eine Rechtsnorm beobachtet wird" – entstünde ein tacitum pactum. Dabei stammte „die bindende Kraft der Rechtsüberzeugung ebenso wie die der Verträge aus der völkerrechtlichen Grundnorm pacta sunt servanda"). A. Verdross gibt einen genauen Überblick über fast alle Theorien zum Völkergewohnheitsrecht. Vgl. Entstehungsweisen und Geltungsgrund des universellen völkerrechtlichen Gewohnheitsrechts. In: ZaöRV 4/1969, S. 635–653.

[221] So in der UNITAR-Study von 1984 (A/39/504/Add. 1), pp. 102/103. See also die Ansicht eines UN-Rechtsberaters (E/3616/Rev. 1, para. 105).

[222] Vgl. ILA-Paper „Theory and Methodology of international Law" 1978, pp. 196/197.

[223] Vgl. z.B. M. Virally: The sources of international law. In: M. Sørensen (Ed.): Manual of public international law. London, New York 1968, p. 162 (Resolutionen tragen dazu bei, den Herausbildungsprozeß von Gewohnheitsrechtsnormen zu beschleunigen); A. Cassese: International law in a divided world. Oxford 1986, p. 193; R. Higgins: The development of international law through the political organs of the United Nations. London, New York 1963, p. 5; M. Mendelson: The legal character of General Assembly resolutions, op. cit., p. 97 (Resolutionen

können zu Quellen des Gewohnheitsrechts werden); J. Brownlie: Principles of public international law. New York 1979, p. 695 (auf der Basis von Resolutionen kann Gewohnheitsrecht entstehen); E. Schwelb: Neue Etappe der Fortentwicklung des Völkerrechts durch die Vereinten Nationen. In: AdV, Vol. 13, 1966/1967, S. 51; W. D. Verwey: Economic development peace and international law. Groningen 1972, p. 259; H. Thierry/J. Combacau: Droit international public. Paris 1975, p. 165; M. A. Koribova: Ver multilaterale Vertrag, die internationale Gewohnheit und die Nichtpartner des Vertrages. In: SEMP 1981. Moskau 1982, S. 100 (Resolutionen sind ein entscheidendes Element für die Entstehung von Gewohnheitsrechtsnormen), (in Russisch); B. Graefrath: Elemente der völkerrechtlichen Friedensordnung. In: Neue Justiz 5/1985, S. 170 (Resolutionen können Bedeutung für die Herausbildung von Völkergewohnheitsrecht erlangen, „vorausgesetzt, daß sie mit großer Mehrheit von allen Staatengruppierungen angenommen worden sind"). M. H. Ganim: Abriß des allgemeinen Völkerrechts. Kairo 1979, S. 35 (in Arabisch).

[224] Diese schillernde These wurde von Bin Cheng entwickelt. See United Nations Resolutions in Outer Space: „Instant" International Customary Law? In: Indian Journal of International Law 5/1965, pp. 33–48 und Customs, The future of general state practice in a divided world. In: R. St. J. Macdonald/D. M. Johnson (Ed.): The structure and process of International Law: Essays in legal philosophy doctrine and theory. The Hague/Boston/Lancaster 1983, p. 536.

[225] Vgl. M. Bedjaoui: Un point de vue du tiers monde sur l'organisation internationale. Ibid., p. 266 (in Zusammenhang mit der NIWO würden Resolutionen spontan zur Entstehung von Völkergewohnheitsrecht führen).

[226] Vgl. z.B. E. J. Aréchaga: El Derecho Internacional Contemporaneo. Madrid 1980, p. 31; B. Simma: Das Völkergewohnheitsrecht. In: Österreichisches Handbuch des Völkerrechts, 1, Textteil. Wien 1983,S. 45 (diese These sei ein Unding); M. Bos: A Methodology of International Law. Amsterdam 1983, p. 86; O. Schachter: General course in public international law. In: RdC 1982 (V) 178, p. 122.

[227] Diese These ist vertreten worden vor allem von arabischen Juristen: M. Bedjaoui: Un point de vue de ..., ibid., p. 275; M. S. Ad-Daqqāq: Für ein Völkerrecht der Entwicklung – von der präventiven Gleichheit zur kompensatorischen Ungleichheit. In: Révue égyptienne de droit international, Vol. 34, 1978, S. 91 (in Arabisch).

[228] Vgl. ähnlich auch P. Visscher: Observations sur les résolutions ... Ibid., p. 176; M. Virally: The sources of international law. Ibid., p. 162; M. Bedjaoui: Un point de vue de ... Ibid., p. 274 (er unterschätzt jedoch die Rolle des Zeitfaktors für die Herausbildung von Gewohnheitsrecht); V. David: Die Resolutionen der UN-Vollversammlung ... Ibid., S. 24/25 (Verkürzung des Stabilisierungsprozesses der Gewohnheitsrechtsnormen); M. Bennouna: Droit international du développement. Paris 1983, p. 89; A. Verdross/B. Simma: Universelles Völkerrecht. Berlin 1976, S. 332.

[229] Vgl. auch G. Arangio-Ruiz: The normative role of the General Assembly of the United Nations and the Declaration of principles of friendly relations. In: RdC 1972 (III) 137, S. 437.

[230] Vgl. auch W. Wengler: Rechtstheoretische und rechtssoziologische Betrachtungen zur Unterscheidung zwischen völkerrechtlich verbindlichen und völkerrechtlich unverbindlichen Äußerungen völkerrechtlicher Organe. In: ÖZöRV 3–4/1982, S. 186; I. I. Lukaschuk: Völkerrechtlicher ... Ibid., S. 82; M. H. Ganim: Abriß des allgemeinen Völkerrechts. Ibid., p. 35.

[231] Vgl. insbesondere M. Virally: The sources of international law. Ibid., p. 162; R. Higgins: The development of international law ... Ibid., p. 5 (es geht um einstimmig angenommene Resolutionen); R. Bernhardt: Ungeschriebenes Völkerrecht. In: ZaöRV 1–3/1976, S. 66 (als Hilfsmittel zum Nachweis von Gewohnheitsrecht); H. Thierry/J. Combacau: Droit international public.

Paris 1975, p. 149; P. Visscher: Observations sur les résolutions ... Ibid., p. 177; I. Seidl-Hohenveldern: Widersprüche innerhalb und im Umkreis der Charta der wirtschaftlichen Rechte und Pflichten der Staaten. In: Fünftes deutsch-polnisches Juristen-Kolloquium. Baden-Baden 1981, S. 77 (Resolutionen als Nachweis einer im Entstehen begriffenen Rechtsüberzeugung); C. Sepulveda: Derecho International publico. México 1978, p. 106.

232 Vgl. E. J. Aréchaga: El Derecho Internacional Contemporaneo. Ibid., p. 39; G. R. Moncayo/R. E. Vinuesa/H. D. T. Gutierrez Posse: Derecho Internacional Publico. Ibid., p. 165.

233 Vgl. auch K. Becher: Der Beitrag der Vereinten Nationen zum demokratischen Völkerrecht. In: Deutsche Außenpolitik 10/1980, S. 49; S. V. Tschernitschenko: Die Völkerrechtsnormen, ihre Schaffung und die Besonderheit ihres Aufbaus. In: SEMP 1979, Moskau 1980, S. 58.

234 Vgl. ähnlich auch I. I. Lukaschuk: Der völkerrechtliche ... Ibid. S. 82.

235 Vgl. P. Weil in einem Diskussionsbeitrag in: M. Flory/A. Mahiou/R. Henry (Ed.): La formation des normes en droit international du développement. Paris 1984, p. 371 (somit haben Resolutionen eine bestimmte juristische Wirkung); B. Bollecker-Stern: The legal character of ... Ibid., p. 71 (Abschaffung alter Gewohnheitsrechtsnormen durch Resolutionen).

236 Vgl. z. B. M. Bos: A Methodology of International Law. Amsterdam 1984, p. 86; B. Simma: Das Völkergewohnheitsrecht. In: Österreichisches Handbuch des Völkerrechts, 1, Textteil. Wien 1983, S. 44 (Das Abstimmungsverfahren ist keine ausreichende Praxis); M. Grüningen: Die Resolutionen der Generalversammlung ... Ibid., S. 198/199; Chr. Schreuer: Die Bedeutung internationaler Organisationen im heutigen Völkerrecht. In: AdV 4/1984, S. 386.

237 Vgl. z. B.·O. Y. Asamoah: The legal significance of the declarations of ... Ibid., p. 46 s.; G. R. Moncayo/R. E. Vinuesa/H. D. T. Gutierrez Posse: Derecho Internacional Publico. Ibid., p. 90; M. Sørensen: Principes de Droit International Public. In: RdC 1960 (III) 101, p. 99 (Es bedarf keiner besonderen Staatenpraxis); V.-D. Degan: The relationship of the resolutions and the customary law. In: Impact of international organization on public administration. Budapest 1983, p. 102 (manche Resolutionen als Beweis für die staatliche Praxis).

238 Vgl. ähnlich auch I. Seidl-Hohenveldern: International economic law. In: RdC (III) 198, p. 67; P. Fischer: Internationales Wirtschaftsrecht und internationale Wirtschaftsorganisationen. In: Österreichisches Handbuch des Völkerrechts. Ibid., S. 346.

239 Vgl. stellvertretend für mehrere: P. Visscher: Observations sur les résolutions ... Ibid., p. 182; A. Verdross/B. Simma: Universelles Völkerrecht. Berlin 1976, S. 332; D. Rauschning: Die Herausforderung der technischen Entwicklung an das Völkerrecht. In: ZaöRV 1–3/1976, S. 60 (eine einheitliche und weitverbreitete Praxis ist notwendig); B. Simma: Das Völkergewohnheitsrecht. Ibid., S. 48 (es bedarf einer einheitlichen und beständigen Praxis); I. Seidl-Hohenveldern in einem Diskussionsbeitrag in: R.-J. Dupuy (Éd.): Le droit au développement au plan international. Alphen 1980, p. 137 (konstante Übung); K. Skubiszewski: Rechtscharakter der Resolutionen der Generalversammlung der Vereinten Nationen. In: Fünftes deutsch-polnisches Juristen-Kolloquium. Baden-Baden 1981, S. 39 (eine Resolution kann die Praxis von Staaten in Gang setzen oder eine bereits bestehende Praxis bestätigen und durch diese Praxis die Entstehung einer Rechtsnorm bewirken); E. Schwelb: Neue Etappe der Fortentwicklung des Völkerrechts durch die Vereinten Nationen. In: AdV, Vol. 13, 1966/1967, S. 51.

240 Diese Auffassung ist sehr verbreitet. Vgl. z. B. Chr. Tomuschat: Die Neue Weltwirtschaftsordnung. In: Vereinte Nationen 4/1975, S. 98 (er meint speziell die NIWO-Resolutionen); E.-U. Petersmann: Das neue Recht des Nord-Süd-Handels. In: ZaöRV, Vol. 32, 1972, S. 375 (speziell die NIWO-Resolutionen bringen nur eine opinio necessitatis zum Ausdruck); P. Visscher: Observations sur les résolutions ... Ibid., p. 181; Chr. Schreuer: Die Bedeutung internationaler

Organisationen im heutigen Völkerrecht. In: AdV 4/1984, S. 386 (man soll die handelspolitische Überzeugung nicht mit einer Rechtsüberzeugung verwechseln).

241 Vgl. ähnlich auch P. Weil, in einem Diskussionsbeitrag in: M. Flory/A. Mahiou/J.-R. Henry (Éd.): La formation des normes en droit international du développement. Paris, Alger 1984, p. 84.

242 So z.B. O. Y. Asamoah: The legal significance of the declarations of ... Ibid., p. 46 s.; M. Bennouna: Défi du développement et voluntarisme normatif. In: M. Flory/A. Mahiou/J.-R. Henry (Éd.): La formation des normes ... Ibid., p. 116 (er spricht von einer „opinio iuris communis"); V.-D. Degan: The relationship of the resolutions ... Ibid., p. 100 s. (als Ausnahmefall).

243 In der internationalen Fachliteratur ist diese Auffassung vorherrschend. Vgl. z.B. UNITAR-Study 1984 (A/39/504/Add. 1), p. 37 (es entsteht zunächst ein „a feeling of obligation"); P. Visscher: Observations sur les résolutions ... Ibid., p. 182; E. Schwelb: Neue Etappe der Fortentwicklung ... Ibid., p. 51; A. Verdross/B. Simma: Universelles Völkerrecht. Ibid., S. 288; B. Dohna: Die Grundprinzipien des Völkerrechts über die freundschaftlichen Beziehungen und die Zusammenarbeit zwischen den Staaten. Berlin 1973, S. 252 (Voraussetzung hierfür sind Interpretationsresolutionen und die entsprechende Zustimmung der Staaten).

244 Diese Auffassung herrscht vor. Vgl. z.B. UNITAR-Study 1984 (A/39/504/Add. 1), p. 37 (es sind notwendig: ein effektives Verhaltensmuster und das Gefühl der Verpflichtung); H. Thierry/J. Combacau: Droit International Public. Paris 1975, p. 149 („... l'existence d'une pratique confirmant l'opinio juris est indispensable"); N. Quoc Dinh/P. Daillier/A. Pellet: Droit International public, p. 338; O. Schachter: General course in public international law. In: RdC 1982 (V) 178, p. 129.

245 So z.B. P. Weil in einem Diskussionsbeitrag in: M. Flory/A. Mahiou/J.-R. Henry (Éd.): La formation des normes ... Ibid., p. 371 (das subjektive Element geht dem materiellen voraus); P.-M. Dupuy: Sur la spécifité de la norme en droit international du développement and B. Stern: Le droit international du développement, un droit de finalité? In: Ibid., pp. 50, 133; G. R. Moncayo/R. E. Vinuesa/H. D. T. Gutierrez Posse: Derecho Internacional publico, I. Buenos Aires 1981, p. 90.

246 So M. Virally: Panorama du Droit International Contemporain. Dordrecht/Boston/Lancaster 1983, p. 362.

247 So B. Vitanyi: Les positions doctrinales concernant les sens de la notion de „principes généraux de droit reconnus par les nations civilisées". In: RGDIP 1/1982, p. 91; G. R. Moncayo/R. E. Vinuesa/H. D. T. Gutierrez Posse: Derecho Internacional ... Ibid., p. 165.

248 Vgl. ähnlich auch J. Frowein: Freundschaft und Zusammenarbeit unter den Staaten. Die UN-Resolution über freundschaftliche Beziehungen als Ausdruck wichtiger Strömungen im heutigen Völkerrecht. In: Europa-Archiv 2/1973, p. 76.

249 Vgl. auch P. Buirette-Maurau: La Participation du Tiers-Monde á l'élaboration du droit international. Paris 1983, p. 66.

250 Vgl. auch A. Verdross/B. Simma: Universelles Völkerrecht. Berlin 1976, S. 230.

251 Vgl. auch J. Frowein: Freundschaft und Zusammenarbeit unter den Staaten. Ibid., S. 70.

252 Vgl. auch H.G. Espiell: Self-Determination and Jus cogens. In: A. Cassese: UN law/Fundamental rights. Two topics in international law. Alphen 1979, p. 169.

253 Vgl. ähnlich auch G. Abi-Saab: The Third World and the future of the international legal order. In: Revue égyptienne de droit international, Vol. 29, 1973, p. 61 (er spricht von einem Triumph für die Dritte Welt); M. Virally: L'Organisation Mondiale. Paris 1972, p. 446 (er übt dennoch insgesamt Kritik an der Deklaration); B. Graefrath: Deklaration über die grundlegen-

den Völkerrechtsprinzipien. In: Deutsche Außenpolitik 3/1971, S. 508 (die Deklaration als Basis für den Kampf gegen den Kolonialismus).
[254] I. M. Sinclair: Principles of international law concerning friendly relations and cooperation among states. In: Essays on international law in honour of Krishna Rao. Leyden 1976, p. 137.
[255] A. Verdross/B. Simma: Universelles Völkerrecht. Ibid., S. 230.
[256] Vgl. auch I. M. Sinclair: Principles of international law concerning ... Ibid., p. 137.
[257] H. Neuhold: Internationale Konflikte – verbotene und erlaubte Mittel ihrer Austragung. New York, Wien 1977, S. 54.
[258] C. Kandrácova: Grundprinzipien des Völkerrechts und Wirtschaftskooperation. In Vyprané otázky rozvoja socialistického štatu a prava. Bratislava 1982, p. 103 (in Tschechisch).
[259] Vgl. ähnlich auch B. Dohna: Die Grundprinzipien des Völkerrechts über die freundschaftlichen Beziehungen und die Zusammenarbeit zwischen den Staaten. Berlin 1973, S. 249.
[260] Vgl. auch B. Graefrath: Deklaration über die ... Ibid., S. 476; Chr. Schreuer: Die Bedeutung internationaler Organisationen ... Ibid., S. 379.
[261] Mehrere Juristen sprechen davon, daß die Deklaration das Völkerrecht kodifiziert hätte. Vgl. z.B. M. Bedjaoui: Un point de vue du tiers monde sur l'organisation internationale. In: Abi-Saab (Éd.): Le concept d'Organisation internationale. Paris 1980, p. 268; C. Kandráčová: Grundprinzipien ... Ibid., S. 102; N. N. Uljanowa: Allgemeine multilaterale Verträge ... Ibid., S. 102, 103, 152.
[262] Hierbei handelt es sich um die vorherrschende Auffassung innerhalb der internationalen Völkerrechtswissschaft. Vgl. z.B. G. Moca: Dreptul International. Bucuresti 1983, p. 74; H. Miehsler: Zur Autorität von Beschlüssen internationaler Institutionen. In: Chr. Schreuer (Ed.): Autorität und internationale Ordnung. Berlin 1979, S. 45; U. Scheuner: Zur Auslegung der Charta der Generalversammlung. Die Erklärung über freundschaftliche Beziehungen und Zusammenarbeit der Staaten. In: Vereinte Nationen 4/1978, S. 112 (eine „erläuternde Auslegung"); H. Mosler in einem Diskussionsbeitrag in: W. Kewenig (Ed.): Die Vereinten Nationen im Wandel. Berlin 1975, S. 12; J. Frowein: Freundschaft und Zusammenarbeit unter den Staaten. Ibid., S. 70 („Versuch einer Interpretation grundlegender Normen der Charta").
[263] Vgl. ähnlich auch V. David: Die Resolutionen der UN-Vollversammlung und das Völkergewohnheitsrecht. In: B. Graefrath (Ed.): Probleme des Völkerrechts. Berlin 1977, S. 24; U. Scheuner: Internationale Verträge als Element der Bildung von völkerrechtlichem Gewohnheitsrecht. In: Internationales Recht und Wirtschaftsordnung, Festschrift für F. A. Mann. München 1977, S. 433; J. Müller: Vertrauensschutz im Völkerrecht. Köln, Berlin 1971, S. 232; A. Verdross/B. Simma: Universelles Völkerrecht. Ibid., S. 332 (Fußnote 38).
[264] Vgl. ähnlich auch V. David: Die Resolution der UN-Vollversammlung ... Ibid., S. 25; A. Verdross: Kann die Generalversammlung der Vereinten Nationen das Völkerrecht weiterbilden? In: ZaöRV, Vol. 26, 1966, S. 691; A. Verdross/B. Simma: Universelles Völkerrecht. Ibid., S. 332.
[265] Vgl. ausführlicher K. Wolfram: Vertrag und spätere Praxis im Völkerrecht. Zum Einfluß der Praxis auf Inhalt und Bestand völkerrechtlicher Verträge. Berlin 1983, S. 40.
[266] Vgl. z.B. Bleicher: The legal significance of ..., op. cit., p. 474; B. Graefrath: Deklaration über die ... Ibid., S. 419; O. Y. Asamoah: The legal significance of the declarations of ..., op. cit., pp. 6, 35, 42.
[267] Vgl. auch B. Stern: Le droit international du développement. Ibid., p. 51.
[268] Vgl. M. Bedjaoui: Un point de vue du tiers monde sur ... Ibid., p. 232.
[269] Vgl. auch M. and G. Drăghici: Principiile dreptului international aplicabile in relatiile economice dientre state. In: Revista romana de drept 11/1985, p. 5.

[270] Vgl. M. Grüningen: Die Resolutionen der Generalversammlung der Vereinten Nationen und ihr Einfluß auf die Fortbildung des Völkerrechts. In: Festschrift für Rudolf Bindschedler, Bern 1980, S. 200.
[271] Vgl. stellvertretend für zahlreiche Autoren: M. Flory: La troisiéme décennie pour le développement. In: AFDI, XXVI, 1989, pp. 597/598; G. Tunkin: International law in the international system. In: RdC 1978 (V) 147, pp. 62–71; P.-M. Martin: Le Nouvel Ordre Économique International. In: RDIP 2/1976, p. 535.
[272] So in der UNITAR-Studie 1984 (A/39/504/Add. 1), p. 103 (hier speziell die in den Resolutionen enthaltenen NIWO-Grundsätze).
[273] Vgl. auch E. J. Aréchaga: Derecho Internacional Contemporaneo. Madrid 1980, p. 42.
[274] Vgl. auch G. Feuer: Les principes fondamentaux dans le droit international du développement. In: Pays en voie de développement et transformation du droit international. Paris 1974, p. 208.
[275] Vgl. ähnlich auch M. Virally: La deuxiéme décennie des Nations Unies pour le développement. Essai d'interpretation para-juridique. In: AFDI, XVI, 1970, p. 9; G. Feuer: Les principes fondamentaux dans ... Ibid., p. 219; P.-M. Martin: Le Nouvel Ordre ... Ibid., p. 531; M. Flory: La troisiéme décennie pour ... Ibid., p. 598.
[276] Vgl. ausführlicher M. Hecker: Wirtschaftsvölkerrecht und Menschenrecht auf Entwicklung. In: Vereinte Nationen 2/1980, S. 42.
[277] Vgl. auch O. Wulff: Entwicklungshilfe zwischen Völkerrechtsordnung und Weltwirtschaftssystem. Baden-Baden 1986, S. 43.
[278] Vgl. insbesondere M. Bedjaoui: Pour un nouvel ordre économique international. Paris 1974, pp. 181–184; T. O. Elias: Africa and the development of international law. Leiden 1972, pp. 74/75; A. Mahiou: Les imlications du Nouvel Ordre Économique et le droit international. In: Revue belge de droit international, 2/1976, p. 446; O. Y. Asamoah: The legal significance of the declarations of the General Assembly of the United Nations. The Hague 1966, pp. 66/67; I. Jazairy: Discours sur le Nouvel Ordre International et le droit. In: International Problems (The New International Economic Order and the Developing countries). Belgrad 1980, p. 144 (Resolutionen zur NIWO als „internationale Instrumente").
[279] Vgl. auch E.-U. Petersmann: Das neue Recht des Nord-Süd-Handels. In: ZaöRV, Band 32, 1972, S. 376.
[280] Vgl. ähnlich auch M. Bedjaoui: Un point de vue du tiers monde sur l'organisation internationale. In: G. Abi-Saab: Le concept d'organisation internationale. Paris 1980, p. 271.
[281] Vgl. auch B. Bollecker-Stern: The legal character of emerging norms relating to the New International Economic Order: Some comments. In: K. Hossain (Ed.): Legal aspects of the New International Economic Order. London, New York 1980, p. 70.
[282] Vgl. auch M. Grüningen: Die Resolutionen der Generalversammlung der ... Ibid., p. 200.
[283] Vgl. insbesondere M. Flory: Vers une norme de la communauté internationale. In: M. Flory/A. Mahiou/J.-R. Henry (Éd.): La formation des normes en droit international du développement. Paris 1984, p. 386.
[284] Vgl. auch A. Pellet: Le Droit International du Développement. Paris 1978, p. 55.
[285] So z. B. M. Bedjaoui: Un point de vue du tiers monde ..., op. cit., p. 229; A. Mahiou: Une finalité entre le développement et la dépendance. In: M. Flory/A. Mahiou/J.-R. Henry (Éd.): La formation des normes ... Ibid., p. 26; I. Jazairy: Dissours sur le Nouvel Ordre International ..., op. cit., p. 144.

[286] Vgl. Report of the Human Rights Commission on 18 Aug. 1981 „Study on the New International Economic Order and the promotion of human rights“ (UN-Doc. E/CN.4/Sub.2/477), p. 10 (Spezial-Berichterstatter Raul Ferrero).
[287] Vgl. sehr ausführlich M. Hecker: Wirtschaftsvölkerrecht und Menschenrecht auf ... Ibid., S. 41.
[288] Vgl. K. Hossain: Legal aspects of a new International Economic Order (Preliminary report of the committee). In: The International Law Association, Report of the fifty-ninth conference, Belgrad 1980, p. 274.
[289] Vgl. auch K. Ipsen: Development policy and international law. In: Law and State, Vol. 25, Tübingen 1982, p. 16.
[290] Vgl.·L. Comănescu: La contribution de l'organisation des Nations Unies au renforcement de la coopération économique internationale. In: Revue roumaine d'études internationales 4 (78), Bucarest 1985, p. 355 and K. Hossain: Legal aspects of ... Ibid., p. 272.
[291] Vgl. ausführlich R. P. Anand: Towards a new economic Order. In: International Studies 4/1974, p 467. W. Grewe spricht in diesem Zusammenhang von einem „ideologischen Wunschtraum der Dritten Welt“. Vgl. Die Rolle der Ideologien im Völkerrecht. In: Sowjetsystem und Ostrecht, Festschrift für B. Meißner. Berlin 1985, S. 550/551.
[292] Vgl. insbesondere J. Castañeda: La Charte des droits et des devoirs économiques des états: Note sur le procédé d'élaboration. In: AFDI, XX, 1974, pp. 31–56; R. P. Anand: Towards a ... Ibid., p. 475.
[293] Diese Auffassung ist in der internationalen Fachliteratur vorherrschend. Vgl. z.B. M. Virally: La Charte des droits et des dévoirs économiques des états: Notes de lecture. In: AFDI, XX, 1974, p. 59; E. J. Aréchaga: Derecho Internacional Contemporaneo, op. cit., 43 („pautas de contucta“); R. Stemberg: Die Charta der wirtschaftlichen Rechte und Pflichten der Staaten, Tendenzen und Wandel der völkerrechtlichen Ordnung wirtschaftlicher Beziehungen zwischen den Staaten. Berlin 1983, p. 211; K. Ipsen: Entwicklung zur „collective economic security“ im Rahmen der Vereinten Nationen. In: W. Kewenig (Ed.): Die Vereinten Nationen im Wandel. Berlin 1975, S. 32/33.
[294] Vgl. ähnlich auch K. Skubiszewski: Rechtscharakter der Resolutionen der Generalversammlung. In: Fünftes deutsch-polnisches Juristen-Kolloquium. Baden-Baden 1981, S. 22.
[295] So K. Hossain: Legal aspects of ... Ibid., p. 272.
[296] So G. Feuer: Réflexions sur la Charte des droits et dévoirs économiques des états. In: RGDIP, 79, 1975, pp. 302, 305.
[297] In diesem Sinne vgl. auch G. I. Tunkin/V. M. Schischkin: Über die Völkerrechtsprinzipien der NIWO. In: SGiP 9/1980, S. 90. Beide Autoren empfehlen, folgende Differenzierungen vorzunehmen: a) Die Bedeutung der Charta als eine UN-Resolution; b) das Wechselverhältnis ihrer Bestimmungen mit den Normen des Völkerrechts; c) Einfluß der Charta auf die Weiterentwicklung des Völkerrechts; P. Buirette-Maurau: La Participation du Tiers-Monde ... Ibid., p. 71 (zwei Arten von Bestimmungen in der Charta: a) internationales Gewohnheitsrecht und andere bestehende Normen; b) Normen mit empfehlendem oder aufforderndem Charakter); M. Virally: La Charta des droits ... Ibid., pp. 57–59 (die Charta enthält Bestimmungen mit unterschiedlichem juristischem Wert); M. Becerra Ramírez: El derecho internacional del desarrollo, nueva rama del derecho internacional público. In: Bolletin Mexicano de Derecho Comparado, XIX, No 57, 1986, p. 857 (obwohl juristisch nicht verbindlich, enthält die Charta juristische Elemente).
[298] Diese Einschätzung wird von den meisten Völkerrechtlern getroffen. Vgl. z.B. Chr. Tomuschat: Die Neue Weltwirtschaftsordnung. In: Vereinte Nationen 4/1975, S. 99; I. Seidl-

Hohenveldern: Widersprüche innerhalb und im Umkreis der Charta der wirtschaftlichen Rechte und Pflichten der Staaten. In: Fünftes deutsch-polnisches Juristen-Kolloquium. Baden-Baden 1981, p. 78; L. Comănescu: La contribution de l'Organisation des Nations Unies … Ibid., p. 355; E. J. Aréchaga: El Derecho Internacional Contemporaneo. Ibid., p. 42 (die Bestimmungen der Charter von 1974 besitzen programmatischen Charakter); P. Buirette-Maurau: La participation du Tiers-Monde … Ibid., p. 71 („une declaration-programme"); B. Bollecker-Stern: The legal character of … Ibid., pp. 68–72.

[299] Vgl. ähnlich auch: Chr. Tomuschat: Die Neue Weltwirtschaftsordnung. Ibid., S. 99; M. Hecker: Wirtschaftsvölkerrecht und … Ibid., S. 42.

[300] So J. Castañeda (UN-Doc. A/C.2/SR.1638, para. 4) and S. R. Cbowdbury: Legal status of the charter of economic rights and duties of states. In: K. Hossain (Ed.): Legal aspects of the New International Economic Order. London, New York 1980, p. 84.

[301] Vgl. auch: G. I. Tunkin/V. M. Schischkin: On the principles of … Ibid., S. 93; J. Castañeda: La Charte des droits et des devoirs … Ibid., pp. 55/56; G. Merloz: La C. N. U. C. E. D., Droit international et développement. Bruylant 1980, pp. 371–373.

[302] Vgl. auch C. Kandráčova: Grundprinzipien … Ibid., S. 100.

[303] Vgl. ähnlich auch: V. Duculescu: Noua ordine economică internatională, Cadru de promovare a unei colaborări şi cooperări echitabile pentru toate statele lumii. In: Principii şi forme juridice ale cooperării economice internationale. Bucuresti 1979, pp. 26/27; Chr. Tomuschat: Die Neue Weltwirtschaftsordnung. Ibid., S. 98.

2 Das Vertragsrecht der internationalen Organisationen

2.1 Die Kodifikation des Vertragsrechts der internationalen Organisationen

2.1.1 Die Ausarbeitung des Konventionsentwurfs über das Vertragsrecht der internationalen Organisationen durch die ILC und seine Erörterung in der UN-Generalversammlung

Die Erarbeitung des Konventionsentwurfs über das Vertragsrecht der internationalen Organisationen nahm mit der auf der 24. Tagung der UN-Generalversammlung am 12. November 1969 angenommenen Resolution 2501 (XXIV) ihren Anfang[1]. Auf ihrer Grundlage wurde eine Unterkommission gebildet, die sich mit den Verträgen zwischen Staaten und Organisationen sowie der Organisationen untereinander beschäftigen sollte[2]. Auf ihrer 23. Session (1971) nahm die ILC ein vom UN-Generalsekretär ausgearbeitetes Papier an, das eine kurze Auswahlbibliographie[3], einen Überblick über diese Frage und eine vorläufige Liste von relevanten Verträgen enthielt und in den „United Nations Treaty Series" publiziert wurde[4]. Diese und weitere Aktivitäten der ILC und der Unterkommission wurden vom Rechtskomitee bestätigt, das der UN-Generalversammlung einen Resolutionsentwurf über die Fortsetzung der ILC-Untersuchungen vorlegte. Auf Grund dessen nahm die UN-Generalversammlung am 12.11.1970 die Resolution 2634 (XXV) und am 3.12.1971 die Resolution 2780 (XXVI) an[5].

Als Spezialberichterstatter der ILC wurde 1971 der französische Völkerrechtler Paul Reuter, anerkannter Spezialist für Rechtsfragen der internationalen Organisationen, ernannt[6]. Er legte von 1972 – 1982 insgesamt elf Berichte vor[7]. Die Berichte drei bis neun wurden im Zeitraum von 1974 – 1980 vorgelegt und auf der 26. (1974), 27. (1975), 28. (1977), 30. (1978), 31. (1979) und 32. (1980) ILC-Session beraten. Sie waren die Basis für die erste Lesung der Artikelentwürfe. Die WVRK1 bildete dabei unter Berücksichtigung der vorhandenen Unterschiede zwischen Staaten und Organisationen die methodische Grundlage. Dies äußerte sich darin, daß die von Reuter entworfenen Artikel in Aufbau und Materie der WVRK1 folgten.

Die Berichte drei und vier[8] enthielten bereits Artikelentwürfe bis 32 (ohne den Artikelentwurf 5). Über die Artikelentwürfe 1–23 (ohne 5) fand auf der 27. ILC-Session (1975) lediglich ein Meinungsaustausch statt. Es wurden die Artikelentwürfe 2, Absatz 1, Buchstabe (b), (b bis), (b ter), (c), (c bis) und (g) sowie 7–18 in erster Lesung angenommen. Auf dieser Tagung wurde der vierte Bericht Reuters beraten, wobei die Artikelentwürfe 19 und 20 (Vorbehalte) im Mittelpunkt der Diskussion standen.

Der Spezialberichterstatter berücksichtigte in seinem fünften Bericht[9] die auf der 27. ILC-Session insbesondere in bezug auf die Artikelentwürfe 19 und 20 gegebenen Hinweise. Er hielt sich bei der Vorbehaltsproblematik ebenfalls an die WVRK1 und schlug nur dort Veränderungen vor, wo sie als unbedingt notwendig erschienen. Trotz vorgenommener Veränderungen hauptsächlich zur Unterscheidung zwischen Verträgen zwischen mehreren Organisationen und Verträgen zwischen Staaten und Organisationen sowie der entsprechenden Unterscheidung in den Artikelentwürfen 20 und 20bis war bei Reuter eine Tendenz zu einer völligen Gleichstellung von Staaten und Organisationen unverkennbar. Da auf der 28. ILC-Session die Verträge der internationalen Organisationen nicht behandelt werden konnten, wurden der fünfte Bericht, der einen zweiten Entwurf der Artikel 19–23 enthielt, und die Artikelentwürfe 23–33 aus dem vierten Bericht auf der 29. ILC-Session (1977) diskutiert. Auf derselben Session unterbreitete Reuter den sechsten Bericht[10] (Artikelentwürfe 34–38), von dem aber nur der Artikelentwurf 34 beraten werden konnte. Der Spezialberichterstatter zeigte stets Bereitschaft, die vielen Hinweise der anderen ILC-Mitglieder weitgehend zu berücksichtigen. So konnte die ILC die Artikelentwürfe 19–24 einschließlich der bis- und in einem Fall ter-Artikelentwürfe annehmen.

Auf der 30. ILC-Session (1978) wurden die Artikelentwürfe 35–38 aus dem sechsten Bericht außer 36 bis angenommen. Reuter unterbreitete auf dieser Session den 7. Bericht (Artikelentwürfe 39–41)[11]. Besonders heftig und kontrovers verlief die Diskussion zum Artikelentwurf 36bis, über den keine Einigung erzielt werden konnte. Die Beratungen auf dieser Tagung machten deutlich, daß Reuter einerseits bestrebt war, sich nach der WVRK1 zu richten. Dieses Bestreben führte jedoch zu seiner Neigung, die zu erarbeitende Konvention unzulässigerweise auf die supranationalen westeuropäischen ökonomischen Organisationen (EWG etc.) auszudehnen. Andererseits war er bereit, die Einwände gegen den Artikelentwurf 36bis nach Möglichkeit zu beachten.

Der 31. ILC-Session (1979) unterbreitete der Spezialberichterstatter seinen achten Bericht[12]. Die Diskussion verlief insbesondere zum Artikelentwurf 46 heftig. Während die Artikelentwürfe 42, 45, 47, 49–50, 52–55 und 57 ausführlich beraten wurden, gab es zu den Artikelentwürfen 43, 44, 48, 51, 56, 58–60 kaum nennenswerte Dispute. Zu letzteren Artikelentwürfen machte im wesentlichen nur ein ILC-Mitglied einige Bemerkungen: Zum Artikelentwurf 43 schlug es eine Unterteilung in Verträge zwischen Staaten und Organisationen und in Verträge von Organisationen untereinander vor; zum Artikelentwurf 48 unterbreitete es einen ähnlichen Vorschlag und stellte die Frage, ob eine Organisation durch eigenes Verhalten überhaupt zum Entstehen eines Irrtums im Sinne des Artikelentwurfs 48 beitragen kann. Der Verlauf der Beratungen auf dieser Tagung machte weiterhin deutlich, daß Reuter bestrebt war, sich eng an die Bestimmungen der WVRK1 zu halten. Er zeigte außerdem erneut, daß Ushakov die Rolle des Hauptopponenten spielte[13].

Das langsame Arbeitstempo der ILC veranlaßte die UN-Generalversammlung immer wieder, eine beschleunigte Behandlung der Artikelentwürfe zu empfehlen. So empfahl die Resolution 34/141 vom 17.12.1979 der ILC, mit der Bearbeitung der Artikelentwürfe fortzufahren, um auf der 32. ILC-Session (1980) die erste Lesung zu beenden[14]. Auf der 31. Session wurde entschieden, daß gemäß den Artikeln 16 und 21 des ILC-Statuts der UN-Generalsekretär die Regierungen zu Stellungnahmen auffordern sollte[15]. Ähnlich sollte die ILC in Übereinstimmung mit der Ziffer 5 der Resolution 2501 (XXIV) vom 12.11.1969 gegenüber den Organisationen verfahren. So wurden Regierungen und Organisationen vor der ersten Lesung mehrere Artikelentwürfe (1–4, 6–19, 19 bis, 19 ter, 20, 20 bis, 21–23, 23bis, 24, 24bis, 25, 25bis, 26–36bis, 37–60) zur Stellungnahme übersandt, die bis zum 1. Februar 1981 erfolgen sollte. Mehrere Regierungen nahmen zu den Artikelentwürfen 1–60 Stellung und waren im Prinzip mit ihnen

einverstanden, weil diese den Artikeln der WVRK1 im großen und ganzen nachgebildet waren. Die meisten Regierungen forderten jedoch zugleich, die zwischen Staaten und Organisationen bestehenden Unterschiede noch mehr zu beachten. Viele Artikelentwürfe wurden daher als überarbeitungsbedürftig eingeschätzt[16]. In der ausführlichen Regierungsstellungnahme der damaligen DDR vom 26. Mai 1981 wurden bei prinzipiellem Einverständnis mit den Arbeitsergebnissen der ILC mehrere Einwände erhoben[17].
Reuter legte auf der 32. ILC-Session den neunten Bericht mit den Artikelentwürfen 60–80 und dem Anhang zum Artikelentwurf 66 vor[18]. Die Diskussion innerhalb der ILC konzentrierte sich hauptsächlich auf die Artikelentwürfe 61–63, 65/66, 73, 80 und den Anhang. Im Unterschied dazu gab es über die übrigen Artikelentwürfe keine wesentlichen Meinungsdifferenzen. Infolge seines Bemühens, sich eng an die Bestimmungen der WVRK1 zu halten, gelang es dem Spezialberichterstatter nicht, die Unterschiede zwischen Staaten und Organisationen gebührend zu beachten. Er behandelte sie im Gegenteil grundsätzlich als gleichberechtigte Völkerrechtssubjekte.

Auf ihrer 33. Session (1981) nahm die ILC die Artikelentwürfe 1–26 (2 größtenteils) in zweiter Lesung an. Hierfür waren der zehnte Bericht[19] Reuters (Artikelentwürfe 1–41) sowie Stellungnahmen von Regierungen und Organisationen zu den Artikelentwürfen 1–60 die Basis. Die Stellungnahme zu den Artikelentwürfen 61–80 und zum Anhang zum Artikelentwurf 66 waren bis zum 1.2.1982 einzureichen. Schwerpunkt der Diskussion auf der 33. ILC-Session war die Vorbehaltsproblematik (speziell der Artikelentwurf 19bis). Weitere Probleme, wie die „entities“ (Artikelentwurf 3), die „Regeln der Organisation“ (Artikelentwürfe 2, 6, 27 und 46) und die Verträge und Dritte (speziell Artikelentwurf 36bis) spielten ebenfalls eine wichtige Rolle.

Im elften Bericht[20] behandelte Reuter nicht nur die Artikelentwürfe 42–80, sondern auch erneut die Artikelentwürfe 27–41. Parallel dazu trafen beim UN-Generalsekretär die Regierungsstellungnahmen zu den Artikelentwürfen 61–80 und zum Anhang zum Artikelentwurf 66 ein. In ihren Stellungnahmen brachten die Regierungen ihr prinzipielles Einverständnis auch mit dem zweiten Teil der Artikelentwürfe zum Ausdruck. Einige Staaten übten allerdings an einigen Artikelentwürfen Kritik[21]. Auf der 34. ILC-Session (1982) wurden die kritischen Bemerkungen in den Regierungsstellungnahmen teilweise berücksichtigt. So konnten die Artikelentwürfe 27–80 und der Anhang zum Artikelentwurf 66 sowie die übriggebliebenen Einzelbestimmungen vom Artikelentwurf 2 in zweiter Lesung angenommen werden[22]. Die ILC hat nach Abschluß der zweiten Lesung der UN-Generalversammlung vorgeschlagen, eine Kodifikationskonferenz einzuberufen[23]. Auf der 37. Session der UN-Generalversammlung äußerten sich im Rechtskomitee nur wenige Regierungsvertreter zu den Artikelentwürfen. Als Ergebnis dessen nahm die UN-Generalversammlung am 16. Dezember 1982 die Resolution 37/112 ohne Abstimmung an. Ihr wesentlicher Inhalt war: Staaten und Organisationen werden aufgefordert, weitere schriftliche Stellungnahmen an den UN-Generalsekretär zu senden; auf der Basis der Artikelentwürfe in zweiter Lesung wird eine internationale Konvention abgeschlossen; die 38. Session der UN-Generalversammlung sollte entscheiden, auf welchem geeigneten Forum die Konvention anzunehmen ist[24].

2.1.2 Die Wiener Kodifikationskonferenz zum Vertragsrecht der internationalen Organisationen von 1986

In seinem elften Bericht faßte Reuter die im Rechtskomitee der 36. Session der UN-Generalversammlung geäußerten Meinungen der Regierungsvertreter zu einer möglichen Kodifikationskonferenz wie folgt zusammen: a) Die meisten Staaten neigten dazu, die Artikelentwürfe nach der 2. Lesung einer Kodifikationskonferenz zur Ausarbeitung einer Konvention vorzulegen; b) einige Staaten stellten die Notwendigkeit einer Konvention in Frage. Sie meinten, daß es möglich wäre, einen Entwurf vorzulegen, der sich weitgehend auf die WVRK1 bezieht und nur ein Minimum an Artikeln enthält, die wesentlich von dieser abweichen. In diesem Falle würde eine von der UN-Generalversammlung angenommene Deklaration zur Sanktionierung der geleisteten Arbeit genügen[25].

In der ILC sprachen sich die meisten Mitglieder, die zu dieser Frage Stellung nahmen, für die Einberufung einer Bevollmächtigtenkonferenz aus[26].

Der bereits erwähnte Vorschlag an die UN-Generalversammlung wurde von der ILC hauptsächlich damit begründet, daß zu der Vertragsmaterie bereits zwei Konventionen (die WVRK vom 23. Mai 1969 und die Konvention über die Staatennachfolge in Verträge vom 23. August 1978) vorliegen, die für die Artikelentwürfe Vorbild waren. Sie sollten nun durch eine neue Konvention ergänzt werden. Die ILC wies ferner auf eine andere Konvention zum „Recht der internationalen Organisationen" hin (Konvention über die Vertretung von Staaten vom 14. März 1975). Somit lagen für die neue Konvention Vorbilder und Vorarbeit in ausreichendem Maße vor[27]. Für eine Kodifikationskonferenz und eine neue Konvention traten im Rechtskomitee der 37. Session der UN-Generalversammlung mehrere Regierungsvertreter ein[28]. Weitere empfahlen, vor der Einberufung der Kodifikationskonferenz den Staaten und den wichtigsten Organisationen erneut die Möglichkeit der Stellungnahme zu den Artikelentwürfen zu gewähren[29].

Auch wenn formal gesehen, die Artikelentwürfe zum Vertragsrecht der internationalen Organisationen in ihrer Mehrzahl den Artikeln der WVRK1 nachgebildet sind, gibt es doch bei entscheidenden Bestimmungen Unterschiede und außerdem ist bei der Rechtsanwendung die Unterschiedlichkeit der Vertragspartner zu berücksichtigen. Die zunehmende Bedeutung der Organisationen, der, verglichen mit anderen Konventionen, relativ eigenständige Charakter der Artikelentwürfe sowie die bereits durchgeführten Kodifikationskonferenzen zu ähnlichen und anderen Materien ließen die Einberufung einer Bevollmächtigtenkonferenz zum Abschluß einer Konvention durchaus als gerechtfertigt erscheinen. Zwecks effektiver Gestaltung der Konferenz waren einerseits erneute Stellungnahmen und nach Möglichkeit auch eigene Artikelvorschläge seitens der Staaten und der wichtigsten Organisationen in besonderem Maße zweckmäßig[30]. Andererseits war aber damit zu rechnen, daß die Staaten ihre Kritik an bestimmten Artikelentwürfen (z. B. 2, 6, 7, 19–23, 27, 36bis, 45, 46, 62 und 66) noch massiver artikulieren würden.

Die UN-Generalversammlung beschloß 1982, daß auf der Basis der ILC-Artikelentwürfe eine internationale Konvention verabschiedet werden soll.

Sie forderte 1984 die Teilnehmer auf, vor der Einberufung der Konferenz 1986 in Wien, Konsultationen durchzuführen, um sich mit Fragen der Geschäftsordnung, der Schlußbestimmungen etc. zu befassen. Auf Grund dessen fanden 1985 drei informelle Konsultationen in New York statt. Am 11. Dezember 1985 empfahl die Generalversammlung in der Resolution 40/76, daß die einberufende Konferenz die inzwischen vorliegende Geschäftsordnung annehmen sollte[31].

Vom 18. Februar bis 21. März 1986 tagte in Wien die internationale Kodifikationskonferenz zum Vertragsrecht der internationalen Organisationen. An ihr nahmen 97 Staaten, der Namibia-Rat der UN, die SWAPO, die PLO, der ANC, der PACA und 19 internationale zwischenstaatliche Organisationen teil[32].

Bereits 1982 (2. Lesung der Artikelentwürfe) erhob sich die Frage, ob außer den Staaten auch Organisationen an der Kodifikationskonferenz teilnehmen würden und der künftigen Konvention beitreten könnten. Auf der 32. ILC-Session meinte der Spezialberichterstatter dazu, daß die UN-Generalversammlung über den Teilnahmemodus entscheiden sollte. Die Organisationen könnten gebunden werden, indem sie Vollmitglied des Dokuments werden. Als Vorbild hierfür könnte die „Convention on the privilegies and immunities of the specialized agencies", on 21. November 1947 dienen[33].

Die ILC-Mitglieder haben sich auf der 32. ILC-Session dieser Fragestellung ebenfalls gewidmet. Dabei wurden unterschiedliche Vorstellungen entwickelt: a) Den UN-Generalsekretär auffordern, bei allen zwischenstaatlichen Organisationen anzufragen, ob sie an einer Konferenzbeteiligung interessiert sind und ob sie Vertragsfähigkeit besitzen. Nur wenn beides zutrifft, sollte eine Einladung ausgesprochen werden; b) über die Konferenzteilnahme der Organisationen sollte die Generalversammlung entscheiden; c) die Teilnahme sollte vom Bestehen der Vertragsfähigkeit abhängig gemacht werden, wobei letztere an den Kriterien der Artikelentwürfe 2 und 6 zu messen sei; d) in der Vergangenheit haben die Organisationen nur als Beobachter an Kodifikationskonferenzen teilgenommen, weil die Völkerrechtsschöpfung im wesentlichen Aufgabe der Staaten sei. Möglicherweise würde man die UN-Spezialorganisationen und die IAEA einladen. Bei anderen Organisationen sollte ihr Verhältnis zum ECOSOC geprüft werden. Ein weiteres Problem war die große Anzahl der Organisationen gewesen. Es bestünde die Möglichkeit, daß den einzuladenden 150 Staaten ca. 350 Organisationen gegenüberständen. Über die Anzahl sollte nicht der Generalsekretär, sondern die UN-Generalversammlung entscheiden[34].

Hinsichtlich der möglichen Teilnahme an der Kodifikationskonferenz entstanden einige Fragen: Welche Organisationen sollen eingeladen werden? Was ist das Kriterium für die Einladung? Sollen die einzuladenden Organisationen nur als Beobachter an der Konferenz teilnehmen? Sollen die Organisationen gleich auf der Konferenz das Dokument unterschreiben? Die Beantwortung dieser Frage war insofern kompliziert, weil es sich nicht um irgendeine Konvention, sondern um die Konvention über das Vertragsrecht eben der internationalen Organisationen handelt.

An der Kodifikationskonferenz beteiligten sich 19 Organisationen[35]. Sie hatten im Unterschied zu vorangegangenen Staatenkonferenzen nicht nur den üblichen Beobachterstatuts inne. Sie hatten vielmehr auf der Grundlage der neuen Verfahrensordnung[36] die Möglichkeit, an allen Arbeitsberatungen der Konferenz aktiv teilzunehmen, Anträge einzureichen und zu allen Problemen eine eigene Position zu beziehen. Die Teilnahme an den Abstimmungen war ihnen jedoch versagt. Auch war ihnen nicht erlaubt, das Zustandekommen einer Übereinkunft der Staaten zu erschweren[37].

In enger Verbindung mit der Konferenz stand die Bindungskraft der Konvention für die Organisationen. In der bereits erwähnten Empfehlung der ILC an die UN-Generalversammlung wurden zwei Möglichkeiten in Erwägung gezogen: entweder gleichberechtigter Beitritt der Organisationen neben den Staaten zur Konvention oder Bindungskraft des Dokuments für die Organisationen, ohne daß sie direkt Partner werden[38].

In den Staatenstellungnahmen wurden diesbezüglich drei Möglichkeiten in Erwägung gezogen: a) Die Organisationen sollten unter den gleichen Bedingungen wie die Staaten der Konvention beitreten[39]; b) sich nach dem Vorbild der Seerechtskonvention vom 7. Oktober 1982 richten[40]; c) ähnlich, wie bei der „Konvention über die Vertretung von Staaten in ihren Beziehungen mit internationalen Organisationen universellen Charakters" vom 14. März 1975, verfahren[41].

Gemäß den Artikeln 83–85 können Organisationen der WVRK2 durch einen formellen Akt beitreten. Er muß von dem autorisierten Organ der Organisation ausgestellt sein und außerdem eine Erklärung enthalten, daß die Organisation die Kompetenz zum Vertragsbeschluß besitzt. Rechtsverbindlich wird jedoch die Konvention für die Organisationen nach der Hinterlegung der 35. Ratifikations- oder Beitrittsurkunde der Staaten[42].

2.1.3 Verhältnis der Konvention über das Vertragsrecht der internationalen Organisationen zu der Wiener Vertragsrechtskonvention von 1969

Die ILC sah sich von Anfang an mit dem Problem des Verhältnisses der künftigen Konvention über das Vertragsrecht der internationalen Organisationen zur WVRK1 konfrontiert. In ihrem Bericht vom Juli 1982 wies sie darauf hin, daß sie zu entscheiden hatte, ob die Artikelentwürfe zum Vertragsrecht der internationalen Organisationen unabhängig von der WVRK1 sein sollten. In der ILC fiel die Entscheidung zugunsten der Unabhängigkeit der Artikelentwürfe von der WVRK1. Hierfür spielten zwei Gesichtspunkte eine ausschlaggebende Rolle: Zum einen die unterschiedlichen Rechtswirkungen der Artikelentwürfe gegenüber jenen der WVRK1. Die künftige Konvention würde dann auch für solche Vertragspartner gelten, die der WVRK1 nicht beigetreten sind. Natürlich könnten die Staaten beiden Konventionen beitreten, was aber möglicherweise einige Probleme hervorrufen würde; zum anderen könnten die neuen Bestimmungen ohne irgendwelche Verweise auf die WVRK1 angewandt werden[43].

Diese Entscheidung im Rahmen der ILC war das Ergebnis eines relativ langen Prozesses, der bereits in den 50er Jahren begann, als es um die Erarbeitung der späteren WVRK1 ging. Auf den verschiedenen ILC-Sessions, bis hin zur 34. (1982), tauchten immer wieder fast dieselben Fragen auf. Von 1950 bis 1966 wurde das Problem der Verträge nicht als selbständiger Gegenstand, sondern im Rahmen des Vertragsrechts behandelt[44]. Durchgehend bestand das Problem, ob die Artikelentwürfe der späteren WVRK1 auch auf andere Völkerrechtssubjekte, darunter auf die Organisationen anzuwenden seien. Der 1950 von der ILC auf ihrer ersten Session zum Spezialberichterstatter ernannte Brierly legte im selben Jahr einen Konventionsentwurf (Artikelentwürfe 1–5) vor. Er behandelte in seinen Artikelentwürfen Staaten und Organisationen zusammen[45]. In seinem zweiten Bericht schlug Brierly vor, die ILC sollte zunächst die Artikelentwürfe auf die Staaten beschränken. Später wäre es möglich zu untersuchen, ob die Artikelentwürfe auch auf Organisationen angewandt werden könnten oder auch Modifizierungen notwendig wären. Dieser Vorschlag wurde zunächst von der ILC akzeptiert[46]. Auf ihrer zweiten Session im Juni 1950 traf die ILC zu Fragen der Verträge der internationalen Organisationen zwei Entscheidungen. Nach der ersten Entscheidung sollten Organisationen mit regionalem Wirkungsbereich (z. B. OAS und die Arabische Liga) vertragsabschließende Partei werden[47]. Nach der zweiten Entscheidung sollten Verträge der Organisationen in Studien der ILC mit berücksichtigt werden. Der Haupttenor war dabei, daß Organisationen Vertragsfähigkeit besitzen können[48]. Nach der Beratung des 2. Brierly-Berichts vom 10. April 1951 (Artikelentwürfe 6–10) wurden jene Absätze, die sich auf Verträge der Organisationen bezogen, gestrichen. Ansonsten wurden 10 Artikelentwürfe angenommen[49]. Der Nachfolger Brierlys, der neue ILC-Spezialberichterstatter Lauterpacht, behandelte in seinen Artikelentwürfen ebenfalls Staaten und Organisationen gemeinsam. So lautet der von ihm im ersten Bericht vom 24. März 1953 vorgeschlagene Artikelentwurf 1 wie folgt: Verträge sind Abkommen zwischen Staaten, einbezogen auch die Organisationen der Staaten[50]. Hier ist die Priorität der zwischenstaatlichen Vertragsbeziehungen gegenüber jenen der Organisationen nicht zu übersehen. In seinem zweiten Bericht vom 8. Juli 1954 ging allerdings Lauterpacht von der Bezugnahme auf die Organisationen ab[51]. Sein Nachfolger jedoch in der Funktion des Spezialberichterstatters Fitzmaurice, ernannt dazu auf der 7. ILC-Session (1955), schlug in seinem ersten Bericht vor, die Artikelentwürfe sollten für Staaten und mutatis mutandis auch für die Organisationen gelten[52]. Seine Artikelentwürfe 1–3 und 9 bezogen sich eindeutig auf Verträge der Organisationen[53]. Dieses methodische Vorgehen des Spezialberichterstatters fand nicht die Zustimmung der ILC. Nachdem Tunkin vorgeschlagen hatte, sich zuerst auf die zwischenstaatlichen Verträge zu beschränken und danach zu untersuchen, ob die Artikelentwürfe auf die Verträge der Staaten mit Organisationen und auf jene der Organisationen untereinander anwendbar seien, bekräftigte die ILC erneut ihre Absicht, sich nur mit zwischenstaatlichen Verträgen zu befassen[54]. Auf der 369. ILC-Sitzung entwickelte der Sekretär der Kommission Liang als erster den Gedanken, in der Perspektive einen gesonderten Kodex für die Verträge zwischen Staaten und den internationalen Organisationen sowie für jene der Organisationen untereinander zu schaffen[55]. Die Regierungsvertreter im Rechtskomitee neigten dazu, die Artikelentwürfe auf die zwischenstaatlichen Verträge zu beschränken[56].

Nach dem Rücktritt von Fitzmaurice wurde am 26. Mai 1961 auf der 13. ILC-Session Waldock als vierter Spezialberichterstatter zu den Artikelentwürfen über das Vertragsrecht gewählt. Er ging genauso wie sein Vorgänger davon aus, daß Verträge der Organisationen ebenfalls zu behandeln seien. Waldock legte der ILC zunächst 27 Artikelentwürfe vor, geteilt in vier Abschnitten. Es war außerdem vorgesehen, einen fünften Abschnitt mit dem Titel „Die Verträge der internationalen Organisationen“ etwas später vorzulegen. Dazu ist es zwar nicht gekommen, der Artikelentwurf enthielt jedoch auch Bestimmungen über die Vertragsfähigkeit der Organisationen[57]. Waldock konnte sich aber mit seiner Position nicht durchsetzen. Die ILC berief sich am 7. Mai 1962 auf dem 637. meeting ihrer 14. Session auf die früheren Entscheidungen von 1951 und 1959 und stellte erneut klar, daß sich die Artikelentwürfe auf zwischenstaatliche Verträge beschränken werden und daß Verträge von Organisationen später zu untersuchen wären[58].

Die von den vier ILC-Spezialberichterstattern versuchte Mitberücksichtigung der Verträge der Organisationen in den Artikelentwürfen über die Verträge der Staaten ist Ausdruck eines bestimmten Selbstverständnisses über den Statuts der internationalen Organisationen in den internationalen

Beziehungen, d. h. fast absolut gleichberechtigte Stellung mit den Staaten. Das eben hätte eine „autonome“ Völkerrechtssubjektivität der Organisationen vorausgesetzt. Solche Bestrebungen entsprachen in den 50er Jahren durchaus der These von der „Supranationalität“ von internationalen Organisationen und der These von der „quasilegislativen“ Kompetenz der UNO. Die Reaktion der meisten ILC-Mitglieder speziell auf die Artikelentwürfe zu den Organisationen zeigt ferner, daß der notwendige theoretische Vorlauf fehlte. Die ILC war also auf die Einbeziehung der Verträge der Organisationen in die Artikelentwürfe unvorbereitet. Die von Reuter vorgelegten elf Berichte zu den Verträgen der Organisationen und die Art und Weise, wie diese in der ILC behandelt wurden, haben dies nachträglich in besonderem Maße bestätigt [59].

Die ILC sah sich veranlaßt, zum Gegenstand der Artikelentwürfe erneut Stellung zu nehmen. Durch die Resolution 2166 (XXX) vom 5. Dezember 1966 zum Artikelentwurf 1 hat sie endgültig entschieden, daß nur zwischenstaatliche Verträge Gegenstand der künftigen Vertragsrechtskonvention sein werden[60]. Auf der Wiener Vertragsrechtskonferenz von 1969 wurde in verschiedenen Regierungsstellungnahmen der UN-Generalversammlung empfohlen, die Frage der Verträge zwischen Staaten und Organisationen sowie der Organisationen untereinander der ILC zum weiteren Studium zu übertragen[61].

Anfang der 70er Jahre drängte sich die Frage auf, wie nun die Artikelentwürfe zu den Verträgen der Organisationen zu formulieren seien. Im Rechtskomitee der 28. Tagung der UN-Generalversammlung (1973) wurde von einigen Regierungsvertretern die Auffassung vertreten, nicht etwa die entsprechenden Bestimmungen der WVRK1 einfach zu übernehmen, sondern sie so an die zu untersuchenden Verträge anzupassen, daß eine sinnvolle Anwendung auf die Organisation möglich ist[62]. Während aber beispielsweise der israelische Vertreter nur die Verträge zwischen Staaten und Organisationen berücksichtigt haben wollte[63], lag beim irakischen Vertreter der Schwerpunkt auf den Verträgen der Organisationen untereinander[64]. Die Position Reuters in den Berichten 1–3 war, die WVRK1 soweit wie möglich auf die Organisationen auszudehnen. Die Erarbeitung zusätzlicher

Bestimmungen schloß er dabei nicht aus[65]. Diese Position wurde von der ILC auf ihrer 23. Tagung im Prinzip akzeptiert[66]. Einige Regierungsvertreter im Rechtskomitee vertraten einen ähnlichen Standpunkt[67].

Die Evidenz der Problemstellung erhöhte sich, als es theoretisch um den Anwendungsbereich des Artikels 3, Buchstabe (c) ging. Diese offensichtlich einen Kompromißcharakter tragende Bestimmung besagt einerseits, daß sich die WVRK1 auf zwischen Staaten und anderen Völkerrechtssubjekten abgeschlossene Verträge nicht erstreckt. Andererseits schließt sie aber „the application of the Convention to the relations of States as between themselves under international agreements to which other subjects of international law are also parties" nicht aus[68]. Hier geht es also nicht von Anfang an um Verträge zwischen Staaten und Organisationen, sondern um zwischenstaatliche Verträge, denen Organisationen später beitreten können. Die Frage der Anwendbarkeit der WVRK1 wurde von Reuter in seinem fünften Bericht im Zusammenhang mit der Vorbehaltsproblematik aufgeworfen und auf der 29. ILC-Tagung diskutiert. Reuter ging in seinem fünften Bericht davon aus, daß für Verträge, denen später Organisationen beitreten, die zu erarbeitende Konvention gelten müßte, weil die ganze Struktur eines Vertrages vom Fakt bestimmt wird, daß einer Organisation die Möglichkeit des Beitritts eingeräumt wird[69]. Speziell im Artikelentwurf 21 wurden die Rechtsbeziehungen zwischen zwei beliebigen Partnern im Fall der Annahme oder der Ablehnung von Vorbehalten sehr genau beschrieben, so daß nach Reuters Ansicht in die Schlußbestimmungen der neuen Konvention ein Ausschluß der Anwendung des Artikels 3, Buchstabe (c) der WVRK1 aufgenommen werden sollte[70]. Im Ergebnis der Diskussion kam Reuter zu der Auffassung, daß bei Verträgen mit überwiegender Beteiligung von Staaten die zwischenstaatlichen Beziehungen von der WVRK1 geregelt werden müßten[71].

Man kann den Artikel 3, Buchstabe (c) der WVRK1 als das Ergebnis jahrelanger Diskussion in der ILC über den Gegenstand der Artikelentwürfe zur späteren Konvention und von Kompromissen betrachten. Die ILC entschied sich zwar für eine Beschränkung auf die zwischenstaatlichen Verträge. Da aber eine Konvention zu den Vertragsbeziehungen der anderen

Völkerrechtssubjekte noch nicht vorlag, hat es sich aus praktischen Gründen als notwendig erwiesen, diese Ausnahmebestimmungen in den Artikel 3 einzubauen. Es bleibt interessanterweise nicht bei der Hilfsfunktion dieser Bestimmung. Sie schlägt vielmehr die Brücke zunächst zur WVRK2. Nachdem aber letztere bereits vorliegt, büßt zumindest ein Teil des Buchstaben (c) seine Anwendungsberechtigung ein, weil die durch ihn angedeutete Möglichkeit immerhin von einer ganzen Konvention (WVRK2) realisiert bzw. abgelöst werden kann, vorausgesetzt, daß die in Frage kommenden Staaten beiden Konventionen beitreten würden. Problematisch scheinen dennoch Verträge zu sein, die zunächst zwischen Staaten abgeschlossen werden und denen danach Organisationen beitreten können. Abgesehen davon, daß die Staaten als Vertragspartner im Prinzip die Anwendung der WVRK2 oder der WVRK2 vereinbaren können, wäre es vertragsrechtstechnisch möglich, auch nach dem Beitritt der Organisationen auf die zwischenstaatlichen Vertragsbeziehungen weiterhin die WVRK1 anzuwenden. Was jedoch die Vertragsbeziehungen zwischen Staaten und Organisationen anbelangt, müßte konsequenterweise die sachlich geeignetere Konvention zur Anwendung kommen, weil sie einen anderen Geltungsbereich als die WVRK1 haben wird. Wenn dem nicht so wäre, könnte dann die berechtigte Frage entstehen, wozu die Erarbeitung einer neuen Konvention nützlich war. Die teilweise kontrovers geführte Diskussion in der ILC und die Regierungsstellungnahmen zu Kernbestimmungen der Artikelentwürfe zur neuen Konvention liefern den Beweis für ihre Existenzberechtigung. Die am 27. Januar 1980 in Kraft getretene WVRK1 ist zwar ein wichtiges Dokument und zugleich die Grundlage für die Weiterentwicklung des Völkervertragsrechts, einschließlich jenes der internationalen Organisationen[72], die WVRK2, d. h. eine selbständige Konvention speziell zum Vertragsrecht der internationalen Organisationen, vermag sie jedoch nicht zu ersetzen.

Auf der Kodifikationskonferenz wurde dieses Problem durch die Schaffung des völlig neuen Artikels 73 („Relationship to the Vienna Convention on the Law of Treaties“) radikal gelöst. Demnach sollen die Beziehungen zwischen Staaten, die bereits der WVRK1 beigetreten sind, bei einem Vertrag zwischen zwei oder mehreren Staaten und einer oder mehreren Organisati-

onen von der WVRK1 geregelt werden[73]. Dies war das Ergebnis von Beratungen auf der Basis von drei Änderungsvorschlägen[74].
Die WVRK1 ist die konkrete Grundlage eines integralen Bestandteiles des Völkerrechts, nämlich des Völkervertragsrechts, das durch die WVRK2 ergänzt und bereichert wird. Ob nun die WVRK1 als Völkerrechtszweig betrachtet werden kann oder nicht, scheint eher ein akademischer Streit zu sein. Eine solche Problemstellung erlangt dann völkerrechtliche Relevanz, wenn es darum geht, etwa die Anwendung der völkerrechtlichen Grundprinzipien auf den neuen Bereich der internationalen Beziehungen ausschließen zu wollen oder etwas vom Völkerrecht völlig Unabhängiges zu schaffen und es im Extremfall dem Völkerrecht entgegenzustellen. Dann muß man wohl derartige „Rechtszweige“ ablehnen. Wenn sich aber die speziellen Normen eines neugeregelten Bereichs der internationalen Beziehungen aus den Grundprinzipien ergeben oder zumindest mit diesen vollständig übereinstimmen, dann besteht m. E. kein Grund, dafür den Begriff „Völkerrechtszweige“ nicht zu verwenden. Dies ist z. B. bei dem internationalen Seerecht (Seevölkerrecht), dem Diplomaten- und Konsularrecht, dem Weltraumrecht und nicht zuletzt dem internationalen Vertragsrecht der Fall[75].

Hinsichtlich der Organisationen sieht das Problem allerdings anders aus, vor allem wenn von einem „Recht der internationalen Organisationen“ die Rede ist, das einen „Zweig des gegenwärtigen Völkerrechts“ bilden soll[76]. Wenn diese Auffassung damit begründet wird, daß es bei allen Organisationen gleichermaßen bestimmte juristische Probleme gibt, wie z. B. das geltende Recht, die Rechtspersönlichkeit und Rechtsfähigkeit, die Kompetenzen und Befugnisse der Organe[77], so werden damit die wichtigsten Argumente für ihre Widerlegung geliefert. Derartigen Ansichten kann nicht zugestimmt werden, weil sie entweder die Realitäten in den internationalen Beziehungen außer acht lassen oder sie eigenwillig interpretieren. Es wird z. B. hinsichtlich des Gründungsvertrages bzw. der Satzung, der Aufgaben, der Vertragsfähigkeit, der Struktur und der Kompetenzen der Organe zwischen den recht unterschiedlichen internationalen Organisationen überhaupt nicht differenziert. Selbst wenn man nur die multilateralen Organisationen in Betracht ziehen würde, hätte im Grunde genommen jede Organisation ihr eigenes Recht, daß natürlich dem ius cogens im Völkerrecht zu entsprechen hat. Es wäre daher ein kaum zu realisierendes Unterfangen, eine Art „Recht der internationalen Organisationen" schaffen zu wollen[78]. Hiervon ist das Vertragsrecht der internationalen Organisationen zu unterscheiden, das nichts weiter ist als das Völkervertragsrecht, angewandt auf die internationalen Organisationen. Deswegen wies Reuter in seinem dritten Bericht darauf hin, daß wegen der großen Unterschiede der vorhandenen Organisationen die Schaffung eines einheitlichen Rechtssystems der internationalen Organisationen nicht möglich ist. Es kommt viel·mehr auf die Anwendung von Normen des Völkervertragsrechts auf die Verträge der Organisationen an[79].

2.1.4 Zur Stellung von Staaten und internationalen Organisationen in den internationalen Beziehungen sowie als Vertragspartner

In einem anderen Zusammenhang wurde die Auffassung vertreten, daß Staaten und internationale Organisationen zwar allgemein in den internationalen Beziehungen nicht gleichgestellt sein können, jedoch als Partner eines konkreten völkerrechtlichen Vertrages gleichberechtigt sind.

Das Spannungsverhältnis von Unterschieden zwischen Staaten und Organisationen als Völkerrechtssubjekte einerseits und der grundsätzlichen Gleichberechtigung der Vertragspartner andererseits stand von Anfang an im Mittelpunkt der Beratungen der Artikelentwürfe in der ILC und im Rechtskomitee sowie in den Regierungsstellungnahmen. Die Frage des Statuts von Staaten und Organisationen in den internationalen Beziehungen und speziell in den internationalen Vertragsbeziehungen ist nicht nur von völkerrechtstheoretischer und vertragsrechtlicher Relevanz.

Ein anderer, eher vertragsrechtlich-vertragstechnischer Gesichtspunkt ist ebenfalls zu beachten. Einerseits hat die WVRK2 von der WVRK1, dem Grunddokument auf diesem Gebiet, auszugehen, denn die WVRK1 enthält die Prinzipien, Normen und Regeln des Völkervertragsrechts. Die bloße Übernahme jedoch der Bestimmungen der WVRK1 hätte bedeutet, eine absolute Gleichstellung von Staaten und internationalen Organisationen in den internationalen Beziehungen zu bejahen. Andererseits lautete der Auftrag der UN-Generalversammlung an die ILC, sich nach Möglichkeit nach den Bestimmungen der WVRK1 zu richten. Diese allgemein gehaltene Orientierung war aber nicht so einfach, wie ursprünglich gedacht, zu realisieren. Wären die neuen Artikelentwürfe denen der WVRK1 wörtlich nachgebildet, so wäre die WVRK2 nicht notwendig.

Mit diesen und ähnlichen Problemen wurden die ILC und vor allem ihr Spezialberichterstatter im Verlauf der Erarbeitung der Artikelentwürfe über zehn Jahre lang konfrontiert. Während allerdings Reuter zu Beginn seiner Tätigkeit von der fast absoluten Gleichstellung von Staaten und Organisationen ausging und demnach zu einer vollständigen Übernahme der Artikel der WVRK1 neigte, war er Ende der 70er Jahre bereit, die zwischen diesen ungleichen Völkerrechtssubjekten bestehenden Unterschiede, wenn auch nur partiell, zu berücksichtigen. Das erfolgte in concreto und zwar nicht geradlinig und widerspruchslos, da die in Frage kommenden Bestimmungen Spezifika aufweisen.

Um seine eigene Position zu stützen, berief sich Reuter bereits in seinem ersten Bericht (1972) auf Organisationen, die sich ausdrücklich gegen die unterschiedliche Behandlung von Staaten und Organisationen beim Vertragsabschluß wandten[80]. In ihrer Stellungnahme vom 11. März 1982 entwickelte z. B. die IAEA eine ausführliche Argumentation für die Gleichberechtigung von Staaten und Organisationen als Vertragspartner. Sie gab zwar zu, daß die Organisation gegenüber den souveränen Staaten nur eine abgeleitete Vertragsfähigkeit besitzen. Wenn sie jedoch einmal gegeben ist, sollten die Organisationen nach Völkerrecht gleichberechtigt mit den Staaten behandelt werden. Für beide Kategorien von Völkerrechtssubjekten gelte nach Auffassung der IAEA das Völkerrecht gleichermaßen[81]. Obwohl die ILC, wie sie in ihrem Bericht vom Juli 1982 betonte, bei der Erarbeitung der Artikelentwürfe Vorsicht an den Tag legte, kam sie schließlich zu der Erkenntnis, daß Verträge auf der Gleichberechtigung der Vertragspartner basieren[82].

Die Problematik wurde bei der Formulierung der einzelnen Artikelentwürfe etwas konkreter. So entschied sich die ILC dafür (Artikelentwurf 1, Absatz 1, Buchstabe (b) und (b bis) sowie Artikelentwurf 14), bei den Staaten den Begriff „Ratifikation“ und bei den Organisationen den Begriff „Akt der formellen Zustimmung“ zu verwenden[83]. Diese Unterscheidung mag vielleicht nicht entscheidend sein, zu unterschätzen ist sie dennoch nicht[84].

Erst bei der Beratung der Artikelentwürfe über die Vorbehalte auf der 29. ILC-Session wurde die Brisanz dieser Fragestellung evident. Dabei ging es um die Frage, ob die von Organisationen geltend gemachten Vorbehalte und Einsprüche gegen Vorbehalte der Staaten die gleiche juristische Wirkung haben, wie jene der Staaten. Staaten und Organisationen nicht die gleichen Bedingungen und Chancen gewähren, Vorbehalte und Einsprüche gegen Vorbehalte zu erklären, wurde von einigen ILC-Mitgliedern als Diskriminierung einer der Vertragsparteien, nämlich der Organisationen qualifiziert. Deswegen plädierten sie für eine völlige Gleichheit dieser unterschiedlichen Vertragspartner[85]. Die Gleichstellung wurde teilweise damit begründet, daß sich das Recht, Vorbehalte zu erklären, aus der Vertragsfähigkeit (Artikelentwurf 6) ergibt[86]. Es wurden von Reuter außerdem Fälle speziell für die Begründung seiner Position konstruiert[87].

Der Status von Staaten und Organisationen bildete bei der Erarbeitung des Artikelentwurfs 27 einen Schwerpunkt. Es drängte sich immer wieder die völkerrechtlich relevante Frage auf, ob die entsprechenden Bestimmungen der WVRK1 ohne irgendwelche Modifizierungen übernommen werden können. Die Bejahung dieser Frage hätte bedeutet, das innerstaatliche Recht mit den „Regeln“ einer Organisation etwa im Sinne einer „constitution“ juristisch gleichzustellen. Die Hinnahme einer solchen Konzeption könnte aber eines Tages zu großen Interpretations- und Rechtsanwendungsschwierigkeiten führen, weil der rechtsdogmatische Hintergrund auf eine Loslösung der Organisationen von ihren eigenen Mitgliedstaaten abzielt. Eine weitere Schwierigkeit war, den Inhalt des dem „domestic law“ (WVRK1) adäquaten Terminus für die neue Konvention zu bestimmen. Bereits auf der 32. Tagung entschied sich die ILC für unterschiedliche Formulierungen: für die Staaten „domestic .law“ und für die Organisationen „rules“[88]. Die Hauptaussage des Artikelentwurfs 21 ist, daß sich kein Vertragspartner auf die Bestimmungen seines innerstaatlichen Rechts (Staaten) oder auf seine Regeln (Organisationen) als Rechtfertigung für die Nichterfüllung eines Vertrages durch ihn berufen darf[89].

Für eine Gleichbehandlung von Staaten und Organisationen in diesem Zusammenhang traten vorwiegend westliche Staaten ein. Die ausführlichste Begründung wurde dabei von der BRD in ihrer Stellungnahme vom 10. März 1981 geliefert. Der Grundtenor ihrer Argumentation war, Staaten und Organisationen sollen als Vertragspartner auch beim Scheitern oder bei der Vertragsrealisierung gleiche Rechte haben[90]. Die von der IAEA abgegebene umfangreiche und gründliche Stellungnahme zeigt[91], wie vorteilhaft es war, auch internationale Organisationen in den Prozeß der Erarbeitung der Artikelentwürfe einzubeziehen. Die IAEA warf nämlich das Hauptproblem auf, wie es mit der Priorität völkerrechtlicher Verpflichtungen gegenüber dem „inneren Recht“ der Organisationen steht. Während es bei den Staaten um das Verhältnis von Völkerrecht und innerstaatlichem Recht geht, handelt es sich bei den Organisationen um das Verhältnis von Völkerrecht (völkerrechtliche Verpflichtungen) und ebenfalls Völkerrecht (Gründungsdokument). Nach Auffassung der IAEA seien Akte einer Organisation oder von ihr eingegangene Vertragsverpflichtungen, die mit ihrer Satzung unvereinbar sind, völkerrechtlich ab initio rechtsungültig und könnten deshalb kaum gegen die Organisationen geltend gemacht werden. Dem Standpunkt, daß Gründungsdokumente bzw. Satzungen von internationalen Organisationen gegenüber ihren eigenen Vertragsverpflichtungen Priorität besitzen, ist zu folgen.

In der Fassung der ersten Lesung enthielt der sich auf die internationalen Organisationen beziehende Absatz 2 eine Ausnahme, um den Unterschied zwischen Staaten und Organisationen doch deutlich zu machen. Er lautete: Eine internationale Organisation, die Vertragspartei ist, kann nicht auf die Normen der Organisation als Rechtfertigung für die Nichterfüllung des Vertrages berufen, außer wenn die Vertragserfüllung in Übereinstimmung mit der Absicht der Parteien der Ausübung von Funktionen und Vollmachten der Organisation unterliegt[92].

Diese Ausnahme lief allerdings auf eine bevorzugte Behandlung der internationalen Organisationen gegenüber den Staaten hinaus. Somit gelang es Reuter, durch entsprechende Formulierungen bei Berücksichtigung der Unterschiede zwischen Staaten und Organisationen die Organisationen besser zu stellen als ihre staatlichen Vertragspartner. Da fast alle anderen ILC-Mitglieder gegen diese Ausnahmebestimmung waren[93], hatte er sie gestrichen. Das Endergebnis war immer noch eine Gleichstellung der unterschiedlichen Vertragspartner. Insofern konnte er sein konzeptionelles Ziel, nämlich die Gleichberechtigung von Staaten und Organisationen in den Vertragsbeziehungen, doch erreichen. Eine andere Formulierungsmöglichkeit gab es auch auf der letzten ILC-Session zu dieser Materie nicht. Da aber m. E. aus den Bestimmungen des Artikels 27, Absatz 2 keine Nachteile für die Staaten erwachsen, kann die getroffene Regelung im Prinzip akzeptiert werden. Natürlich wäre es besser, wenn die ILC in ihrem Kommentar die Priorität der Satzungen der internationalen Organisationen gegenüber deren vertraglichen Verpflichtungen eindeutig herausgearbeitet hätte. Absatz 2 könnte im Lichte neuerer Entwicklungen[94] so interpretiert werden, daß in bestimmten Bereichen des Völkerrechts Staaten und Organisationen gleichberechtigt und gleichverpflichtet sein können.

Bisher wurden in der ILC über die Gleichstellung von Staaten und internationalen Organisationen vertretenen Auffassungen behandelt. Um das Bild zu vervollständigen, soll im folgenden kurz auch auf einige entgegengesetzte Auffassungen eingegangen werden. Es bedarf dabei einer Differenzierung, weil mit dem Betonen von Unterschieden nicht unbedingt dieselben Zielstellungen verfolgt wurden. Unterschiede zwischen Staaten und internationalen Organisationen feststellen, bedeutet offenkundig nicht in jedem Falle, daß die notwendige Bereitschaft vorläge, hieraus auch die Konsequenzen zu ziehen. So verwundert es nicht, daß Reuter in seinem vierten Bericht (1975) eher auf formale Unterschiede hinwies, wie z.B. daß die zwischenstaatlichen Verträge bi- und multilateraler Art, die Verträge der Organisationen untereinander hingegen vorwiegend bilateraler Art sind[95]. Einzelne ILC-Mitglieder gingen etwas weiter als Reuter, indem sie unterstrichen, daß Staaten das Völkerrecht schaffen, während sich die Organisationen vorwiegend mit technischen Fragen befassen[96]. In der Regel blieb die ILC in ihren Berichten ebenfalls bei allgemeinen Feststellungen über vorhandene Unterschiede zwischen Staaten und Organisationen. In ihrem Bericht über die 34. ILC-Session hob sie z. B. hervor, daß im Völkerrecht Staaten gleichgestellt sind, die Organisationen hingegen einen unterschiedlichen juristischen Status besitzen[97].

Es ist daher nicht verwunderlich, daß vor allem die ehemals sozialistischen Staaten immer wieder auf die Notwendigkeit hinwiesen, die in der Realität der internationalen Beziehungen bestehenden Unterschiede zwischen Staaten und Organisationen bei der Erarbeitung der Artikelentwürfe nach Möglichkeit zu beachten[98]. In der Regierungserklärung der ČSR vom 19. Mai 1982 werden z. B. die erhobenen Einwände zu einzelnen Artikelentwürfen mit der ungenügenden Berücksichtigung der Unterschiede zwischen den ungleichen Völkerrechtssubjekten begründet[99]. Die Einwände der Staaten gegen einzelne Artikelentwürfe veranlaßten die ILC, einige Formulierungsänderungen vorzunehmen, durch die einigermaßen klar wird, daß es sich bei Staaten und Organisationen um qualitativ unterschiedliche Völkerrechtssubjekte handelt.

Größere Unterscheidungen wiederum hätten zu einigen methodischen Problemen geführt, weil die ILC von der UN-Generalversammlung angehalten wurde, sich nach der WVRK1 zu richten. Ohne diese Orientierung hätten möglicherweise die Artikelentwürfe und 1986 die Artikel zum Vertragsrecht der internationalen Organisationen einen anderen Aufbau und Inhalt. Es war aber auch unabhängig davon schwierig, die Unterschiede zwischen Staaten und Organisationen in jedem Fall in den Artikelentwürfen zu beachten, weil die erforderliche Praxis der Organisationen noch fehlt. Deshalb sahen sich der Spezialberichterstatter und die anderen ILC-Mitglieder oft veranlaßt, abstrakte Fälle zu konstruieren, um ihre eigene Position zu untermauern.

Die ILC-Konzeption in ihren Artikelentwürfen (vor allem 2. Lesung) läßt sich wie folgt zusammenfassen: 1. Internationale Organisationen sind das Ergebnis eines Willensaktes der Staaten, durch den sie ihnen besondere Aufgaben und damit besondere Kompetenzen zuerkennen. Auf Grund dessen weist jede Organisation ganz bestimmte Erscheinungsmerkmale auf. Deswegen sind Vergleiche zwischen Organisationen nur in beschränktem Maße möglich; 2. Jede Organisation steht in einem engen Zusammenhang zu ihren Gründer- bzw. Mitgliedstaaten. Von ihnen werden die Organisationen mit einer begrenzten Zuständigkeit ausgestattet; 3. Bemühen um Ausgewogenheit, indem einerseits den Organisationen nicht alle der den Staaten in der WVRK1 gewährten Möglichkeiten eingeräumt, andererseits aber bestimmte Regeln auf die Organisationen angewendet hat, die bis dahin nur den Staaten vorbehalten waren.

Während der Beratungen zum Artikel 9 („Adoption of the text") auf der Kodifikationskonferenz wurde das Status-Problem erneut aufgeworfen.[100] Schließlich setzte sich die Konzeption von einer weitgehend gleichberechtigten Stellung der Staaten und der Organisationen als Vertragspartner durch.

2.2 Hauptprobleme der Konvention über das Vertragsrecht der internationalen Organisationen

2.2.1 Die „rules" der internationalen Organisationen (Artikel 2, 6, 27 und 46)

Bei den „rules" der Organisationen handelte es sich um eines der schwierigsten und größten Probleme der Artikelentwürfe. Es stand auch während der Kodifikationskonferenz im Mittelpunkt der Beratungen.

Die diesbezüglichen Probleme wurden im Prinzip im dritten Bericht Reuters aufgeworfen, als er im Zusammenhang mit der Erarbeitung der Artikelentwürfe 27 und 46 vorschlug, die Formulierung „internal law" durch den Begriff „peculiar law" zu ersetzen. Dabei kann seinem Anliegen, irgendwelche Parallelen zum innerstaatlichen Recht, das ein in sich geschlossenes System aufzuweisen hat, zu vermeiden[101], zugestimmt werden. Es könnte nämlich zu einer Loslösung eines verselbständigten „internal law" vom Völkerrecht kommen, obwohl das „internal law" der Organisationen eigentlich auch Völkerrecht darstellt. Deswegen kann dem Vorschlag Yasseens grundsätzlich beigepflichtet werden, lieber vom „internationalen

Recht“ zu sprechen[102]. Die Formulierung „peculiar law“, das irgendwie an ein „Recht der internationalen Organisationen“ erinnert, blieb ebenfalls nicht unwidersprochen[103]. Die ILC entschied sich schließlich für die Formulierung „relevant rules“ der internationalen Organisationen, die bereits im Artikel 5 der WVRK1 enthalten ist[104]. Als es darum ging, die Quelle der Vertragsfähigkeit der Organisationen zu bestimmen, unterstrich Reuter in seinem zweiten Bericht den Unterschied zwischen den „relevant rules“ und dem Gründungsdokument[105].

Das eigentliche Problem war, was nun alles zu den „relevant rules“ gehört. Ustor zählte dazu den Gründungsvertrag und alle anderen Dokumente, die den Willen der Gründerstaaten enthalten[106]. Dieser eindeutig souveränitätsfreundliche Vorschlag fand leider in der 1977 vorgenommenen Formulierung des Artikelentwurfs 2, Absatz 1, Buchstabe (j) keinen Niederschlag. Diese Bestimmung lautete: Regeln der Organisation bedeuten insbesondere das Gründungsdokument, einschlägige Entscheidungen und Beschlüsse und die eingebürgerte Praxis der Organisationen[107].

Einige Staaten wandten sich zu Recht gegen diese großzügige Formulierung. In der rumänischen Regierungsstellungnahme vom 2. Juni 1981 wurde z.B. die Forderung erhoben, daß die „relevant rules“ im Gründungsdokument verankert sein sollten. Ihre Akzeptierung durch die Mitgliedstaaten müßte ebenfalls vor·liegen [108]. Die damalige DDR bemängelte in ihrer Stellungnahme vom 26. Mai 1981 u.a. das Wort „insbesondere“ da es zu viel Raum für die Interpretation der „rules“ bieten würde[109].

Die damaligen Artikelentwürfe 2 und 6 in engem Zusammenhang betrachtend, gestand die ILC in ihrem Kommentar von 1981 dazu ein, daß es nicht möglich sei, die „rules“ genau zu bestimmen. Speziell der Artikelentwurf 2 verschaffe den Organisationen die Möglichkeit, ein eigenes Rechtsregime zu entwickeln[110]. Die in den Regierungsstellungnahmen gemachten Einwände veranlaßten, wie es scheint, die ILC-Mitglieder, ihre Meinung über den Begriff „relevant rules“ zu modifizieren. Während z.B. auf der 33. ILC-Tagung (1981) die Artikelentwürfe 2 (Absatz 1, Buchstabe (j)) allgemeine Zustimmung fanden[111]), wurde auf der 34. Tagung von mehreren

ILC-Mitgliedern vorgeschlagen, den Begriff „relevant rules“ durch den Begriff „Gründungsdokumente“ zu ersetzen[112]. Durch die Meinungsäußerung eines ILC-Mitglieds wurde das völkerrechtstheoretische Problem der Umschreibung der „relevant rules“ im Artikelentwurf 2 etwas deutlicher. Balanda wandte sich nämlich gegen die in dieser Bestimmung zum Ausdruck kommende Normenhierarchie vor allem mit dem Argument, daß alle „rules“ einer Organisation „relevant“ seien[113]. Solche Tendenzen der ungenügenden Berücksichtigung der entscheidenden Bedeutung der Gründungsdokumente der internaionalen Organisationen waren nicht zufällig. Selbst die ILC meinte immerhin in ihrem letzten Bericht über die Artikelentwürfe zum Vertragsrecht der internationalen Organisationen, daß der Hinweis auf die Gründungsdokumente im Artikelentwurf 2 aus Gründen der Vollständigkeit unerläßlich war[114]. Hieraus ging eine Gleichwertigkeit der genannten Elemente der „relevant rules“, z. B. der Gründungsverträge mit den Resolutionen hervor, was aus völkerrechtsdogmatischen Gründen unakzeptabel ist.

Die im Artikel 2, Absatz 1, Buchstabe (j) enthaltenen Formulierungen stehen in engem Zusammenhang mit substantielleren Bestimmungen vor allem der Artikel 27 und 46.

In seinem vierten Bericht begründete Reuter seine Entscheidung für die Formulierung „Rules of the organizations“ (Artikelentwurf 27, Buchstabe (b), nach der ersten Lesung Absatz 2) u. a. damit, daß sie breiter als die Formulierung „Gründungsdokument“ sei und letztere einschließe[115]. Die Nichterfüllung eines Vertrages kann gemäß dieser Bestimmung nicht durch die Berufung auf Regeln der Organisation gerechtfertigt werden. Während der Diskussion auf der 29. ILC-Session wurde unter Verweis auf den Artikelentwurf 6 betont, daß die Vertragsfähigkeit einer Organisation durch ihre Regeln beschränkt ist und daß letztere selbst Völkerrecht darstellen[116]. Berechtigterweise schlug Francis vor, zwischen den Regeln aus dem Gründungsdokument und den anderen in den Organisationen geltenden Regeln (z. B. Resolutionen) zu unterscheiden[117].

Eine solche Unterscheidung war für den Artikelentwurf 46 unabdingbar, weil es bei ihm um Verletzungen der Bestimmungen über die Vertragsabschlußbefugnis geht. Hier sind die vertragstechnischen und inhaltlich substantiellen Zusammenhänge und deren teilweise negativen Konsequenzen relativ leicht zu erkennen. Der Hauptinhalt dieser Bestimmung (46) ist, daß sich ein Partner nicht auf die Verletzung seines innerstaatlichen Rechts (Staaten) oder der „rules" (Organisationen) berufen darf, um einen bereits abgeschlossenen Vertrag für ungültig zu erklären. Hiervon bildet der Fall eine Ausnahme, wenn die Verletzung zum einen offenkundig war und zum anderen die verletzte Regel von grundsätzlicher Bedeutung ist. Hier spielen Interpretationsfragen offensichtlich eine große Rolle. Sie standen im Mittelpunkt der 31. sowie auf der 34. ILC-Session.

Der Spezialberichterstatter sah sich bereits in seinem achten Bericht gezwungen, mit Artikel-Varianten zu arbeiten. Die erste Variante entsprach genau den Bestimmungen der WVRK1. Die zweite machte hingegen folgenden Unterschied zwischen Staaten und internationalen Organisationen: Die Verletzung innerstaatlichen Rechts ist offenkundig, wenn sie allen Staaten oder Organisationen offenbar geworden ist, während die Verletzung der Regeln einer Organisation dann offenkundig ist, wenn sie allen Nicht-Mitgliedstaaten und Organisationen bekannt geworden ist[118]. Diese Frage beschäftigte die ILC auch auf ihrer 34. Session. Die Ausnahmebestimmung wurde auf beide Völkerrechtssubjekte angewandt, jedoch unterschiedlich. Während z.B. bei den Staaten die entsprechende Bestimmung der WVRK1 übernommen und etwas erweitert wurde, war bei den Organisationen ganz allgemein die Rede von der „offenkundigen" Verletzung. Der Sinn dieser Unterscheidung liegt darin, daß bei den Staaten die Verletzung „evident" ist, wenn sie aus dem Vergleich der Staatenpraxis deutlich wird[119].

Ein weiteres Problem ist nach wie vor, welche Regeln als „of fundamental importance" (Artikel 46, Absatz 1 und 2) eingeschätzt werden können. Diese Formulierung fehlte, was die Organisationen anbelangt, in der Fassung der ersten Lesung. Die ILC nahm sie in die Fassung der zweiten Lesung auf, gab allerdings in ihrem Kommentar keine Erläuterung darüber.

Der Logik und Systematik der vorliegenden Artikel folgend, müßte man sich zunächst jenem Artikel zuwenden, gemäß dem die Vertragsfähigkeit einer internationalen Organisation von ihren „relevant rules“ bestimmt wird. Antwort darauf, was nun die „relevant rules“ sind, gab der Artikelentwurf 2, Absatz 1, Buchstabe (j). In dieser Bestimmung fehlte das Adjektiv „relevant“. Scheinbar als Ersatz dafür wird die konkretisierende Formulierung „insbesondere“ verwendet. Es wurden aber nebeneinander und ohne irgendeine Wertung, wie bereits erwähnt, aufgeführt: die Gründungsdokumente, relevante Beschlüsse und Resolutionen und die eingebürgerte Praxis der Organisationen. Die „fundamental importance“ im Sinne des Artikels 46 steht bei den Gründungsdokumenten außer Zweifel. Die ILC hätte sie eigentlich in den Mittelpunkt stellen und alles andere stark davon absetzen sollen, oder es könnten die anderen Elemente des Buchstabens (j) nur in starker Abhängigkeit von bzw. mit Bezug auf eine volle Übereinstimmung mit den Gründungsverträgen erwähnt werden. Bei der Formulierung dieser Bestimmung konnten sich in der 2. Lesung offenkundig westliche Positionen durchsetzen.

Die in dem Buchstaben (j) enthaltenen Probleme werden bei Berücksichtigung der „established practice“ noch größer. Es war nur ein schwacher Trost, wenn die ILC in ihrem Kommentar darauf hinwies, daß die Praxis als eine Quelle der Vertragsfähigkeit einer Organisation im Artikelentwurf 6 fehlt und indirekt nur im Artikelentwurf 2 auftaucht[120]. Die Stellungnahmen von Regierungen und Organisationen zeigten, daß es diesbezüglich extrem unterschiedliche Positionen gab, die auf eine ebenfalls unterschiedliche Konzeption über die Rolle der internationalen Organisationen hindeuten. Während z. B. die damalige DDR in ihrer Stellungnahme vom 26. Mai 1981 das Postulat einer Übereinstimmung der Praxis mit den Gründungsverträgen unterstrich[121] und damit innerhalb des Systems der Regeln Prioritäten setzte, wollte der Europarat in seiner Stellungnahme vom 11. Januar 1981 nicht nur die bereits bestehenden, sondern auch die künftigen Regeln sowie die „ungeschriebene“ Praxis berücksichtigt haben[122].

Was aber als Praxis einer Organisation betrachtet werden kann, wurde in der ILC nicht eindeutig bestimmt. Es wurden dazu Regeln, Resolutionen und Beschlüsse gezählt[123]. Es wurde ferner zwischen der „established practice“ (Artikelentwurf 46) und dem „conduct“ (Artikelentwurf 45) unterschieden: Das Verhalten geht der „established practice“ voraus. Die Praxis ist dann das durch die Zeit bestätigte Verhalten, denn es gehört zur Aktionsfähigkeit von internationalen Organisationen, daß sie die Möglichkeit haben müssen, Praxis zu üben, die dann zur Rechtsregel gemacht werden kann[124]. Nach Reuter ist wiederum die „normal practice“ jene Praxis, wenn bestimmte Repräsentanten des Staates im Völkerrecht identische Kompetenzen besitzen. Im Unterschied dazu haben die Organisationen keine einheitliche Praxis aufzuweisen[125].

Die von der ILC vorgenommene Bestimmung der „rules“ bzw. der „relevant rules“ einer Organisation wirft theoretische und praktische Probleme von grundsätzlicher Bedeutung auf. Dies gibt auch für den Artikel 1, Absatz 1, Absatz 34 der „Vienna Convention on the representation of states in their relations with international organizations of a universal character“ vom 14. März 1975, wo genau dieselbe Bestimmung zu finden ist[126], allerdings mit einer anderen Zielstellung.

Ausgangspunkt für die Behandlung des „rules“-problems müßten m. E. die bereits gewonnenen Erkenntnisse sein, daß die internationalen Organisationen hinsichtlich der Völkerrechtssubjektivität, der Vertragsfähigkeit, allgemeiner ihrer Kompetenzen und des Rechtswillens von ihren Mitgliedstaaten abhängen. Die konkrete Basis hierfür ist das Gründungsdokument (Gründungsvertrag und in der Weiterentwicklung die Satzung). In Übereinstimmung mit ihrer Satzung nehmen die zuständigen Organe der Organisationen Beschlüsse und Resolutionen an, die jedoch ohne das stillschweigende oder das ausdrückliche Einverständnis der Mitgliedstaaten keinesfalls zur Kompetenzveränderung und -erweiterung führen können und dürfen. Die Organisationen werden auf der Basis der Gründungsdokumente und der in Übereinstimmung mit ihnen angenommenen Beschlüsse und Resolutionen wirksam. Nur so vermögen sie, ihren Gründungsauftrag und ihre Aufgabe zu erfüllen. Nur auf diese Art und Weise sind die Mitgliedstaaten imstande, die Tätigkeit der von ihnen gebildeten Organisationen in ihrem Interesse zu kontrollieren. Andernfalls bestünde für die Organisationen die Möglichkeit, durch die gezielte Verabschiedung von geeigneten Beschlüssen und Resolutionen sowie durch eine entsprechende Praxis sich selbst Vertragsfähigkeit bezüglich erweiterter Gegenstände zu verleihen. Derartiges würde jedoch dem Willen und den Interessen der Mitgliedstaaten nicht unbedingt entsprechen.

Der ILC-Artikelentwurf 2, Ziffer 1, Buchstabe (j), der den Staatenvertretern auf der Kodifikationskonferenz zur Verfügung stand, lautete: Regeln der Organisation (bedeuten) insbesondere die Gründungsdokumente, einschlägige Beschlüsse und Resolutionen und die eingebürgerte Praxis der Organisation[127]. In seiner Eigenschaft als Spezialberichterstatter auf der Kodifikationskonferenz wies Reuter darauf hin, daß diese drei Definitionselemente nicht willkürlich verwendet werden dürfen, weil vor allem die Bedeutung der Begriffe „decisions“ und „resolutions“ von Organisation zu Organisation variiert. Während im allgemeinen die Beschlüsse juristisch verbindlich sind, gilt dies nicht unbedingt für die Resolutionen[128]. In einigen Regierungsstellungnahmen wurden der Kompromißcharakter[129] und die Realitätsnähe[130] des Artikelentwurfs unterstrichen. Spezialorganisationen der UN, wie z. B. der Internationale Fernmeldeverein in seiner Stellungnahme von 1983, sahen die Zweckmäßigkeit einer derartigen Bestimmung nicht ein[131].

Bereits zu Beginn der Kodifikationskonferenz unterbreiteten mehrere Staaten Änderungsvorschläge. Im Mittelpunkt der Diskussion stand ein gemeinsamer Vorschlag der Regierungsvertreter der UdSSR, der Ukraine, Bjelorusslands, der damaligen DDR und Polens, während die Änderungsvorschläge Mexikos[132] und Chinas[133] nicht zum bestimmenden Diskussionsgegenstand wurden. Nach dem Änderungsvorschlag der ehemaligen sozialistischen Staaten gehören zu den Regeln der Organisation „die Gründungsdokumente und, auf ihnen basierende sowohl juristisch verbindliche Instrumente als auch die eingebürgerte Praxis der Organisation“[134]. Dieser Vorschlag unterscheidet sich in zwei Punkten wesentlich vom ILC-Artikelentwurf und sollte Klarheit schaffen: Zum einen wird dem Gründungsdokument absolute Priorität gegenüber den übrigen Definitionselementen gewährt, zum anderen wird die klarstellende Formulierung „juristisch verbindliche Instrumente" eingeführt, die sich der Zielstellung nach gegen die Überbewertung von Resolutionen im ILC-Entwurf richtet. Der Änderungsvorschlag wurde von den Vertretern weiterer ehemaliger sozialistischer Staaten (CSSR, Ungarn) unterstützt[135]. Der Vertreter der damaligen DDR bemängelte den ILC-Artikelentwurf, da er die Begriffe „resolutions" und „practice" unabhängig von den Gründungsdokumenten formulierte und wies darauf hin, daß die Gründungsdokumente die entscheidende Grundlage der Vertragsfähigkeit der Organisation sind[136]. Dennoch wurden von anderen Vertretern gegen den Änderungsvorschlag der sozialistischen Staaten, speziell gegen die Formulierung „juristisch verbindliche Instrumente" Einwände erhoben: Diese Formulierung würde die Funktionen und die Verfahrensregeln der Organisationen einschränken[137]; es existieren bei den Organisationen auch nichtverbindliche Instrumente[138].

Mehrere Vertreter wandten sich gegen das Adjektiv „relevant" („relevant decisions and resolutions") und forderten seine Streichung. Dieses Adjektiv sei irreführend[139]. Deswegen wurde es dann in mehreren Artikeln (5, 6, 35–37, 39 und 65) gestrichen. Nach mehreren Konsultationen wurde unter der Leitung des Konferenz-Präsidenten der endgültige Text abgefaßt[140].

Einerseits wird in der letzten Fassung des Artikels 2, Ziffer 1, Buchstabe (j) die dominierende Bedeutung der Gründungsdokumente der Organisationen unterstrichen: Annahme von Beschlüssen und Resolutionen in Übereinstimmung mit den Gründungsdokumenten. Andererseits wurde jedoch zwischen ihnen und der „established practice" keine Verbindung hergestellt. Diese Selbständigkeit der „established practice" könnte bei einer künftigen Interpretation und Anwendung dieser Bestimmung zu Komplikationen führen. Der Wegfall des Adjektivs „relevant" ist verständlich, weil sein Zweck durch die Abhängigkeit der Beschlüsse und Resolutionen von den Gründungsdokumenten zufriedenstellend erfüllt wird. Gleiches gilt ebenfalls für den Artikel 6, in dem es heißt, daß die Vertragsfähigkeit einer Organisation durch „the rules of the organization" bestimmt wird.

Auch bei der Erarbeitung des Artikels 27 spielte das Problem der „rules" in einem anderen Zusammenhang eine Rolle. Der ILC-Artikelentwurf lautete folgendermaßen: 1. Ein Partnerstaat eines Vertrages kann sich nicht auf die Bestimmungen seines innerstaatlichen Rechts als Rechtfertigung für die Nichteinhaltung eines Vertrages durch ihn berufen. 2. Eine Partnerorganisation eines Vertrages kann sich nicht auf die Regeln der Organisation als Rechtfertigung für die Nichteinhaltung des Vertrages durch sie berufen. 3. Die Regeln, in den vorhergehenden Absätzen gelten unbeschadet von Artikel 46[141]. Damit waren relativ viele Vertreter einverstanden[142]. Die Delegationen der UNO und der UdSSR unterbreiteten hingegen Änderungsvorschläge, auf die sich fast die gesamte Diskussion erstreckte.

Die UN-Delegation schlug vor, den Absatz 2 durch die Formulierung „without prejudice to article 103 of the UN-Charta" zu ergänzen[143]. Diesen Vorschlag erläuternd, bezog der UN-Vertreter die Position, daß Artikel 103 der UN-Charta sich nicht auf Verträge zwischen den UN-Mitgliedern beschränkt. Er erstreckt sich vielmehr auch auf die zwischen den Organisationen abgeschlossenen Verträge[144]. Abgesehen von einer einzigen Ausnahme[145], wandten sich die meisten Delegierten direkt[146] oder indirekt gegen den UN-Vorschlag. Im letzteren Fall wurde die Auffassung vertreten, daß die Bezugnahme auf den Artikel 103 im Artikel 27 deplaziert sei[147]. Sie wäre möglicherweise in der Präambel der Konvention besser aufgehoben[148]. Tatsächlich wurde die Bezugnahme auf den Artikel 103 der UN-Charta im Artikel 30, Absatz 6 untergebracht, ohne jedoch diese für das gesamte Völkerrecht in besonderem Maße wichtige Bestimmung expressis verbis zu nennen. Ob das die richtige Lösung des Problems ist, kann bezweifelt werden. Der beste Platz für die Bezugnahme wäre doch der Artikel 27. Dann wäre deutlicher geworden, daß nicht nur die Verträge der Staaten, sondern auch jene der Organisationen vom Artikel 103 nicht abweichen können.

In dem von der sowjetischen Delegation unterbreiteten Änderungsvorschlag ging es hauptsächlich um das Verhältnis zwischen den Verpflichtungen aus dem Gründungsdokument und jenen aus den Verträgen der Organisationen: Die Verpflichtungen aus dem Gründungsdokument sollten Vorrang genießen. Die Fassung des Vorschlags war folgende: Im Falle eines Konflikts zwischen den Verpflichtungen aus einem von einer internationalen Organisation abgeschlossenen Vertrag und ihren Verpflichtungen aus dem Gründungsdokument dieser Organisation sollen die Verpflichtungen aus diesem Dokument Vorrang haben[149]. Auf diese Problematik machten die Regierungen der ehemaligen DDR und der UdSSR[150] bereits lange vor der Kodifikationskonferenz in ihren Stellungnahmen aufmerksam. In der Stellungnahme der ehemaligen DDR wurde speziell zum Artikelentwurf 27 bemängelt, daß er den abgeleiteten Charakter der Völkerrechtssubjektivität der Organisationen nicht genug verdeutlicht. In diesem Zusammenhang wurde vorgeschlagen, den Vorrang der Gründungsdokumente, die eindeutig Völkerrecht darstellen, gegenüber den Verträgen der Organisationen besonders zu betonen[151]. Die Vertreter der UdSSR und der Ukraine begründeten ausführlich und überzeugend den sowjetischen Änderungsvorschlag: Eine Organisation kann niemals gegen ihr Gründungsdokument Verträge abschließen bzw. allgemein dagegen handeln; ein Staat ist souverän und kann sein eigenes innerstaatliches Recht schaffen und es auch einseitig ändern, während das Gründungsdokument das höchste Recht einer Organisation ist. Sie darf es von sich aus nicht ändern. Hierzu bedarf es vielmehr eines entsprechenden Abkommens zwischen ihren Mitgliedstaaten[152]. Während die Vertreter der damaligen DDR und der ČSR den sowjetischen Vorschlag uneingeschränkt unterstützten[153], wurde er von relativ vielen Delegationen anderer Staaten abgelehnt[154].

Das Ergebnis der Kodifikationskonferenz bezüglich dieser für die gesamte Konvention wichtigen Bestimmung bestand darin, daß der in der Tat unbefriedigende ILC-Text unverändert blieb. Hierdurch kommt es zu einer Gleichstellung der beiden recht unterschiedlichen Völkerrechtssubjekte Staaten und Organisationen.

Ähnlich sieht es ebenfalls mit dem Artikel 46 aus, dessen ILC-Fassung folgenden Wortlaut hatte: 1. Ein Staat kann sich nicht darauf berufen, daß seine Zustimmung zur Bindung an einen Vertrag unter Verletzung einer Bestimmung seines innerstaatlichen Rechts über die Kompetenz zum Abschluß von Verträgen erfolgte und somit diese Zustimmung ungültig ist, es sei denn, diese Verletzung war offenkundig und betraf eine Regel seines innerstaatlichen Rechts von grundlegenden Bedeutung. 2. Im Fall von Absatz 1 ist eine Verletzung offenkundig, wenn sie für jeden Staat oder jede internationale Organisation, die sich nach Treu und Glauben an die in diesem Zusammenhang normale Staatenpraxis halten. 3. Eine internationale Organisation kann sich nicht darauf berufen, daß ihre Zustimmung zur Bindung an einen Vertrag unter Verletzung der Regeln der Organisation über die Kompetenz zum Abschluß von Verträgen erfolgte und somit diese Zustimmung ungültig ist, es sei denn, diese Verletzung war offenkundig und betraf eine Regel von grundlegender Bedeutung. 4. Im Fall von Absatz 3 ist eine Verletzung offenkundig, wenn sie für jeden vertragschließenden Staat oder jede vertragschließende Organisation erkennbar ist oder sein sollte[155].

Abgesehen von zwei Ausnahmen[156], waren die Regierungen, die zu den Artikelentwürfen der ILC Stellung genommen hatten, nicht einverstanden mit dem ILC-Text. So war es zu erwarten, daß mehrere Änderungsvorschläge gemacht werden, auf die sich dann auch die Beratungen zum Artikelentwurf 46 bezogen. Die österreichische Vertretung unterbreitete, unterstützt von der japanischen Vertretung den entscheidenden Änderungsvorschlag[157]. Er lief auf eine völlige Gleichstellung von Staaten und Organisationen hinaus. Zum einen wurde im Absatz 4 das „be evident" einer Verletzung objektiviert, während im ILC-Entwurf die „Erkennbarkeit" durch einen Staat oder durch eine Organisation ausschlaggebend war. Zum anderen wurde die „normal practice" auch für die Organisationen in Betracht gezogen. Gerade die „normal practice" fehlte beim ägyptischen Änderungsvorschlag, der ansonsten eine ähnliche Zielrichtung wie der österreichische hatte[158].

Außerdem machten vier internationale Organisationen (Internationale Atomenergieorganisation, Internationale Meeresorganisation, Internationaler Währungsfonds und UN) einen Änderungsvorschlag: Ergänzung des Absatzes 3 durch die Formulierung „einschließlich der Gründungsdokumente der Organisation"[159].

Die unterbreiteten Änderungsvorschläge bildeten eine solide Beratungsgrundlage. Die meisten Vertreter plädierten dabei für eine Verbindung des österreichischen mit dem ägyptischen Vorschlag[160]. Der Änderungsvorschlag der vier internationalen Organisationen wurde jedoch größtenteils abgelehnt[161]. Hinsichtlich der „normal practice" wurde von den meisten Vertretern die Meinung geäußert, daß Organisationen keine „normal practice", das heißt, keine Praxis wie die Staaten haben[162]. Zu den „rules of fundamental importance" meinten die Vertreter des Internationalen Währungsfonds und der IAEA, daß solche Regeln in den Gründungsdokumenten der Organisationen enthalten sind[163]. Dieser Auffassung kann man vorbehaltlos zustimmen. Es müßte allerdings noch hinzugefügt werden, daß diese Regeln von den Staaten und nicht von den Organisationen selbst geschaffen werden.

Im Ergebnis der Beratungen wurde der Artikel 46 neu formuliert und gleicht größtenteils dem entsprechenden Artikel der WVRK1. Aus den Absätzen 2 und 4 des ILC-Entwurfs entstand der neue Absatz 3. Der österreichische Änderungsvorschlag konnte sich weitestgehend durchsetzen.

Die Problematik der „rules" der internationalen Organisationen ist häufig Gegenstand theoretischer Überlegungen in der internationalen Fachliteratur. In diesem Zusammenhang ist es jedoch nicht überzeugend, daß die Beratungsergebnisse innerhalb der ILC und im Rechtskomitee nicht berücksichtigt werden, obwohl sie teilweise seit über zehn Jahren vorlagen. Es wurde z. B. nach wie vor die Auffassung vertreten, daß es ein „internal" und ein „external law" gäbe. Zum „internal law" werden die Regeln über Verfahrens- und Finanzfragen, die Struktur einer Organisation, die Arbeitsweise des Sekretariats, die Beziehungen zwischen den einzelnen Organen und über die Dienstvorschriften für das Personal gezählt. Zum „external law" werden die Regeln über die Beziehungen der Organisationen mit den Staaten (Mitgliedern und Nichtmitgliedern) und anderen Organisationen als gehörend betrachtet.

Diese Trennung scheint weder für die Praxis noch für die Wissenschaft zweckdienlich zu sein. In der Realität der internationalen Organisationen kommt es vielmehr auf den Gründungsvertrag als völkerrechtliches Dokument an, das die Aufgaben und die zu ihrer Durchsetzung erforderlichen

Kompetenzen, die Vertragsfähigkeit und Verfahrensfragen genau regelt. Diese Regelungen machen dem Wesen nach kein „Recht" einer internationalen Organisation aus, weil die Mitgliedstaaten weiterhin über ihren Inhalt und Umfang entscheiden. Da sich nun die einzelnen Organisationen bezüglich des Regelungsmechanismus voneinander unterscheiden, kann die Existenz eines „Rechts der internationalen Organisationen" nicht angenommen werden. Jede Organisation hat vielmehr auf der Basis ihrer Satzung ihre „rules" bzw. „norms", die man nur aus methodischen Gründen als „law" einer konkreten Organisation bezeichnen kann. Ein übergreifendes „Recht der internationalen Organisationen" kann es jedoch nicht geben. Es ist kein Zufall, daß es sich um eine „Konvention über das Recht der Verträge zwischen Staaten und internationalen Organisationen oder zwischen internationalen Organisationen"[165] handelt. Beim genaueren Betrachten stellt sich jedoch heraus, daß es um das Völkervertragsrecht, also um die WVRK1 angewandt auf die internationalen Organisationen, geht. Die Vertragspraxis der Organisationen kann wiederum als die Realisierung ihres Vertragsrechts betrachtet werden, das von den souveränen Staaten geschaffen worden ist. Hier geht es darum, die Abhängigkeit der internationalen Organisationen von Staaten und speziell von ihren Mitgliedern zu unterstreichen.

Wenn es ein „Recht der internationalen Organisationen" nicht gibt, dann kann die Unterscheidung zwischen einem „internal" und einem „external law" der Organisationen weder in theoretischer noch in praktischer Hinsicht einen Sinn haben. Sie ruft außerdem unnötig zusätzliche Probleme hervor, wenn es z. B. um die Bindungswirkung des „internal law" für die Mitgliedstaaten geht[166].

2.2.2 Die Vertragsfähigkeit der internationalen Organisationen und die Vertragsabschlußbefugnis ihrer Organe (Artikel 2, 6, 7 und 46)

Zur Realisierung der übertragenen Rechte und Pflichten benötigen die internationalen Organisationen eigene Organe, die entsprechend der Vielfalt der Organisationen und der von ihnen zu erfüllenden Aufgaben ebenfalls vielfältig sind[167]. Aus dem Charakter der Organisationen und ihrer Satzungen als Ergebnis des Willenbildungsprozesses der Staaten und Vollstrecker ihrer Interessen ergibt sich, daß es im Völkerrecht keine Regel darüber geben kann, „welche Organe zur Abgabe völkerrechtlich verbindlicher Willenserklärungen zuständig sind. Es überläßt vielmehr dem Statut als der Verfassung der internationalen Organisationen, die Organe ihrer Willensbildung zu bezeichnen“[168]. Hierdurch wollen die Mitgliedstaaten auf die Tätigkeit der von ihnen geschaffenen Organisationen Einfluß ausüben.

Schwierig wird es aber, wenn die Vertragsabschlußbefugnis bei einem Kollektivorgan liegt. In einem solchen Fall stellt sich die Frage nach der Bevollmächtigung eines anderen Organs. Hier geht es um entscheidende Fragen der Rechtssicherheit in den Vertragsbeziehungen zwischen Staaten und internationalen Organisationen, denn die Staaten sind daran interessiert, genau zu wissen, wer nun bevollmächtigt wurde, um im Namen einer Organisation Veträge abzuschließen. Die Bevollmächtigung zum Vertragsabschluß und damit dem Wesen nach die Delegierung der Vertragsabschlußbefugnis darf allerdings nicht zu einer Kompetenzverschiebung innerhalb einer Organisation führen, außer wenn die Mitgliedstaaten damit einverstanden sind. Andernfalls käme es zu Verstößen gegen die Satzung[169]. Da gemäß der Satzung die Vertragsabschlußbefugnis nur bei bestimmten Organen bleibt, sind nur sie berechtigt und in der Lage, die Bevollmächtigung rückgängig zu machen[170].

In der Praxis der internationalen Organisationen ist die Vertragsabschlußbefugnis entsprechend der Aufgabenstellung der in Frage kommenden Organe geregelt. So legen z. B. die Artikel 63, 64 und 71 jene des ECOSOC fest[171]. In den meisten internationalen Organisationen besitzt das Plenarorgan die Vertragsabschlußbefugnis[172]. Es sind in der Praxis der internationalen Organisationen auch Fälle der Kompetenzaufteilung festzustellen[173]. Dabei ist die diesbezügliche Regelung innerhalb der UNESCO die bemerkenswerteste. Geht es um Vereinbarungen im Sinne des Artikels 63 der UN-Charta, dann bedarf es der Genehmigung der Generalversammlung, also des Plenarorgans. Ohne eine solche Genehmigung besitzen die Vereinbarungen keine Bindungswirkung für die UNESCO (Artikel X). Bezüglich der Verträge über die Bedingungen der Zusammenarbeit und die Bildung gemischter Ausschüsse mit anderen internationalen Organisationen hingegen erteilt der nicht aus Staatenvertretern, sondern aus vom Generaldirektor gewählten sachverständigen Persönlichkeiten Exekutivrat die Genehmigung (Artikel V, Buchstabe A). Dann aber handelt es sich offensichtlich nicht um besonders wichtige Materien. Dies geht indirekt aus dem Absatz 2 hervor, nach dem für Verträge, durch die der UNESCO neue Aufgaben übertragen werden sollen, die Zustimmung der Generalversammlung erforderlich ist, obwohl der Generaldirektor das Initiativrecht hat[174]. In internationalen Dokumenten wie in der Seerechtskonvention von 1982 wurden ähnliche Regelungen getroffen. Der Rat der Meeresbodenbehörde ist z. B. als ausführendes Organ befugt, im Rahmen seiner Zuständigkeit im Namen der Behörde und vorbehaltlich der Zustimmung der Versammlung Abkommen mit den Vereinten Nationen oder anderen internationalen Organisationen abzuschließen (Artikel 162, Ziffer (2), Buchstabe (f))[175]. Interessanter dürfte die im Artikel 169 getroffene Regelung sein, weil sie sich, wenn auch mit unterschiedlicher Gewichtung, auf mehrere Organe bezieht: „The Secretary-General shall, on matters within the competence of the Authority, make suitable arrangements, with the approval of the Council, for consultation and co-operation with international and non-governmental organizations recognized by the Economic and Social Council of the United Nations."[176]

Die ausgewählten Beispiele über die Kompetenzregelung in den Satzungen der internationalen Organisation berechtigen zu zwei Schlußfolgerungen: Er gibt keine allgemeine Völkerrechtsregelung darüber, welches Organ die Vertragsabschlußbefugnis einer Organisation besitzen soll; es existiert kein Einzelorgan, das als Vertreter einer Organisation im Sinne des Artikels 7, Ziffer 2 der WVRK1 betrachtet werden kann[177].

Innerhalb der ILC wurde zu Beginn der Beratung der entsprechenden Artikelentwürfe davon ausgegangen, daß kein Organ einer internationalen Organisation die allgemeine Kompetenz besitzt, sie zu vertreten, während höchste Organe der Staaten wie das Staatsoberhaupt oder der Außenminister eine solche Kompetenz haben. Deswegen enthielten die Artikel-Entwürfe der ILC keine Bestimmung über die Befugnis eines Organs, eine internationale Organisation vertraglich zu binden. Das Fehlen einer derartigen Bestimmung wurde ferner damit begründet, daß die Zustimmung, an einen Vertrag gebunden zu sein, in Übereinstimmung mit den satzungsgemäßen Verfahren gegeben werden kann. Im Grunde sollte die Handlung eines Vertreters darin bestehen, die Zustimmung zu übermitteln und nicht etwa selbst zu bestimmen[178]. Diesem Standpunkt kann man zustimmen.

Die Problematik wurde erst im Zusammenhang mit der Vollmacht konkreter. In seinem vierten Bericht machte Reuter darauf aufmerksam, daß im allgemeinen die Vertreter von internationalen Organisationen nicht mit Vollmachten ausgestattet werden. Die Bevollmächtigung solcher Personen würde sich aus ihrer Funktion ergeben. Hierfür kämen in der Regel die Leiter der Sekretariate der Organisationen in Frage[179]. Die ILC bestätigte in ihrem Kommentar zum Artikelentwurf 7, daß normalerweise bei den Organisationen Bevollmächtigungsdokumente nicht vorgelegt werden[180]. Dieser Standpunkt wurde von der ILC in ihrem Kommentar zu der Fassung der zweiten Lesung (Artikelentwurf 7) bekräftigt. Die ILC ging dabei etwas weiter, indem sie die Auffassung vertrat, daß die Exekutivleiter genauso wie Staatsoberhäupter und Außenminister das Recht besäßen, die internationalen Organisationen zwecks Vertragsabschluß zu vertreten. Diese etwas überzogene Position ist abzulehnen, weil sie zumindest in einem, aber dafür entscheidenden Punkt, Staaten und internationale Organisationen fast absolut gleichsetzt. In einem anderen Fall hingegen machte die ILC zwischen den „Full Powers“ (bei Staaten) und den „Powers“ (bei internationalen Organisationen) mit dem Hinweis darauf Unterschiede, daß die Organisationen im Gegensatz zu den Staaten nur über eine begrenzte Vertragsfähigkeit verfügten[181]. Um Formalien ging es bei dem Streit darüber, ob zwischen dem Begriff „express“ der Zustimmung durch die Staatenvertreter und dem Begriff „communicate“ der Zustimmung durch die Vertreter von internationalen Organisationen unterschieden werden sollte (Artikelentwürfe 7 und 47). In der Fassung der ersten Lesung wurde in der Tat ein solcher Unterschied vorgenommen. In der Fassung der zweiten Lesung wurde darauf verzichtet, weil auf der 34. ILC-Session einige Kommissionsmitglieder den Sinn dieser Unterscheidung nicht einsahen. Deswegen verzichtete das Entwurfskomitee darauf und folglich wird im Artikelentwurf 7 in beiden Fällen die Formulierung verwendet, daß eine Person als Vertreter eines Staates (Ziffer 1) oder einer internationalen Organisation (Ziffer 4) für das „expressing the consent" betrachtet wird, an einem Vertrag gebunden zu sein[182].

Viel wichtiger ist die Tatsache, daß unabhängig von der Praxis der internationalen Organisationen im Artikelentwurf 7 festgelegt wurde, daß eine Person nur dann als Vertreter einer internationalen Organisation für die Annahme oder Beurkundung eines Vertragstextes (Absatz 3, Buchstabe (a)) oder für das Ausdrücken der Zustimmung zu einem Vertrag (Absatz 4, Buchstabe (a)) betrachtet wird, wenn sie eine gehörige Vollmacht vorweist. Diese klare Bestimmung hätte eigentlich ausgereicht. Dennoch kam es zu einem Kompromiß, dessen Brisanz erst durch den ILC-Kommentar deutlich wird. In beiden Absätzen wurde die ursprünglich nur für Staatenvertreter gedachte Bestimmung übernommen, daß auf Vollmachten verzichtet werden kann, wenn aus der Praxis des kompetenten Organs der Organisation oder aus anderen Umständen hervorgeht, daß es ihre Absicht war, diese Person als Vertreter der Organisation für diese Zwecke ohne Vollmachten zu betrachten. Hier handelt es sich um sehr interpretationsfähige Bestimmungen. Der Kommentar der ILC dazu, aus dem eine sachbezogene Gleichbehandlung von Staatsoberhäuptern und Verwaltungsbeamten von internationalen Organisationen hervorgeht, bestätigt diese Einschätzung[183].

Das Problem spitzt sich noch mehr zu, wenn im Gründungsdokument bzw. in der Satzung nicht exakt festgelegt worden ist, welches Organ nun die Vertragsabschlußbefugnis besitzt. Hierbei geht es nicht um eine akademische, sondern um eine Kardinalfrage, weil mitunter wichtige Interessen der Mitgliedstaaten berührt werden können. Im Prinzip, könnte man meinen, kämen das Plenar-, das Exekutiv- und das jeweilige administrative Organ in Frage[184]. In der Literatur wurden hierüber ziemlich konkrete Vorstellungen entwickelt. Nach H. Neuhold sollten beim Fehlen ausdrücklicher Bestimmungen im Gründungsdokument über die Inhaber der Vertragsabschlußbefugnis folgende Organe als befugt zum Vertragsabschluß betrachtet werden: das Plenarorgan, der höchste Verwaltungsbeamte, jeder andere Verwaltungsbeamte im Rahmen seine Kompetenzen[185].

In der internationalen Fachliteratur werden hinsichtlich der Vertragsabschlußbefugnis von Organen internationaler Organisationen im Falle des Fehlens ausdrücklicher Bestimmungen im Gründungsdokument im Prinzip drei Auffassungen vertreten, die sich teilweise auf die internationale Praxis stützen.

Nach der ersten Auffassung, der hier gefolgt wird, soll beim Fehlen ausdrücklicher Bestimmungen im Gründungsdokument die Vertragsabschlußbefugnis durch jenes Organ realisiert werden, das sich aus Vertretern aller Mitgliedstaaten zusammensetzt[186], weil dadurch die Souveränität der Mitgliedstaaten am besten geschützt ist. Letztere haben zugleich die Möglichkeit, das Wirksamwerden der Organe der von ihnen geschaffenen Organisationen effektiv zu kontrollieren. Das Plenarorgan, in dem die Mitgliedstaaten ihre Interessen und Willen immer wieder koordinieren können, kann die Vertragsabschlußbefugnis durchaus auf andere Organe übertragen. Die Hauptorgane der Internationalen Rohstofforganisationen, namentlich die aus Vertretern aller Mitgliedstaaten bestehenden Rohstoffräte, denen die Vertragsabschlußbefugnis zugewiesen worden ist, können diese auf andere Organe, z. B. auf die Exekutivausschüsse delegieren[187].

Nach der zweiten Auffassung steht die Vertragsabschlußbefugnis dem höchsten Verwaltungsbeamten, meistens dem Generaldirektor, zu[188]. Diese Auffassung stützt sich offensichtlich auf eine Überbetonung der Rolle des höchsten Verwaltungsbeamten[189], der unter Umständen fast wie ein Staatsoberhaupt oder ein Außenminister betrachtet wird. Eine generelle Vertragsabschlußbefugnis des höchsten Verwaltungsbeamten liegt aber in der Praxis der multilateralen Organisationen nicht vor. Vielmehr bedarf es der Bevollmächtigung durch das gemäß dem Gründungsdokument dazu befugte Organ. In dem Protokoll über die Unterzeichnung des Abkommens bezüglich des TRICO-Reaktor-Projektes zwischen der IAEA, den USA, Kongo (L.) und Belgien vom 21.6.1962 wird z. B. unterstrichen, daß die Autorität des Generaldirektors, das Abkommen zu unterzeichnen, auf der Entscheidung des Gouverneursrates beruht[190]. Den befugten Organen obliegt ferner die Wahl der Dokumente über die Übertragung der Vertragsabschlußbefugnis. Durch die Resolution 4. 13, angenommen auf der elften Tagung der

UNESCO-Generalkonferenz, wurde z.B. der Generaldirektor autorisiert, bei der Gründung eines Instituts mit der brasilianischen Regierung zu kooperieren. Da der Generaldirektor also im Auftrage der Generalkonferenz handelte, blieb es ihm lediglich überlassen, wie er dies zu bewerkstelligen hatte. Deswegen kann Neuhold nicht zugestimmt werden, der in diesem Fall von einer „globalen" Autorisierung spricht[191]. Letztere war im Gegenteil wohl zweckgebunden und begrenzt. Die Entscheidung des Generaldirektors über die Methoden-Wahl, um den Auftrag der Generalkonferenz zu realisieren, ist, verglichen mit der Autorisierung durch das höchste Organ der UNESCO, m. E. eine Frage von untergeordneter Bedeutung[192]. Geht man davon aus, daß souveräne Staaten aus ganz bestimmten Gründen internationale Organisationen schaffen, die sie mit genau festgelegten Kompetenzen ausstatten und deren Struktur- und Organisationsformen sie fast minütiös fixieren, so ist es verständlich, daß die Generalsekretäre oder Generaldirektoren ohne die Autorisierung durch das Plenarorgan keine Verträge in wichtigen Fragen abschließen dürfen. Dabei kommt es nicht unbedingt auf die Form der Autorisierung an. Sie kann im Gründungsdokument – diese Form überwiegt – oder auf der Basis eines Beschlusses des höchsten Organs oder auch einer besonderen Vereinbarung erfolgen. Entscheidend ist vielmehr, zu verhindern, daß sich der höchste Verwaltungsbeamte sukzessive zu einer Art Staatsoberhaupt, Regierungschef oder Außenminister entwickelt und über die Köpfe der Mitgliedstaaten einer Organisation Verträge abschließt, die deren Interessen widersprechen.

Eine <u>dritte</u> Auffassung ist durch Parallelismus und „Pluralismus" gekennzeichnet und stützt sich theoretisch auf die Implied-Powers-Lehre. Nach dieser Auffassung sei jedes Organ im Rahmen seiner Funktionen zum Vertragsabschluß befugt. Sie kam in dem von einen Forschungsseminar der Haager Akademie 1969 vorgelegten Artikelentwurf 7, Absatz 2 in besonders konzentrierter Form zum Ausdruck: Beim Fehlen von ausdrücklichen Bestimmungen im Gründungsdokument einer internationalen Organisation sollen die folgenden Organe als diejenigen angesehen werden, die eine internationale Organisation bei allen Handlungen bezüglich des Abschlusses eines Vertrages vertreten: (a) das Plenarorgan oder andere Organe, wenn der Vertrag in das System der autonomen Funktionen fällt, die ihnen durch die Verfassung einer internationalen Organisation übertragen wurden (besonders der „leitende Verwaltungsbeamte") oder (b) jeder andere Verwaltungsbeamte, dessen Kompetenz kraft seiner Funktion sichtbar ist[193]. Allein die hier vorgenommene Aufzählung der verschiedenen Organe, die als kompetent in Frage kämen, genügt um zu zeigen, daß diese fast chaotisch anmutende Kompetenzstreuung im Widerspruch zu der souveränen Gleichheit der Mitgliedstaaten einer Organisation und zum Grundprinzip der Vertragstreue steht. Dieser eigenartige „Pluralismus" untergräbt außerdem die internationale Rechtssicherheit, weil die Vertragspartner nicht wissen können, ob sie den Vertrag tatsächlich mit einem befugten Organ abgeschlossen haben. In diesem Zusammenhang ist diese Auffassung nicht dazu angetan, die internationale Zusammenarbeit zu fördern[194]. Vielmehr gilt es, im Fall des Fehlens von konkreten Bestimmungen über die Vertragsabschlußbefugnis der Organe einer internationalen Organisation dafür Sorge zu tragen, daß die Interessen der Mitgliedstaaten nicht beeinträchtigt werden. Dies kann in erster Linie durch das Besinnen auf das ziemlich konkrete Ergebnis des Interessen- und Willenskoordinierungsprozesses der Gründerstaaten, nämlich auf das Gründungsdokument einer Organisation, erreicht werden. Unter Zugrundelegung ihrer koordinierten Interessen legen doch die Staaten im Gründungsdokument fest, wie die von ihnen geschaffene Organisation aufgebaut sein soll. Trotz Interessenkoordinierung und Förderung der internationalen Organisationen verzichten die Mitgliedstaaten nicht darauf, in der Regel im höchsten und wichtigsten Organ präsent zu sein, in dem der Interessenausgleich sachbezogen vonstatten geht. Deswegen kann in dem hier untersuchten Fall die Vertragsabschlußbefugnis automatisch nur beim Plenarorgan liegen. Dieses hat immer noch das Recht und die Möglichkeit, die Vertragsabschlußbefugnis anderen Organen zu übertragen bzw. sie von ihnen realisieren zu lassen. Schließt dennoch ein anderes Organ einen Vertrag ab, so bedarf es m. E. der ausdrücklichen oder zumindest der stillschweigenden Zustimmung durch jenes Organ, in dem alle Mitgliedstaaten vertreten sind.

Den Staaten stand vor und während der Kodifikationskonferenz folgender ILC-Text des Artikelentwurfes 6 zur Verfügung: Fähigkeit von internationalen Organisationen, Verträge abzuschließen: Die Fähigkeit einer internationalen Organisation, Verträge abzuschließen, wird durch die einschlägigen Regeln dieser Organisation bestimmt[195]. Die zentrale Bedeutung dieser Bestimmung war der Grund dafür, daß relativ viele Regierungen dazu Stellung nahmen.

Uneingeschränkt dafür äußerten sich in ihren Regierungsstellungnahmen von 1982 Österreich, Chile und Jugoslawien. In der österreichischen Stellungnahme wurde der Artikelentwurf 6 als ein vernünftiger und akzeptabler Kompromiß zwischen unterschiedlichen Auffassungen über die Quelle der Vertragsfähigkeit der Organisationen eingeschätzt[196]. Nach chilenischer Auffassung berücksichtigte diese Bestimmung die auch bezüglich der Vertragsfähigkeit vorhandenen Unterschiede zwischen Staaten und Organisationen[197]. In der jugoslawischen Stellungnahme wurde vor allem die dominierende Rolle der Staaten unterstrichen[198]. Gegen den Artikelentwurf wandten sich die UdSSR (1984) und Venezuela (1983). In der sowjetischen Regierungsstellungnahme bezog sich die ablehnende Haltung auf die Formulierung „relevant rules". Es wurde klargestellt, daß die Vertragsfähigkeit der Organisationen nicht von den „rules", sondern von ihren Gründungsdokumenten abhängt[199]. Mit einer diametral entgegengesetzten Argumentation begründete Venezuela die ablehnende Position: Jede Organisation besitze Vertragsfähigkeit; durch Gründungsdokumente könnte sie jedoch eingeschränkt werden[200]. Auf das prinzipiell einschränkende Konzept des Artikelentwurfes 6 wurde auch in der norwegischen Regierungsstellungnahme aufmerksam gemacht[201]. In weiteren Regierungsstellungnahmen ging es hauptsächlich um die eigentliche Quelle der Vertragsfähigkeit der Organisationen. Hier wurden die recht unterschiedlichen Rechtskonzepte deutlicher. Während in der bjelorussischen Stellungnahme (1982) die Gründungsdokumente genannt wurden[202], vertrat Schweden (1983) die Auffassung, daß die Vertragsfähigkeit aus dem Völkerrecht und von den Zwecken einer Organisation abgeleitet werde[203]. Die EWG wiederum erblickte die Quelle der Vertragsfähigkeit im „internal law" und in einer extensiven Praxis einer Organisation[204]. Gegen das Adjektiv „relevant" wandten sich Jamaica und Uruguay[205].

Auf der Kodifikationskonferenz wurden solche sowie andere Probleme aufgeworfen. Für den ILC-Artikelentwurf sprachen sich mehrere Vertreter von Regierungen und Organisationen aus[206]. Von vielen Vertretern wurde der realistische, pragmatische und vor allem der Kompromißcharakter des Artikelentwurfs 6 betont[207]. Vertreter sozialistischer Staaten nahmen ferner zu grundsätzlichen Problemen Stellung. Sie wiesen auf die unterschiedliche Völkerrechtssubjektivität und auf die ebenfalls unterschiedliche Vertragsfähigkeit von Staaten und Organisationen hin[208].

Insgesamt wurden auf der Kodifikationskonferenz folgende Auffassungen zu der Quelle der Vertragsfähigkeit von internationalen Organisationen vertreten, die über jene in der Fachliteratur in ihrer Vielfalt hinaus gehen: a) Die Vertragsfähigkeit einer Organisation ergibt sich direkt – das ist aber selten ausdrücklich geregelt – oder indirekt, d. h. aus den in den Gründungsdokumenten verankerten Zielen und Funktionen[209]; b) die Vertragsfähigkeit leitet sich von der Völkerrechtssubjektivität einer Organisation automatisch[210] oder von der Völkerrechtssubjektivität und ihren Regeln[211] ab; c) Quelle der Vertragsfähigkeit seien die Regeln und die Funktionen[212] oder die Gründungsdokumente, die Regeln und die Praxis[213]; d) die Vertragsfähigkeit leitet sich von den „implied powers“ bzw. von den „immanenten Kompetenzen“ ab[214]; e) Quelle der Vertragsfähigkeit sei das Völkerrecht[215] bzw. das Völkerrecht und die Funktionen der Organisationen[216].

Die Regierungsdelegationen Österreichs und Mexikos unterbreiteten auf der Kodifikationskonferenz Änderungsvorschläge zum Artikelentwurf 6. Der österreichische Vorschlag sah die Bildung von zwei Absätzen vor: 1. Jeder Staat besitzt Vertragsfähigkeit. 2. Die Vertragsfähigkeit einer internationalen Organisation wird durch die einschlägigen Regeln dieser Organisation bestimmt[217]. Obwohl der Vorschlag von vielen Vertretern unterstützt wurde, zog ihn die österreichische Delegation zugunsten des ILC-Entwurfs zurück[218]. Der mexikanische Änderungsvorschlag machte die Vertragsfähigkeit von der Festlegung im Gründungsdokument und den „anderen Regeln“ einer Organisation abhängig[219]. Er stieß auf allgemeine Ablehnung. Die Vertreter der auf der Kodifikationskonferenz anwesenden internationalen Organisationen wandten sich am heftigsten gegen den mexikanischen Vorschlag[220].

Um eine Übereinstimmung mit der Definition der „rules" im Artikel 2, Absatz 1, Buchstabe (j) herbeizuführen, wurde schließlich das Adjektiv „relevant" gestrichen. Ansonsten wurde der ILC-Text bestätigt. Diese Lösung ist ebenfalls ein Kompromiß, weil Artikel 2, Absatz 1, Buchstabe (j) problematisch ist. Letzten Endes wird die „established practice" der Organisationen neben den Gründungsdokumenten und den ihnen entsprechenden Beschlüssen und Resolutionen in den Rang einer Quelle der Vertragsfähigkeit erhoben. Deshalb sind in der Perspektive bei der Interpretation und Anwendung des Artikels 6 Probleme nicht auszuschließen. In der Praxis der internationalen Organisationen wird ihre Vertragsfähigkeit konkret durch die zuständigen Organe realisiert. Gerade dieser Aspekt beschäftigte die Vertreter der Regierungen auf der Kodifikationskonferenz.

Das ILC-Konzept unterschied zwischen der „Vollmacht" („Full powers") und der „Ermächtigung" („Powers"), was in der deutschen Sprache kaum sinnvoll ist. Es wurden zwar insgesamt acht Änderungsvorschläge unterbreitet[221], die Beratungen beschränkten sich jedoch auf den chinesischen Vorschlag, der in der Eliminierung der Unterscheidung zwischen „Full powers" und „Powers" und für die Verwendung nur des Begriffs „Full powers" bestand[222]. Der chinesische Vorschlag wurde von den Delegierten vieler Staaten vorwiegend mit der Begründung unterstützt, daß die Unterscheidung weder notwendig, noch vorstellbar, noch überzeugend, noch sprachlich möglich ist[223]. Für die Beibehaltung der im ILC-Text getroffenen Unterscheidung plädierten genauso viele Regierungsvertreter. Sie begründeten ihre Position vor allem mit dem Hinweis auf die Unterschiede zwischen den Staaten und den Organisationen bezüglich der Völkerrechtssubjektivität, der Vertragsfähigkeit, der Funktionen und der Kompetenzen ihrer Vertreter[224].

Unter Berücksichtigung fast aller Änderungsvorschläge wurde der Artikel 7 von einer Arbeitsgruppe neu formuliert[225]. Hierdurch wurde der ILC-Text teilweise vereinfacht. Es ist ferner durchgehend nur von „Full powers“ die Rede.

2.2.3 Zur Vorbehaltsproblematik (Artikel 19 und 20)

Die Artikelentwürfe zur Vorbehaltsproblematik gehörten konstant zu den umstrittensten des gesamten UN-Kodifikationsprojekts zum Vertragsrecht der internationalen Organisationen und standen deswegen auf mehreren ILC-Sessions (27., 29., 33.) sowie auf der Kodifikationskonferenz im Mittelpunkt der Beratungen. Die mit ihnen verbundenen substantiellen und Formulierungsprobleme führten sogar zu einem erheblichen Hinauszögern des gesamten Prozesses der Erarbeitung der Artikelentwürfe. Bei den größtenteils kontrovers geführten Diskussionen in der ILC ging es immer wieder um das Hauptproblem des Kodifikationsprojekts, ob nämlich konkret eine Gleichstellung bzw. Gleichbehandlung der recht unterschiedlichen Völkerrechtssubjekte, Staaten und internationalen Organisationen möglich und wünschenswert sei. Die Art und Weise, wie die Artikelentwürfe 19–23 allmählich entstanden und vor allem die Fassung der zweiten Lesung bestätigten das taktisch-methodische Vorgehen des ILC-Spezialberichterstatters zu diesem Projekt, in Fragen von untergeordneter Bedeutung Kompromißbereitschaft an den Tag zu legen, jedoch in entscheidenden Fragen seine Konzeption von der Gleichstellung von Staaten und internationalen Organisationen unbedingt durchzusetzen, was ihm bei den Artikelentwürfen zu den Vorbehalten schließlich gelungen ist. Aber gerade hierdurch wurde die Annahme der Artikelentwürfe auf der Kodifikationskonferenz in erheblichem Maße erschwert: Auch bei der späteren Anwendung der Konvention werden sich einige Staaten veranlaßt sehen, auf frühere Formulierungsmöglichkeiten zurückzugreifen, die von der ILC in der entscheidenden zweiten Lesung fallengelassen wurden. Deshalb werden die so verstandenen „travaux préparatoires“ von besonderer Bedeutung sein. Aus diesem Grund erweist sich die relativ ausführliche Behandlung des Entstehungsprozesses der Vorbehaltsbestimmungen als erforderlich. Allgemeintheoretischen Aspekten der Vorbehaltsproblematik soll hingegen nur sachbezogen Aufmerksamkeit geschenkt werden.

Es ist zunächst die vertragstheoretische und vertragsrechtliche Erkenntnis zu unterstreichen, daß das Geltendmachen von Vorbehalten und die Erklärung von Einsprüchen gegen sie eine normale und notwendige Erscheinung in den internationalen Vertragsbeziehungen ist. Durch die Möglichkeit, Vorbehalte abzugeben, erhöhen sich wesentlich die Chancen, daß eine große Anzahl von Staaten wichtigen Verträgen, wenn auch mit bestimmten Einschränkungen, beitreten. Andernfalls sehen sich viele Staaten gezwungen, den Vorbehaltsverbote enthaltenden Verträgen fernzubleiben. In einem solchen Fall wird allerdings die Vertragswirksamkeit in den internationalen Vertragsbeziehungen von vornherein eingeschränkt. Somit hat der Vorbehalt in den internationalen Vertragsbeziehungen eine wichtige und durchaus nützliche Funktion zu erfüllen: Teilnahme an einem Vertrag, jedoch mit Einschränkungen. In diesem Kontext stellt m. E. der Vorbehalt eine Rechtsbedingung dar[226]. Jener Auffassung ist daher zu folgen, nach der das Recht der Staaten, Vorbehalte zu erklären und dadurch trotz des Vorbehalts Vertragspartner zu werden, ein wichtiges Instrument zur Förderung der internationalen Zusammenarbeit zwischen den Staaten ist[227]. Das in einigen Konventionen enthaltene Vorbehaltsverbot (z.B. in der Seerechtskonvention) ist zwar aus verschiedenen Gründen notwendig, kann jedoch an der festgestellten vertragsfördernden Bedeutung des Vorbehalts nichts ändern.

Gemäß Artikel 2, Absatz 1, Buchstabe (d) der WVRK1 ist der Vorbehalt „a unilateral statement, however phrased or named, made by a State, when signing, ratifying, accepting, approving or acceding to a treaty, whereby it purports to exclude or to modify the legal effect of certain provisions of the treaty in their application to that State“. In einer speziellen Bestimmung der WVRK1 (Artikel 20, Absatz 3) wird in einem bestimmten Zusammenhang auch auf die internationalen Organisationen Bezug genommen: „When a treaty is a constituent instrument of an international organization and unless it otherwise provides, a reservation requires the acceptance of the competent organ of that organization“[228]. Die den Vorbehaltserklärenden Vertragsteilnehmer sind allerdings in diesem Fall Staaten. Nach den Artikelentwürfen zum Vertragsrecht der internationalen Organisationen sollten natürlich auch Organisationen das Recht besitzen, Vorbehalte und Einsprüche dagegen zu erklären.

Die Artikelentwürfe zu den Vorbehalten haben den Spezialberichterstatter offenkundig am meisten beschäftigt, denn er legte insgesamt drei ausführliche Berichte dazu vor (4., 5. und 10.). Dabei können recht aufschlußreiche Wandlungen registriert werden. Im vierten Reuter-Bericht wurden die entsprechenden Artikel der WVRK1 vollständig wiedergegeben und nur durch das sachbezogene Hinzufügen des Begriffs „organization" ergänzt. Hierdurch wurden Staaten und internationale Organisationen gleichgestellt[229].

In seinem fünften Bericht legte Reuter je nach Vertragspartnern getrennte Artikelentwürfe vor. So bezogen sich die Artikelentwürfe 19 und 20 auf die Vertragsbeziehungen von Organisationen untereinander, während sich die Artikelentwürfe 19bis und 20bis auf die Vertragsbeziehungen zwischen Staaten und Organisationen erstreckten[230].

Die Beratung der Artikelentwürfe zu den Vorbehalten auf der 27. ILC-Session (1977) verdeutlichte, daß sie sehr problematisch waren. Im Mittelpunkt der Diskussion stand die juristische Stellung von Staaten und internationalen Organisationen in den Vertragsbeziehungen. Es wurden folgende wesentliche Unterschiede unterstrichen, aus denen eine ebenfalls unterschiedliche juristische Stellung dieser Völkerrechtssubjekte in ihren Vertragsbeziehungen zueinander sowie in der zu erarbeitenden Konvention abgeleitet wurde: Die Staaten schaffen das Völkerrecht, während sich die Organisationen eher mit technischen Fragen befassen; es wurde auf die unterschiedlichen Rechte und Pflichten verwiesen; die Staaten sind juristisch gleich, während sich die Organisationen in Funktion, Struktur, Vertragsfähigkeit und anderen Kompetenzen voneinander unterscheiden[231]. Im Verlaufe der Diskussion gab Reuter zu, speziell in den Artikelentwürfen 19bis und 20bis und 21 die Unterschiede zwischen Staaten und Organisationen nicht in ausreichendem Maße beachtet zu haben und brachte seine Bereitschaft zum Ausdruck, dies nachzuholen.

Drei ILC-Mitglieder plädierten hingegen für eine Gleichstellung dieser unterschiedlichen Völkerrechtssubjekte. Dabei waren einige Meinungsnuancierungen festzustellen: Völlige Gleichstellung, sonst bestünde für die Organisationen eine Diskriminierungsgefahr; die Organisationen sollten als Vertragspartei in der gleichen Art und Weise wie die Staaten Vorbehalte erklären können, also diesbezüglich gleichberechtigt sein[232].

Die Fähigkeit der internationalen Organisationen, Vorbehalte abzugeben, wurde aus ihrer Vertragsfähigkeit bzw. aus ihrer Fähigkeit abgeleitet, internationale Verpflichtungen zu übernehmen[233]. Die ILC bejahte in ihrem Bericht vom 12. Juli 1977 die Möglichkeit der Organisationen, auch ohne besondere Genehmigung Vorbehalte zu erklären, wenn sie ihnen ausdrücklich von dem in Frage kommenden Vertrag eingeräumt wurde oder eine notwendige Folge der Aufgaben ist, die der Organisation durch den Vertrag übertragen worden sind. Diese Möglichkeit würde sich nicht etwa aus dem Status der Organisation als Vertragspartner ergeben, sondern aus ihrer Funktion. Hierdurch könnten die Unterschiede zwischen diesen Völkerrechtssubjekten berücksichtigt werden[234].

Eines der Hauptprobleme bei den Artikelentwürfen zu den Vorbehalten bestand darin, ob das „liberale“ System (Vorbehaltserklärung als Regel) der WVRK1 oder eher ein „restriktives“ System (Vorbehaltserklärung als Ausnahme) oder vielleicht eine Synthese von beiden in der zu erarbeitenden Konvention angewandt werden sollte. Für ein „liberales“ System bei der Erklärung von Vorbehalten traten einige Kommissionsmitglieder ein[235]. Für ein „restriktives“ System trat in erster Linie Ushakov ein. Er machte die Möglichkeit einer Organisation, Vorbehalte zu erklären, von einer ausdrücklichen Genehmigung im Vertrag abhängig[236]. Ago plädierte ebenfalls für das „restriktive“ System. Er begründete seine Position damit, daß die Übernehme des „liberalen“ Systems der WVRK1 und seine Anwendung auf die Vertragsbeziehungen der internationalen Organisationen zu einer großen Verwirrung in den internationalen Beziehungen und zu einer Gefährdung der internationalen Zusammenarbeit führen würde[237].

Während der Beratung auf der 29. ILC-Session vollzog sich in der Haltung Reuters eine Wandlung. Sie wurde dadurch elastischer, daß er einige Differenzierungen zwischen den Verträgen vornahm. Reuter schlug u. a. vor, daß im Fall eines Vertrages zwischen einem oder mehreren Staaten und einer oder mehreren internationalen Organisationen, deren Beteiligung am Vertrag für seinen Gegenstand und Zweck wesentlich ist, eine Organisation nur in den Fällen Vorbehalte erklären kann, die vom Vertrag genehmigt sind. Sein Formulierungsvorschlag lautete konkret: Im Fall eines Vertrages, abgeschlossen zwischen einem oder mehreren Staaten oder einer oder mehreren internationalen Organisationen, deren Beteiligung am Vertrag insbesondere auf Grund der der internationalen Organisation oder den internationalen Organisationen übertragenen Funktionen für den Gegenstand und den Zweck des Vertrages wesentlich ist, darf die internationale Organisation nur in den Fällen Vorbehalte erklären, die vom Vertrag genehmigt sind[238]. Diese differenzierte Betrachtungsweise Reuters schuf im wesentlichen die Voraussetzungen für die von der ILC auf ihrer 29. Session akzeptierten Lösung: ein „variables" System. Die ILC vertrat den Standpunkt – dem Wesen nach Grundlage ihrer Position zur Vorbehaltsproblematik –, dass die Aufstellung einer allgemeinen Regel, die nur in bestimmten Fällen Vorbehalte vorsieht und zwar ausdrücklich, auf ihr Verbot hinauslaufen würde.[239] Ausgangspunkt für diesen Standpunkt waren die Bedeutung der Teilnahme einer Organisation an einem Vertrag zwischen Staaten und die Vertragsteilnehmer. Was letztere anbelangt, nahm die ILC folgende Differenzierung vor: a) Verträge zwischen mehreren Organisationen, auf die das „liberale" System der WVRK1 angewandt werden kann (z. B. Artikelentwürfe 19, 19ter (1), 20, zum Teil 21, Artikelentwürfe 22, 23 und 24); b) Verträge zwischen Staaten und einer oder mehreren Organisationen oder zwischen mehreren Organisationen und einem oder mehreren Staaten, bei denen unter Zugrundelegung der Bedeutung der Teilnahme einer Organisation an einem Vertrag als Kriterium weiter differenziert werden soll: Ist die Teilnahme der Organisation für Gegenstand und Zweck des Vertrages wesentlich, dann darf die Organisation Vorbehalte erklären, wenn diese durch den Vertrag ausdrücklich genehmigt worden sind (z. B. Artikelentwurf 19bis, Absatz 2); ist die Teilnahme für Zweck und Gegenstand nicht wesentlich, dann wird bei der Vorbehaltserklärung das „liberale" System der

WVRK1 übernommen und angewandt. Bei den unter b) genannten Verträgen sollte für die Staaten stets das „liberale" System der WVRK1 gelten (z. B. Artikelentwurf 19bis, Absatz 1). Eine grundsätzliche ähnliche Regelung sollte auch bei den Einsprüchen gegen Vorbehalte getroffen werden (so beim Artikelentwurf 19ter, Absatz 3, Buchstabe (b))[240].

Ähnliche Probleme warf die Frage der Einsprüche gegen Vorbehalte auf. Der Spezialberichterstatter wandte sich gegen die Beschäftigung mit dieser Materie und versuchte, seine ablehnende Haltung anhand seines konstruierten Beispiels zu erläutern: Bei der Unterzeichnung eines Vertrages, an dem sich zwanzig Staaten und eine einzige internationale Organisation beteiligen, erklärt ein Staat einen Vorbehalt. Nach Reuter dürfte in diesem Fall der Organisation nicht gestattet werden, dagegen Einspruch zu erheben[241]. In dem ILC-Bericht vom 12. Mai 1977 wurde dieses Problem in einem gesonderten Artikelentwurf (19ter) geklärt, indem eine Zweiteilung vorgenommen wurde. Danach kann eine Organisation im Fall eines Vertrages zwischen Staaten und einer oder mehreren Organisationen oder einem oder mehreren Staaten Einsprüche gegen Vorbehalte von Staaten oder von anderen Organisationen erheben, wenn dies durch den Vertrag ausdrücklich genehmigt worden ist, oder eine notwendige Folge der sich aus dem Vertrag ergebenden Aufgaben der Organisation ist oder schließlich ihre Teilnahme am Vertrag für dessen Gegenstand und Zweck nicht wesentlich ist[242].

Die Behandlung der Artikelentwürfe zu den Vorbehalten und den Einsprüchen dagegen auf der 29. ILC-Session zeigte erneut, daß die eigentlichen Probleme hinsichtlich des Status von Staaten und internationalen Organisationen im Detail stecken. Die vorgenommene getrennte Behandlung der Verträge zwischen den unterschiedlichen Völkerrechtssubjekten konnte im Prinzip akzeptiert werden. Wenn aber eine solche Differenzierung dazu dienen soll, das „liberale" System der WVRK1, wenn auch teilweise, zu übernehmen, dann war ihre Notwendigkeit in Zweifel zu ziehen. Es ist darauf hinzuweisen, daß das im Artikel 19 der WVRK1 fixierte Recht jedes Staates von der im Völkerrecht anerkannten juristischen Gleichheit aller Staaten herrührt. Eine derartige Gleichheit existiert allerdings bei den internationalen Organisationen nicht. Bei ihnen ist die Verschiedenartigkeit und die recht unterschiedliche Bedeutung in den internationalen Beziehungen ausschlaggebend. Infolgedessen kann die fast vollständige Übernahme und Anwendung des Artikels 19 der WVRK1 („liberales" System) in den Vertragsbeziehungen zwischen den Organisationen rechtstheoretisch nicht ganz überzeugen. Die genannte Bestimmung verankert das Recht der souveränen und gleichberechtigten Staaten, Vorbehalte zu erklären. Von diesem generell bestehenden Recht werden dann in den Buchstaben (a) bis (c) Ausnahmen gemacht. Die Tatsache, daß das Recht zur Erklärung von Vorbehalten positiv ist, d.h. als Regel formuliert worden ist, unterstreicht die Bedeutung des Vorbehaltsinstituts in den internationalen Vertragsbeziehungen, was übrigens durch die umfangreiche Vorbehaltspraxis der Staaten bestätigt wird.

Da nun die internationalen Organisationen keine juristische Gleichheit besitzen und außerdem keine breite Vorbehaltspraxis aufzuweisen haben, wäre es zweckmäßiger, in den Artikelentwürfen das Vorbehaltsrecht als Ausnahme („restriktives" System) zu gestalten. Das würde bedeuten, daß internationale Organisationen in ihren Vertragsbeziehungen zueinander nur Vorbehalte erklären, wenn sie durch den betreffenden Vertrag ausdrücklich genehmigt werden. Diese Regelung müßte konsequenterweise um so mehr bei den Vertragsbeziehungen zwischen Staaten und internationalen Organisationen gelten, wollte eine Organisation Vorbehalte abgeben. Die von der ILC vorgenommene Unterscheidung unter Zugrundelegung der Bedeutung der Teilnahme einer Organisation an einem Vertrag als Kriterium – nicht wesentlich für Gegenstand und Zweck des Vertrages – ist nicht überzeugend. Es leuchtet nicht ein, warum im Fall, daß die Beteiligung an einem Vertrag für dessen Gegenstand und Zweck nicht wesentlich ist, für die Organisationen gegenüber souveränen Staaten als Vertragspartnern das „liberale" System der WVRK1 in Frage kommen sollte. Im Unterschied dazu kann der Anwendung des „liberalen" Systems der WVRK1 auf die Vorbehaltserklärung durch die souveränen Staaten uneingeschränkt zugestimmt werden.

Der von der ILC in ihrem Bericht von 1977 vorgeschlagenen Regelung (Artikelentwurf 19ter) kann nur zum Teil gefolgt werden. Es kann z.B. die

Anwendung des „liberalen“ Systems auf die von Staaten gegen Vorbehalte erhobenen Einsprüche akzeptiert werden. Die Inanspruchnahme dieses Vorbehaltssystems durch die Organisationen bei Einsprüchen gegen Vorbehalte anderer Organisationen kann aus den oben genannten Gründen nicht akzeptiert werden. Auch der Möglichkeit einer Organisation kann nicht zugestimmt werden, Einsprüche gegen Vorbehalte von Staaten oder anderen Organisationen zu erheben, wenn dies sich als eine notwendige Folge aus den vertraglich übernommenen Aufgaben der Organisation ergibt oder wenn ihre Teilnahme am Vertrag für dessen Gegenstand und Zweck nicht wesentlich ist.

Die Artikelentwürfe zu den Vorbehalten stießen auf massive Kritik im Rechtskomitee[243]. In mehreren Regierungsstellungnahmen sah es ähnlich aus. Einige Regierungen lehnten die Artikelentwürfe unumwunden ab[244]. Andere wiederum erhoben mehrere Einwände[245] und forderten die Überarbeitung der Artikelentwürfe[246]. Unter Berücksichtigung der kritischen Bemerkungen in der ILC, dem Rechtskomitee und in den Regierungsstellungnahmen wandte sich der Spezialberichterstatter in seinem zehnten Bericht erneut den Vorbehaltsbestimmungen zu. Dabei versuchte er, zwischen Staaten und internationalen Organisationen weiter zu differenzieren. Der umstrittene Artikelentwurf 19bis, Absatz 2 hatte folgenden Wortlaut: Wenn infolge der Funktionen, mit denen sie durch den Vertrag hinsichtlich der Anwendung des letzteren durch die Staaten betraut wurde, die Teilnahme einer Organisation für Gegenstand und Zweck des Vertrages wesentlich ist, kann diese Organisation bei der Unterzeichnung, formalen Bestätigung, Annahme, Zustimmung oder dem Beitritt zu diesem Vertrag einen Vorbehalt erklären, wenn der Vorbehalt ausdrücklich durch den Vertrag genehmigt ist oder wenn anderweitig vereinbart wurde, daß der Vorbehalt genehmigt ist[247]. Diesen notwendigen Einschränkungen kann man vorbehaltlos zustimmen, weil sie die Unterschiede zwischen Staaten und internationalen Organisationen bei der Erklärung von Vorbehalten in ausreichendem Maße berücksichtigen.

Die Beratung der etwas modifizierten Artikelentwürfe verlief auf der 33. ILC-Tagung (1981) weiterhin kontrovers. Dabei standen allgemeintheoretische Fragen grundsätzlichen Charakters sowie die Artikelentwürfe 19bis und 19ter (Einsprüche gegen Vorbehalte bei Verträgen zwischen Staaten und internationalen Organisationen) im Mittelpunkt. Es ging letzten Endes darum, ob Organisationen überhaupt Vorbehalte erklären dürfen. Im Verlaufe der Diskussion wurde u. a. erneut darauf hingewiesen, daß das Recht, Vorbehalte zu erklären, eigentlich mit der Vertragsabschlußfähigkeit der Staaten in Verbindung steht[248]. Durch die gewollt zugespitzte Position des Spezialberichterstatters im zehnten Bericht, daß durch die Aufstellung des Grundsatzes: entweder allgemeine Freiheit, Vorbehalte zu erklären oder überhaupt keine solche Freiheit vorsehen, das Problem gelöst werden könnte[249], wurde die eigentliche Frage des gesamten Kodifikationsprojekts wieder aufgeworfen: Gleichberechtigung bzw. Gleichbehandlung von Staaten und internationalen Organisationen oder nicht. Für die Gleichberechtigung dieser unterschiedlichen Völkerrechtssubjekte bei den Vertragsabschlüssen und vor allem bei der Erklärung von Vorbehalten traten mehrere Kommissionsmitglieder ein[250].

Der im Prinzip zu akzeptierende, aber etwas umständlich formulierte Artikelentwurf 19bis, Absatz 2 stieß auf geteilte Einschätzung: eindeutiges Einverständnis; Ablehnung wegen des stark einschränkenden Charakters.[251] Ähnlich verlief auch die Beratung des Artikelentwurfs 19ter, der gegenüber der WVRK1 eine Neuerung darstellte. Er ließ Einsprüche seitens der internationalen Organisationen nur unter bestimmten Bedingungen zu. Einige Kommissionsmitglieder unterstrichen seine Nützlichkeit[252], andere verhielten sich distanziert[253], während einzelne Experten seine Streichung forderten.[254] Letztere übersahen jedoch, daß es in diesem Fall (Streichung) möglich wäre, gegen jeden Vorbehalt ohne weiteres Einspruch zu erheben, während die Vorbehaltserklärung begrenzt war.

In der Praxis sind bereits seitens internationaler Organisationen Einsprüche gegen Vorbehalte von Staaten vorgekommen. Das bekannteste Beispiel hierfür ist die „Convention on the privileges and immunities of the specialized agencies“ on 21 November 1947. Einige Staaten haben beim Beitritt zu dieser Konvention Vorbehalte erklärt. Da viele Organisationen dagegen Einspruch erhoben haben, zogen die Staaten ihre Vorbehalte zurück.[255] Dieses Beispiel bewog den UN-Generalsekretär, eine Art Rechtsauffassung zu begründen, daß aufgrund bestehender Praxis ein dem Zweck einer Konvention widersprechender Vorbehalt nicht wirksam sein kann.[256] Daß internationale Organisationen Vorbehaltserklärungen abgeben, ist inzwischen Fakt in den internationalen Vertragsbeziehungen. Die EEC, die Mitglied mehrerer multilateraler Verträge ist, erklärte z.B. gegenüber der Genfer TIR-Konvention vom 14. November 1975 einen Vorbehalt.[257]

Die Artikelentwürfe zur Vorbehaltsproblematik waren auf der Basis des elften Reuter-Berichts Gegenstand auch der 34. ILCSession (1982), auf der die zweite Lesung sämtlicher Artikelentwürfe abgeschlossen wurde. Im Mittelpunkt der Diskussion stand das bereits erwähnte Hauptproblem dieses Kodifikationsprojektes, ob nämlich Staaten und internationale Organisationen allgemein in den Vertragsbeziehungen und speziell bei der Erklärung von Vorbehalten als gleichberechtigt zu betrachten sind. Andernfalls dürften die Organisationen in der Regel keine Vorbehalte erklären. In der ersten Lesung wurde ein Kompromiß angestrebt, d. h. die Möglichkeit der Organisationen Vorbehaltserklärungen abzugeben, wurde erheblich eingeschränkt. Das führte jedoch zu zusätzlichen Artikelentwürfen, die noch dazu kompliziert und mehrdeutig gestaltet wurden. Die ILC setzte sich auf ihrer 34. Tagung über die Einwände der Staaten hinweg und entschied sich schließlich für die Gleichberechtigung bzw. Gleichbehandlung von Staaten und internationalen Organisationen. Nach diesem Konzept sollten somit bezüglich der Vorbehalte die gleiche Freiheit und die gleichen Beschränkungen für Staaten wie für internationale Organisationen gelten.[258] Konkret bedeutet dies die fast vollständige Übernahme der Artikel 19–23 der WVRK1. Gegen die Übernahme des Absatzes 3 (Artikelentwurf 20) ist im Prinzip nichts einzuwenden, weil auf das Gründungsdokument einer internationalen Organisation, der mindestens eine andere Organisation angehört, nicht die WVRK1, sondern die WVRK2 anzuwenden sein wird, wie auch Reuter in seinem elften Bericht zutreffend feststellte.[259]

Mit diesem ILC-Konzept kann man allerdings nicht einverstanden sein, nicht nur weil die ILC ihre eigenen jahrelangen Beratungsergebnisse über Nacht über Bord geworfen und außerdem die vielen Einwände vieler Staaten nicht beachtet hat. Es geht vielmehr um Fragen grundsätzlichen Charakters. Es wurde bereits angedeutet, daß die Staaten bei der Vorbehaltserklärung von ihren souveränen Rechten und Interessen ausgehen, während dies bei den internationalen Organisationen nicht der Fall ist, weil sie eben keine Souveränität besitzen. Letztere verfügen ferner, verglichen mit den Staaten, über ein beschränktes Interesse. Es überwiegt auf alle Fälle das Interesse der Mitgliedstaaten, für dessen Durchsetzung die Organisationen geschaffen werden. Berücksichtigt man noch dazu die vergleichsweise entscheidendere Rolle der Staaten in den internationalen Beziehungen, so ist daraus zu schließen, daß die von den Staaten erklärten Vorbehalte in der Regel von größerer Bedeutung sind als jene der internationalen Organisationen. Infolgedessen kann es hinsichtlich des Wesens der Vorbehalte und der Bedingungen, Vorbehalte zu erklären, keine Gleichstellung zwischen diesen recht unterschiedlichen Völkerrechtssubjekten geben. Deswegen wäre es besser, die Möglichkeit für die internationalen Organisationen Vorbehalte zu erklären, von der Bedeutung der Teilnahme am Vertrag – sie muß wesentlich sein – und vor allem von konkreten Vereinbarungen abhängig zu machen (Artikelentwurf 19).

Zu bemängeln ist ferner das methodische Vorgehen der ILC in bezug auf spezielle Bestimmungen, wie z.B. der Absatz 5 des Artikelentwurfs 20, die aufgrund der starken Meinungsdifferenzen unvollständig geblieben ist. Sie bezog sich in der ersten Lesung verständlicherweise auch auf Organisationen. Da es aber Einwände gegen ein mögliches stillschweigendes Einverständnis der internationalen Organisationen mit Vorbehalten anderer Vertragspartner und gegen die zwölfmonatige Frist für das Erheben von Einsprüchen gab – sie sollte nach der Auffassung einiger Kommissionsmitglieder länger sein – strich die ILC in der zweiten Lesung diese Bestimmungen mit dem Hinweis darauf, daß in der Perspektive die Praxis Abhilfe schaffen würde.[260] Es ist nicht einzusehen, warum es nicht möglich sein soll, bei den Einsprüchen der Organisationen ihre Zustimmung ausdrücklich zu fixieren, sollte die genannte Frist nicht eingehalten werden. Abgesehen davon, könnte die Frist (zwölf Monate) bei den internationalen Organisationen etwas großzügiger festgelegt werden, da die Organisationen in der Regel mehr Zeit benötigen, um auf Aktivitäten ihrer Vertragspartner zu reagieren. Das hängt mit der Verteilung der Kompetenzen innerhalb einer Organisation zusammen. Im übrigen entspricht das ILC-Konzept, das von Reuter begründet wurde, der internationalen Praxis, in der noch nicht einmal eine mit den Staaten völlig gleichberechtigte Teilnahme von Organisationen an multilateralen Konventionen universellen Charakters festzustellen ist, nicht. Die Organisationen können vielmehr zunächst als Beobachter oder in seltenen Fällen auch als Partner an Kodifikationskonferenzen teilnehmen, jedoch meistens unter eingeschränkten Bedingungen. Dies gilt auch für ihren Beitritt zu den Konventionen. Ihre Vertragsfähigkeit ist ebenfalls begrenzt, denn sie erstreckt sich nur auf bestimmte Vertragsmaterien. Wenn aber bei diesen grundsätzlichen Fragen stets ein unterschiedlicher Status von Staaten und internationalen Organisationen zu registrieren ist, drängt sich die berechtigte Frage auf, warum ausgerechnet bei der Erklärung von Vorbehalten, die ihrem Wesen nach eigentlich Ausdruck staatlicher Souveränität sind, eine Gleichberechtigung dieser unterschiedlichen Völkerrechtssubjekte anzustreben ist.

Es war zu erwarten, daß die Artikelentwürfe zur Vorbehaltsproblematik die Regierungen in ihren Stellungnahmen sowie auf der Kodifikationskonferenz stark beschäftigen würden. Einigen Regierungen ging es u.a. darum, bezüglich des Rechts, Vorbehalte zu erklären, zwischen Staaten und Organisationen zu unterscheiden.[261] Andere zeigten wenig Verständnis dafür, daß die Artikelentwürfe liberaler als die WVRK1 seien.[262] Andere wiederum betrachteten das Recht, Vorbehalte zu erklären, als grundlegend für die Staaten sowie für die internationalen Organisationen.[263]

Hinsichtlich des Artikelentwurfs 19 erklärte sich auf der Kodifikationskonferenz eine große Anzahl von Vetretern mit dem ILC-Text einverstanden.[264]

Die langwierigen Beratungen bezogen sich auf die vier Änderungsvorschläge sowie erneut auf Grundsatzfragen, ob z.B. Staaten und internationale Organisationen gleich zu behandeln sind oder vielleicht nicht.

Der gemeinsame Änderungsvorschlag der vier Staaten Österreich, Italien, Japan und Tunesien lief auf eine starke Kürzung und Vereinfachung des Artikelentwurfs 19, Absätze 1 und 2, jeweils Buchstabe (a) hin. Speziell legte der Absatz 2 fest, daß eine Organisation Vorbehalt erklären kann, es sei denn, „der Vorbehalt ist durch den Vertrag verboten oder es ist anderweitig festgelegt, daß die verhandelnden Staaten und die verhandelnden Organisationen oder gegebenenfalls die verhandelnden Organisationen übereingekommen sind, daß der Vorbehalt verboten ist."[265] Es wurde vorgeschlagen, daß nur der Satz „the reservation is prohibited by the treaty" übrig bleibt.[266] Der Vorschlag fand bei den Delegierten breite Zustimmung, weil durch ihn die Gleichheit zwischen Staaten und Organisationen bei der Erklärung von Vorbehalten hergestellt werden könnte.[267]

Die Delegation der Kapverden unterbreitete einen Änderungsvorschlag, der aus zwei Teilen bestand: Der erste Teil lautete genauso wie der oben behandelte Vorschlag der vier Staaten. Nach dem zweiten Teil des Vorschlags sollte der Absatz 2 durch den Buchstaben (b) ergänzt werden: die Bestimmung, Gegenstand eines Vorbehaltes, wird auf eine solche Organisation nicht angewandt.[268] Während der erste Teil des Vorschlags breit unterstützt wurde, stieß der zweite Teil auf Ablehnung.[269]

Für die Ergänzung des Absatzes 2 durch den Buchstaben (d) setzte sich ebenfalls die Delegation der UdSSR ein: der Vorbehalt ist mit dem Gründungsdokument unvereinbar.[270] Der Sinn des Vorschlags bestand darin, daß die Organisationen nur zu Materien Vorbehalte erklären, die ihre Tätigkeitsfelder direkt berühren.[271] Der sowjetische Vorschlag stieß auf die Ablehnung seitens vieler westlicher Staaten und der Vertreter wichtiger internationaler Organisationen. Es wurde u. a. gesagt, der Vorschlag sei unnötig und unpraktisch[272], richtete sich gegen die Gleichberechtigung der Vertragspartner und diskriminierte die internationalen Organisationen[273], schränkte das Recht und die Fähigkeit der Organisationen stark ein, Vorbehalte zu erklären und sei vor allem Ausdruck fehlenden Vertrauens gegenüber den internationalen Organisationen.[274] Einen ähnlichen Änderungsvorschlag machte auch die Delegation der damaligen DDR.[275]

Die Grundprobleme des Artikelentwurfs 19 wurden vorwiegend von Delegationen ehemaliger sozialistischer Staaten aufgeworfen. Der sowjetische Delegierte ging auf die wesentlichen Unterschiede zwischen Staaten und internationalen Organisationen ausführlich ein, daß nämlich die souveränen Staaten das breite Recht besitzen, Vorbehalte zu erklären, während die Organisationen über keine Souveränität verfügen. Bei ihnen hängt vielmehr das Recht, Vorbehalte zu machen, vom Kreis ihrer Funktionen und vom Zweck des betreffenden Vertrages ab. Ein Vorbehalt hat, abgesehen davon nur dann Sinn, wenn er mit dem Gründungsdokument zu vereinbaren ist.[276] Er wurde dabei von den Vertretern der damaligen DDR und der ČSR mit ähnlichen Argumenten unterstützt.[277] Zugleich wurde eines der Hauptprobleme des gesamten Konventionsprojekts erneut aufgeworfen, nämlich das der möglichen Gleichberechtigung von Staaten und internationalen Organisationen. In erster Linie betonten immer wieder Vertreter sozialistischer Staaten, daß angesichts der in der Realität existierenden Unterschiede zwischen Staaten und internationalen Organisationen, letztere nicht auf gleicher Grundlage wie die Staaten Vorbehalte erklären können. Außerdem werden von den Organisationen nur Vorbehalte gemacht, die ihrem Kompetenzfeld und ihrem Gründungsdokument entsprechen.[278] Staaten können aus politischen, ökonomischen und sozialen Gründen Vorbehalte geltend machen. Bei den Organisationen gibt es hingegen solche Gründe nicht. Ihre Fähigkeit Vorbehalte zu machen, beruht vielmehr auf ihren Regeln und wird durch ihre Kompetenzen begrenzt.[279] Die Mehrzahl der Vertreter, vor allem jene der internationalen Organisationen trat jedoch für eine völlige Gleichstellung und Gleichberechtigung der beiden unterschiedlichen Völkerrechtssubjekte beim Erklären von Vorbehalten ein. Dabei wurde durchgängig das Argument ins Feld geführt, daß der Grundsatz der Gleichberechtigung von Vertragspartnern auch in den Beziehungen zwischen Staaten und internationalen Organisationen gelten muß.[280]

Das Gleichberechtigungs- und Gleichstellungskonzept konnte sich bei der Endfassung des Artikels 19 vollständig durchsetzen. Von den Formulierungsversuchen der ILC, die Unterschiede zwischen Staaten und Organisationen zumindest geringfügig zu behandeln, ist nichts übrig geblieben.

Bei dem Artikelentwurf 20 („Acceptance of and objection to reservations“) wurde wenigstens in einer speziellen Bestimmung der Unterschied zu den Staaten beachtet. Unter Berücksichtigung der mündlichen Stellungnahmen der Regierungsvertreter im Rechtskomitee war mit Sicherheit zu erwarten, daß in den schriftlichen Regierungsstellungnahmen sowie auf der Kodifikationskonferenz der Absatz 5 im Mittelpunkt der Beratungen stehen würde. Er hatte folgenden ILC-Wortlaut: Im Sinne der Absätze 2 und 4 und sofern der Vertrag nichts anderes vorsieht, gilt ein Vorbehalt als durch einen Staat angenommen, wenn der Staat nach Ablauf einer Frist von zwölf Monaten, nachdem ihm der Vorbehalt notifiziert wurde oder zu dem Zeitpunkt, an dem er seine Zustimmung zur Bindung an den Vertrag erklärt hat, keinen Einspruch gegen den Vorbehalt erklärt hat, welcher Termin auch immer später liegt.[281] In Regierungsstellungnahmen wurde zum einen vorgeschlagen, durch die Einfügung der Wendung „oder internationale Organisation“ die Gleichberechtigung von Staaten und internationalen Organisationen zu bekräftigen[282], zum anderen wurde die vorgesehene Frist von zwölf Monaten als für die Organisationen zu kurz bemängelt.[283]

Die Behandlung des ILC-Entwurfs nahm auf der Kodifikationskonferenz relativ viel Zeit in Anspruch. Insgesamt für den ILC-Entwurf[284] und speziell für die Frist von zwölf Monaten beim Erklären von Einwänden gegen Vorbehalte traten sehr viele Regierungsdelegationen ein.[285] Es wurden fünf Änderungsvorschläge unterbreitet.

Die chinesische Delegation schlug eine wesentliche Erhöhung der Frist von 12 auf 18 Monate vor. Der Vorschlag wurde damit begründet, daß die Organisationen in der Regel eine längere Zeit brauchen, um auf Vorbehalte mit Einwänden zu reagieren, da ihre kompetenten Organe nicht jährlich zusammen treten.[286] Der chinesische Vorschlag fand verständlicherweise bei den Vertretern der internationalen Organisationen[287], aber auch bei Regierungsvertretern breite Unterstützung.[288] Der australische Änderungsvorschlag lief zwar ebenfalls auf eine Verlängerung der Frist hinaus, sah jedoch etwas differenzierter und flexibler aus: Nicht insgesamt 12 Monate, sondern ein Monat nach der nächsten Plenartagung der kompetenten Organe einer Organisation, nachdem dieses den Vorbehalt notifiziert hat.[289] Der

Vorschlag stieß auf die uneingeschränkte Zustimmung der Vertreter von internationalen organisationen.[290] Auch eine große Anzahl von Regierungsvertretern erklärte sich damit einverstanden.[291]

Der Änderungsvorschlag der österreichischen Delegation bezog sich auf die Absätze 2 und 5. In beiden Absätzen sollten die internationalen Organisationen expressis verbis genannt werden. Im Absatz 2 – bei ihm geht es um die Bedingungen für die Anwendung eines Vertrages als Ganzes auf die Vertragspartner – sollte neben dem Gegenstand und Zweck des Vertrages das weitere Kriterium der „begrenzten Anzahl der verhandelnden Staaten und verhandelnden Organisationen oder der verhandelnden Organisationen" eingeführt werden.[292] Der österreichische Vorschlag wurde ebenfalls von vielen Delegationen akzeptiert.[293] Auch der Änderungsvorschlag der kapverdisehen Delegation, die Wendung „oder eine internationale Organisation" einzuführen[294], fand Unterstützung.[295]

Noch weiter ging die Delegation der damaligen DDR, indem sie Ergänzungen und Neuformulierungen vorschlug. Der Absatz 2 sollte demnach eine weitreichende Ergänzung erhalten: „... und von allen internationalen Organisationen, deren Kompetenz entsprechend den Regeln dieser internationalen Organisationen durch den Vorbehalt berührt wird". Beim Absatz 4 wurde die Einführung des Buchstaben (b bis) vorgeschlagen: schließt ein Einwand einer internationalen Organisation gegen einen Vorbehalt, der entsprechend den Regeln der Organisation ihre Kompetenz berührt, das Inkrafttreten des Vertrages zwischen der Organisation, die den Vorbehalt erklärt und dem Staat oder der Organisation, der oder die den Einwand gemacht hat, nicht aus, sofern durch die Organisation, die den Vorbehalt erklärt hat, nicht eine gegenteilige Absicht klar ausgedrückt wurde.[296] Der Vorschlag wurde von einigen Delegierten mißverstanden, als wäre er überhaupt gegen die internationalen Organisationen gerichtet.[297] Vertreter ehemaliger sozialistischer Staaten hingegen unterstützten den Vorschlag der ehemaligen DDR, weil er die besondere Natur der internationalen Organisationen widerspiegelte, ohne sie zu diskriminieren[298] und infolgedessen die Notwendigkeit anerkannte, ihrer Aktionsfreiheit Grenzen zu setzen[299] und außerdem darauf abzielte, den Vertragsbeziehungen zwischen den

Staaten und den internationalen Organisationen größere Stabilität zu verleihen.[300] Ein Delegierter schlug vor, die Ergänzung zum Absatz 2 lieber in die Präambel auf zunehmen.[301]

Auch bei der Behandlung des Artikelentwurfs 20 ging es immer wieder um den Status der internationalen Organisationen in den internationalen Vertragsbeziehungen sowie konkret in der neuen Konvention. Mehrere Delegationen plädierten für eine Gleichberechtigung von Staaten und Organisationen sowohl allgemein in den internationalen Vertragsbeziehungen, weil eben die internationalen Organisationen genauso wie die Staaten Völkerrechtssubjekte seien, wie der marokkanische Delegierte meinte[302], als auch ganz konkret beim Erklären von Vorbehalten und Einwänden gegen Vorbehalte sogar der Staaten. Letzteres wurde hauptsächlich mit dem „Grundsatz der Rechtsgleichheit" aller Vertragspartner begründet.[303] Gegen eine Gleichstellung von Staaten und internationalen Organisationen waren hauptsächlich die Vertreter der UdSSR. Als Grund hierfür führten sie den unterschiedlichen Charakter der Völkerrechtssubjektivität und der Vertragsfähigkeit von Staaten und Organisationen auf.[304]

2.2.4. Verhältnis der internationalen Organisationen zu ihren Mitgliedstaaten bezüglich der von den Organisationen abgeschlossenen Verträge Die besondere Problematik des ILC-Artikelentwurfs 36bis

Verglichen mit den Vorbehaltsbestimmungen verlief der Prozeß der Erarbeitung des Artikelentwurfs 36bis genau entgegengesetzt: Die ersten Fassungen stießen auf massive Ablehnung, die Fassung der zweiten Lesung wurde im Rechtskomitee im Prinzip als akzeptabel betrachtet. Die sukzessive, zeitraubende und mit besonders kontroversen Diskussionen in der ILC verbundene Erarbeitung des Artikelentwurfs 36bis hat den Beweis dafür geliefert, daß es sich lohnt, begründete Einwände gegen Artikelentwürfe der ILC zu erheben. Hinsichtlich dieser Bestimmung vermochten die sozialistischen Staaten bis zur Kodifikationskonferenz ihren Standpunkt größtenteils durchzusetzen. Die ausführliche Diskussion des Artikelentwurfs

36bis in der ILC und im Rechtskomitee trug ferner zur Klärung einiger vertragsrechtstheoretischer Fragen bei.

Es ist zunächst von der Prämisse auszugehen, daß die internationalen Organisationen durch ihre Vertragsbeziehungen ihre Mitglieder nicht verpflichten können, außer wenn ihre Satzung etwas anderes festlegt.[305] In einem solchen Fall liegt aber die Zustimmung der Mitgliedstaaten vor. Zu beachten ist darüber hinaus die im Artikel 34 der WVRK1 und im Artikelentwurf 34 der neuen Artikelentwürfe fixierte Grundregel des internationalen Vertragsrechts, daß ein Vertrag weder Pflichten noch Rechte für einen Dritten schafft. Dieser Grundregel entsprach der Artikelentwurf 36 vollauf. Dennoch glaubte der Spezialberichterstatter, ausgehend hauptsächlich von der EWG (Recht und Vertragspraxis), unbedingt einen gesonderten Artikel im Grunde genommen nur für die EWG zu entwerfen. Er sorgte damit für äußerst kontroverse Diskussionen in der ILC. Sein Artikelentwurf 36bis mit dem Titel „Wirkungen eines Vertrages, bei dem eine internationale Organisation Mitglied ist im Hinblick auf Mitgliedstaaten dieser Organisation“ lautete: 1. Ein Vertrag, abgeschlossen von einer internationalen Organisation, erzeugt für die Mitgliedstaaten einer internationalen Organisation direkt Rechte und Pflichten im Hinblick auf andere Partner dieses Vertrages, wenn das Gründungsdokument dieser Organisation dem Vertrag ausdrücklich solche Wirkungen verleiht. 2. Wenn durch den Vertragsgegenstand, abgeschlossen von einer internationalen Organisation und die Festlegung des in diesem Gegenstand eingeschlossenen Zuständigkeitsbereichs zwischen der Organisation und ihren Mitgliedstaaten offenbar wird, daß es tatsächlich die Absicht der Vertragspartner war, so führt der Vertrag für ein Mitgliedstaat zur Entstehung von (i) Rechten, die der Mitgliedstaat anzunehmen hat, sofern kein Hinweis auf die Absicht des Gegenteils besteht; von (ii) Pflichten, wenn der Mitgliedstaat sie, wenn auch implizite, akzeptiert.[306] Einen ähnlichen Inhalt hatte der vom Entwurfskomitee vorgelegte Artikel 36bis mit dem Titel „Auswirkungen eines Vertrages, bei dem eine internationale Organisation Mitglied ist im Hinblick auf Drittstaaten, Mitglieder dieser Organisation“. Der Artikelentwurf hatte folgenden Wortlaut: Drittstaaten, die Mitglieder einer internationalen Organisation sind, sollen die Pflichten erfüllen und können die Rechte ausüben, die für sie aus den

Bestimmungen eines Vertrages entstehen, bei dem diese Organisation Partei ist, wenn: (i) die einschlägigen Regeln der Organisation, die zum Zeitpunkt des Vertragsabschlusses gültig waren, vorsehen, daß die Mitgliedstaaten der Organisation durch die von dieser abgeschlossenen Verträge gebunden sind; oder (ii) die an den Vertragsverhandlungen teilnehmenden Staaten und Organisationen ebenso wie die Mitgliedstaaten der Organisation erkannt haben, daß die Anwendung des Vertrages notwendigerweise solche Wirkungen nach sich zieht.[307] In beiden Artikelentwürfen ging es um die Frage, ob und unter welchen Umständen aus Vertragsabschlüssen einer internationalen Organisation für ihre Mitglieder in ihrer Eigenschaft als „Third“ Verpflichtungen erwachsen.

Aus der Beratung beider Entwürfe in der ILC (30. Tagung) ließen sich folgende Positionen erkennen: a) uneingeschränktes Bejahen durch mehrere ILC-Mitglieder, die von der Nützlichkeit und der Allgemeingültigkeit derartiger Bestimmungen überzeugt waren[308]; b) zwar Bejahen, jedoch verbunden mit einigen notwendigen Veränderungen. Es wurde z. B. das Entstehen von Verpflichtungen bei den Mitgliedstaaten der internationalen Organisationen von der ausdrücklichen Zustimmung der Vertragspartner und der Mitgliedstaaten der Organisation abhängig gemacht[309]; c) unbedingte Ablehnung in erster Linie mit der Begründung, daß der Artikelentwurf nur den Interessen der supranationalen EWG entspricht, die während der Erarbeitung der Artikelentwürfe über die Meistbegünstigungsklausel in ihren schriftlichen Kommentaren verlangte, genauso wie Staaten behandelt zu werden. Im Grunde wurde das von der WVRK1 aufgestellte System verändert, damit die EWG Beachtung finden kann. Auch die UNO kann keine Verträge abschließen, aus denen sich für die UN-Mitglieder automatisch Verpflichtungen ergeben.[310]

Für den Artikelentwurf 36bis plädierten in ihren Stellungnahmen die BRD, Großbritannien und selbstverständlich auch die EWG. In beiden Stellungnahmen wurde die Ansicht vertreten, daß sich diese Bestimmung nicht auf die EWG beschränke. Sie sei im Gegenteil von allgemeinem Interesse.[311] Für seine ersatzlose Streichung waren Bjelorussland, Bulgarien, die ČSR, die damalige DDR, Ungarn, Rumänien, die Ukraine und Jugoslawien.[312]

Sie begründeten ihre ablehnende Haltung damit, daß der Artikelentwurf 36bis zum einen der in den Artikelentwürfen 34 und 35 verankerten Völkerrechtsregel widerspricht, daß ein Vertrag Drittstaaten keine Rechte und Pflichten ohne deren Zustimmung auferlegen kann und zum anderen, daß er sich auf die supranationale EWG beschränkt.

Einen breiten Raum nahm die Diskussion über den „third state" ein. Es ging im wesentlichen darum, ob Mitgliedstaaten einer Organisation im Fall des Vertragsabschlusses durch die Organisation den Status von „Third" besitzen. Im Artikelentwurf 36bis wurde dies bejaht. Im Gegensatz dazu wurde in den Regierungsstellungnahmen der neue Begriff des „third state" einmütig abgelehnt.[313]

Die massiven Einwände vor allem der sozialistischen Staaten gegen den Artikelentwurf 36bis veranlaßten die ILC, sich auf der 33. Tagung erneut mit ihm zu befassen, zumal Reuter in seinem zehnten Bericht wieder dazu Stellung genommen hatte.[314] Im Prinzip war die Kommission mit dem Artikelentwurf 36bis einverstanden.[315] Nachdem der Spezialberichterstatter sogar in seinem letzten, dem elften Bericht, auf diesen Artikelentwurf erneut eingegangen war[316], beschäftigte sich die ILC auf ihrer ebenfalls letzten, der 34. Session, ausführlich mit dieser Bestimmung. Die diesbezügliche Diskussion drehte sich um folgende Probleme: Ist eine solche Bestimmung überhaupt nötig, da sie sich offensichtlich nur auf die EWG bezieht? Ist ein Staat als „Third" in dem üblichen Sinne zu betrachten, wenn eine Organisation, der der betreffende Staat angehört, Verträge abschließt? Sind die sich aus derartigen Verträgen ergebenden Rechte und Pflichten für ihre Mitgliedstaaten bindend?

Der Spezialberichterstatter vertrat, seine Position verteidigend, die Auffassung, daß die internationalen Organisationen aktionsfähig sein müßten und infolgedessen der Artikelentwurf 36bis gegenüber den Artikelentwürfen 35 und 36, die sich auf 34 stützen, etwas flexibler gestaltet werden müßte.[317] Er wurde dabei von den neuen ILC-Mitgliedern aus den Entwicklungsländern stark unterstützt, die u. a. im Artikelentwurf 36bis eine Weiterentwicklung des Völkerrechts sahen[318], und dessen Bedeutung für die Entwicklungsländer unterstrichen.[319] Weitere Kommissionsmitglieder begründeten ihre positive Haltung zum Artikelentwurf mit der Notwendigkeit, die internationalen Organisationen funktionstüchtiger zu machen sowie mit der Nützlichkeit und Zukunftsträchtigkeit dieser Bestimmung.[320]

Mehrere Kommissionsmitglieder wandten sich jedoch gegen den Artikelentwurf 36bis. Sie wiesen hauptsächlich auf die Notwendigkeit hin, die Souveränität der Mitgliedstaaten internationaler Organisationen zu schützen.[321] Mit besonderer Vehemenz trat Ushakov gegen den Artikelentwurf 36bis auf. Sein wichtigstes Argument war die EWG-Bezogenheit dieser Bestimmung. Er lehnte aus diesem Grund die Behandlung von internationalen und supranationalen Organisationen in einem Artikelentwurf ab.[322]

Im Mittelpunkt der Diskussion stand in diesem Zusammenhang wieder der Begriff „third state". Der Spezialberichterstatter begründete die Einführung dieses neuen Begriffs mit der notwendigen Lockerung des Zustimmungsmodus, daß es eben nach seiner Auffassung nicht unbedingt der gesonderten Zustimmung der Mitgliedstaaten einer Organisation bedarf, sollte die Organisation Vertragsabschlüsse tätigen, die sich auf die Mitgliedstaaten auswirken.[323] Der Begriff „third state" stieß in der Kommission auf allgemeine Ablehnung. In diesem Zusammenhang ist die Ansicht des Kommissionsmitglieds Lacleta Muñoz zu erwähnen, daß es sich nicht um „third states", sondern um „Mitglieder einer internationalen Organisation" handelt.[324] Die relativ ausführliche Diskussion führte dazu, daß schließlich der Begriff „third state" durch den Begriff „Mitgliedstaat einer internationalen Organisation" ersetzt wurde. Damit wurden allerdings die eigentlichen Probleme des Artikelentwurfs 36bis nicht gelöst, die im Gegenteil eine weitere Zuspitzung erfuhren. Im wesentlichen ging es um solche Fragen wie: Ist ein Vertrag einer internationalen Organisation für ihre Mitgliedstaaten bindend? Welche Rolle spielt dabei das Gründungsdokument? Bedarf es zur Verbindlichkeit für die Mitgliedstaaten deren Zustimmung oder einer besonderen Übereinkunft?

Innerhalb der ILC wurden folgende Meinungen geäußert: a) Die von einer Organisation geschlossenen Verträge sind für ihre Mitgliedstaaten bindend, wenn das Gründungsdokument oder andere einschlägige Regeln das vorsehen[325]; b) ob Pflichten für Nichtpartner entstehen, hängt von der entsprechenden Absicht der Vertragspartner ab. Liegt diese Absicht vor, dann können für die Mitgliedstaaten Pflichten entstehen[326]; c) für Nichtmitglieder einer Organisation, die nicht Partner des betreffenden Vertrages sind, entstehen Pflichten, nur wenn deren einstimmige Zustimmung vorliegt.[327] Auf der 34. ILC-Tagung wurde damit deutlich, daß der Artikelentwurf 36bis in der Fassung der ersten Lesung keine Existenzberechtigung mehr hatte. Deswegen legte das Entwurfskomitee einen neuen Artikelentwurf 36bis vor, der mit den ursprünglichen Fassungen nichts gemein hatte.[328]

Der Artikelentwurf 36bis in der von Reuter vorgelegten Fassung und jener der ersten Lesung war sehr kritikwürdig, weil er zum einen von der im Artikelentwurf 34 aufgestellten allgemeinen Regel abwich, nach der keine Pflichten und Rechte für einen Dritten ohne dessen Einverständnis entstehen können. Im Artikelentwurf 35 ist bei den Pflichten sogar von einem ausdrücklichen Einverständnis in schriftlicher Form die Rede. Im Artikelentwurf 36bis hingegen begnügte sich die ILC mit dem vagen und sehr interpretationsfähigen „acknowledged". Es ist ferner darauf hinzuweisen, daß während der Artikelentwurf 34 negativ formuliert wurde (Ein Vertrag schafft für einen dritten Staat oder eine dritte Organisation ohne das Einverständnis dieses Staates und dieser Organisation weder Pflichten noch Rechte), ausgerechnet im Artikelentwurf 36bis eine andere Regel positiv fixiert wurde, obwohl eine solche Bestimmung im Fall ihrer Anwendung unter Umständen zu erheblichen politischen Komplikationen führen könnte. Diese Bestimmung widersprach außerdem dem Artikelentwurf 6 über die Grundlage der Vertragsabschlußfähigkeit einer internationalen Organisation. Sie befand sich des weiteren in Widerspruch zu den völkerrechtstheoretischen Prämissen des vorliegenden UN-Kodifikationsprojekts, daß die Staaten die wichtigsten Völkerrechtssubjekte sind, und daß die Völkerrechtssubjektivität und die Vertragsfähigkeit der internationalen Organisation einen begrenzten Charakter besitzen. Dennoch haben sie in den internationalen Vertragsbeziehungen einen eigenen Rechtswillen, der direkt nur im eigenen Interesse realisiert wird. Gleiches gilt auch für die Staaten, deren Rechtswille originärer Natur ist. Sie begründen Rechte und Pflichten nur für sich. Anderenfalls müßten die Bestimmungen der Artikel 34 und 35 angewandt werden. Wenn aber die Staaten durch ihre Vertragsabschlüsse keine Dritten, weder Staaten noch internationale Organisationen, automatisch und ohne deren Zustimmung verpflichten können, dann fragt man sich zu Recht, wie Derartiges bei Organisationen in ihrem Verhältnis zu den Staaten, unabhängig davon, ob sie Mitglieder sind oder nicht, möglich sein soll. Im Grunde lag der Fassung der ersten Lesung dieser Bestimmung die theoretische Auffassung von einem Subordinationsverhältnis zwischen dem Rechtswillen der Staaten und jenem der internationalen Organisationen eigenartigerweise zugunsten der Letzteren zugrunde. Gerade das ist die These von den supranationalen Kompetenzen internationaler Organisationen. Sie ist allerdings im Koexistenzbereich fehl am Platze.

Aus der Souveränität der Staaten ergibt sich, daß sie gegen ihren Willen oder sogar ohne ihre ausdrückliche Zustimmung von anderen Staaten, geschweige denn von internationalen Organisationen, nicht verpflichtet werden können. Die Praxis zeigt übrigens, daß noch nicht einmal die EU-Staaten bereit sind, ihre nationalen Interessen und souveränen Rechte preiszugeben. Um so mehr verwundert es, wenn hin und wieder einige Völkerrechtler von den Staaten verlangen, zugunsten einer abstrakt formulierten internationalen Zusammenarbeit, „Gemeinschaftsgebundenheit" und Solidarität ihre Souveränität aufzugeben.[329] Es geht im Gegenteil darum, daß die souveränen Staaten den Mechanismus der friedlichen internationalen Zusammenarbeit in Gang setzen, wozu auch internationale Organisationen benötigt werden, die mit beschränkter Vertragsfähigkeit ausgestattet werden. Sollen nun für die Mitgliedstaaten aus den Vertragsabschlüssen irgendwelche Verpflichtungen entstehen, so bedarf es ihrer Zustimmung und zwar einer ausdrücklichen, außer wenn dies im Statut genau geregelt worden ist. Dann liegt ohnehin die Zustimmung der Mitgliedstaaten in schriftlicher Form vor.

Der neue Artikelentwurf 36bis hatte unter dem Titel „Pfllichten und Rechte, die für Mitgliedstaaten einer internationalen Organisation aus einem Vertrag entstehen, bei dem diese Partner ist" folgenden Wortlaut: Pflichten und Rechte entstehen für Mitgliedstaaten einer internationalen Organisation aus den Bestimmungen eines Vertrages, bei dem diese Organisation Partner ist, wenn die Partner dieses Vertrages diese Bestimmungen als Festlegung solcher Pflichten und Gewährung solcher Rechte beabsichtigen und ihre Bedingungen und Wirkungen im Vertrag definiert oder anderweitig vereinbart haben und wenn: a) die Mitgliedstaaten der Organisation gemäß dem Gründungsdokument dieser Organisation oder anderweitig einstimmig die Zustimmung gegeben haben, durch die genannten Bestimmungen des Vertrages gebunden zu sein; und b) die Zustimmung der Mitgliedstaaten der Organisation, durch die einschlägigen Bestimmungen des Vertrages gebunden zu sein, den verhandelnden Staaten und den verhandelnden Organisationen angemessen zur Kenntnis gebracht wurde.[330]

Der Ausnahmecharakter dieser Bestimmung springt geradezu ins Auge. Zugleich ist die eigentliche Zielstellung evident, nämlich Schutz der Interessen der Mitgliedstaaten bei Vertragsabschlüssen durch ihre eigenen Organisationen. Uneingeschränkt ist dem ILC-Kommentar zu folgen, daß die Zustimmung der Mitgliedstaaten ausdrücklich sein muß und außerdem Bedingungen und Wirkungen der Rechte und Pflichten zu definieren hat und daß schließlich bloße Absicht nicht ausreicht. Zustimmungfindet ferner die von der ILC gegebene Erläuterung des Wortes „otherwise", nämlich durch eine gesonderte Übereinkunft, daß der Vertrag einer internationalen Organisation Wirkungen für die Mitgliedstaaten haben soll. Als sehr nützlich hätte sich außerdem der Buchstabe (b) in der praktischen Anwendung erweisen können, weil er festlegt, daß die Zustimmung der Mitgliedstaaten den an den Verhandlungen beteiligten Staaten und Organisationen in angemessener Form zur Kenntnis gebracht werden muß, damit diese über die gegenüber den Mitgliedstaaten der Organisation entstehenden Rechte und Pflichten voll informiert sind. Die dargestellte kontroverse Diskussion dieses Artikelentwurfs in der früheren Fassung und vor allem die Position des Spezialberichterstatters und der meisten Kommissionsmitglieder bestätigen, wie notwendig die Fassung der zweiten Lesung war.

Die Vielfalt der Auffassungen über den Artikelentwurf 36bis wurde in den Stellungnahmen von Regierungen und internationalen Organisationen lange vor der Einberufung der Kodifikationskonferenz deutlicher. Die Regierung der ehemaligen DDR erklärte in der Stellungnahme von 1983 ihr Einverständnis mit dem ILC-Entwurf. Es wurden vor allem die Übereinstimmung des Artikelentwurfs 36bis mit dem Artikelentwurf 34 sowie die Tatsache hervorgehoben, daß für die Mitgliedstaaten ohne ihre ausdrückliche Zustimmung keine Verpflichtungen aus Verträgen der Organisationen erwachsen.[331] Auch in der thailändischen Regierungsstellungnahme von 1983 wurde der Artikelentwurf als zufriedenstellender Kompromiß zwischen sozialistischen und nichtsozialistischen Ländern eingeschätzt.[332] Die internationalen Organisationen lehnten hingegen den ILC-Entwurf als unnötig und problematisch ab.[333]

Die Regierungsdelegationen befaßten sich auf der Kodifikationskonferenz ausführlich mit dem Artikelentwurf 36bis, der mit dem Titel „Pflichten und Rechte, die für Mitgliedstaaten einer internationalen Organisation aus einem Vertrag entstehen, bei dem diese Partner ist" wie folgt lautete: Pflichten und Rechte entstehen für Mitgliedstaaten einer internationalen Organisation aus den Bestimmungen eines Vertrages, bei dem diese Organisation Partner ist, wenn die Vertragspartner beabsichtigen, daß diese Bestimmungen das Mittel zur Festlegung solcher Pflichten und zur Gewährung solcher Rechte sein sollen und ihre Voraussetzungen und Wirkungen in dem Vertrag definiert oder anderweitig vereinbart haben und wenn (a) die Mitgliedstaaten der Organisation kraft des Gründungsdokuments dieser Organisation oder anderweitig einhellig zugestimmt haben, durch die erwähnten Vertragsbestimmungen gebunden zu sein und (b) die Zustimmung der Mitgliedstaaten der Organisation zur Bindung an die einschlägigen Bestimmungen des Vertrages den verhandelnden Staaten und verhandelnden Organisationen gebührlich zur Kenntnis gebracht worden ist.[334]

Nur wenige Vertreter von Staaten und internationalen Organisationen fanden den Artikelentwurf 36bis notwendig, nützlich und zufriedenstellend.[335]

Die politische Brisanz des ILC-Textes war der Grund dafür, daß fünf Änderungsvorschläge unterbreitet wurden, die dann Gegenstand der langen Beratungen waren. Im gemeinsamen österreichisch-brasilianischen Vorschlag wurde die vollständige Streichung dieser Bestimmung in Erwägung gezogen.[336] Als Begründung hierfür führte der österreichische Delegierte aus, daß eine solche Bestimmung unnötig, problematisch und belastend sei. Der im ILC-Entwurf vorgesehene Fall werde ohnehin von den Artikelentwürfen 34 und 35 miterfaßt.[337] Von den Delegierten der Regierungen und der internationalen Organisationen wurden im großen und ganzen folgende Gründe für eine Streichung genannt: a) Das Problem sei noch nicht reif, um es auf universeller Basis zu regeln[338]; b) diese Bestimmung würde für die Organisationen viele Probleme schaffen[339]; c) der ILC-Text würde dem Rechtssystem des Europarates nicht entsprechen[340]; d) der Artikelentwurf besitze keine praktische Bedeutung[341]; e) die Kodifikationskonferenz hätte keine Zeit, um sich mit diesem Problem sorgfältig zu befassen.[342] Auf drei meetings (19., 20. und 25.) befaßte sich das Komitee der Vertreter der Konferenzteilnehmer mit dem Artikelentwurf 36bis. Von Sitzung zu Sitzung wurden die Stimmen für den österreichisch-brasilianischen Vorschlag immer mehr. Auf der 20. und 25. Sitzung waren fast alle Vertreter für die Streichung.[343]

Während der Änderungsvorschlag der Schweiz[344] keine Beachtung fand, befaßte sich die Konferenz etwas mit dem niederländischen Änderungsvorschlag. Bei ihm ging es nur darum, im Buchstaben (a) die Formulierung „oder anderweitig einhellig ...“ durch die neue Formulierung „oder in Übereinstimmung mit anderen Regeln der Organisation ...“ zu ersetzen.[345] Der Vorschlag wurde von einigen Delegationen unterstützt, weil er mehr Spezifität, Objektivität und Klarheit brachte, wie der portugiesische Vertreter meinte.[346] Die Änderungsvorschläge von drei internationalen Organisationen (ILO, Internationaler Währungsfonds und UNO)[347] und der sowjetischen Delegation[348] wurden nicht ausführlich behandelt.

Das Grundproblem des Artikelentwurfs bestand auf der Kodifikationskonferenz darin, ob aus Verträgen internationaler Organisationen Verpflichtungen für ihre Mitglieder erwachsen. Es kann festgestellt werden, daß nicht nur Vertreter sozialistischer Staaten, sondern auch von Entwicklungsländern und überraschenderweise sogar der EWG diese Frage verneinten. Vor allem die Vertreter der UdSSR, Bjelorusslands, Argentiniens, Irans, Chinas und der ČSR verteidigten die souveräne Entscheidungsfreiheit der

Staaten. Die von ihnen ins Feld geführten Argumente lassen sich wie folgt zusammenfassen: Für die souveränen Staaten fließen Verpflichtungen nur aus ihren eigenen Verträgen mit anderen Völkerrechtssubjekten, darunter mit internationalen Organisationen; ohne ihre Zustimmung erwachsen für die Staaten aus Verträgen von internationalen Organisationen mit Staaten oder mit anderen Organisationen keine Verpflichtungen; als selbständige Völkerrechtssubjekte müssen die internationalen Organisationen Verantwortung tragen. Sie können ihre Lasten nicht auf ihre Mitglieder abwälzen.[349] Nach diesen massiven Argumenten war die Unterstützung des Vorschlags, den Artikelentwurf 36bis zu streichen, ganz natürlich, obwohl noch auf der 19. Sitzung des Komitees einige Vertreter den ILC-Entwurf als guten, ausgegeglichenen und akzeptablen Kompromiß gelobt hatten.[350]

Es wurde ein Artikelentwurf gestrichen, der die ILC-Arbeit am meisten belastet und in einigen Situationen sogar gefährdet hatte. Die von der ILC und von dem Spezialberichterstatter Reuter investierte Arbeit war dennoch nicht umsonst, denn es wurden konträre Positionen zu bestimmten Fragen des Vertragsrechts der internationalen Organisationen deutlicher. Zugleich wurden vertragsrechtstheoretische Probleme sozusagen de lege ferenda aufgeworfen, die natürlich noch nicht vollständig geklärt werden konnten. Obwohl nun der im früheren Artikelentwurf 36bis vorgesehene Fall vom Artikel 36 miterfaßt werden kann, werden in der Perspektive Interpretationsprobleme nicht ausbleiben. Deswegen ist es für Wissenschaft und Praxis von Nutzen und Interesse, Entstehung und Beseitigung dieser eigenartigen Bestimmung einigermaßen genau festzuhalten.

2.2.5 Ungültigkeit und Beendigung eines Vertrages, Austritt aus ihm und Beendigung seiner Wirksamkeit (Artikel 45)

Die seit 1979 (31. ILC-Session) bei der sukzessiven Erarbeitung des Artikelentwurfs 45 aufgetretenen Probleme liefern einen eindeutigen Beweis dafür, daß man in den konkreten Vertragsbeziehungen zwischen Staaten und internationalen Organisationen weder von ihrer absoluten Ungleichheit noch von einer absoluten Gleichberechtigung ausgehen kann. Vielmehr erweisen sich sachlich bedingte Kompromißregelungen als erforderlich, die jedoch den grundsätzlich unterschiedlichen Status von Staaten und Organisationen allgemein in den internationalen Beziehungen nicht zu berühren vermögen. Die Fassung der zweiten Lesung des Artikelentwurfs 45 demonstriert ferner, wie sich der Spezialberichterstatter aufgrund der Einwände mehrerer Kommissionsmitglieder sowie in den Regierungsstellungnahmen gezwungen sah, seine ursprüngliche Konzeption, wenn auch nur teilweise, letzten Endes doch zu revidieren.

Die vom Spezialberichterstatter mit den Artikelentwürfen zu den Vorbehalten sowie mit dem Artikelentwurf 36bis gemachten Erfahrungen haben ihn dazu bewogen, zumindest in formellen Sachen etwas behutsamer vorzugehen. So legte er in seinem achten Bericht zwei Varianten des Artikelentwurfs 45 („Loss of a right to invoke a ground for invalidating, terminating, withdrawing from or suspending the operation of a treaty") vor, denen allerdings ursprünglich seine Konzeption von der Gleichbehandlung von Staaten und internationalen Organisationen zugrundelag. Die erste Variante lautete: Ein Staat oder eine internationale Organisation kann nicht mehr einen Grund für die Ungültigkeit eines Vertrages, seine Beendigung, den Austritt aus ihm oder die Aussetzung seiner Wirksamkeit gemäß Artikel 46 bis 50 oder 60 bis 62 geltend machen, wenn (a) er sich ausdrücklich damit einverstanden erklärt hat, daß entweder der Vertrag gültig ist, in Kraft bleibt oder seine Wirksamkeit weiterhin behält, oder (b) aufgrund seines Verhaltens angenommen werden muß, daß er mit der Gültigkeit des Vertrages oder mit dem Inkrafttreten bzw. mit der Fortdauer der Wirksamkeit des Vertrages stillschweigend einverstanden ist.[351] Hieraus ist die Gleichstellung von Staaten und internationalen Organisationen ersichtlich. Mit dieser Variante und damit der ihr zugrundeliegenden Konzeption der Gleichstellung bzw. Gleichbehandlung waren nur drei Kommissionsmitglieder einverstanden.[352]

Die Variante B nahm einige Differenzierungen bezüglich des Inhalts und der Formulierung vor. Während sich der Buchstabe (a) auf die Staaten beschränkte und genauso lautete wie die Variante A, bezog sich der Buchstabe (b) auf die internationalen Organisationen und hatte zusammen mit der Einleitung folgenden Wortlaut: Ein Grund für die Ungültigkeit eines Vertrages, seine Beendigung, den Austritt aus ihm oder die Aussetzung seiner Wirksamkeit gemäß Artikel 46 bis 50 oder 60 bis 62 kann nicht mehr geltend gemacht werden, (a) …, (b) wenn eine internationale Organisation, nachdem sie von den Tatsachen Kenntnis erhalten hat, gemäß den einschlägigen Regeln dieser Organisation damit einverstanden war, daß entweder der Vertrag gültig ist, in Kraft bleibt oder seine Wirksamkeit weiterhin behält.[353] In seinem Bericht erläuterte Reuter diese Bestimmung dahingehend, daß das Einverständnis nicht mehr aus dem Verhalten, sondern nur aus einem Akt ablesbar sei. Diese Bestimmung sei dazu geeignet, die Organisationen vor ihrem eigenen Verhalten und damit wirksamer als die Staaten zu schützen.[354] Die ILC war allerdings davon nicht überzeugt. Einige Kommissionsmitglieder erarbeiteten einen Kompromißvorschlag. Danach sollten für Staaten die Bestimmungen der WVRK1 gelten, für internationale Organisationen aber sollte im Buchstaben (b) die Wendung „stillschweigendes Einverständnis" durch eine neue ersetzt werden: Das Einverständnis einer internationalen Organisation, wie es in der vorhergehenden Klausel vorgesehen ist, soll den einschlägigen Regeln dieser Organisation unterliegen.[355] Hieraus geht hervor, daß das Einverständnis einer Organisation ausdrücklich zu sein hat, unbedingt zu befürworten ist. Diese nützliche und akzeptable Bestimmung wurde jedoch durch den allgemein gehaltenen Verweis auf die „relevant rules" der Organisationen etwas entwertet. Es wäre zweckmäßiger gewesen, wenn die ILC die „Organisation" etwas konkretisiert hätte. So entstand die teilweise kritikwürdige Fassung der ersten Lesung, in der insgesamt drei Absätze erscheinen. In diesem Zusammenhang dürften die Absätze 2 und 3 von Interesse sein. Gemäß dem Buchstaben (a) des Absatzes 2 muß das Einverständnis der Organisation mit der Gültigkeit des Vertrages oder mit dem Inkrafttreten oder mit der Fortdauer der Wirksamkeit des Vertrages in ausdrücklicher Form vorliegen. Problematisch war der Buchstabe (b), in dem es hieß: aufgrund ihres Verhaltens muß angenommen werden, daß sie auf das Recht verzichtet hat, diesen Grund geltend zu machen. Hier geht es wieder ganz allgemein um das Verhalten der Organisation. Im Absatz 3 wurde schließlich versucht, diesen offensichtlichen Mangel durch den Verweis auf die „relevant rules" der Organisation zu beheben.[356] Bei dieser Fassung des Artikelentwurfs ist die Unterscheidung zwischen Staaten und Organisationen auffallend: Bei den

Staaten genügt das Verhalten des stillschweigenden Einverständnisses, während bei den Organisationen das Verhalten Verzicht zum Ausdruck bringen muß. Dennoch wurde auf der 34. ILC-Session erneut die Frage aufgeworfen, ob das „stillschweigende Einverständnis" auch für die Organisation gelten sollte, um ihre Gleichbehandlung mit den Staaten zu gewährleisten.[357] Im Ergebnis der Diskussion entstand die Fassung der zweiten Lesung des Artikelentwurfs, die gegenüber der Fassung der ersten Lesung einerseits Verbesserungen aufweist, andererseits jedoch auf Vorzüge verzichtet. Als Verbesserung ist z.B. zu werten, daß von dem „conduct of the competent organ" der Organisation die Rede ist. Zu bemängeln ist allerdings, daß die frühere Bezugnahme auf die „relevant rules" der Organisation fehlt. Es wäre auf alle Fälle zweckdienlicher, eine direkte Verbindung zwischen einem solchen Verhalten und den „relevant rules" herzustellen. Sonst kann nicht immer die Garantie bestehen, daß das Verhalten des kompetenten Organs – im übrigen angesichts der Verschiedenartigkeit der internationalen Organisationen ebenfalls manigfaltig – satzungsgemäß sein wird. Deswegen kann der von der ILC in ihrem Kommentar geäußerten Ansicht darüber, daß nunmehr der Verweis auf die „relevant rules" der Organisation überflüssig sei, nicht zugestimmt werden.[358]

Schließlich wurde der ILC-Entwurf so abgefaßt, daß sowohl zwei getrennte Absätze entstanden als auch die Begriffe „competent organ" und „renounce" im Text blieben.[359]

In den Regierungsstellungnahmen wurden einige Änderungen vorgeschlagen. So wurde in der Stellungsnahme von 1983 der ehemaligen DDR die Streichung des Absatzes 2, Buchstabe (b) gefordert.[360] In der bulgarischen Stellungnahme wurde die Auffassung vertreten, daß eine Organisation nicht das Recht hat, Verträge gegen ihre Regeln zu schließen, die Quelle ihrer Kompetenzen sind.[361]

Auf der Kodifikationskonferenz erklärten mehrere Delegationen ihr Einverständnis mit dem ILC-Text. Sie traten insbesondere für die Beibehaltung der Begriffe „competent organ" und „renounce" sowie für jeweils getrennte Bestimmungen ein.[362] Es wurde ferner der Umstand hervorgehoben, daß der ILC-Text den Rechtsstatus der internationalen Organisationen als Völkerrechtssubjekte angemessen reflektiert.[363]

Im Mittelpunkt der Beratungen standen nur zwei Änderungsvorschläge: ein chinesischer und ein mexikanischer. Die chinesische Delegation schlug vor, zwecks Vereinfachung dieser Bestimmung, die von der ILC vorgenommene Trennung aufzuheben. Dann würde nur ein Absatz entstehen mit den beiden Buchstaben (a) und (b).[364] Zur Begründung des Vorschlags meinte der chinesische Delegierte, daß durch die getrennte Regelung der Materie sowie durch die Verwendung unterschiedlicher Wörter – für die Staaten „stillschweigend“ und für die Organisationen „verzichten“ – Ungleichheiten zugunsten der Organisationen entstehen würden. Er führte weiter aus, daß die Organisationen sich hinsichtlich der Struktur von den Staaten unterscheiden. Deshalb sollte das Verhalten einer Organisation als jenes ihres kompetenten Organs betrachtet werden.[365] Zu Beginn der Beratung fand der chinesische Vorschlag geringe Unterstützung. Sie wurde verstärkt, nachdem der mexikanische Änderungsvorschlag unterbreitet worden war. Bei ihm ging es um die Streichung des Begriffs „competent organ“ im Absatz 2, Buchstabe (b).[366] Der mexikanische Vertreter war der Meinung, daß das Wort „organization“ alle Organe einer Organisation einschließe.[367] Die Beratung dieses und des chinesischen Änderungsvorschlages sowie des ILC-Textes verlief so, daß zum Schluß die meisten Delegierten mit allem einverstanden waren. Einige Delegierte machten dennoch darauf aufmerksam, daß die Unterscheidungen notwendig sind. Hierfür wurden die Argumente verwendet, daß durch den ILC-Text ein Ausgleich erzielt wurde, der nach Möglichkeit nicht zerstört werden sollte und daß der Text auf der Existenz von strukturellen Unterschieden zwischen Staaten und Organisationen beruht. Hieraus würden sich konsequenterweise Formulierungsunterschiede ergeben.[368]

Schließlich wurde auf der Kodifikationskonferenz der ILC-Artikelentwurf unverändert angenommen.[369]

2.2.6 Grundlegende Veränderung der Umstände (Artikel 62)

2.2.6.1 Grundsätzliches zu der Regel der grundlegenden Veränderung der Umstände

2.2.6.1.1 Bedeutung der Regel der grundlegenden Veränderung der Umstände

Das Wechselverhältnis zwischen den Vertragsabschlüssen und den Entwicklungen bzw. Veränderungen in den internationalen Beziehungen kann dazu führen, daß Verträge, die eine mehr oder minder wichtige Rolle spielten, allmählich an Bedeutung verlieren und sich zu einem echten Anachronismus entwickeln. Somit entsteht ein Widerspruch zwischen den Erfordernissen der neuen internationalen Beziehungen und der Zielstellung, d.h. dem Inhalt solcher Verträge. Ein Widerspruch dieser Art kann dadurch gelöst werden, daß überholte und anachronistisch gewordene Verträge ersatzlos beendet oder, wenn möglich, den neuen internationalen Bedingungen angepaßt werden. So hat z.B. die internationale Entwicklung dazu geführt, daß die lateinamerikanischen Staaten auf der dritten Generalversammlung der Organisation Amerikanischer Staaten im April 1973 in Washington radikale Veränderungen in dieser Organisation verlangten.[370]

Die Veränderung der Lage machte, um ein weiteres Beispiel zu erwähnen, eine Überprüfung der 1954 auf der Konferenz von Manila gegründeten militärischen Organisation SEATO notwendig. So wurde auf dem am 28. September 1973 stattgefundenen Außenministertreffen der SEATO-Staaten beschlossen, die militärischen Aufgaben der Organisation zu beenden und sie aus einem Militärpakt zu einem Instrument für wirtschaftliche Entwicklung und „innere Sicherheit" zu machen. Der gefaßte Beschluß wurde offiziell mit einer „erheblichen Veränderung" der Lage in Südostasien begründet.[371]

Die Veränderungen können sich international mittelbar rechtsbildend auswirken. Sie spielen eine eminente Rolle auch im internationalen Vertragsrecht. So berechtigt z.B. die im Artikel 62 der WVRK1 verankerte Regel der grundlegenden Veränderung der Umstände (folgend: Regel) einen Vertragspartner, unter Berufung auf eine grundlegende Veränderung der Umstände gegenüber jenen, die beim Vertragsabschluß bestanden, und die von den Vertragspartnern nicht vorausgesehen werden konnte, den Vertrag zu beenden oder aus ihm auszutreten oder die Wirksamkeit des Vertrages auszusetzen.

Die im Artikel 62 der WVRK1 formulierte Regel enthält eine Reihe von wichtigen Elementen: a) Die Umstände, auf die sich die grundlegende Veränderung bezieht, bestanden beim Abschluß des Vertrages; die grundlegende Veränderung konnte nicht vorausgesehen werden. b) Die zur Zeit des Vertragsabschlusses bestehenden Umstände sind eine wesentliche Grundlage für ihre Zustimmung zur Verbindlichkeit des Vertrages gewesen. c) Die grundlegende Veränderung der Umstände führt eine grundlegende Wandlung des Umfangs der Vertragspflichten, die noch zu erfüllen sind, herbei. d) Das wichtigste Element, die grundlegende Veränderung der Umstände. e) Schließlich das Recht eines Vertragspartners, sich auf die grundlegende Veränderung der Umstände zu berufen und sein Recht auf Beendigung des Vertrages, Austritt aus ihm oder Aussetzung der Wirksamkeit des Vertrages geltend zu machen.

Besondere Aufmerksamkeit gebührt dem wichtigsten Element der Regel, nämlich der grundlegenden Veränderung der Umstände. Nun drängt sich die Frage auf, ob sich auch Veränderungen außervertraglichen Charakters auf das Schicksal eines Vertrages im Sinne des Artikel 62 der WVRK1 und damit der Regel auswirken können. Zunächst muß festgestellt werden, daß es falsch wäre, die Bedeutung der Regel losgelöst von den die Entwicklung der internationalen Beziehungen bestimmenden ökonomischen und politischen Faktoren zu betrachten, die einen wesentlichen Einfluß auf das Völkerrecht und damit auch auf das Vertragsrecht ausüben.[372]

Das bedeutet jedoch nicht, daß jede außerhalb eines Vertrages liegende Veränderung von Umständen die Anwendung der Regel rechtfertigt, zumal in den internationalen Beziehungen die Umstände unaufhörlich wechseln und es darum einer Vertragspartei durchaus möglich wäre zu behaupten, daß die eingetretenen Veränderungen den Vertrag unanwendbar gemacht hätten. Vielmehr muß zwischen den außervertraglichen, d.h. den allgemeinen Veränderungen einerseits und der konkreten Veränderung der Umstände andererseits, die eine wesentliche Grundlage für die Zustimmung der betreffenden Partei zum Vertrag bildeten, eine Verbindung bestehen. Diese Verbindung, das Bindeglied, soll eben die Auswirkungen der allgemeinen Veränderungen auf die Veränderungen der Umstände sein, wie die ILC in ihren Kommentaren zur Regel auf ihren Tagungen in den Jahren 1963[373] und 1968[374] hervorhob.

Unter Umständen könnte ferner die Regel bei sich objektiv vollziehenden wirtschaftlichen Prozessen, wie bei einer erheblichen Verschlechterung der Wirtschaftslage eines Staates in Anwendung gebracht werden. Voraussetzung für die Anwendung der Regel ist natürlich das Bestehen eines engen ursächlichen Zusammenhanges zwischen den radikalen wirtschaftlichen Veränderungen und der sich aus den bereits bestehenden Verträgen ergebenden Verpflichtungen. Die im Sommer 1929 einsetzenden wesentlichen Veränderungen der Wirtschaftslage außerhalb und innerhalb Deutschlands hätte z.B. die Anwendung der „Clausula rebus sic stantibus“ (folgend: „clausula“ oder auch: „C. r. s. s.“) in dem Sinne gerechtfertigt, die aus dem durch das „Gesetz über die Haager Konferenz 1929/30“ des Deutschen Reichstages vom 30. März 1930 in innerstaatliches Recht umgewandelten Young-Plan herrührenden Schulden Deutschlands nicht mehr zu zahlen.[375]

In einem anderen Beispiel ging es hauptsächlich um innerstaatliche wirtschaftliche Schwierigkeiten. Ein zwischen Jugoslawien und einer Eisenbahngesellschaft entstandener Streitfall wurde vom Völkerbundsrat geprüft und gemäß Artikel 304 des Vertrages von Trianon einem Schiedsgericht zur Entscheidung übergeben. Es handelte sich dabei um die Zahlung bestimmter Entschädigungen. In seinem Urteil vom 5. Oktober 1934 erkannte das Schiedsgericht, daß eine wesentliche Veränderung der Umstände in den finanziellen Bedingungen der Parteien vor sich gegangen war und daß demzufolge andere Methoden angewandt werden könnten.[376] Das war für Jugoslawien ein ziemlich konkreter Hinweis, sich auf die „C. r. s. s.“ zu berufen.
Die für die radikale Umstrukturierung getroffenen Feststellungen gelten voll und ganz ebenfalls für Veränderungen im internationalen Preisgefüge.

Nach der Resolution 3201 (S-VI) vom 1. Mai 1974 über die Schaffung einer NIWO soll sich die Umwandlung des Weltwirtschaftssystems auch auf die Weltmarktpreise erstrecken. Es wird gefordert, ein „gerechtes Preisverhältnis zwischen den Rohstoffen, Grundstoffen, Fertigwaren und Halbfertigwaren, die von den Entwicklungsländern exportiert werden und den Rohstoffen, Grundstoffen, Fertigwaren, Produktionsgütern und Ausrüstungsgegenständen, die von ihnen importiert werden, zu schaffen, um dadurch eine anhaltende Verbesserung ihres unbefriedigenden realen Austauschverhältnisses und die Expansion der Weltwirtschaft zu erzielen“.[377]

Diese Entwicklung in einigen nationalbefreiten Staaten kann dazu führen, daß bestimmte Rohstoffe, die früher unter den Bedingungen einer rückständigen Agrarwirtschaft nur für den Export bestimmt waren, jetzt für den weiteren Aufbau einer eigenen nationalen Industrie unentbehrlich sind. Wenn aber durch langfristige Lieferverträge die Rohstoffe vertraglich gebunden sind, könnte ein Widerspruch zwischen den sich aus den Lieferverträgen ergebenden Verpflichtungen und dem berechtigten Wunsch, im Sinne des wirtschaftlichen und sozialen Fortschritts eine eigene moderne Industrie aufzubauen, entstehen. Solch ein schwerwiegender Widerspruch könnte und müßte m. E. durch die Anwendung der Regel zugunsten des jungen Nationalstaates gelöst werden. In diesem Falle ist die Berufung auf die Regel durchaus gerechtfertigt, weil die im Art. 62 der WVRK1 geforderten Voraussetzungen gegeben sind.
In einem anderen Beispiel, das international als Anglo-Iranian-Oil-Fall bekannt wurde, bestand ein enger Zusammenhang zwischen den politischen und den wirtschaftlichen Veränderungen und der Anfechtung früherer Verträge. Der 1933 in Kraft getretene Konzessionsvertrag zwischen dem damaligen Persien und der damaligen „Anglo-Persian Oil Company“ räumte der Gesellschaft das ausschließliche Recht der Erdölgewinnung und -verarbeitung ein. Die Konzession sollte bis 1993 gelten. Im Jahre 1951 wurde jedoch in Iran die Nationalisierung der Erdölindustrie und das Erlöschen der Konzession beschlossen. Die britische Regierung wandte sich an den Internationalen Gerichtshof, um das iranische Vorgehen als völkerrechtswidrig erklären zu lassen. Der Iran bestritt die Zuständigkeit des I.C.J., der sich durch das Urteil vom 22. Juli 1952 tatsächlich für unzu-

ständig erklärte.[378] Der Sturz der demokratischen Regierung in Iran erleichterte den Abschluß eines neuen Vertrages zwischen Großbritannien und Iran.
Grundlegende Veränderungen politischer, wirtschaftlicher oder sonstiger Art können nicht in jedem Falle zur Berufung auf die Regel berechtigen. Grundlegende Veränderungen der Umstände sind nach Artikel 62, Ziffer 2, Buchstabe b der WVRK1 nicht akzeptabel, wenn sie auf eine „breach by the party invoking it either of an obligation under the treaty or of any other international obligation owed to any other party to the treaty“[379] zurückzuführen sind.

Somit wurde der Grundsatz bestätigt, daß eine Vertragspartei keinen Vorteil aus dem eigenen Unrecht ziehen darf (venire contra factum proprium). Der Grundsatz venire contra factum proprium wurde 1927 vom Ständigen Internationalen Gerichtshof im Factory at Chorzow-Fall bestätigt.[380] In einem anderen Fall aus der internationalen Praxis wurde dieser Grundsatz jedoch nicht beachtet. Serbien stellte z. B. eine Reihe von Forderungen an Bulgarien, die im Grunde auf territoriale Ansprüche hinausliefen, um seinen Rücktritt vom serbisch-bulgarischen Bündnisvertrag zu begründen. Bulgarien lehnte das Ansinnen Serbiens ab, das eine wesentliche Veränderung der Umstände darin sah und vom Vertrag zurücktrat.
Die erwähnte Bestimmung bedeutet dem Wesen nach, daß zwischen der gewollt rechtswidrig herbeigeführten grundlegenden Veränderung und der beabsichtigten Berufung auf die Regel ein kausaler Zusammenhang bestehen muß. Der kausale Zusammenhang liegt nicht vor, wenn ein junger Staat zielgerichtet eine eigene Petrolchemie aufbaut, um seine wirtschaftliche Unabhängigkeit zu festigen und den Wohlstand seiner Bevölkerung zu heben. Um dieses Ziel erfolgreich erreichen zu können, sieht sich der betreffende Staat gezwungen, den Erdölexport einzuschränken und wenn nötig auch gänzlich einzustellen. Eine mögliche Unterstellung des anderen Vertragspartners, der Erdöllieferstaat hätte eine eigene Erdölindustrie aufgebaut, um sich aus dem Liefervertrag ergebenden Verpflichtungen nicht zu erfüllen, wäre nicht stichhaltig und kaum nachweisbar. Staaten, die gegenwärtig ihre Bündnis- oder ihre Wirtschaftspolitik wesentlich umwandeln, lassen sich dabei in ihrer übergroßen Mehrheit von den sich vollzie-

henden Veränderungen in den internationalen Beziehungen sowie von ihren eigenen Interessen leiten, die im allgemeinen den objektiven Veränderungen im Weltmaßstab entsprechen und dadurch progressiv bedingt sind. In den zwischenstaatlichen Beziehungen ist es auch möglich, daß die sich auf die Regel berufenden Staaten ausschließlich von ihrem eigenen Interesse ausgehen, was unter Umständen eine große Unsicherheit in den internationalen Beziehungen verursachen könnte. Die unterschiedlichen, mitunter sogar entgegengesetzten Interessen der Vertragspartner ziehen sich wie ein roter Faden durch den gesamten Prozeß der Vertragsvorverhandlungen bis hin zur Vertragsdurchsetzunf hindurch.

Die Staaten sollten jedoch ihre eigenen Interessen nicht über alles stellen. Das typischste Beispiel für eine ausgeprägte Interessenpolitik war Otto von Bismarck. Er sagte u.a.: „Die Haltbarkeit aller Verträge zwischen Großmächten ist eine bedingte, sobald sie in dem Kampf ums Dasein auf die Probe gestellt wird. Keine große Nation wird je zu bewegen sein, ihr Bestehen auf dem Altar der Vertragstreue zu opfern, wenn sie gezwungen ist, zwischen beiden zu wählen ...; und ebensowenig läßt sich durch einen Vertrag das Maß von Ernst und Kraftaufwand sicherstellen, mit dem die Erfüllung geleistet werden wird, sobald das eigene Interesse des Erfüllenden dem unterschriebenen Text und seiner früheren Auslegung nicht mehr zur Seite steht.“[381] Einige deutsche Juristen vertraten eine ähnliche Auffassung. So meinte z.B. G. Jellinek: „Da jede staatliche Verpflichtung, ihrer substantiellen Seite nach, eine Erfüllung des Staatszweckes ist, so besteht sie nur so lange, als sie diesem Zweck genügt.“[382] Ein weiteres repräsentatives Beispiel ist E. Kaufmann, nach dem alle Staatsverträge eine inhärente Grenze hätten: „Sie sollen und wollen nur binden, solange die Macht- und Interessenlage, die zur Zeit des Abschlusses bestand, sich nicht so ändert, das wesentliche Bestimmungen des Vertrages mit dem Selbsterhaltungsrecht der kontrahierenden Staaten unvereinbar werden.“[383]

2.2.6.1.2 Die Kompromißformulierung der Regel der grundlegenden Veränderung der Umstände in der Wiener Vertragsrechtskonvention von 1969 als eine Synthese objektiver und subjektiver Faktoren

Die Art und Weise der Formulierung der Regel im Artikel 62 der WVRK1 deutet darauf hin, daß es sich hierbei um einen Kompromiß zwischen den Gegnern und den Verfechtern der früheren „C. r. s. s." handelt. So heißt es in der Ziffer 1 dieses Artikels: „A fundamental change of circumstances which has occurred with regard to those existing at the time of the conclusion of a treaty, and which was not foreseen by the parties, may not be invoked as a ground for terminating or withdrawing from the treaty unless:
(a) the existence of those circumstances constituted an essential basis of the consent of the parties to be bound by the treaty; and
(b) the effect of the change is radically to transform the extent of obligations still to be performed under the treaty."[384]
Der Kompromißcharakter der Formulierung besteht zum ersten darin, daß zwar die Regel in die WVRK1 aufgenommen, jedoch die früher übliche Bezeichnung „Clausula rebus sic stantibus" oder genauer und vollständiger „Conventio omnis intelligitur rebus sic stantibus"[385] nicht verwendet wurde.

Aus praktisch-politischen und vertragsrechtstheoretischen Gründen wandten sich 1963 in der ILC insbesondere die Vertreter der UdSSR, Polens und Ägyptens[386] gegen den in der Überschrift enthaltenen doktrinären Lehrsatz „Doktrin rebus sic stantibus" des Entwurfs des Art. 22 im zweiten Bericht von Waldock.[387] Dabei ging es der ILC darum, den vorwiegend „objektiven Charakter der Regel" zu betonen, weil eben der Begriff „rebus sic stantibus" mit der These über die „C. r. s. s." hauptsächlich als stillschweigende Bedingung verbunden war.[388] Eine entscheidende Rolle spielte ebenfalls der Mißbrauch der Doktrin „C. r. s. s." in der Vergangenheit.

Zum zweiten wurde eine eigenartige Formulierung gewählt. In der Ziffer 1 wurde zwar das Prinzip grundsätzlich negativ formuliert: „A fundamental change … may not invoked“, jedoch mit den relativ umfangreichen Ausnahmen in den Buchstaben a) und b).

Offensichtlich sollte mit dieser negativen Fassung der Ausnahmecharakter und damit die ausnahmsweise Anwendung der Regel unterstrichen werden.

Daraus kann zum Dritten geschlußfolgert werden, daß es sich beim im Artikel 62 der WVRK1 geregelten Grundsatz um eine neue Regel mit einem festumrissenen Anwendungsbereich handelt, die nicht mit der „C. r. s. s.“ identisch ist. Sogar wenn die Wendung „Clausula rebus sic stantibus“ angenommen worden wäre, hätte dies keinesfalls die Feststellung gerechtfertigt, es handele sich um die früher übliche Doktrin „C. r. s. s.“, wie sie nahezu von allen Juristen verstanden und von den Staaten angewandt wurde, weil das Völkerrecht ohnehin allen Prinzipien und Normen einen neuen Inhalt verleiht. So besitzen gegenwärtig Prinzipien, die fast genauso lauten wie im klassischen Völkerrecht, z. B. das Souveränitätsprinzip, einen neuen Inhalt.

Die Formulierung im Artikel 62 der WVRK1 stellt ferner einen Kompromiß, eine Synthese zwischen objektiven und subjektiven Faktoren dar. Die dadurch von den Vertretern der objektiven und der subjektiven Theorie eingegangenen Kompromisse sind daran zu erkennen, daß von den in der Ziff. 1 enthaltenen Bedingungen für die Berufung auf die Regel drei objektiver und zwei subjektiver Natur sind. Als objektiv anzusehen sind:
Der Charakter der Veränderungen, d. h. die „circumstances“ gegenüber denen, die zur Zeit des Vertragsabschlusses bestanden und schließlich die Folgen der Veränderungen, die „radical“ sein müssen. Zu den Bedingungen subjektiven Charakters gehört ohne Zweifel der „consent“ der Partner („the existing of those circumstances constituted an essential basis of the consent of the parties to be bound by the treaty“) sowie das „not foreseen“, durch die Partner, d. h., es handelt sich um von den Vertragspartnern nicht voraussehbare Veränderungen.[389] Dennoch gehören Veränderungen, die für die Zukunft als Möglichkeit in Erwägung gezogen werden, nicht zum Anwendungsbereich der Regel. Diese Feststellung gilt z. B. für den Artikel XIII, Ziffer 1, Buchstabe d des Vertrages zwischen der

UdSSR und den USA über eine Begrenzung der Raketenabwehrsysteme vom 26. Mai 1972. In ihm heißt es, daß beide Staaten unverzüglich eine Ständige Konsultativkomission einrichten werden, in deren Rahmen sie „mögliche Veränderungen in der strategischen Situation erörtern, die die Bestimmungen des Vertrages betreffern."[390]

Es wäre jedoch unrichtig, die getroffene Unterscheidung zwischen subjektiven und objektiven Faktoren absolut aufzufassen, weil die Zustimmung bzw. die Erwartungen der Vertragspartner nicht im luftleeren Raum existieren. Sie beziehen sich vielmehr auf konkrete Erscheinungen der internationalen Beziehungen, kurzum der materiellen Welt. Veränderungen, auch radikale, haben ihrerseits nur im Zusammenhang mit Verträgen eine Bedeutung für das Vertragsrecht. Somit existiert zwischen den Bedingungen subjektiver und objektiver Natur ein enges Wechselverhältnis, das durch einen weiteren Faktor ergänzt wird, nämlich durch die Beweisführung, gestützt auf einen objektiv vorhandenen Beweis. Die eigenartige Formulierung der Regel im Artikel 62 der WVRK1 ist ein Anzeichen dafür, daß der Widerstand der Verfechter der These von dem impliziten Charakter dieser Regel in der ILC nicht völlig gebrochen werden konnte. Diese in erster Linie den Interessen bestimmter Staaten dienende Variante der subjektiven Theorie besagt, daß jeder Vertrag unter der stillschweigenden Bedingung[391] abgeschlossen wird, daß bei einer Veränderung der Bedingungen der Vertrag automatisch seine Existenzberechtigung verliert, d. h. Beendigung des Rechtsverhältnisses ohne zusätzliche entsprechende Erklärung der Vertragspartner. Diese ins Auge gefaßte stillschweigende Beendigungsbedingung eines Vertrages stellt nach W. Sauer dem Wesen nach einen „Sondervertrag"[392] dar, der eine gefährliche Fiktion ist. Die Gefährlichkeit der von der ILC entschieden abgelehnten „stillschweigenden Bedingung" für die internationalen Vertragsbeziehungen und damit auch für die internationale Sicherheit besteht darin, daß die Zustimmung der anderen Vertragspartei zur einseitigen Vertragsaufhebung bei einer Veränderung der Umstände in jedem Fall als gegeben betrachtet wird. Die Durchsetzung der These von der „stillschweigenden Bedingung" würde dem Subjektivismus, der Willkür und dem Rechtsmißbrauch Tür und Tor öffnen.[393] Gerade diese Ansicht war der wichtigste Grund für die Ablehnung der „C. r. s. s." in der Vergangenheit durch ehemals sozialistische Völkerrechtler. Das bedeutet allerdings nicht, daß der subjektive Faktor bei der Regel keine Bedeutung hätte, zumal ihm, wie bereits festgestellt, bei der Formulierung dieser Norm besondere Aufmerksamkeit geschenkt wurde.

Ebenfalls abzulehnen ist eine weitere Spielart der subjektiven Theorie, nach der die gesamte Problematik der Regel auf die Auslegung beschränkt wird. Damit ist nicht der Bezug der Auslegung auf objektive Sachverhalte, eben auf die Veränderung der Umstände im Sinne eines Feststellungsverfahrens gemeint, sondern die Auslegung der Absichten und des Willens der Partner zur Zeit des Vertragsabschlusses. Diese These leugnet zwar nicht völlig die Bedeutung der Veränderungen, gewährt jedoch dem subjektiven Faktor, also den Absichten und dem Willen der Partner, absolute Priorität. Einer der wichtigsten Vertreter dieser Theorie war D. Anzilotti.[394] Sicherlich muß bei der Anwendung der Regel auch der subjektive Faktor in gewissen Grenzen berücksichtigt werden, zumal dies im Artikel 62, Ziffer 1, Buchst. a in der Form geregelt ist, daß das Bestehen der Umstände eine wesentliche Grundlage für die Zustimmung der Partner war. Darüber hinaus wird auch im Artikel 31, Ziffer 4 auf die Absicht der Parteien Bezug genommen und zwar in dem Sinne, daß bei der Vertragsauslegung einem bestimmten Begriff besondere Bedeutung beizumessen ist, wenn festgestellt wird, „daß dies die Absicht der Partner ist". Unter Zugrundelegung des Vertragstextes sowie bestimmter Materialien, wie Erklärungen der Parteien bei und nach dem Vertragsabschluß, d. h. unter Berücksichtigung des Vertragszieles, lassen sich unter Umständen die mit dem Abschluß des Vertrages verknüpften Erwartungen der Partner ermitteln. Der Ausgangspunkt jedoch, um die Regel anzuwenden, sind nicht diese Erwartungen als Grundlage der Zustimmung an den Vertrag gebunden zu sein, sondern die erfolgten Veränderungen in der objektiven Welt. Ob die eingetretenen Veränderungen grundlegend sind oder nicht, kann hauptsächlich anhand der grundlegenden Umwandlungen der noch zu erfüllenden Verpflichtungen sowie an den Erwartungen der Vertragspartner nachgewiesen werden. Im allgemeinen wird die These vom ausschließlichen Auslegungscharakter der Regel von amerikanischen Völkerrechtlern vertreten. Der wichtigste Verfechter dieser Theorie ist O. Lissitzyn, nach dem das Problem der Auswirkung einer Veränderung der Umstände auf die Vertragsbeziehungen ein „Problem der Auslegung, der Feststellung der Absichten und Erwartungen der Parteien“ sei.[395] Aus der Tatsache, daß die Auslegungsthese von den USA übernommen wurde[396], ist ersichtlich, daß sie den Interessen der USA entspricht. Denn es ist über die Auslegung der ursprünglichen Absichten, d. h. des Willens im Prinzip leichter, den eigenen Standpunkt und die eigenen Interessen gegenüber schwachen Staaten durchzusetzen.

Das in der Regel enthaltene subjektive Element ändert nichts daran, daß diese Regel objektiven Charakter besitzt, weil ihr Wesen durch die eben einen objektiven Charakter besitzenden Veränderungen der Umstände bestimmt wird. Die objektive Natur der Regel wurde von der ILC besonders unterstrichen.[397]

Aus dem objektiven Charakter dieser Regel läßt sich die Feststellung ableiten, daß ihre Anwendung unabhängig vom Inhalt des Willens der Parteien zum Zeitpunkt des Vertragsabschlusses erfolgt. Umsomehr hängt die Wirkung der Regel nach erfolgten Veränderungen vom Willen des interessierten Vertragspartners ab, denn objektive Rechtsregeln wirken nicht automatisch. Ist die Veränderung der Umstände objektiv gegeben, so kann sich die betreffende Partei auf die Regel berufen. Die gegen den Widerstand der Vertreter einiger Staaten in der ILC erzielte Objektivierung der Regel schuf die Bedingungen und Voraussetzungen für eine Übereinstimmung dieses Prinzips mit dem allgemeindemokratischen Charakter und der friedenssichernden Funktion des Völkerrechts. Damit wird die Wahrscheinlichkeit des Mißbrauchs dieser Regel wesentlich geringer. Daher wurde im Zuge der Kodifizierung die Konzeption der grundlegenden Veränderung der Umstände mit neuem Inhalt erfüllt und zu einer Regel des Völkerrechts erhoben.

2.2.6.1.3 Anwendungsbedingungen prozessualen Charakters und Lösungsmöglichkeiten von mit der Anwendung der Regel der grundlegenden Veränderung der Umstände im Zusammenhang stehenden Streitigkeiten

Aus der Art und Weise der Formulierung der Regel im Artikel 62 der WVRK1 ist ersichtlich, daß eine Reihe von Voraussetzungen vorliegen müssen, damit ein Staat sich auf diese Regel berufen und sie damit anwenden kann. Somit wird im Artikel 62 der WVRK1 der Anwendungsbereich der Regel genau bestimmt bzw. eingegrenzt[398] und deren Ausnahmecharakter[399] unterstrichen. Infolgedessen ist diese Regel kein Allheilmittel, bestehende Verträge zu überprüfen und, wenn nötig, zu beenden.

Es gibt in den Vertragsbeziehungen weitere Mittel, um beim Vorliegen natürlich anderer Voraussetzungen, gültige Verträge zu beenden.[400] Eine Überbewertung der Regel in den zwischenstaatlichen Vertragsbeziehungen wäre daher fehl am Platze. Eine sinnvolle[401] und gerechte Anwendung der Regel setzt dabei unbedingt voraus, daß sie in einem engen Zusammenhang mit den Grundprinzipien des Völkerrechts gesehen werden muß. Sie darf in keinem Falle über die Grundprinzipien erhoben werden, da sonst die Gefahr der Willkür und damit der Völkerrechtsverletzungen besteht. So ist die Anwendung der Regel sinnvoll, gerecht und völkerrechtsgemäß, wenn dadurch den Zielen und Prinzipien der Charta der Vereinten Nationen entsprochen wird und die internationale Sicherheit sowie die internationale friedliche Zusammenarbeit nicht gefährdet bzw. nicht gestört werden.[402] Gerade darin soll nach dem Völkerrecht der Unterschied der Regel von der früheren „C. r. s. s." bestehen.

Die grundsätzlich negative Formulierung der Regel im Artikel 62 der WVRK1, ihre bisherige sowie die künftige Anwendung durch die Staaten werfen eine Reihe von Fragen auf: wer die Beweislast über eine grundlegende Veränderung der Umstände zu tragen hat; wer über das Vorliegen grundlegender Veränderungen zu entscheiden hat; ob das Vorliegen grundlegender Veränderungen ohne weiteres zur Inanspruchnahme der im Artikel 62 der WVRK1 vorgesehenen Rechte, wie Beendigung eines Vertrages,

Austritt aus dem Vertrag oder Aussetzung der Wirksamkeit des Vertrages berechtigen; ob die sich auf eine grundlegende Veränderung der Umstände berufende Vertragspartei verpflichtet ist, zuerst mit der anderen Vertragspartei zu verhandeln, um gemeinsam eine Lösung zu finden; ob die Zustimmung der anderen Vertragspartei zur Anwendung des Artikel 62 der WVRK1 unbedingt erforderlich ist; ob bei der Anwendung der Regel eventuell Fristen zu beachten sind; ob die international üblichen Mittel der friedlichen Streitbeilegung auch bei der Berufung auf die Regel anzuwenden sind und schließlich; ob die Staaten sich expressis verbis auf die Regel zu berufen haben oder sich auch lediglich auf grundlegende Veränderungen berufen können. Wenden wir uns nun den aufgeworfenen Problemen im einzelnen zu.

Es ergibt sich aus der Funktion der Regel, daß die Vertragspartei, welche die Initiative ergreift, um einen Vertrag in Frage zu stellen und sich auf erfolgte grundlegende Veränderungen beruft, auch die Beweislast tragen muß.[403] So ist es ihre Aufgabe, im einzelnen nachzuweisen, daß die Umstände, auf die sich die grundlegende Veränderung bezieht, schon zur Zeit des Vertragsabschlusses bestanden, daß sie eine wesentliche Grundlage für die Zustimmung der Vertragspartner waren, an den Vertrag gebunden zu sein, daß die Veränderung tatsächlich grundlegend ist und schließlich, daß die grundlegende Veränderung der Umstände zu einer grundlegenden Wandlung des Umfanges der noch zu erfüllenden Vertragspflichten geführt hat. Aus den Beispielen aus der neueren Geschichte der internationalen Beziehungen ist ersichtlich, daß die Staaten, die vom Grundsatz der grundlegenden Veränderung der Umstände Gebrauch machten, die Beweislast trugen.

Aus der Vertragspraxis zwischen den Staaten sei auf das bereits an anderer Stelle angedeutete Beispiel des Austritts Frankreichs aus dem „Alliierten Oberkommando“ und dem „Kommando Europa Mitte“ der NATO 1966 verwiesen. In seinem Schreiben vom 7. März 1966 an den damaligen Präsidenten der USA L. B. Johnson versuchte der damalige französische Staatspräsident Charles de Gaulle den Nachweis zu erbringen, daß durch die sich in Europa und international vollzogenen grundlegenden Veränderungen der Anlaß zum Abschluß des NATO-Paktes weggefallen sei.[404]

Die im Antwortschreiben des USA-Präsidenten ebenfalls vom 7. März 1966 zum Ausdruck gebrachte ablehnende Haltung der USA veranlaßte die französische Regierung, ihre Beweisführung zu konkretisieren, um die übrigen vierzehn NATO-Staaten von der berechtigten Berufung Frankreichs auf die grundlegende Veränderung der Umstände zu überzeugen. So hieß es im Aide-Mémoire der französischen Regierung vom 10. März 1966: „Die Bedrohung der westlichen Welt – insbesondere in Europa – die Anlaß zum Abschluß des Vertrages war, hat sich nämlich ihrem Wesen nach geändert. Sie besitzt nicht mehr den unmittelbaren und gefahrvollen Charakter, der ihr früher innewohnte. Andererseits haben die europäischen Länder ihre Wirtschaft wieder aufgebaut und so erneut Mittel in die Hand bekommen. Insbesondere stattet sich Frankreich mit einer atomaren Rüstung aus, deren Natur allein schon seine Integration ausschließt. Drittens hat das nukleare Gleichgewicht zwischen der Sowjetunion und den Vereinigten Staaten, das an die Stelle des Monopols der letzteren getreten ist, die allgemeinen Voraussetzungen für die Verteidigung des Westens verändert. Schließlich ist es eine Tatsache, daß Europa nicht mehr das Zentrum internationaler Krisen ist. Dieses hat sich anderswohin verlagert, namentlich nach Asien, wo die Gesamtheit der Staaten des Atlantischen Bündnisses offensichtlich nicht betroffen ist.“[405]

Die grundsätzliche Feststellung, daß die Vertragspartei, die eine grundlegende Veränderung der Umstände geltend macht, die Beweislast zu tragen hat, schließt unter Umständen nicht aus, daß die betroffenen Vertragsparteien ihrerseits versuchen, das Gegenteil zu beweisen. So ist es vertragstheoretisch sowie praktisch durchaus möglich, daß die anderen Vertragsparteien, die mit dem Vorgehen ihres Vertragspartners nicht ganz einverstanden sind, daran interessiert sind, den Nachweis zu erbringen, daß die erfolgten Veränderungen nicht grundlegend waren, oder auch wenn sie grundlegend wären, sie die einseitige Beendigung der Wirksamkeit eines Vertrages nicht rechtfertigen würden. Um beim erwähnten Beispiel zu bleiben, die anderen NATO-Staaten bestritten nicht die Berufung auf die veränderten Umstände. Sie waren vielmehr der Meinung, daß die eingetretenen Veränderungen nach Art und Umfang zur Begründung des Austritts Frankreichs aus den genannten Militärorganen der NATO nicht ausreichend wären. Sie betonten ferner in ihrer gemeinsamen Erklärung vom 18. März 1966 die Notwendigkeit der Fortexistenz der NATO.[406]

In direkter Verbindung mit dem Tragen der Beweislast steht das Problem, wer über das Vorliegen grundlegender Veränderungen der Umstände zu entscheiden hat.[407] Hierbei handelt es sich um das Hauptproblem bei der Anwendung der Regel: Die relativ große Gefahr des Mißbrauchs. Hat nämlich ein Staat ohne weiteres das Recht, über das Vorliegen grundlegender Veränderungen zu entscheiden, so besteht grundsätzlich die Möglichkeit und die Gefahr der Willkür und des Mißbrauchs[408], was allerdings der Sicherheit und der Stabilität in den zwischenstaatlichen Vertragsbeziehungen widersprechen würde. Somit gäbe es keinen Unterschied zwischen der früheren „C. r. s. s." und der modernen Regel. Die anderen Vertragspartner müßten auch das Recht und die Möglichkeit haben, ihre Meinung[409] dazu zu äußern, ob tatsächlich eine grundlegende Veränderung vorliegt oder vielleicht nicht. Es wäre jedoch verfehlt, die Anwendung der Regel von der Zustimmung der anderen Vertragsparteien abhängig zu machen, weil die Berufung auf die grundlegenden Veränderungen und das damit verbundene Ziel, von den sich aus dem Artikel 62 der WVRK1 ergebenden Rechten Gebrauch zu machen, kein Vertragsangebot[410] darstellt. Die Anwendung dieser Regel von der Zustimmung anderer Staaten abhängig zu machen, würde bedeuten, der Regel die Existenzberechtigung in den zwischenstaatlichen Vertragsbeziehungen zu entziehen.

Davon zu unterscheiden wäre die allgemeine Pflicht des Staates, vor der Einleitung einseitiger Maßnahmen wenigstens den Versuch zu unternehmen, die Zustimmung der anderen Staaten zu erreichen[411], wozu Verhandlungen notwendig sind.

Ein weiteres Problem eher prozessualer Art wären die bei der Anwendung der Regel eventuell zu beachtenden Fristen. Hierbei handelt es sich um das zeitliche Verhältnis zwischen dem tatsächlichen Eintreten der grundlegenden Veränderung der Umstände und der Berufung auf die Regel. Diesbezüglich kann der Auffassung nicht gefolgt werden, man müsse das Vorliegen der Voraussetzungen unverzüglich geltendmachen.[412] Gewiß darf der betreffende Staat die anderen Vertragspartner nicht zu lange über den beabsichtigten Angriff auf die Geltungsdauer des Vertrages im Ungewissen halten. Vielmehr muß die interessierte Partei in angemessener Zeit nach dem Eintritt der Veränderungen handeln.[413]

Es ist aber nicht auszuschließen, daß ein Staat zuerst versucht hat, den Vertrag auch nach dem Eintreten der veränderten Umstände zu erfüllen und daß die Berufung auf die Regel für ihn der letzte Schritt, also ein Notbehelf war. Es wäre daher ungerecht, ihm das Recht auf Berufung auf diese Regel zu verweigern, falls er seine Ansprüche erst nach Ablauf einer bestimmten Zeit seit dem Eintreten der grundlegenden Veränderung geltend macht.[414]

Es handelt sich ferner um den zeitlichen Abstand zwischen der Berufung auf die Regel und der Einleitung von Maßnahmen. Artikel 62 der WVRK1 sieht zwar keine Fristen vor, es ist jedoch m. E. durchaus möglich, den Artikel 65 der WVRK1 zur Anwendung zu bringen. Den Ansatzpunkt dafür liefern die Ziffern 1 und 2. So heißt es in der Ziffer 1, daß „A party which, under the provisions of the present Convention, ... either ..., or a ground for impeaching the validity of a treaty, terminating it, withdrawing from it or suspending its operation, must notify the other parties of its claim".[415] Relevant ist die Tatsache, daß die im Artikel 65, Ziffer 1 erwähnten Begriffe, wie B e e n d i g u n g eines Vertrages, A u s t r i t t aus ihm und A u s s e t z u n g der Wirksamkeit des Vertrages ebenfalls im Artikel 62 als Folgen der Geltendmachung der Regel enthalten sind. Ziffer 1 des Artikel 65 fordert ferner, daß in der Notifizierung die beabsichtigten Maßnahmen sowie die Gründe enthalten sein müssen: „The notification shall indicate the measure proposed to be taken with respect to the treaty and the reasons therefor".[416]

Die Notifizierung ist insofern von Bedeutung, als mit dem Tag ihres Einganges bei dem Staat, für den sie gedacht ist, die Frist von grundsätzlich drei Monaten beginnt. Wird nach Ablauf dieser Frist vom anderen Vertragspartner kein Einwand gegen die in der Notifizierung beabsichtigten Maßnahmen erhoben, so kann nach der Ziffer 2 des Artikel 65 der betreffende Staat die seiner Ansicht nach notwendigen Maßnahmen ergreifen.

Dabei hat er die im Artikel 67 fixierten Formalitäten zu beachten. So muß er jede Handlung, die zum Ziel hat, einen Vertrag zu beenden, den Austritt aus dem Vertrag zu erklären oder seine Wirksamkeit auszusetzen, dem anderen Vertragspartner schriftlich mitteilen. Das entsprechende Dokument wird vom Staatsoberhaupt, vom Regierungschef oder vom Außenminister unterzeichnet.

Nach der Notifizierung der beabsichtigten Berufung auf die grundlegende Veränderung der Umstände und der damit verbundenen Maßnahmen könnte folgende Situation entstehen: Der andere Partner wäre damit einverstanden, obwohl, wie bereits erwähnt, seine Zustimmung zur Anwendung der Regel keine unbedingte Voraussetzung ist; der andere Partner wäre zwar grundsätzlich mit der Berufung auf die grundlegende Veränderung einverstanden, er hätte jedoch gegen die Art und Weise des Einleitens von Maßnahmen einige Einwände zu erheben. Er könnte z. B. dagegen sein, daß der betreffende Staat sofort den Vertrag beendet und damit zu der drastischsten Maßnahme schreitet. Dieser Einwand könnte eventuell berechtigt sein, vorausgesetzt, daß die Natur der grundlegenden Veränderung lediglich eine Aussetzung der Wirksamkeit des Vertrages ermöglicht. Wird sein Einwand dieser oder jener Art nicht berücksichtigt, so könnte ein Rechtsstreit entstehen, der übrigens auch entsteht, wenn der betroffene Staat im Sinne der Ziffer 3 des Artikels 65 überhaupt gegen die Notifizierung innerhalb der Frist von mindestens drei Monaten Einspruch erhebt. Somit entsteht ein Streit, der nach Artikel 33 der UN-Charta geregelt werden muß: „If, however, objection has been raised by any other party, the parties shall seek a solution through the means indicated in Article 33 of the Charter of the United Nations“.[417] Es fällt auf, daß in dieser Bestimmung des Artikel 65 der WVRK1 nicht allgemein auf den Artikel 33 der UN-Charta verwiesen wird, sondern auf die in dieser Charta-Bestimmung angeführten Mittel, die zur Lösung von Streitigkeiten geeignet sind. Der Grund für diese Betonung der M i t t e l könnte darin liegen, daß es sich im Artikel 63 um einen Streitfall handelt, „the continuance of which is likely to endanger the maintenance of international peace and security“.[418]

Theoretisch könnte auch ein Streit über die verschiedenen Aspekte bei der Anwendung der Regel einen Charakter dieser Art besitzen, aber in der Regel wird nur die Vertragssicherheit gefährdet. Die auch in solchen Fällen anzuwendenden Mittel sind die Verhandlungen, als das wichtigste Mittel und die geeignetste Methode, Streitfälle zwischen den Staaten beizulegen. Auch Streitigkeiten über die Regel werden im allgemeinen „hinter der Bühne der diplomatischen Verhandlungen“[419] beigelegt. Zu den Mitteln der friedlichen Streitbeilegung nach Artikel 33 gehören ferner die Untersuchung, die Vermittlung, der Vergleich, der Schiedsspruch, die gerichtliche Regelung, die Inanspruchnahme regionaler Organe oder Abmachungen oder andere friedliche Mittel eigener Wahl. Das bedeutet, daß alle Mittel[420] der f r i e d l i c h e n Streitbeilegung angewandt werden können und müssen.

Kommt es nun gemäß Ziff. 3 des Art. 65 der WVRK1 innerhalb von zwölf Monaten nach Erhebung des Einspruchs zu keiner Lösung des Problems, so kann nach Art. 66, Buchst. b das im Anhang der WVRK1 dargelegte Verfahren eingehalten bzw. eingeleitet werden. Diese Bestimmung bezieht sich auf Streitfälle über die Anwendung der Artikel im Teil V der Konvention, d. h. Artikel 42 bis 72, womit auch Artikel 62 erfaßt wird. Danach kann ein Antrag an den UN-Generalsekretär gestellt werden, damit er den Streitfall vor eine Schlichtungskommission bringt. Nach Punkt 3 des genannten Anhangs werden Beschlüsse und Empfehlungen der Schlichtungskommission durch Stimmenmehrheit der fünf Mitglieder angenommen. Nach Punkt 4 kann die Kommission die Streitparteien auf alle Maßnahmen hinweisen, die eine gütliche Beilegung („facilitate and amicable settlement“)[421] des Streitfalls erleichtern könnten.

Mit dieser notwendigen Verfahrensweise sind eine Reihe von Fristen verbunden, insgesamt ca. dreiunddreißig Monate. Davon mindestens drei Monate, innerhalb derer die anderen Vertragspartner gegen die Notifizierung Einspruch erheben können (Artikel 65, Ziffer 2). Ferner zwölf Monate, wenn nach Erhebung des Einspruchs keine Lösung erzielt worden ist (Artikel 66 in Verbindung mit Artikel 65, Ziffer 3). Sechzig Tage für die Ernennung der vier von den Parteien gewählten Beauftragten, weitere sechzig Tage für die Auswahl des Kommissionsvorsitzenden und noch sechzig Tage für die Einschaltung des UN-Generalsekretärs zwecks Ernennung eines Vorsitzenden, im Falle, daß die Streitparteien sich darüber nicht geeinigt haben (Punkt 2 des Anhangs zur WVRK1 in Verbindung mit Artikel 66, Buchstabe b). Dazu kommen noch zwölf Monate für das Erstatten des Berichts der Schlichtungskommission (Punkt 6 des Anhangs zur WVRK1). Infolgedessen könnten unter Umständen ca. drei Jahre vergangen sein, bevor ein Staat nach der Berufung auf die Regel zu den entsprechenden einseitigen Maßnahmen schreiten darf.

Es ist ferner möglich, daß die Streitparteien sich vor dem Beschreiten des dargelegten Verfahrensweges oder auch nach dem Scheitern der Verhandlungen[422] und vor dem Einleiten einseitiger Maßnahmen der internationalen Gerichtsbarkeit bedienen, um ihren Streit beizulegen. Somit hängt die Wahl des Verfahrensweges von den betreffenden Staaten und den konkreten Bedingungen ab. Im Unterschied jedoch von den Streitfällen über die Anwendung oder Auslegung der Artikel 53 und 64 der WVRK1, bei denen es möglich ist, daß jede Streitpartei den Fall auf schriftlichen Antrag hin dem Internationalen Gerichtshof zur Entscheidung übermitteln kann (Artikel 66, Buchstabe a) der WVRK1), besteht bei Streitfällen über die Regel die Möglichkeit der Inanspruchnahme der internationalen Gerichtsbarkeit nur bei beiderseitigem Einverständnis der Streitparteien[423], das anstehende Problem einem Gericht zur Beurteilung zu übergeben. Die Hinzuziehung eines Gerichts zur Lösung eines Streites über die Regel sollte allerdings nicht zu der Auffassung führen, daß ohne die Entscheidung eines internationalen Gerichts bzw. eines Schiedsgerichts die einseitige Beendigung der Wirksamkeit eines Vertrages nicht zulässig wäre.[424] Eine solche Auffassung könnte man nur dann akzeptieren, wenn es auch in bezug auf die Regel ein Gerichtsobligatorium gegeben hätte. Die Einführung einer verbindlichen internationalen Gerichtsbarkeit würde ohnehin der Funktion der grundlegenden Veränderung der Umstände als Regel des Völkerrechts widersprechen, das die allerletzte rechtliche Möglichkeit eines Staates ist, sich u. a. von seine Existenz bedrohenden Verträgen zu befreien. Deshalb sind jene Auffassungen abzulehnen, nach denen ohne die Inanspruchnahme eines internationalen Gerichts die Regel eine große Gefahr für die Rechtssicherheit darstellen würde.

Das Fehlen einer obligatorischen internationalen Gerichtsbarkeit über die frühere „C. r. s. s.“ hat in der Vergangenheit die internationalen Gerichte bzw. Schiedsgerichte nicht daran gehindert, natürlich auf Ersuchen der an einem Streitfall über die Anwendung der „C. r. s. s.“ beteiligten Parteien, sich mit dieser Problematik zu befassen. Die internationalen Gerichte bzw. Schiedsgerichte verhielten sich in dem Sinne zurückhaltend, daß sie zwar die „C. r. s. s.“ nicht ablehnten bzw. sie als Regel des Völkerrechts anerkannten, ohne jedoch sie im konkreten Fall anwenden zu wollen.[425] Als Beispiel sei der Genfer Freizonenstreit (Free Zones case) erwähnt, bei dem der Ständige Internationale Gerichtshof die Auffassung vertrat, daß die eingetretenen Veränderungen, auf die sich Frankreich berief, nicht wesentlich wären und daher die Anwendung der „C. r. s. s.“ nicht gerechtfertigt wäre.[426]

Ein weiteres Problem eher prozessualen Charakters ist, ob sich die Staaten expressis verbis auf die Regel zu berufen haben oder sich auch nur allgemein auf grundlegende Veränderungen berufen können. Im Hinblick auf die Anrufung der Regel oder allgemein der Veränderungen wäre es möglich, verschiedene Varianten bzw. Stufen[427] zu unterscheiden, die allerdings ein gemeinsames Merkmal aufzuweisen haben, eben die Geltendmachung der sich aus einer grundlegenden Veränderung der Umstände ergebenden Rechte.

Es ist möglich, daß die Staaten sich so eo nominae auf die Regel berufen. So wurde der damals übliche Terminus „C. r. s. s.“ des öfteren verwendet, wie z.B. in einer am 14. Dezember 1952 von der französischen Deputiertenkammer angenommenen Resolution.[428]

Es liegt ferner im Bereich des Möglichen, daß die Staaten sich lediglich auf „Veränderungen“ berufen. So z.B. in dem an den Völkerbundsrat am 29.04.1938 gerichteten Memorandum des Bundesrates der Republik Schweiz: „Die Bedingungen, unter denen die Schweiz in den Völkerbund eintrat, haben sich seither gründlich verändert.“[429]

In der Staatenpraxis kommt es weiter vor, daß die Staaten auf neuentstandene Situationen verweisen, ohne sich des Begriffes „Veränderungen“ direkt zu bedienen. In einem solchen Fall ist entscheidend, daß die eingetretene Situation auch tatsächlich objektiv neu ist. Norwegen verwies z.B. 1922 auf die um die Ostsee neuentstandene Lage – Finnland wurde ein unabhängiger Staat – und betrachtete bestimmte Klauseln der Konvention vom 2.11.1907 als überholt.[430]

Keineswegs selten sind auch Fälle, in denen die betreffenden Staaten nach eingetretenen Veränderungen und nach neuentstandenen Situationen entsprechend handeln, ohne sich auf die Regeln, allgemein auf Veränderungen oder auf die neuentstandenen Situationen zu berufen. In solchen Fällen stellen die erfolgten Veränderungen offensichtlich das auslösende Moment und zugleich die objektiv gegebene Grundlage für staatliche Aktivitäten dar. So erfolgte z. B. nach dem Sturze Nkrumahs eine Veränderung in der Innenpolitik Ghanas, die sich auf seine Außenpolitik auswirkte. Die neue Regierung weigerte sich, die Auslandsschulden in einer Höhe von 620 Millionen. Dollar zu begleichen. Etwa 90 Millionen. Dollar Schulden wurden für nichtig erklärt, weil nach Auffassung der neuen Regierung diese Verpflichtungen unter unlauteren Umständen eingegangen wurden. Die neue Regierung bildete dennoch einen Ausschuß, der jeden Kredit der Vorgängerregierung überprüfen sollte und bestand auf einer grundlegenden Änderung der Kreditbestimmungen.[431]

2.2.6.1.4 Die Anwendung der Regel der grundlegenden Veränderung der Umstände auf Verträge unabhängig von ihrer Dauer und der Ausschluß der Anwendung auf Grenzverträge

Die dargelegten prozessualen Aspekte sind von den Staaten bei der Anwendung der Regel nach Möglichkeit zu beachten. Es drängt sich dabei nun die Frage auf, ob diese Norm auch auf befristete Verträge und auf Grenzverträge angewandt werden kann.

Im Hinblick auf die Dauer der Verträge kann fest gestellt werden, daß zum ersten die Regel einen objektiven Charakter hat und daher auf alle Verträge anwendbar ist und zwar unbeschadet ihrer Dauer, d. h. unabhängig davon, ob sie befristet oder unbefristet sind. Diese Feststellung ist insofern von Bedeutung, als es kein festes und überzeugendes Kriterium darüber gibt, welche Verträge auch tatsächlich befristet sind und worin der für die Regel relevante eigentliche Unterschied zwischen einem „befristeten" Vertrag mit einer Dauer von 99 Jahren und einem unbefristeten Vertrag besteht.[432] Zum zweiten kann durch die rasante politische und wissenschaftlich-technische Entwicklung auch die Bedeutung und die Wirksamkeit eines Vertrages mit einer Dauer sogar von fünf oder zehn Jahren erheblich beeinträchtigt werden. Das gilt insbesondere für Bündnisverträge. Schon einige Jahre nach dem Abschluß eines Bündnisvertrages ist eine grundlegende Wandlung der Politik eines der Bündnispartner nicht auszuschließen. Frankreich verließ z. B. schon im vierzehnten Jahr die militärische Organisation der NATO, obwohl gemäß Artikel 13 die NATO-Satzung eine Geltungsdauer von zwanzig Jahren vorsah.[433]

In der Staatenpraxis wurde die frühere „C. r. s. s." auch auf befristete Verträge angewandt. So z. B. in dem Fall Tunis-Marocco Nationality Decrees, mit dem sich der P. C. I. J. 1923 zu befassen hatte. Großbritannien protestierte gegen die Dekrete von 1921, nach denen die in der zweiten Generation in Tunesien und Marocco geborenen Personen naturalisiert werden sollten. Großbritannien berief sich dabei auf mit den genannten Staaten früher abgeschlossene Verträge, die einen Ausschluß der britischen Staatsangehörigen vom Staatsangehörigkeitswechsel vorsahen. Frankreich berief sich auf die „C. r. s. s.", um die Ungültigkeit der Verträge Großbritanniens mit Marokko und Tunesien zu begründen: Die Umstände hätten sich durch die Errichtung des französischen Protektorats grundlegend geändert. In seinem Gutachten ging der P. C. I. J. auf die „C. r. s. s." nicht ein. Er meinte lediglich, daß in bezug auf die Gültigkeit der Verträge einer Partei nicht zustehe, über diese Frage in eigener Kompetenz zu entscheiden.[434]

Die Ausdehnung der Regel auch auf befristete Verträge wird in erster Linie unter Beachtung der angeführten Gründe von ehemals sozialistischen Völkerrechtlern[435] bejaht, während vorwiegend westliche Völkerrechtler[436] dies verneinen. Während die Regel in erster Linie auf befristete und im Prinzip auch auf unbefristete Verträge angewandt wird, gilt dies nicht bei einer besonderen Art unbefristeter Verträge, namentlich bei den Grenzverträgen. Die Formulierung des Artikel 62 der WVRK1 als eine Ausnahme beinhaltet in der Ziffer 2, Buchstabe a, selbst eine Ausnahme, daß nämlich eine grundlegende Veränderung der Umstände kein Grund sein kann, die Beendigung eines Grenzvertrages oder den Austritt aus ihm geltend zu machen: „A fundamental change of circumstances may not be invoked as a ground for terminating or withdrawing from a treaty: a) if the treaty establishes a boundary".[437]

Für die Richtigkeit und Bedeutung dieser fixierten Ausnahme spricht eine Reihe von Gründen: Erstens müssen sich Grenzen im Interesse des Friedens und der Sicherheit durch Stabilität auszeichnen, weil sich territoriale Streitigkeiten relativ schnell zu militärischen Auseinandersetzungen auswachsen können, denn Grenzen sind mit der Souveränität, konkret mit der politischen Unabhängigkeit und der territorialen Integrität mehrerer Staaten direkt verbunden. Insofern unterscheiden sich Grenzverträge von anderen Verträgen. Eine Ausdehnung der Regel auf Grenzverträge würde jedoch einseitige Maßnahmen durch einen Staat zur Folge haben, was in jedem Falle zur Verletzung der politischen Unabhängigkeit und der territorialen Integrität des Nachbarstaates führen würde. Das wäre allerdings eine Verletzung des Artikel 2, Ziffer 4 der UN-Charta, der die Staaten verpflichtet, sich in ihren internationalen Beziehungen der gegen die territoriale Integrität eines anderen Staates gerichteten Gewaltandrohung oder Gewaltanwendung zu enthalten. Somit würde sich die Regel von „einem Instrument friedlicher Änderung in eine Quelle gefährlicher Reibungen" verwandeln, wie die ILC in ihrem Kommentar dazu zutreffend feststellte.[438] An dieser Stelle sei auf das Urteil des I. C. J. vom 26. Mai 1961 zu den Grenzstreitigkeiten zwischen Kambodscha und Thailand (Temple of Preah Vihear Case) verwiesen, in dem die Meinung eindeutig vertreten wurde, daß die „C. r. s. s." auf Grenzverträge nicht angewandt werden darf.[439] Zu beachten wäre zweitens, daß die Regel sich auf noch geltende Verträge bezieht, während Grenzverträge und auch Friedensverträge eine feste Lage, einen definitiven Zustand geschaffen haben und damit durch Erfüllung beendet worden sind. Was danach gilt, ist nicht der bereits ausgeführte Grenzvertrag oder der Friedensvertrag, sondern die von ihnen geschaffenen Sachverhalte und Tatsachen.[440] Es würde daher bei einer eventuellen Anwendung der Regel auf Grenzverträge nicht etwa um die Abänderung von Vertragsbestimmungen schlechthin gehen, sondern um die Veränderung von bereits bestehenden Tatsachen und Situationen. Das würde aber auf den Widerstand, bis hin zum militärischen, der betroffenen Nachbarstaaten stoßen und dadurch den Frieden ernsthaft gefährden. Es ist ohnehin völlig ausgeschlossen, ausgehend von der Regel, die eine spezielle Regel darstellt, übergeordnete Grundprinzipien des Völkerrechts, zu denen auch die souveräne Gleichheit der Staaten gehört, zu eliminieren.

2.2.6.1.5 Folgen der Berufung auf die Regel der grundlegenden Veränderung der Umstände

Die sich aus der Anwendung der Regel ergebenden Folgen sind im Artikel 62, Ziffer 3 der WVRK1 festgelegt: „If, under the foregoing paragraphs, a party may invoke a fundamental change of circumstances as a ground for terminating or withdrawing from a treaty it may also invoke the change as a ground for suspending the operation of the treaty“.[441]

Die Reihenfolge der möglichen Rechte bzw. Maßnahmen berechtigt jedoch zur Annahme, daß die Formulierungen in der Ziffer 3 mit einem wesentlichen Mangel behaftet sind: die Aufzählung beginnt mit der höchsten Maßnahme, eben mit der Vertragsbeendigung, die eigentlich der allerletzte Schritt sein sollte, und endet unverständlicherweise mit der Vertragsaussetzung, die ihrer Bedeutung und Funktion nach zu den Maßnahmen im Anfangsstadium der Geltendmachung der Regel gehören müßte. Andererseits könnte dem entgegengehalten werden, daß bei den „politischen Verträgen“, wie z.B. bei den Bündnisverträgen, die Beendigung oder der Austritt wohl in Frage kämen, aber nicht die Aussetzung. Daraus könnte geschlußfolgert werden, daß die Beendigung und der Austritt in ihrer Anwendung häufiger und in ihrem Geltungsbereich umfangreicher sind als die Aussetzung. Dennoch weisen alle drei genannten Möglichkeiten ein gemeinsames Merkmal auf, nämlich die Loslösung von den vertraglichen Verpflichtungen.

Die bereits gewonnenen Erkenntnisse in bezug auf die Einhaltung notwendiger prozessualer Bedingungen bei der Anwendung der Regel gelten uneingeschränkt auch auf die Beendigung eines Vertrages. In diesem Fall sind ebenfalls verschiedene Stadien bzw. Stufen verfahrensmäßiger Natur zu durchlaufen, bevor der interessierte Staat von seiner allerletzten Möglichkeit, nämlich von der Beendigung, Gebrauch macht. Hierbei müßte er sich zunächst jeder Maßnahme enthalten und „überhaupt alles vermeiden, was die internationale Zusammenarbeit stören und zwischenstaatliche Streitigkeiten, die den Frieden gefährden, heraufbeschwören könnte. Demnach dürfte nach einer erfolgten grundlegenden Veränderung der Umstände und nach der entsprechenden Berufung darauf der erste Schritt nicht darin bestehen, den Vertrag gleich als ungültig zu betrachten.[442] Vielmehr muß der in Frage kommende Staat den Versuch unternehmen, das Weitergelten des Vertrages anzufechten. Damit ist unmittelbar die Möglichkeit verbunden, daß er durch die andere Vertragspartei von der Erfüllung der Vertragsverpflichtungen befreit wird. Hierbei kann es sich jedoch nur um ein Zwischenstadium und nicht um das Endziel handeln, wie mitunter behauptet wird.[443] In diesem Zwischenstadium sind in der Regel Verhandlungen[444] notwendig, um im Sinne der Verständigung gemeinsam eine Lösung des durch die Entwicklung entstandenen Widerspruchs zu finden. Somit besteht für den anderen Vertragspartner die Möglichkeit, zum entstandenen Problem Stellung zu nehmen. Unter Berücksichtigung des Wechselverhältnisses zwischen Stabilität und Veränderung könnte unter Umständen das Verhandlungsziel sein, den bestehenden Vertrag an die neuen Verhältnisse anzupassen. Dazu ist aber in jedem Falle das Einverständnis des anderen Vertragspartners erforderlich. Lehnt nun die andere Vertragspartei überhaupt Verhandlungen ab oder ist sie nicht bereit, sich an einer konstruktiven Lösung des entstandenen Problems zu beteiligen, dann hat der interessierte Partner seiner unumgänglichen Pflicht Genüge getan, ehe er berechtigt ist, zur ultima ratio zu greifen, nämlich den Vertrag einseitig zu beenden.[445] Diese völkerrechtlich erlaubte Art der Vertragsbeendigung ist gegenüber der automatischen Vertragsbeendigung nach erfolgten grundlegenden Veränderungen abzugrenzen. Letztere war der mit Subjektivität belasteten „C. r. s. s." immanent[446] und kann gegenwärtig keinesfalls als Wesensmerkmal der Regel akzeptiert werden, weil eine automatische Beendigung leicht zu Rechtsverletzungen und damit zu einer großen Unsicherheit in den zwischenstaatlichen Vertragsbeziehungen führen würde. Internationale Spannungen könnten aber auch durch eine radikale Ablehnung des Rechts auf eine einseitige Beendigung des Vertrages hervorgerufen werden.

Die im Artikel 62, Ziffer 3 der WVRK1 vorgesehene Möglichkeit der Vertragsbeendigung als Folge der Berufung auf eine grundlegende Veränderung der Umstände zieht in Verbindung mit dem Artikel 70 der WVRK1 einige Konsequenzen nach sich. Zum ersten wird der betreffende Vertragspartner von jeder Verpflichtung befreit, den Vertrag weiterhin zu erfüllen. Zum zweiten werden Rechte und Pflichten der Vertragspartner, die durch die Erfüllung des Vertrages vor seiner Beendigung existierten, nicht beeinflußt. Das bedeutet, daß es sich hierbei um einen lediglich teilweisen erfüllten Vertrag handelt und daß die Vertragsbeendigung keine rückwirkende Kraft besitzt.
Eine weitere Folge der Anwendung der Regel ist gemäß Artikel 62, Ziffer 3 der WVRK1 die Aussetzung der Wirksamkeit eines Vertrages. Die besondere Bedeutung der Vertragsaussetzung besteht darin, daß nach einer zwar grundlegenden, jedoch nicht unbedingt endgültigen, also nach einer vorübergehenden Veränderung der Umstände für eine kurze oder lange Zeit, auf alle Fälle vorübergehend die Wirksamkeit des Vertrages suspendiert werden kann. Bei einer endgültigen Veränderung der Umstände käme nicht die Aussetzung der Wirksamkeit, sondern die Beendigung des Vertrages in Frage. Die Vertragsaussetzung ist insofern weniger gefährlich[447] für die Vertragsstabilität, als es im Unterschied zur Vertragsbeendigung relativ leichter sein müßte, mit der anderen Vertragspartei ins Einvernehmen zu kommen. Es wäre auch die Variante in Erwägung zu ziehen, daß unabhängig davon, ob die Veränderung vorübergehend oder endgültig ist, ein Partner sich zuerst des Mittels der Vertragsaussetzung bedient, um eine bessere Basis für Verhandlungen mit der anderen Vertragspartei zu schaffen. Mißlingen die diesbezüglichen Bemühungen, so besteht immer noch die Möglichkeit der Vertragsbeendigung. Von der Möglichkeit der Vertragsaussetzung machte die USA Gebrauch, um im Sommer 1941 die International Load Line Convention von 1930 „für die Dauer des gegenwärtigen Notstandes“ zu suspendieren.[448]

Die im Artikel 62, Ziffer 3 der WVRK1 vorgesehene Vertragssuspendierung als eine mögliche Folge der Anwendung der Regel bedeutet in Verbindung mit dem Artikel 72 konkret, daß der betreffende Vertragspartner während des Zeitraumes der Suspendierung von der Verpflichtung befreit ist, den Vertrag zu erfüllen. Die Aussetzung des Vertrages bedeutet ferner, daß grundsätzlich Handlungen zu vermeiden sind, durch die die Wiederanwendung des Vertrages verhindert werden könnte. Wenn jedoch anzunehmen ist, daß die vorübergehende Veränderung der Umstände sich allmählich zu einer dauernden entwickelt, dann müßte es m. E. möglich und rechtlich zulässig sein, unter Einhaltung des Verfahrensweges den Vertrag zu beenden. Der Verfahrensweg muß ebenfalls eingehalten werden, wenn ein Staat von seinem Recht auf Austritt aus einem Vertrag Gebrauch macht. Damit wird die Wirksamkeit des Vertrages für diesen Partner beendet. Ist der Vertrag multilateral, dann gilt er für die anderen Vertragsparteien weiter.

2.2.6.2 Grundlegende Veränderung der Umstände im Rahmen des Vertragsrechts der internationalen Organisationen

2.2.6.2.1 Zu dem Artikel 62

Der erst im neunten Reuter-Bericht (1980) vorgelegte Artikelentwurf 62 unterschied sich, abgesehen von der Hinzufügung des wohl unerläßlichen Wortes „organizations“, von der adäquaten Bestimmung der WVRK1 nicht. Dies ist insofern unverständlich, weil die internationalen Organisationen über kein Territorium und damit über keine Grenzen verfügen. Der Spezialberichterstatter hob die Bedeutung der Regel der grundlegenden Veränderung in den internationalen Vertragsbeziehungen hervor, die er auf der 32. ILC-Tagung als stabilisierend und auf der 34. ILC-Tagung darüber hinaus als friedensfördernd einschätzte.[449] Ansonsten verwies er auf die in der Tat sehr ausführlichen Diskussionen zu dieser Regel im Vorfeld und auf der Wiener Vertragsrechtskonferenz von 1968/1969.

Der sehr positiven Einschätzung dieser Regel von Reuter kann nicht gefolgt werden, nicht nur weil die Adjektive „stabilisierend“ und „friedensfördernd“ eher zur Pacta sunt servanda passen würden. Reuter betrachtete

m. E. die Regel der grundlegenden Veränderung der Umstände sehr problemlos und undifferenziert. Auch seinem methodischen Vorgehen kann nicht zugestimmt werden, zwischen der Respektierung vertraglich übernommener Verpflichtungen und der Vertragsbeendigung eine Art Gleichgewicht zu sehen und noch dazu diese Regel und die Pacta sunt servanda nebeneinander als gleichberechtigte Völkerrechtsprinzipien zu nennen.

Die Staaten sind vielmehr daran interessiert, daß stabile und beständige internationale Beziehungen im Interesse der Aufrechterhaltung des Weltfriedens und der internationalen Sicherheit herrschen. Im Völkerrecht bedeutet dies vor allem im Zeitalter der globalen Probleme der Menschheit einen Zustand der Rechtssicherheit zu erreichen, Was die unbedingte Achtung der Prinzipien und Normen des Völkerrechts voraussetzt. Dies gilt in besonderem Maße für das Prinzip der Vertragstreue. Wird dieses Prinzip unter den gegenwärtigen Bedingungen und bei Beachtung der Stabilität auf andere Normen und vor allem auf Verträge angewandt, so bedeutet dies in erster Linie die strikte Einhaltung aller Verträge auf dem Gebiet der Rüstungsbegrenzung bzw. Abrüstung, die uneingeschränkte Respektierung des territorialen Status quo in der Welt und die Achtung des Gewaltandrohungs- und Gewaltanwendungsverbots. Das Prinzip der Vertragstreue fand seine Normierung und konkrete Ausgestaltung im Artikel 2 der UN-Charta und wurde in der UN-Prinzipiendeklaration von 1970 höchstoffiziell interpretiert. Es ist schließlich in der WVRK1 verankert (Artikel 26). Die Bedeutung dieses Prinzips besteht darin, eine notwendige Grundlage für friedliche Beziehungen zwischen allen Staaten und eine notwendige Voraussetzung für die Existenz der Völkerrechtsordnung zu sein. Demgegenüber verursacht die Verletzung des Prinzips Unzufriedenheit bei den anderen Vertragspartnern und untergräbt das Vertrauen. Daher kommt es in den gegenwärtigen internationalen Beziehungen darauf an, das Prinzip der Vertragstreue strikt einzuhalten.[450]

Die Nichtanwendung der Regel der grundlegenden Veränderung der Umstände auf Grenzverträge[451] beschäftigte die ILC auf der 32. und 34. Tagung. Es ging hauptsächlich darum, ob unter „boundary“ nur die traditionelle Staatsgrenze oder vielleicht unter Berücksichtigung neuerer Entwicklungen auf dem Gebiet des Seevölkerrechts auch Grenzen im Sinne der Abgrenzung von Bereichen des Festlandsockels und der ökonomischen Zonen verstanden werden. Ein weiteres, in enger Verbindung damit stehendes Problem bestand darin, ob unter Umständen internationale Körperschaften und darunter internationale Organisationen in irgendeiner Weise Grenzen festlegen können.

In der ausführlichen Diskussion auf der 32. ILC-Session haben sich folgende Meinungsrichtungen herauskristallisiert: a) Der Begriff der Grenze sollte der gleiche bleiben wie in der WVRK1; b) einerseits fallen die Grenzverträge von Staaten unter die WVRK1 und man sollte diesbezüglich keine neue Bestimmung einführen bzw. keine Inhaltserweiterung zulassen, andererseits aber empfiehlt es sich, neuere Entwicklungen im Seerecht zu berücksichtigen. Es ist außerdem nicht vorstellbar, daß eine internationale Organisation die Möglichkeit hätte, über das Gebiet eines Staates vertraglich zu verfügen, es sei denn, es liegt eine staatliche Vollmacht vor oder es wurde durch den eine Grenze festlegenden Vertrag die entsprechende Funktion an eine oder mehrere Organisationen übertragen; c) es ist nicht sicher, ob es sich im Artikelentwurf 62 um eine Grenze im traditionellen Sinne handelt, denn es gibt weitere Grenzarten (z.B. Zollgrenze und Festlandsockelgrenze) und es ist durchaus möglich, daß zwischen Organisationen und Staaten Verträge über Gebiete (z.B. über Mandatsgebiete) geschlossen werden. Es sollte auch an künftige Entwicklungen gedacht werden, wenn die zu bildende Meeresbodenbehörde Verträge mit Staaten über die Abgrenzung von Meeresbodenbereichen schließt; d) die Regel sollte auch auf Grenzverträge angewandt werden.[452] Schwebel ergriff als erstes Kommissionsmitglied die Initiative und unterbreitete einen Formulierungsvorschlag, der über den Absatz 2 des Artikslentwurfs 62 hinausging und bezüglich der Grenzverträge auf die Übertragung von Funktionen an internationale Organisationen abzielte. Dieser bemerkenswerte Formulierungsvorschlag lautete: Eine grundlegende Veränderung der Umstände kann nicht als Grund für die Beendigung oder für den Austritt aus einem Vertrag geltend gemacht werden, der zwischen Staaten abgeschlossen wurde und eine Grenze festlegt, welcher Vertrag an eine oder mehrere Organisationen wichtige Funktionen überträgt.[453]

Im Rechtskomitee der 35. Tagung der UN-Generalversammlung waren ähnliche Auffassungen wie in der ILC zu registrieren. Einige Regierungsvertreter bejahten die Anwendung des Artikelentwurfs 62 mit dem Hinweis auf künftige Entwicklungen. Es wäre z.B. möglich, in der Zukunft zwischen einem Staat und der Meeresbodenbehörde einen Vertrag über die Abgrenzung von nationalen und internationalen Gewässern abzuschließen.[454] Andere Regierungsvertreter vertraten wiederum die entgegengesetzte Auffassung: Ausgehend davon, daß internationale Organisationen über keine Territorien und Grenzen verfügen, sollte diese Bestimmung auf die Organisationen nicht angewandt werden.[455]

Ebenfalls in den Regierungsstellungnahmen war eine reservierte bzw. ablehnende Haltung festzustellen. So wurde der sich auf die Organisationen beziehende Absatz 2 des Artikelentwurfs 62 von der ČSR mit der Begründung abgelehnt, daß eine Organisation angesichts ihrer begrenzten Völkerrechtssubjektivität nicht das Recht hat, aus einem Grenzvertrag auszutreten, da ein solches Recht nur den Staaten als souveränen Völkerrechtssubjekten zukommt.[456] In der Regierungsstellungnahme der ehemaligen DDR wurde die Auffassung vertreten, daß es sich im Artikelentwurf 62 nur um eine Staatsgrenze handeln kann. Es wurde u. a. betont, „daß bei der Anwendung dieser Regel auch der Tatsache Rechnung getragen werden sollte, daß internationale Organisationen kein Recht haben, Autorität über das Territorium eines States auszuüben und sie deshalb nicht die Rechte und Pflichten ausüben können, die sich aus den Festlegungen eines Grenzvertrages ergeben, worauf Artikel 62 (2) Bezug nimmt. Ein Grenzvertrag kann einer internationalen Organisation nur gewisse Kontroll- oder Garantiefunktionen übertragen".[457] Die Richtigkeit dieser Auffassung wurde durch das Beratungsergebnis der 34. 1LC-Session bestätigt. Es wurde nämlich konstatiert, daß der Artikelentwurf, da nur die Staaten Territorium besitzen, nur auf solche Verträge angewandt werden kann, die eine Grenze zwischen Staaten festlegen und bei denen eine oder mehrere Organisationen Partner sind. Letztere können Vertragspartner sein, wenn der betreffende Vertrag ihnen bestimmte Funktionen, wie z. B. die Garantie der Grenze zuweist. Dennoch ging die 1LC letzten Endes doch von der Möglichkeit aus, daß die UNO die Verfügungsgewalt über ein Territorium unter Treuhandschaft haben

könnte. Auch im Seerecht sei es in der Zukunft möglich, daß eine internationale Organisation mit Staaten Verträge über Linien schließt, die man eventuell als „Grenze“ behandeln könnte. Deshalb formulierte die ILC den Absatz 2 – in der WVRK1 Absatz 2 Buchstabe (a) – wie folgt:
„A fundamental change of circumstances may not be invoked as a ground for terminating or withdrawing from a treaty, between two or more States or one or more international organizations if the treaty establishes a boundary“.[458]

Hierdurch erfolgt aber eine Gleichstellung von Staaten und internationalen Organisationen, die in diesem konkreten Fall auch aus sachlichen Gründen nicht ganz akzeptiert werden kann. Zum einen ist darauf hinzuweisen, daß die Nichtanwendung der Regel der grundlegenden Veränderung der Umstände mit der besonderen Bedeutung von Grenzen und Grenzverträgen für die Erhaltung des Weltfriedens und für gutnachbarliche Beziehungen zutiefst übereinstimmt. Gerade diese Bedeutung der Grenzen und der Grenzverträge war der ausschlaggebende Grund für die Schaffung des Absatzes 2, Buchstabe (a) (Artikel 62 der WVRK1).
Auch deswegen wäre die Übernahme dieser Festlegung in die Konvention über das Vertragsrecht der internationalen Organisation notwendig. Selbstverständlich sollten dabei objektiv bestehende Unterschiede zwischen Staaten und internationalen Organisationen gebührend berücksichtigt werden. Der wichtigste Unterschied besteht darin, daß die Organisationen über kein eigenes Territorium verfügen und infolgedessen keine Grenzverträge abschließen können. Dies wurde auch von der ILC klargestellt, die jedoch nicht die Konsequenz daraus ableitete, daß eben Grenzverträge nur zwischen Staaten abgeschlossen werden können. Die souveränen Staaten haben das Recht, von Fall zu Fall auch internationale Organisationen in die Grenzverträge einzubeziehen bzw. ihnen bestimmte Kontroll- und Garantiefunktionen in bezug auf Grenzen zu übertragen. Die hierfür erforderlichen Vereinbarungen sind aufgrund ihrer engen inhaltlichen Verbindung mit Grenzverträgen ebenfalls wichtig für die Erhaltung des Friedens. Infolgedessen kann die Regel der grundlegenden Veränderung der Umstände auch auf sie nicht angewandt werden. Vielmehr kämen für die Staaten als Vertragspartner die vertraglich fixierten Vertragsbeendigungsbedingungen

in Frage. Die internationalen Organisationen haben aber von sich aus mit solchen Vereinbarungen nichts zu tun.

Auf der Kodifikationskonferenz ging es in erster Linie um den bereits erwähnten Absatz 2 des Artikelentwurfs 62.[459]

Der Artikelentwurf 62 wurde allgemein als ein Ausgleich zwischen der notwendigen Achtung des bindenden Charakters der Verträge und ihrer erlaubten Beendigung eingeschätzt.[460] Einige Delegationen unterstrichen ferner den Ausnahmecharakter dieser Regel.[461] Der ILC-Text fand bei vielen Delegationen volle Unterstützung.[462]

Die Delegationen der UdSSR und Argentiniens brachten Änderungsvorschläge ein. Im sowjetischen Vorschlag ging es um die Ersetzung der Formulierung „if the treaty establishes a boundary“ am Ende des zweiten Absatzes durch die Formulierung „wenn Partnerstaaten des Vertrages auf seiner Grundlage eine Grenze festlegen“.[463] Einzelne Vertreter waren mit diesem Vorschlag einverstanden, weil er die internationale Praxis widerspiegelt und außerdem dem ILC-Text Klarheit verleihen könnte.[464] Im argentinischen Änderungsvorschlag wurden zwei Unterabsätze vorgesehen. In diesem Zusammenhang ist der Unterabsatz (a) interessant, da in ihm eindeutig von einer „boundary of aState“ die Rede war.[465] Er wurde jedoch von wenigen Delegierten unterstützt.[466]

Während der Beratung des ILC-Textes und der beiden Änderungsvorschläge bestand fast Konsens darüber, daß nur die souveränen Staaten Territorium und damit Grenzen besitzen und infolge dessen nur sie Verträge abschließen können, die Grenzen festlegen.[467] Danach können auch Organisationen dem Grenzvertrag beitreten[468], wenn ihnen bestimmte Funktionen übertragen werden.[469] Es herrschte ebenfalls weitestgehend Konsens darüber vor, daß es sich im Artikel 62 der WVRK1 und der WVRK2 nur um eine Staatsgrenze handeln kann.[470] Nur zwei Delegationen wollten über die Staatsgrenzen hinausgehen, um hauptsächlich neuere Entwicklungen im Seevölkerrecht zu erfassen, wie z. B. die Wirtschaftszone und den Kontinentalschelf.[471] Diese extensive Interpretation des Artikelentwurfs 62 stieß jedoch auf die massive Ablehnung anderer Delegationen.[472]

2.2.6.2.2 Zu dem Artikel 66 in Verbindung mit dem Artikel 62

Der im neunten Reuter-Bericht (1980) enthaltene Artikelentwurf 66 war dem Wesen nach dem adäquaten Artikel 66 der WVRK1 nachgebildet. Der Spezialberichterstatter nahm lediglich eine formale Differenzierung durch die Trennung der Bestimmungen vor. Hierdurch entstand jedoch eine ziemlich umfangreiche Bestimmung. Die einzige Neuerung bezog sich auf den Buchstaben (b), angewandt auf die Vertragsbeziehungen zwischen den internationalen Organisationen (Absatz 2): Eine Organisation sollte als Streitpartei die Einleitung des im Anhang enthaltenen Verfahrens beim UN-Generalsekretär oder beim I. C. J.-Präsidenten beantragen. Letztere Möglichkeit war für Staaten nicht vorgesehen.[473] Das eigentliche Problem war die Übernahme der gerichtlichen Verfahrensregelung der WVRK1. So sah der Absatz 2 analog zur Regelung der WVRK1 vor, daß im Fall eines Streites bezüglich der Artikel 53 und 64 (ius cogens) der I. C. J. oder alternativ ein Schiedsgericht zuständig sein sollte. Reuter begründete seine Position damit, daß die gerichtliche Regelung einer Streitfrage hinsichtlich einer Ius cogens-Norm nur von einem Gremium vorgenommen werden kann, das von der Staatengemeinschaft als Ganzes anerkannt ist.[474] Er schlug ferner vor, daß die I. C. J.-Gutachten, die auf der Grundlage des Absatzes 2 angefertigt werden, von den Streitparteien als verbindlich betrachtet werden sollten. Da nach Reuters Meinung nicht jede internationale Organisation das Recht hat, ein I. C. J.-Gutachten zu beantragen, schlug er in seinem Entwurf vor, daß jede Streitpartei eine nach Artikel 96 der UN-Charta kompetente Körperschaft bitten sollte, ein solches Gutachten zu beantragen.[475]

In der Diskussion zum Artikelentwurf 66 und zum Anhang dazu wurde insgesamt die Schlichtung als Methode der Streitbeilegung nicht in Frage gestellt. Einige Kommissionsmitglieder traten jedoch dafür ein, daß die Schlichtungsergebnisse bindenden Charakter tragen müßten.[476]

Die von der ILC auf ihrer 32. Session angenommene Fassung der ersten Lesung des Artikelentwurfs 66 mit der Überschrift „Verfahren zu gerichtlichen Regelung, Schiedsspruch und Schlichtung“ lautete, abgesehen von sachbezogenen Formulierungsänderungen, genauso wie der Artikel 66 der WVRK1. Die in dem von Reuter vorgelegten Artikelentwurf enthaltene Möglichkeit, auch beim I. C. J.-Präsidenten die Einleitung eines Streitschlichtungsverfahrens zu beantragen, wurde gestrichen.[477]

In den Regierungsstellungnahmen dazu wurden zum Teil extrem unterschiedliche Auffassungen vertreten. An den vorgeschlagenen Regelungen wurde von den westlichen Staaten Kritik geübt, da sie offensichtlich die Rolle des I. C. J. bzw. die Verbindlichkeit des Streitbeilegungsverfahrens unbedingt stärken wollten.[478] Während mehrere von ihnen die obligatorische Schiedsgerichtsbarkeit hinsichtlich der Auslegung oder Anwendung des ius cogens befürworteten[479], ging es den ehemaligen sozialistischen Staaten um die Wahrung der staatlichen Souveränität und die Durchsetzung des Prinzips der freien Wahl der Mittel. So betonte die damalige DDR, daß sie gegen jede einseitig in Gang gesetzte Art der friedlichen Streitbeilegung ist.[480]

Der Spezialberichterstatter sah sich veranlaßt, sich in seinem elften Bericht (1982) erneut mit dem Artikelentwurf 66 zu befassen. Dabei zog er durch eine Neuformulierung die Absätze 2 und 3 zu einem einzigen zusammen.[481] Ansonsten blieb alles beim Alten, nur die Gleichbehandlung von Staaten und internationalen Organisationen wurde etwas deutlicher.

Auf der 34. ILC-Session (1982) ging es wieder um die obligatorische Variante der friedlichen Regelung internationaler Streitigkeiten. In der Frage des obligatorischen Schlichtungsverfahrens der nicht das ius cogens berührenden Artikelentwürfe des Teils V herrschte Einigkeit.[482] Nur Diaz González wandte sich gegen das obligatorische Schlichtungsverfahren. Unter Berufung auf die Tatsache, daß viele Staaten die WVRK1 gerade wegen des in ihm vorgesehenen obligatorischen Schlichtungsverfahrens nicht ratifiziert haben, schlug er die Streichung des Artikelentwurfs 66 und des Anhangs dazu vor.[483]

Im Ergebnis der Beratung erarbeitete das Entwurfskomitee eine Fassung, die von der ILC in zweiter Lesung angenommen wurde.[484] Der Buchstabe (a) sah für Streitigkeiten, die die Auslegung oder Anwendung des ius cogens betreffen, die obligatorische Schiedsgerichtsbarkeit vor, und zwar unabhängig davon, ob die Streitparteien Staaten oder internationale Organisationen sind.
Für alle anderen Streitigkeiten ist im Buchstaben (b) das obligatorische Schlichtungsverfahren vorgesehen. Die Streitparteien haben allerdings das Recht, ein anderes Schiedsverfahren bzw. ein anderes Schlichtungsverfahren als im Anhang zum Artikelentwurf 66 vorgesehen zu vereinbaren.

Konkret lautet die Fassung der zweiten Lesung dieses Artikelentwurfs mit der Überschrift „Procedures for judicial settlement and conciliation" wie folgt: Wenn gemäß Absatz 3 des Artikels 65 innerhalb einer Frist von zwölf Monaten nach Erhebung des Einspruchs keine Lösung erzielt worden ist, sind folgende Verfahren anzuwenden: (a) Jeder der an dem Streitfall über die Anwendung oder Auslegung von Artikel 53 oder 64 beteiligten Partner kann diesen durch schriftliche Notifikation an den oder die anderen Streitparteien in Übereinstimmung mit den Bestimmungen des Anhangs zu den vorliegenden Artikeln einem Schiedsspruch unterwerfen, sofern nicht die Partner gemeinsam übereinkommen, den Streitfall einem anderen Schiedsverfahren zu unterwerfen; (b) jeder der an einem Streitfall über die Anwendung oder Auslegung aller anderen Artikel im Teil V der vorliegenden Artikel beteiligten Partner kann das im Anhang zu den vorliegenden Artikeln dargelegte Schlichtungsverfahren einleiten, indem er einen diesbezüglichen Antrag an den Generalsekretär der Vereinten Nationen stellt, sofern nicht die Partner gemeinsam übereinkommen, den Streitfall einem anderen Schlichtungsverfahren zu unterwerfen.[485] Entsprechend dieser Fassung wurde auch der Anhang zum Artikelentwurf verändert, indem zusätzliche Bestimmungen zum Schiedsverfahren aufgenommen wurden. Gemäß II (8) des Anhangs sind die Schiedssprüche endgültig und verbindlich.[486] Der Artikelentwurf 66 und der dazu gehörende Anhang waren die einzigen Artikelentwürfe des vorliegenden Kodifikationsprojektes, die von der ILC nicht einstimmig angenommen wurden. Es wurde gegen ihn in erster Linie der berechtigte Einwand erhoben, daß viele Staaten die obligatorische Schiedsgerichtsbarkeit ablehnen.[487]

Die Neufassung des Artikelentwurfs 66 der ILC in der zweiten Lesung einschätzend, kann konstatiert werden, daß sich die Streichung des in der Fassung der ersten Lesung enthaltenen I. C. J.-Obligatoriums als vorteilhaft erweist. Dies ist jedoch der einzige Fortschritt gegenüber der ersten Lesung. Ansonsten wird das Prinzip der freien Wahl der Mittel weiter stark eingeschränkt. Die obligatorische Zuständigkeit eines Schiedsgerichts bei Streitigkeiten, die die Anwendung und Auslegung des jus cogens betreffen, muß schon deshalb abgelehnt werden, weil über seine Existenz die „international community of states as a whole", nicht aber ein derart eingeschränktes Gremium, wie ein Gericht entscheiden kann. Gegen die formelle Gleichbehandlung von Staaten und internationalen Organisationen ist im Prinzip nichts einzuwenden. Um aber die Souveränität der Mitgliedstaaten einer Organisation zu schützen, ist es erforderlich, im Artikelentwurf 66 in einer besonderen Bestimmung festzulegen, daß die Streitbeilegung nur zu solchen Lösungen führen darf, die die Kompetenzen der Organisation, wie sie im Gründungsdokument vereinbart worden sind, nicht überschreiten.

Die ILC hat bei der Formulierung des Artikelentwurfs 66 und des Anhangs dazu bessere Lösungsmöglichkeiten in anderen Konventionen nicht gebührend beachtet. Zu erwähnen ist z.B. die „Vienna Convention of the representation of states in their relations with international organizations of a universal character" vom 14. März 1975. In den Streitschlichtungsartikeln wird der I. C. J. überhaupt nicht erwähnt, es werden die Konsultationen und die Vermittlung auf die Staaten beschränkt und ist die freie Wahl der Mittel vorgesehen.[488] Für die ehemaligen sozialistischen Staaten und die ehemalige sozialistische Völkerrechtswissenschaft[489] war gerade das Prinzip der freien Wahl der Mittel bei der friedlichen Streitbeilegung Ausdruck der souveränen Entscheidungsfreiheit der Staaten und daher unverzichtbar. Die Notwendigkeit, dieses Prinzip anzuwenden und damit auf jegliches Obligatorium zu verzichten, ergibt sich aus dem Vereinbarungscharakter des Völkerrechts.

Da also der Artikelentwurf 66 Völkerrechtsfragen von grundsätzlicher Bedeutung berührt und souveränitätseinschränkend formuliert ist, war bereits nach dem Abschluß der ILC-Arbeit damit zu rechnen, daß die sozialistischen Staaten dieser Bestimmung die Zustimmung versagen würden. Es war ebenfalls damit zu rechnen, daß die westlichen Staaten mit ihr nicht ganz zufrieden sein würden, da in ihr ein allgemeines I. C. J.-Obligatorium fehlt.[490]

Die Regierungsstellungnahmen zum Artikelentwurf 66 waren ungewöhnlich zahlreich und dazu noch sehr umfangreich.[491] Da eine ausführliche Behandlung dieser Problematik den Rahmen der vorliegenden Abhandlung bei weitem sprengen würde, sollen folgend nur die Hauptprobleme erwähnt werden.

Mehrere Regierungen, darunter größtenteils sozialistische, lehnten den ILC-Text, weil er die staatliche Souveränität einschränkt[492], unrealistisch ist[493] und außerdem der internationalen Staatenpraxis nicht entspricht[494], ab. Für den ILC-Text waren mehrere Staaten, obwohl er die obligatorische Zuständigkeit des I. C. J. nicht enthielt.[495] Gegen die Gleichbehandlung von Staaten und internationalen Organisationen hinsichtlich des Streitbeilegungsverfahrens wandten sich Bjelorussland und die UdSSR.[496] Ausgehend von der Souveränität der Staaten wurde in mehreren Stellungnahmen sozialistischer und junger Nationalstaaten für die uneingeschränkte Wahl der Mittel bei der friedlichen Streitbeilegung plädiert.[497] In den Stellungnahmen westlicher Staaten wurde, wie erwartet, das Bedauern darüber geäußert, daß die von der ILC vorgeschlagene Regelung nicht weiter ginge; es sollte vielmehr die obligatorische Zuständigkeit des I. C. J. eingeführt werden.[498]

Ebenfalls ehemalige sozialistische Staaten lehnten die Zuständigkeit des I. C. J. für Entscheidungen über Ius cogens-Fragen ab.[499] Im Gegensatz dazu bezogen westliche Staaten und internationale Organisationen eine völlig andere Position, daß nämlich der I. C. J. eine solche Zuständigkeit besitzen würde.[500]

Hinsichtlich vor allem dieser Probleme prallten auf der Kodifikationskonferenz die unterschiedlichen Rechtskonzepte der ehemaligen sozialistischen und der westlichen Staaten über das I. C. J.-Obligatorium sowie über das obligatorische Schiedsgerichtsverfahren und das obligatorische Schlichtungsverfahren aufeinander. Im Mittelpunkt der Beratung standen mehrere Änderungsvorschläge. In ihrem Vorschlag forderte die Delegation der UdSSR die Streichung des Absatzes (a), der das obligatorische Schiedsgerichtsverfahren regelte.[501] Im gemeinsamen algerisch-chinesisch-tunesischen Änderungsvorschlag wurde die Bereitschaft zum Ausdruck gebracht, im Prinzip die Schiedsgerichtsbarkeit zu akzeptieren. Hierzu bedurfte es jedoch als Voraussetzung des Einverständnisses der Streitparteien.[502] Diese Initiative erläuternd, hob der chinesische Vertreter die notwendige Übereinkunft zwischen den Streitparteien hervor.[503] Von den westlichen Staaten wurde der sogenannte Acht-Staaten-Änderungsvorschlag eingebracht, in dem in klarer Form ihre Position formuliert wurde. Ihre Hauptforderung bestand darin, die im ILC-Artikelentwurf 66 vorgesehene obligatorische Schiedsgerichtsbarkeit durch die obligatorische Zuständigkeit des I. C. J. zu ersetzen, wie sie im Artikel 66 der WVRK1 tatsächlich enthalten ist (A/CONF. 39/26). Dies wurde mit dem Bestreben begründet, in beiden Konventionen (WVRK1 und WVRK2) gleiche Regelungen zu treffen bzw. gleiche Formulierungen zu verwenden. Da aber bekannt ist, daß eine internationale Organisation vor dem I. C. J. nicht als Partei auftreten kann, wurde ferner vorgeschlagen, daß der I. C. J. Rechtsgutachten erstattet, die von den jeweiligen Streitparteien als verbindlich zu betrachten wären.[504] Die ehemaligen sozialistischen sowie andere Staaten lehnten aus prinzipiellen Gründen diesen Änderungsvorschlag, der sich gegen die Souveränität der Staaten richtete, ab.

Die in den Regierungsstellungnahmen enthaltenen unterschiedlichen Standpunkte und Positionen wurden auf der Kodifikationskonferenz wiederholt und bekräftigt. Vor allem die Delegationen der ehemaligen sozialistischen Staaten und einiger Entwicklungsländer lehnten die obligatorischen Gerichts- und Schlichtungsverfahren strikt ab.[505] Sie betonten ferner, daß nur Staaten als Streitparteien vor dem I. C. J. auftreten können.[506] Mehrere Delegationen traten für das Prinzip der freien Wahl der Mittel in einem

Streitfall ein.[507] Es wurde vorgeschlagen, sich für eine ähnliche Regelung zu entscheiden, wie sie in der bereits erwähnten Konvention über die Vertretung von Staaten bei internationalen Organisationen von 1975 und in den beiden Staatennachfolgekonventionen von 1978 und von 1983 vorgesehen ist. In diesen Konventionen handelt es sich nicht um die obligatorische Gerichtsbarkeit. Die Staaten haben vielmehr die freie Wahl der Mittel (Artikel 41–44 der „Vienna Convention on succession of States in respect of treaties" on 23 August 1978[508] und Artikel 42–45 der „Convention on succession of States in respect of State property, Archives and Debts" on 8 April 1983).[509] Ein weiteres, kontrovers diskutiertes Problem war die von den westlichen Staaten verteidigte Zuständigkeit des I. C. J. in Ius cogens-Fragen. Hier schieden sich genauso wie bei den obligatorischen Verfahren die Geister.[510]

Schließlich legte das Entwurfskomitee einen vom ILC-Entwurf in jeder Hinsicht (Inhalt und Umfang) abweichenden Text vor[511], der von einer geringen Mehrheit der Delegation als Konventionstext akzeptiert wurde. Die westlichen Staaten konnten sich durchsetzen. Ihre Konzeption war auch auf diesem Gebiet die bessere.

2.3 Anmerkungen

[1] Vgl. in: United Nations, General Assembly, Twenty-fourth Session, Annexes, Doc. A/7746, para. 116–118.

[2] Die aus dreizehn Mitgliedern bestehende Unterkommission sollte erste Studien über die Verträge der internationalen Organisationen vorlegen. Vgl. in: ILC-Yearbook 1970, Vol. II (Doc. A/8010/Rev. 1), p. 310, para. 89.

[3] Am 15.03.1974 wurde die knappe Bibliographie veröffentlicht: „Selectid bibliography on the question of treaties concluded between States and international organizations or between two or more international organizations" (A/CN.4/277). Das UN-Sekretariat gab am 09.12.1985 eine umfangreiche Auswahlbibliographie heraus (ST/LIB/SER.B/36).

[4] Vgl. ausführlich: A/CN.4/L.161 and Add. 1 and 2.

[5] Vgl. A/C.6/SR.1255–1265, 1279 and 1280 and A/8357.

[6] Vgl. in: ILC-Yearbook 1971, Vol. II, Part One (Doc. A/8410/Rev. 1, chap. IV, Annex), p. 348.

[7] Der 1. Report wurde am 03.04.1972 vorgelegt (A/CN.4/258) und der 2. am 15.05.1973 (A/CN.4/271, auch in: ILC-Yearbook 1973, Vol. II).

[8] Der 3. Report wurde am 29.03.1974 vorgelegt (A/CN.4/279, auch in: ILC-Yearbook 1974, Vol. II, Part One, p. 135)und der 4. am 21.03.1975 (A/CN.4/285, auch in: ILC-Yearbook 1975, Vol. II, p. 25).

[9] Der 5. Report wurde am 10.02.1976 vorgelegt (A/CN.4/290, also in: ILC-Yearbook 1976, Vol. II, Part One, p. 137), die Ergänzung dazu am 05.04.1976 (A/CN.4/290/Add. 1, auch in: Ibid.).

[10] Der 6. Report wurde am 11.03.1977 vorgelegt (A/CN.4/298, auch in: ILC-Yearbook 1977, Vol. II, Part One, p. 119).

[11] Der 7. Report wurde am 01.06.1978 vorgelegt (A/CN.4/312, auch in: ILC-Yearbook 1978, Vol. II, Part One, p. 247).

[12] Der 8. Report wurde am 09.03.1979 der ILC unterbreitet (A/CN.4/319, auch in: ILC-Yearbook 1979, Vol. II, Part One).

[13] Vgl. A/CN.4/SR.1547, p. 15, para. 37; A/CN.4/SR.1557, p. 4, para. 4.

[14] Vgl. A/CN.4/350, 16.02.1982, p. 2, para. 1. Schon früher nahm die UN-Generalversammlung ähnliche Resolutionen an: Res. 3315 (XXIX) vom 14.12.1974, Res. 3495 (XXX) vom 15.12.1975, Res. 31/97 vom 15.12.1976, Res. 32/151 vom 19.12.1977 und Res. 33/139 vom 19.12.1978. Vgl. nach ILC-Report 1981. In: ILC-Yearbook 1981 (Suppl., A/36/10), Vol. II, p. 268, para. 97.

[15] Vgl. A/CN.4/350, 16.02.1982, p. 2, para. 1.

[16] In der bulgarischen Regierungsstellungnahme vom April 1981 wurde das Einverständnis mit den meisten Artikelentwürfen damit begründet, daß sie das Ergebnis von Gewohnheitsrecht und eine Widerspiegelung der WVRK1 seien. In der bjelorussischen Regierungsstellungnahme vom 06.02.1981 wurden die Artikelentwürfe als Widerspiegelung der Praxis eingeschätzt. Zugleich wurde jedoch die Überarbeitungsbedürftigkeit der Artikelentwürfe 25 und 46 unterstrichen. In der tschechoslowakischen Stellungnahme vom 08.04.1981 wurde die Berücksichtigung der Unterschiede von Staaten und Organisationen als Völkerrechtssubjekte gefordert. Vgl. in: ILCReport 1981, Annex II, A/CN.4/339/Add. 1–8, pp. 416/417, 420.

[17] Sie betrafen den Artikelentwurf 2, Absatz 1, Buchstabe (j), den 3, den 27, Absatz 2, den 36bis, den 45, Absatz 2, und den 46, Absatz 3 (A/CN.4/339/Add. 6, pp. 3/4, para. 3–8 und 10). In der Stellungnahme Deutschlands vom 24.02.1981 wurde hingegen vor allem der Artikelentwurf 36bis begrüßt, der nicht nur für die EG wichtig sei (A/CN.4/350/Add. 1).

[18] Dies erfolgte am 28.02.1980 (A/CN.4/327), auch in: ILC-Yearbook 1979, Vol. II, Part One.

[19] Der 1. Report wurde am 03.04.1981 vorgelegt (A/CN.4/341). Am 06.04.1981 kam eine Ergänzung hinzu (A/CN.4/341/Add. 1).
[20] Reuter legte seinen 11. Bericht am 26.03.1982 (A/CN.4/353) vor. In ihm ging er u.a. auch auf die Position der Regierungsvertreter im Rechtskomitee zu den Artikelentwürfen ein.
[21] Die Kritik bezog sich schwerpunktmäßig auf den Artikelentwurf 66 und den Anhang dazu (A/CN.4/350/Add. 4). In der sowjetischen Regierungsstellungnahme vom 07.06.1982 wurden zwar die Artikelentwürfe ebenfalls als eine geeignete Grundlage für eine Konvention betrachtet. Die Berücksichtigung der Unterschiede zwischen den Verträgen der Staaten und der Organisationen wurde jedoch als unzureichend eingeschätzt (A/CN.4/350/Add. 8). Der sowjetische Vertreter im Rechtskomitee meinte, daß der Artikelentwurf 66 den Realitäten in den internationalen Beziehungen nicht entspricht (A/C.6/37/SR.39, p. 8, para. 25).
[22] Sie lagen Mitte Juli 1982 als ILC-Draft-Report (Doc. A/CN.4/L.344 and Add. 1–5) vor. Aus technischen Gründen wurden die Artikelentwürfe zum selben Gegenstand zusammengezogen und damit vereinfacht. Somit verschwanden die bis- und ter-Artikelentwürfe vor allem zu 19, 20, 23, 24 und 25.
[23] See A/CN.4/L.344, p. 17–19, para. 45–50, auch in: United Nations-Report of the International Law Commission on the work of its thirty-fourth session, 3 May – 23 July 1982, Suppl., No. 10 (A/37/10), folgend: ILC-Report vom Juli 1982, Suppl., No. 10 (A/37/10, p. 22–24, para. 56–61).
[24] Sie wurde von einer Gruppe, bestehend aus Vertretern von 15 Staaten im Rechtskomitee als Doc. A/C.6/37/L. 28 am 03.12.1982 erarbeitet. Sie trug bereits den Titel „Konvention über das Recht der Verträge zwischen Staaten und internationalen Organisationen oder zwischen internationalen Organisationen".
[25] Vgl. A/CN.4/353, pp. 4/5, para. 4–8.
[26] So z.B. Lacleta Muñoz, Díaz-Conzáles and Quentin-Baxter (A/CN.4/SR.1727, pp. 12, 13 und 15).
[27] Vgl. in: ILC-Report on July 1982, Suppl. No. 10 (A/37/10), pp. 22/23, para. 58.
[28] So z.B. die Vertreter Brasiliens, der ehemaligen DDR (A/C.6/37/SR.38, 10.11.1982, p. 2, para. 3, p. 8, para. 22), Jamaicas, Griechenlands, der Niederlande (SR.40, 12.11.1982, p. 2, para. 1; p. 10, para. 41; p. 12, para. 51), Thailands, Argentiniens (SR.44, p. 4, para. 12; p. 14, para. 65), Syriens (SR.47, 17.11.1982, p. 7, para. 22), von Bahamas (SR.48, 22.11.1982, p. 17, para. 80) und Österreichs (SR.51, p. 21, para. 94/95). Letzterer schlug vor, die Kodifikationskonferenz in Wien stattfinden zu lassen.
[29] Dafür plädierten u.a. die Regierungsvertreter Großbritanniens (A/C.6/37/SR.41, 17.11.1982, p. 2, para. 3) and Australiens (SR.48, 22.11.1982, p. 2, para. 2).
[30] Die von den Staaten und vielen internationalen Organisationen abgegebenen Stellungnahmen zu den Artikelentwürfen wurden zusammengefaßt und als UN-Dokument A/CONF.129/5, 08.10.1985 herausgegeben.
[31] Vgl. UNIS/1045, 13.02.1986.
[32] Vgl. die Konferenz-Schlußakte A/CONF.129/14 sowie das Konferenz-Dokument A/CONF.129/Inf. 2/Rev. 2.
[33] Vgl. in: A/CN.4/SR.1728. p. 3.
[34] Vgl. zu a) Ni, A/CN.4/SR.1727. p. 13, zu b) Diaz Conzález, ibid., zu c) Lacleta Muñoz, ibid., p. 12 und zu d) Yankov, ibid., p. 13.
[35] Vgl. A/CONF.129/14.
[36] Vgl. A/CONF.129/7, Artikel 60.
[37] Im Abschnitt X („Andere Teilnehmer und Beobachter"), speziell in der Verfahrensregel 60 wurde der Teilnahmemodus der Organisationen detailliert geregelt: Teilnahme an der Diskussi-

on, Antwort auf Anfragen, Erläuterung der eigenen Position, Verfahrensanträge mit Unterstützung eines Staates stellen (Absatz 1); jedoch keine Einwände gegen Verfahrensanträge von Regierungsdelegierten erheben etc. (Absatz 2). Vgl. A/C.6/40/L.16, pp. 20/21.

[38] Es wurde ferner empfohlen, daß sich zuerst die UN-Generalversammlung und danach die Bevollmächtigtenkonferenz für eine Lösung entscheiden sollten (A/CN.4/L.344, p. 18).

[39] So die Stellungnahme Australiens. Vgl. in: A/CONF.129/5, 08.10.1985, p. 255.

[40] Vgl. z.B. die österreichische, indische und chinesische Stellungnahme. In: Ibid., pp. 255, 256 und 260. Bei der Seerechtskonvention von 1982 geht es um die Artikel 305, 306 und den Anhang IX. Im Letzteren heißt es: Eine internationale Organisation kann diese Konvention unterzeichnen, wenn eine Mehrheit ihrer Mitgliedstaaten Unterzeichner dieser Konvention ist. Zum Zeitpunkt der Unterzeichnung gibt eine internationale Organisation eine Erklärung ab, in der sie die in dieser Konvention geregelten Fragen bezeichnet, für die ihr durch ihre Mitgliedstaaten, welche Unterzeichner sind, die Zuständigkeit übertragen wurde, und sie bezeichnet auch den Charakter und den Umfang dieser Zuständigkeit. United Nations Convention on the Law of the Sea, A/CONF.62/122, 7 October 1982, p. 191.

[41] So die ehemalige DDR und Vietnam. See in: A/CONF.129/5, 08.10.1985, pp. 257, 267. Im Artikel 90 der Konvention von 1975 heißt es: „Implementation by organizations“: „After the entry into force of the present Convention, the competent organ of an international organization of a universal character may adopt a decision to implement the relevant provisions of the Convention. The organization shall communicate the decision to the host State and to the depositary of the Convention.“ In: UN-Doc. A/CONF.67/16 .

[42] Vgl. A/CONF.129/15, pp. 54/55.

[43] Vgl. in: United Nations-Report of the International Law Commission on the work of its thirty-fourth session, 3 May – 23 July 1982, Suppl. No. 10 (A/37/10), folgend: ILC-Report vom Juli 1982, Suppl. No. 10 (A/37/10, pp. 17/18, para. 45–47). Bereits 1974 trat die ILC für die Selbständigkeit der Artikelentwürfe ein. See in: ILC-Yearbook 1974, Vol. II, Part One (Doc. A/9610/Rev. 1), p. 293, para. 141.

[44] Vgl. Working Paper submitted by the Secretary-General (A/CN.4/L.161, 28.12.1970, p. 9, para. 5). Die ILC nahm 1966 die endgültigen Artikelentwürfe an und übergab sie der UN-Generalversammlung. Die Artikelentwürfe wurden 1969 auf der Wiener Vertragsrechtskonferenz angenommen (Doc. A/CONF.39/27. In: A/CONF.39/11/Add. 2, pp. 289–301). Die WVRK1 trat erst am 27.01.1980 in Kraft. Von dem Beschluß der ILC von 1949 (GA, Official Rebords, 4th Session, Suppl. No. 10 (A/925) über die Notwendigkeit, das Vertragsrecht zu kodifizieren, bis zum Inkrafttreten der WVRK1 vergingen immerhin 31 Jahre.

[45] Vgl. in: ILC-Yearbook 1950, Vol. II (A/CN.4/23), p. 223.

[46] Vgl. in: ILC-Yearbook 1950, Vol. I, 51st meeting, para. 75.

[47] Vgl.·ibid., 50th meating, para. 16 and 51st meeting, para. 60. Es geht hier im wesentlichen um die Meinung des ILC-Mitgliedes El-Khoumy. Hudson empfahl, sich nicht mit den Verträgen von Organisationen zu befassen. Obwohl die ILC die Vertragsfähigkeit der Organisationen anerkennt, sollte sie zunächst weitere Entwicklungen abwarten (ibid., para. 55 b). Yepes jedoch vertrat die entgegengesetzte Auffassung (ibid., para. 57). Górdova hingegen wollte, daß die Artikelentwürfe soweit wie möglich auch auf die Organisationen angewandt werden sollten (ibid., para. 63). Scelle wiederum war der Meinung, daß sich zwar die Artikelentwürfe auch mit Organisationen befassen sollten, jedoch wären diesbezüglich Entscheidungen von Fall zu Fall zu empfehlen (ibid., para. 72).

[48] Diesbezüglich setzte sich die Auffassung Hudsons durch (ibid., 52nd meeting, para. 70–72 a sowie Vol. II, para. 162).

[49] Vgl. in: ILC-Yearbook 1951, Vol. II (A/CN.4/L.28), pp. 73/74. Der 3. Brierly-Bericht vom 10.04.1952 enthielt die überarbeitete Version der bereits angenommenen Artikelentwürfe. Er konnte nicht behandelt werden, weil sich der Spezialberichterstatter von der ILC-Mitgliedschaft zurückzog. See in: ILC-Yearbook 1952, Vol. II (A/CN.4/54), pp. 50–56.

[50] ILC-Yearbook 1953, Vol. II (A/CN.4/63), p. 90. Lauterpacht definierte im Kommentar zu seinem Artikelentwurf 1 die internationale Organisation als eine von zwei oder mehreren Staaten gebildete Organisation (ibid., p. 93).

[51] Der 2. Report von Lauterpacht wurde in der ILC nicht beraten, weil er als Spezialberichterstatter zurücktrat. Vgl. in: ILC-Yearbook 1954, Vol. II (A/CN.4/87), pp. 123–139.

[52] Vgl. in: ILC-Yearbook 1956, Vol. II (A/CN.4/101, p. 106, para. 9 and p. 107).

[53] Ibid.

[54] Vgl. in: ILC-Yearbook 1959, Vol. I, 481st meeting, para. 28. Somit bekräftigte die ILC ihre Entscheidung vom 07.06.1951. Dafür traten bereits 1956 mehrere ILC-Mitglieder ein (u.a. Sandström, Spiropoulos und Zourek). See in: ILC-Yearbook 1956, Vol. I, para. 48 and 57.

[55] Liang betrachtete die internationalen Organisationen als Bestandteil des internationalen Lebens. Deswegen sollten sie bei der Kodifikation des Vertragsrechts unbedingt beachtet werden. Staaten und Organisationen könnten allerdings nicht gleich behandelt werden. Vgl. in: ILC-Yearbook 1956, Vol. I, 369th meeting, para. 66.

[56] Der italienische Vertreter im Rechtskomitee begründete am 30.09.1959 auf der 604. Sitzung seine ablehnende Haltung damit, daß das Thema der Verträge der Organisationen neu sei. Zunächst seien besondere Untersuchungen durch die ILC notwendig. See in: General Assembly, Official Records, Fourteenth SeSSion, Sixth Committee, 604th meeting, para. 5.

[57] Vgl. in: ILC-Yearbook 1962, Vol. II (A/CN.4/144), pp. 35/36. Waldock berief sich dabei auf das bereits behandelte konsultative Gutachten des I.C.J. von 1949.

[58] Vgl. in: Ibid. (A/5209), p. 161, para. 21 sowie in: ILC-Yearbook, Vol. I, 658th meeting, para. 87. Somit wurde über die Nichtbehandlung der Verträge der Organisationen in den Artikelentwürfen zur späteren WVRK1 wieder entschieden. Auf dem 658. ILC-meeting wurde dennoch die Vertragsfähigkeit der Organisationen beraten. Es wurde ihre Abhängigkeit vom Gründungsdokument bekräftigt.

[59] Vor allem im Zeitabschnitt von 1975–1982 wurde deutlich, daß nur wenige ILC-Mitglieder die Materie souverän beherrschten. Dabei war der große wissenschaftliche Vorlauf und die in erster Linie darin begründete Überlegenheit des Spezialberichterstatters Reuter gegenüber allen anderen Kommissionsmitgliedern in allen Stadien der Beratung der Artikelentwürfe in der ILC nicht zu übersehen. Reuter verstand es, in Disputen mit den anderen Kommissionsmitgliedern seine Überlegenheit geschickt zu nutzen.

[60] Vgl. in: ILC-Yearbook 1966, Vol. II (Doc. A/6309/Rev. 1), p. 177.

[61] Vgl. in: United Nations Conference on the Law of Treaties, First and second sessions, Vienna, 26 March–24 May 1968 and 9 April–22 May 1969, Official Records (Doc. A/CONF.39/11/Add. 2), pp. 110/111. Dasselbe auf p. 285 (A/CONF.39/26).

[62] Vgl. in: A/C.6/SR.1398–1406.

[63] Rosenne schlug deshalb ferner vor, die Verträge zwischen den Organisationen nicht zu behandeln, sondern sich darauf zu beschränken, Lücken in der WVRK1 zu schließen (A/C.6/SR.1404).

[64] Yasseen meinte, daß im Prinzip die WVRK1 die Basis für die Erarbeitung der neuen Artikelentwürfe sein sollte. Unter Berücksichtigung aber der Besonderheiten der Verträge der Organisationen sei eine entsprechende Modifizierung der Bestimmungen der WVRK1 notwendig (A/C.6/SR.1397, p. 5).

[65] Anzahl und Reihenfolge der Artikel der zu erarbeitenden Konvention sollten jenen der WVRK1 entsprechen. See 1st Report (A/CN.4/258, pp. 54/55, para. 78–80), 2nd Report (A/CN.4/271,. pp. 2/3, para. 9–14), 3rd Report (A/CN.4/279, p. 4, para. 3).

[66] Vgl. in: GA, Official Records, Twenty-sixth Sessions, Suppl. No. 10 (A/8410/Rev. 1), Chap. IV, Annex, para. 10.

[67] So die Vertreter Bjelorusslands (A/C.6/SR.1398, p. 10), Brasiliens (SR.1401, p. 18) und Australiens (SR.104, p. 11).

[68] Der Buchstabe (a) wurde nach der 1966 abgeschlossenen Fertigstellung der Artikelentwürfe erst auf der Wiener Vertragskonferenz 1969 hinzugefügt (Doc. A/CONF.39/27, p. 289).

[69] Vgl. A/CN.4/290, pp. 13/14, para. 18 and A/CN.4/SR.1429, p. 8, para. 10. Der Argumentation Reuters schloß sich Dadzie an (A/CN.4/SR.1431, p. 17, para. 31). Ago hingegen trat für die Anwendung der WVRK1 auf solche Verträge ein (A/CN.4/SR.1430, pp. 10/11, para. 27).

[70] Vgl. A/CN.4/290, para. 17 und Diskussion in der ILC (A/CN.4/SR.1430, p. 8, para. 21). Dagegen sprachen sich Quentin-Baxter und Šahović aus (A/CN.4/SR.1431, p. 18, para. 35).

[71] Vgl. A/CN.4/SR.1433, pp. 10/11, para. 18.

[72] So Francis auf der 32. ILC-Session in seinen Ausführungen zum Artikelentwurf 61 (A/CN.4/SR.1586, p. 4).

[73] Vgl. A/CONF.129/15.

[74] Vgl. die Änderungsvorschläge der Kapverden (A/CONF.129/C.1/L.19), Großbritanniens (L.27) und Italiens (L.42). Vgl. ferner die Beratungen hierüber in: A/CONF.129/C.1/SR.16, p. 24). Hierbei ging es fast ausschließlich darum, daß die WVRK2 die Vertragsbeziehungen zwischen Staaten, die bereits Mitglied der WVRK1 sind, nicht beeinflussen kann.

[75] M. I. Lasarev nennt ferner das Umweltschutzrecht, das Luftverkehrsrecht und das Atomrecht. See International law and scientific-technical revolution. In: SEMP 1978, Moscow 1980, pp. 59, 61 (in Russian). Similarly (Weltraum- und Umweltschutzrecht) also J. Azud: Scientific-technical progress and international law. In: Právny Obzor, Brátislava 9/1980, p. 769 (in Czech).

[76] Diese Auffassung ist unter einigen Völkerrechtlern verbreitet. In dem von B. M. Klimenko/B. F. Petrovskij/J. M. Kybakow ed.: Wörterbuch des Völkerrechts. Moskau 1982, S. 161 (in Russisch) wird das „Recht der internationalen Organisationen" als die Gesamtheit von Prinzipien und Normen über Schaffung, Rechtsstatus und Tätigkeit der Organisationen umschrieben. By E. A. Schibajewa/M. Potočny: Rechtsfragen des Aufbaus und der Tätigkeit der internationalen Organisationen. Moskau 1980, S. 74 (in Russisch) wird das „Recht der internationalen Organisationen" definiert als die Gesamtheit der Normen, die die internationalen Beziehungen regulieren und mit der Tätigkeit der Organisationen verbunden sind. Viel weiter geht G. I. Morozow: Internationale Organisationen. Moskau 1974, wenn er versucht, das „Recht der internationalen Organisationen" schon als ein entwickeltes und stabiles Rechtssystem zu definieren: „Das Recht der internationalen Organisationen stellt einen in sich begrenzten, miteinander verbundenen Komplex rechtlicher Prinzipien und Normen dar, die die Existenz und Tätigkeit der zwischenstaatlichen internationalen Organisationen gewährleisten". Auf die Normen der Gründungsdokumente und Satzungen beschränkt S. W. Tschhernitschenko das „Recht der internationalen Organisationen". Vgl. Die Rechtsnatur des internen Rechts der internationalen Organisationen. In: SEMP 1971. Moskau 1973, S. 216 (in Russisch).

[77] So especially C. M. Virally: Définition et classification des organisations internationales: approche juridique. In: G. Abi-Saab (Éd.): Le concept d'organisation internationale. Paris 1980, p. 58.

[78] Für ein solches „Recht“ gibt es noch nicht einmal erkennbare Tendenzen, wie G. Abi-Saab annimmt. Seiner Meinung hingegen, daß ein allgemeines Recht nicht existiere, das auf alle Organisationen angewandt werden könnte, kann zugestimmt werden. See La nation d'organisation internationale: essai de synthése (Introduction). In: G. Abi-Saab (Éd.): Le concept d'organisation ... Ibid., p. 14.
[79] Vgl. A/CN.4/279, p. 33, para. 10. Der realistische Standpunkt Reuters wurde auch dadurch dokumentiert, daß die Normen der WVRK1 größtenteils übernommen und nur unter Beachtung der Besonderheiten und Bedürfnisse der Organisationen modifiziert wurden.
[80] Reuter nannte in diesem Zusammenhang die Stellungnahme der IBRD (A/CONF.39/7/Add. 1, para. 4). See A/CN.4/258, p. 37, para. 54. Die EWG war naturgemäß in ihrer Stellungnahme vom 18.03.1981 für eine grundsätzliche Gleichbehandlung von Staaten und Organisationen (A/CN.4/350/Add. 2, p. 8).
[81] Deshalb sollte die ILC weitgehend auf terminologische oder praktische Unterscheidungen verzichten (A/CN.4/350/Add. 2, pp. 2/3).
[82] Vgl. ILC-Report on July 1982, Suppl. No. 10 (A/37/10), pp. 16/17, para. 40 und 43. Einige ILC-Mitglieder traten stets gegen Unterscheidungen zwischen Staaten und Organisationen bei der Erarbeitung der Artikelentwürfe auf. Sie setzten sich für eine eindeutige Gleichstellung der Vertragspartner ein (z.B. Vallat auf der 30. ILC-Session, A/CN.4/SR.1507, p. 6, para. 9). Ähnlich auch Šahović im Rechtskomitee am 12.11.1982 (A/C.6/37/SR.39, p. 2, para. 2).
[83] Vgl. ILC-Report on July 1982, Suppl. No. 10 (A/37/10), pp. 26, 29, para. 5 und 6; pp. 56/57.
[84] Verständlicherweise übte der Europarat in seiner Stellungnahme vom 11.01.1981 an dieser Unterscheidung Kritik vor allem mit dem Hinweis darauf, daß in seiner Terminologie derartiges nicht üblich sei (A/CN.4/350, pp. 10/11). Leisen Einwand dagegen erhob auch die IAEA (A/CN.4/350/Add. 2, p. 3).
[85] Šahović äußerte diese Meinung in Auseinandersetzung mit Ushakov, der bei den Vorbehalten für eine unterschiedliche Behandlung der ungleichen Vertragspartner eintrat (A/CN.4/SR.1431, p. 18, para. 37).
[86] So Vallat auf der 29. ILC-Session. Er wandte sich deshalb gegen die in erster Linie von Ushakov vorgeschlagenen Unterscheidungen (A/CN.4/SR.1432, pp. 10–13, para. 17).
[87] Wenn z.B. zwei Zollunionen mit Staaten einen Vertrag über Zolltarife abschließen. In einem solchen Fall sei es nach Reuter ganz normal, daß Staaten und Zollunionen unter den gleichen Bedingungen, also gleichberechtigt, Vorbehalte erklären dürfen (A/CN.4/SR.1433, p. 9, para. 14).
[88] Vgl. ILC (XXXII)/CONF. Room Doc. 1, 07.05.1980, p. 20; die Artikelentwürfe 1–60 (ILC (XXXIII)/CONF. Room Doc. 2, 04.05.1981, p. 18).
[89] See ILC-Report on July 1982, Suppl. No. 10 (A/37/10), pp. 74–78 (Artikelentwurf und ungewöhnlich ausführlicher ILC-Kommentar dazu).
[90] Die BRD war generell dafür, das Gleichheitsprinzip zur Basis der neuen Konvention zu machen, obwohl sie die tatsächlich vorhandenen Unterschiede zwischen Staaten und Organisationen durchaus einsah. Vgl. in: ILC-Report 1981, Annex I, A/CN.4/339, Add. 1–8, pp. 425–429, para. 2–6. Eine ähnliche Position bezog auch die britische Regierung in ihrer Stellungnahme vom Juli 1981. Sie wandte sich u.a. dagegen, den internen Aktionen einer Organisation mehr Gewicht beizumessen als dem innerstaatlichen Recht, weil der Vertragsmechanismus für die Vertragspartner derselbe sei (see in: Ibid., pp. 443/444).
[91] Deswegen müßten die Satzungen der in Frage kommenden Organisationen ihren Vertragspartnern bekannt sein (A/CN.4/350/Add. 2, p. 6).
In der Literatur wird ein eindeutiger Standpunkt vertreten. R. Bermhardt z.B. schreibt, bezogen auf die EWG: „Wenn die Gemeinschaft mit Drittstaaten oder einer anderen internationalen Or-

ganisation unter Verletzung des Gemeinschaftsrechts einen Vertrag schließt, ist und bleibt der Vertrag regelmäßig ... völkerrechtlich wirksam und rechtsverbindlich." Die Europäische Gemeinschaft als neuer Rechtsträger im Geflecht der traditionellen zwischenstaatlichen Rechtsbeziehungen. In: Europarecht. Baden-Baden 1983, Nr. 3, S. 206.

[92] ILC (XXXIII)/CONF. Room Doc. 2, 04.05.1981, p. 18. Reuter schlug in seinem 11. Bericht eine weitere Variante vor, in der das subjektive Element der Absicht fehlte: „..., wenn nicht der letztere durch seinen Gegenstand von der Annahme oder Aufrechterhaltung eines Beschlusses der Organisation abhängt" (A/CN.4/353, p. 8, para. 17).

[93] Vgl. die Diskussion auf der 34. ILC-Session (1982), A/CN.4/SR.1700, pp. 3–8, 10–12. So konnte Reuter in seinem Schlußwort feststellen, daß die ILC fast einhellig gegen die Ausnahme-Bestimmung und damit für die Gleichbehandlung der Vertragspartner war (ibid., p. 12). In ihrem Bericht vom Juli 1982 ging die ILC auf folgenden theoretischen Fall ein, der die Kompliziertheit dieser Problematik deutlicher macht: Es wird einer Organisation erlaubt, einem Staat gegenüber die Vertragserfüllung zu verweigern, wenn dieser gegen die Organisation eine Rechtsverletzung begangen hat, ob diese nun in einem Bruch des Vertrages, Verletzung einer allgemeinen Völkerrechtsnorm oder Bruch der Regeln der Organisation besteht, wenn der Staat auch Mitglied der Organisation ist. Nach Auffassung der ILC sei in einem solchen Fall der Bruch der Regeln der Organisation eindeutig als Grund für eigene Nichterfüllung zu beanspruchen (p. 5, para. 4).

[94] Dieser Grundsatz ist in der Seeboden-Deklaration von 1970 enthalten. In ihr ist die Rede von der gleichen Verantwortung und Verantwortlichkeit von Staaten und Organisationen für ihre Tätigkeit auf dem Meeresgrund und Meeresuntergrund des offenen Meeres. See in: Resolutionen zur Abrüstung und Kodifizierung des Völkerrechts. Ed. von J. Schulz. Berlin 1981, p. 244, Ziffer 14.

[95] Vgl. A/CN.4/285, p. 28, para. 4. Auf der 29. ILC-Session nannte Reuter weitere Unterschiede: Die Staaten sind juristisch gleich, die Organisationen hingegen unterschiedlich (A/CN.4/SR.1429, p. 6, para. 6); während die Staaten Entscheidungsbefugnis besitzen, ist das bei den Organisationen nicht der Fall, obwohl sie sich mit vielen Problemen befassen (A/CN.4/SR.1433, p. 5, para. 7).

[96] So Ago auf der 29. ILC-Session (A/CN.4/SR.1430, p. 10, para. 26). Er machte ferner auf die Unterschiede bezüglich der Rechte und Pflichten aufmerksam (A/CN.4/SR.1432, p. 14, para. 26). Indirekt für Unterscheidungen trat Quentin-Baxter ebenfalls ein (A/CN.4/SR.1431, p. 16, para. 29).

[97] Vgl. ILC-Report on July 1982, Suppl. No. 10 (A/37/10), p. 16, para. 41.

[98] So z.B. der Regierungsvertreter der damaligen DDR (A/C.6/35/SR.47, p. 6, para. 14) im Rechtskomitee.

[99] Vgl. A/CN.4/350/Add. 6, auch in: ILC-Report on July 1982, Suppl. No. 10 (A/37/10), p. 291/292. Ähnlich auch in der ungarischen Regierungsstellungnahme vom 20.03.1981 (in: ILC-Report 1981, Annex II, A/CN.4/339/Add. 1–8, p. 431) und in den Stellungnahmen der damaligen DDR vom 26.05.1981 (A/CN.4/339/Add. 6, p. 3, para. 2, also in: ILC-Report 1981, op. cit., p. 423) und vom 30.04.1982 (A/CN.4/350/Add. 4, also in: ILC-Report on July 1982, Suppl. No. 10 (A/37/10), pp. 295/296.

[100] Vgl. hierzu die Beratungen in: A/CONF.129/C.1/SR.9, pp. 2–12 auf der Grundlage von sechs Änderungsvorschlägen (A/CONF.129/C.1/L.17; L.22–23; L.28; L.30–31).

[101] Das „internal law" würde nach Reuter legislative und exekutive Gewalt voraussetzen, was nur bei Staaten üblich ist (A/CN.4/279, pp. 23/24, para. 1/2).

[102] Vgl. A/CN.4/1277, p. 7, para. 16. Damit konnten die vorhandenen Probleme nicht gelöst werden. Es wurde dennoch sehr richtig klargestellt, daß es in diesem Kontext bei den Organisationen um Völkerrecht geht.

[103] Die Existenz eines solchen Rechts wurde von Ushakov verneint (A/CN.4/SR.1277, p. 12).

[104] Reuter wies gleich in seinem 1st report darauf hin (A/CN.4/258, pp. 22/23, para. 35).

[105] Vgl. A/CN.4/271. p. 15. para. 49. Im 3rd report betonte Reuter den neutralen Charakter der Formulierung „relevant rules" der Organisation (A/CN.4/279, p. 45, para. 26).

[106] Vgl. A/CN.4/SR.1277. p. 9. Ustor wollte offenkundig die direkte Abhängigkeit der „relevant rules" vom Willen der Gründerstaaten erstellen, was zu begrüßen ist.

[107] In: ILC-Yearbook 1977, Vol. II, Part Two (Doc. A/32/10). Sie wurde in der ersten und zweiten Lesung (in: ILC-Report vom Juli 1982, Suppl. No. 10 (A/37/10), p. 27 unverändert angenommen.

[108] Vgl. in: ILC-Report 1981, Annex II, A/CN.4/339. Add. 1–8, p. 434, para. 2. Jugoslawien hingegen war mit der Formulierung einverstanden (ibid., p. 450).

[109] Vgl. in: Ibid., p. 423, auch A/CN.4/339/Add. 6, p, 3, para.3.

[110] See in: ILC-Yearbook 1981 (Suppl., A/36/10), Vol. II, p. 297, para. 6.

[111] Lediglich Vallat (A/CN.4/SR.1644, p. 14) schlug vor, die in Frage kommende Bestimmung des Artikelentwurfs 2 zu streichen, um die Einführung neuer Begriffe zu vermeiden. Es wurde ferner die Meinung geäußert, die verschiedenen Quellen der Regeln auf ein unterschiedliches Niveau zu bringen (Barboza, A/CN.4/SR.1645, p. 7).

[112] Hierfür gab McCaffrey eine interessante und akzeptable Begründung: Die „relevant rules" sind entwicklungsfähig, aber unter Umständen ohne ausreichende Kenntnis und Beteiligung der Mitgliedstaaten entwickelt; das Gründungsdokument ist zwar starr und ziemlich unveränderlich, aber dafür allgemein bekannt (A/CN.4/SR.1706, p. 6).

[113] Balanda kritisierte speziell das Adjektiv „relevant". Er wollte nicht einsehen, daß es vielleicht auch nicht relevante Regeln gäbe (A/CN.4/SR.1705, p. 9). Nach dem ILC-Kommentar von 1982 soll durch das Adjektiv „relevant" unterstrichen werden, daß nur „regelnsetzende Beschlüsse und Resolutionen" gemeint sind (See in: ILC-Report vom Juli 1982, Suppl. No. 10 (A/37/10), p. 35, para. 25).

[114] Vgl. in: ILC-Report on July 1982, suppl. No. 10 (A/37/10), p. 35, para. 25.

[115] Zugleich betonte Reuter, daß der ursprünglich in Erwägung gezogene Begriff „internal law of an organization" verworfen wurde (A/CN.4/285, p. 37, para. 3).

[116] Diese Auffassung wurde vertreten von: Ushakov, Sette Cámara und Njenga (A/CN.4/SR.1435, para. 39, 41, 42), Díaz Conzáles, Tabibi und Francis (A/CN.4/SR.1436, para. 3, 4, 15, 16).

[117] Vgl. in: Ibid., para. 16. Die von Francis vorgeschlagene Unterscheidung deutet auf eine Normenhierarchie hin. Das substantielle Problem des Absatzes 2 des Artikelentwurfs 27 auch nach der 2. Lesung bestand darin, daß ein Hinweis auf den Vorrang der Gründungsverträge gegenüber allen Verträgen einer Organisation fehlte. Deswegen wurde diese Bestimmung von der damaligen DDR in ihrer Stellungnahme kritisiert (A/CN.4/339/Add. 6, p. 3, para. 4).

[118] Vgl. A/CN.4/319, pp. 16, 21/22, para. 11. Auf der 31. ILC-Session sprachen sich für die 1. Variante Schwebel und Jagota (A/CN.4/SR.1551, p. 7, para. 11; p. 9, para. 16), Verosta und Castañeda (A/CN.4/SR.1552, p. 8, para. 19; p. 9, para. 22) aus. Sie unterstrichen die größere Rechtssicherheit der Vertragsseiten. Die zweite Variante wurde von Pinto und Evensen (A/CN.4/SR.1551, p. 5, para. 4; p. 6, para. 7) und Tabibi (A/CN.4/SR.1552, p. 3, para. 3) unterstützt. Ihnen ging es in erster Linie um die Betonung der Besonderheiten der Organisationen gegenüber den Staaten.

[119] Nach dem ILC-Kommentar von 1982 wird die Staatenpraxis dadurch deutlich, daß der Wille des Staates, an einem Vertrag gebunden zu sein, durch einen hochgestellten Beamten (Staatsoberhaupt, Außenminister) zum Ausdruck gebracht wird. Solche Beamte gibt es jedoch bei den internationalen Organisationen nicht. Titel, Kompetenzen etc. sind von einer Organisation zur anderen unterschiedlich. Es gibt also keine Leitlinien und Standards zur Bestimmung des Verhaltens einer Organisation. Es können aber andere Kriterien herangezogen werden, wie das Prinzip des Guten Glaubens. Ein weiteres Kriterium ist, daß die Ungültigkeit in Anspruch genommen werden kann, wenn die Vertragspartner die Verletzung hätten bemerken können, es aber nicht getan haben (see in: ILC-Report vom Juli 1982, Suppl. No.10 (A/37/10), pp. 107/108, para. 5).

[120] Vgl. ILC-Bericht in: ILC-Yearbook 1981 (Suppl., A/36/10), Vol. II, p. 296, para. 4. Die ILC wiederholte dies im Bericht vom Juli 1982 (Suppl. No. 10 (A/37/10), p. 42, para. 4).

[121] Vgl. in: ILC-Report 1981, Annex II, A/CN.4/339/Add. 1–8, p. 423, auch: A/CN.4/339/Add. 6, p. 3, para. 3. Der Vertreter der ehemaligen DDR im Rechtskomitee der XXIX. Tagung der UN-Generalversammlung stellte klar: „In keinem Fall darf sich die Praxis unabhängig oder gar entgegen den von den Mitgliedstaaten auf der Basis der souveränen Gleichheit vereinbarten Gründungsdokumenten der betreffenden internationalen Organisationen entwickeln“ (Doc. A/C.6/SR.1486, p. 18).

[122] Vgl. A/CN.4/350, p. 11. Die westlichen Regionalorganisationen waren bezeichnenderweise mit den Artikelentwürfen nicht sonderlich zufrieden, weil der Spezialberichterstatter ihnen zu vorsichtig war.

[123] So Al-Qaysi zum Artikelentwurf 45. Nach seiner Meinung kann das Verhalten einer internationalen Organisation aus ihrer eingebürgerten Praxis ermittelt werden (A/CN.4/SR.1720, p. 9).

[124] Ferner bedeutet „established practice“ nicht nur gegenwärtig und in der Vergangenheit geübte Praxis, sondern auch die zukünftige (Reuter, A/CN.4/SR.1720, pp. 10/11). Die ILC spezifizierte das Adjektiv „established“ dahingehend, daß es sich um eine „sichere“ Praxis handelt (A/CN.4/L.344/Add. 1, p. 13, para. 25).

[125] Sie ist im Gegenteil individuell. Es gibt konkret (Artikelentwurf 7) keine Repräsentanten der internationalen Organisationen, die nach einer allgemeinen Regel des Völkerrechts kompetent wären, ihre Zustimmung auszudrücken (A/CN.4/SR.1721, p. 6/7). Deswegen ist nach Auffassung der ILC die regelbildende Rolle der Praxis bei den einzelnen Organisationen unterschiedlich und von den Satzungen abhängig (A/CN.4/L.344/Add. 1, p. 20, para. 4/5).

[126] Sie diente als Vorbild für den Artikelentwurf 2, Absatz 1, Buchstabe (j). Vgl. Text der Konvention von 1975 in: Völkerrecht, Dokumente, Band 3. Berlin 1980, S. 928.

[127] A/CONF.129/4, p. 18.

[128] Vgl. A/CONF.129/C.1/SR.3, p. 5. Die Schweiz vertrat in ihrer Stellungnahme von 1983 die Ansicht, daß die Begriffe „Decisions“ und „Resolutions“ sich auf die UNO beschränken. Für andere Organisationen würden andere Begriffe gelten, wie z. B. „Akte“. Deswegen sollte dies berücksichtigt werden. See in: A/CONF.129/5, p. 112.

[129] So wurde in der österreichischen Stellungnahme von 1982 diese Bestimmung als Kompromiß zwischen zwei unterschiedlichen Auffassungen von den Quellen der Vertragsfähigkeit von internationalen Organisationen betrachtet. See in: Ibid., p. 111.

[130] In der norwegischen Regierungsstellungnahme von 1982 wurde der pragmatische Charakter des Artikelentwurfs betont. Er würde außerdem die Realität in den internationalen Beziehungen widerspiegeln. See in: Ibid., p. 119.

[131] Vgl. in: Ibid., p. 113. Im Unterschied von ihr unterstrich die EWG in ihrer Stellungnahme von 1983 die besondere Bedeutung des Artikelentwurfs 2 vor allem für die Interpretation und Anwendung anderer Bestimmungen, z. B. des Artikels 6. Vgl. in: Ibid., p. 113.

[132] Der mexikanische Änderungsvorschlag lautete: Gründungs- und andere Regeln der Organisation: Das Gründungsdokument, relevante Regeln, Resolutionen, Beschlüsse und die eingebürgerte Praxis sowohl der Organisation selbst als auch ihrer Organe (A/CONF.129/C.1/L.6).
[133] Der chinesische Änderungsvorschlag hatte folgenden Wortlaut: Gründungsdokumente der Organisationen, ihre relevanten Akte und die eingebürgerte Praxis, basierend auf den Gründungsdokumenten (A/CONF.129/C.1/L.15). Bei diesem Vorschlag wird offenkundig dem Gründungsdokument besondere Bedeutung beigemessen.
[134] A/CONF.129/C.1/L.2.
[135] Vgl. in: A/CONF.129/C.1/SR.3. Der kubanische Vertreter betonte vor allem, daß die Praxis der Organisation auf dem Gründungsdokument beruhen muß.
[136] Vgl. in: A/CONF.129/C.1/SR.2, p. 10 and SR.6, p. 4.
[137] So der irakische Vertreter (A/CONF.129/C.1/SR.3, p. 2).
[138] Z.B. die Vertreter Chinas (A/CONF.129/C.1/SR.4, p. 2) und der WHO (A/CONF.129/C.1/SR.3, p. 4).
[139] So die Vertreter der Schweiz (A/CONF.129/C.1/SR.2, p. 13), Chinas (SR.3, pp. 3/4), Brasiliens, der Kapverden und Ungarns (SR.6, pp. 7, 8, 12). Bereits in den Regierungsstellungnahmen Jamaicas von 1982 und Uruguays von 1983 wurde eine ähnliche Forderung erhoben. See in: A/CONF.129/5, pp. 119/121.
[140] Vgl. A/CONF.129/C.1/L.70.
[141] A/CONF.129/4, p. 38.
[142] So die Vertreter Griechenlands, der EWG, Indiens, Argentiniens, Irans, Pakistans, der USA, Islands, Sudans und der BRD (A/CONF.129/C.1/SR.14, pp. 9–12).
[143] A/CONF.129/C.1/L.37.
[144] Vgl. in: A/CONF.129/C.1/SR.14, pp. 7, 12.
[145] Vgl. in: Ibid., p. 14 (Vertreter der WHO).
[146] So die Vertreter der Vereinigten Arabischen Emirate und Lesothos. See in: Ibid., p. 11.
[147] Zu nennen sind vor allem die Vertreter der Niederlande, Pakistans, Griechenlands, Indiens und der USA. See in: A/CONF.129/C.1/SR.14, pp. 8–11.
[148] So die Vertreter Ägyptens, Argentiniens und der BRD. See in: Ibid., pp. 9–11.
[149] A/CONF.129/C.1/L.39.
[150] Vgl. in: A/CONF.129/5, p. 148.
[151] Vgl. in: Ibid., p. 147.
[152] Vgl. in: A/CONF.129/C.1/SR.14, pp. 8 und 10.
[153] Vgl. in: Ibid., pp. 9 und 10.
[154] Z.B. die Vertreter der Niederlande, Ägyptens, Australiens, Indiens, der USA, der Vereinigten Arabischen Emirate, Lesothos, Sudans und der BRD. See in: Ibid., pp. 8–12.
[155] A/CONF.129/A, p. 51.
[156] Vgl. die Regierungsstellungnahme Jamaicas von 1982 (A/CONF.129/5, p. 118) und die Erklärung des französischen Vertreters auf der Kodifikationskonferenz (A/CONF.129/C.1/SR.17, p. 13).
[157] Vgl. A/CONF.129/C.1/L.48/Rev.1. Bereits in der österreichischen Regierungsstellungnahme von 1982 machten sich solche Änderungsabsichten bemerkbar (A/CONF.129/5, p. 185).
[158] Vgl. A/CONF.129/C.1/L.52.
[159] A/CONF.129/C.1/L.55.
[160] So die Vertreter der Niederlande, Pakistans, der UdSSR, Kubas, Dänemarks, Chinas, des Sudan, Spaniens, Nigerias und der Schweiz. See in: A/CONF.129/C.1/SR.17, pp. 12–16.

[161] Gegen ihn wandten sich vor allem die Vertreter der Niederlande, des Irak und Griechenlands. See in: Ibid., pp. 12, 14/15. Teilweise wurde er von den Vertretern der UdSSR und Nigerias unterstützt. See in: Ibid., pp. 11, 14/15.
[162] Z. B. die Vertreter Agyptens, Tunesiens und Japans. See in: Ibid., pp. 9–11. Eine ähnliche Position wurde bereits in der bulgarischen Regierungsstellungnahme von 1982 bezogen. See in: A/CONF.129/5, p. 186. Nur der Vertreter des Internationalen Währungsfonds war der Ansicht, daß Organisationen eine eigene Praxis besitzen (A/CONF.129/C.1/SR.17, p. 13).
[163] Vgl. in: Ibid., p. 14.
[164] Vgl. z. B.: Dictionary of international law. Ed. by B. M. Klimenko/B. F. Petrovskii/I. M. Rybakov. Moscow 1982, pp. 19 and 161; S. V. Tshernitshenko: Juridical nature of internal law of the international organizations. In: SEMP 1971. Moscow 1973, pp. 75–77; E. A. Shibaeva/M. Potočny: Juridical questions of the structure and activity of international Organizations. Moscow 1980, p. 75.
[165] Diese Formulierung wurde in einem von fünfzehn Regierungsvertretern ausgearbeiteten Dokument bereits 1982 geprägt (A/C.6/37/L.28).
[166] Dann aber stehen Probleme des „supranationalen" Rechts im Mittelpunkt. So z. B. J. D. González Campos/L. I. Sánchez Rodriguez, ausgehend von dem Regelungsmechanismus der EG. See Curso de Derecho internacional público. Oviedo 1980, p. 167.
[167] Über die Organisationsstruktur der internationalen Organisationen gibt K. Zemanek einen umfassenden Überblick. See Das Vertragsrecht der der internationalen Organisationen. Wien 1957, S. 31–42.
[168] Ibid., p. 62. Die Mitgliedstaaten haben selbstverständlich das Recht darüber zu entscheiden, welchem Organ sie die Vertragsabschlußbefugnis übertragen. See E. A. Schibajewa: Über die internationalen Verträge der internationalen Organisationen. Moskau 1970, S. 243 and V. Moravjetski: Funktionen der internationalen Organisationen. Moskau 1976, p. 78 (beide in Russisch).
[169] Deswegen kann der Meinung W. Göttelmanns nicht zugestimmt werden, nach der Organe einer internationalen Organisation ohne weiteres das Recht hätten, ihre Kompetenzen auf andere Organe zu delegieren. See Die Delegation hoheitlicher Befugnisse internationaler Organisationen und ihrer Organe, Dissertation. Saarbrücken 1968, S. 9–12.
[170] In einem solchen Fall spricht Reuter von einem ständigen Revisionsrecht des Hauptorgans einer internationalen Organisation. See Les organes subsidiaires des organisations internationales. In: Hommage d'une génération de juristes au Président Basdevant. Paris 1960, p. 433.
[171] Nach dem Artikel 43 geht es um den Abschluß von Verträgen über die „UN-Truppen". Gemäß Artikel 63, Absatz 1 bedürfen jedoch bestimmte Vereinbarungen des Sicherheitsrates der Genehmigung der UN-Generalversammlung. Vgl. in: Völkerrecht, Dokumente, Teil 1. Berlin 1973, pp. 157, 163/164 und 165.
[172] Für Vereinbarungen zwischen der IAEA und anderen internationalen Organisationen ist die Zustimmung der Generalkonferenz erforderlich (Artikel XVI, A.). Vgl. in. UNTS 276, p. 4 sowie in: BGBl. 1958 II, p. 4. Nach der WHO-Konvention bedarf es bei Abkommen mit der UNO und anderen Organisationen der Zustimmung von 2/3 der Mitgliedstaaten (Artikel 24 und 25). Vgl. in: UNTS 14, p. 185 sowie BGBl. 1974 II, p. 43.
[173] Nach dem Artikel 65 der ICAO ist der Rat dazu befugt, Vereinbarungen mit anderen Organisationen über die Unterhaltung gemeinsamer Dienste und über Personalfragen zu treffen. Somit ist die Vertragsabschlußbefugnis nur auf solche Verträge beschränkt. Für alle anderen Abkommen ist die Zustimmung der Versammlung erforderlich (Artikel 64 und 65). Vgl. in. UNTS 15, p. 295 sowie in: BGBl. 1956 II, p. 411. Die WHO-Verfassung nimmt ebenfalls eine Kompe-

tenzaufteilung vor. Während sich mit substantiellen Fragen die Generalversammlung befaßt (Artikel 69 und 70), darf gemäß Artikel 33 der Generaldirektor mit den Mitgliedstaaten Übereinkommen über das Verfahren seiner Zusammenarbeit mit den verschiedenen Regierungsbehörden sowie mit nationalen Gesundheitsorganisationen treffen. See in: op. cit.

[174] Bei Fragen, auf die es ankommt, bedarf es also der Zustimmung des Plenarorgans, in dem die Mitgliedstaaten vertreten sind. See in: UNTS 4, p. 275 sowie in: BGBl. 1971 II, p. 471.

[175] Convention on the Law of the Sea, A/CONF.62/122, 7 October 1982.

[176] Hier ist die Abhängigkeit eines hohen Beamten von einem Kollektivorgan ersichtlich. Ibid.

[177] Teilweise zu ähnlichen Schlußfolgerungen gelangt auch L. Bota, nachdem er die Satzungen der internationalen Organisationen unter dem Gesichspunkt des Abschlusses von Sitzabkommen analysiert hatte. See The capacity of international organizations to conclude Head-quarter Agreements and some features of these agreements. In: Agreements of international organizations and the Vienna Convention on the law of treaties. Hrsg. von K. Zemanek. In: OZöRV, Suppl. 1, Wien 1971, p. 80.

[178] Vgl. den ILC-Kommentar zum Artikelentwurf 7 (ILC (XXVIII)/Conf. Room. Doc. 4, 09.06.1976, pp. 339/340.

[179] In diesem Kontext sprach er von einem allgemeinen Prinzip des Nichtvorlegens von Bevollmächtigungsdokumenten (A/CN.4/285, p. 9, para. 4; p. 11, para. 7/8).

[180] Vgl. ILC (XXVIII) Conf. Room Doc. 4, 09.06.1976, pp. 338/339.

181 Vgl. ILC-Report on July 1982, Suppl. No. 10 (A/37/10). p. 8, para. 10; p. 24, para. 7; pp. 26/27, para. 14/15. In der kanadischen Regierungsstellungnahme vom 25.04.1980 wurde ebenfalls empfohlen, beim Vorsitzenden des Exekutivrates einer internationalen Organisation vom Vorlegen von Vollmachten abzusehen. Andere Vertreter sollten jedoch entsprechende Vollmachten vorweisen (see in: ILC-Report, Annex II, A/CN.4/339/Add. 1–8, p. 417).

[182] Vgl. den Text der ersten Fassung in: ILC (XXXIII)/Conf. Room Doc. 2, 04.05.1981, p. 5 (Artikelentwurf 7) und p. 27 (Artikelentwurf 47) und Text der zweiten Lesung in: ILCReport on July 1982, Suppl. No. 10 (A/37/10), p. 43 und 110.

[183] Vgl. ILC-Report on July 1982, Suppl. No. 10 (A/37/10). p. 49. para. 15.

[184] Vgl. B. A. Shibaeva: On international agreements ..., op. cit., p. 243.

[185] Die diesbezüglich vertretenen Auffassungen wurden von H. Neuhold fast vollständig erfaßt und analysiert. See Organs competent to conclude treaties for international organizations and the international procedure leading to the decision to be bound by a Treaty. In: K. Zemanek (Ed.): Agreements of international organizations ... Ibid., p. 216.

[186] Hierüber schlug 1969 ein Forschungsseminar der Haager Akademie einen eigenen Artikelentwurf vor: a) Das Gründungsdokument soll die Organe mit Vertragsabschlußfähigkeit bestimmen; b) Beim Fehlen ausdrücklicher Bestimmungen im Gründungsdokument sollen folgende Organe als mit der Vertragsabschlußbefugnis ausgestattet betrachtet werden: Das Plenarorgan oder andere Organe, insbesondere der „höchste Verwaltungsbeamte", wenn der infrage kommende Vertrag im Rahmen „autonomer Funktionen" gehört; jeder andere Verwaltungsbeamte, dessen Vertragsabschlußfähigkeit im Zusammenhang mit seiner Funktion ersichtlich ist. Vgl. bei: Ibid., pp. 268, 106. So R.-J. Dupuy in dem von ihm vorgelegten Artikelentwurf 5, Buchstabe (b). See L'application des régles du droit international général des traités aux accords conclus par les organisations internationales. In: Annuaire de l'Institut de Droit International 1973, Vol. 55, p. 281. Diese Auffassung hat nach J. W. Schneider breite Anerkennung gefunden. See Treaty Making Power of International Organizations. Genf 1959, p. 61.

[187] See more detailed H. Rudolph: Internationale Rohstoffabkommen und Internationaler Rohstoffonds. Berlin 1983, p. 92.

[188] Verfechter dieser Auffassung sind vor allem: F. Seyerstedt in seiner Stellungnahme zu R.-J. Dupuy: L'application des régles ... Ibid., p. 354; G. Jaenicke: Die Sicherung des übernationalen Charakters der Organe internationaler Organisationen. In: ZaöRV, 1951, Nr. 1–2. Er fordert im Grunde supranationale Vertretungs- und Vertragsabschlußbefugnisse für die höchsten Verwaltungsbeamten von internationalen Organisationen. Ausgehend von den Aufgaben z.B. des Generalsekretärs einer internationalen Organisation, betrachtet Jaenicke ihn als Repräsentanten der Mitgliedsländer und plädiert für dessen „supranationale" und „gegenüber allen Mitgliedstaaten gleichmäßig unabhängige Stellung" (S. 65).

[189] See: T. I. H. Detter: The organs of international organizations exercising their treaty-making power. In: The British Yearbook of international Law, Vol. 38, p. 426. London 1964; G. Jaenicke: Die Sicherung des übernationalen Charakters ... Ibid., p. 65; R.-J. Dupuy: Le droit des relations entre les organisations internationales. In: Recueil de Cours, Académie de droit internationale, Tome II, p. 498. Den Haag 1960.

[190] Es wurde außerdem festgelegt, daß für den Generaldirektor keine Vollmacht zum Vertragsabschluß benötigt wird (UNTS 463:11).

[191] See H. Neuhold: Organs competent to conclude treaties ... Ibid., p. 208.

[192] In der Fachliteratur wird mitunter die Ansicht vertreten, daß der Generalsekretär einer Organisation von einer untergeordneten Stellung ist und aufgrund dessen ebenfalls nur in untergeordneten Fragen (z.B. Verwaltung und Technik) eine gewisse Vertragsabschlußbefugnis besitzt. See: R.-J. Dupuy: Le droit des relations entre ... Ibid., pp. 513/514; P. Reuter in seiner Stellungnahme zu R.-J. Dupuy: L'application des régles ... Ibid., p. 326. Dieser Meinung kann man nur bedingt zustimmen, weil Verwaltungs- und technische Abkommen oft sehr interpretationsfähig zu sein vermögen. Problematisch wird es auf alle Fälle, wenn sich aus solchen Abkommen finanzielle Belastungen für die Mitgliedstaaten einer Organisation ergeben.

[193] See by H. Neuhold: Organs competent to conclude treaties ... Ibid., p. 268. Eine ähnliche Ansicht vertreten auch R.-J. Dupuy: L'application des régles ... Ibid. und Balladore Pallieri in seiner Stellungnahme zu R.-J. Dupuy (pp. 271, 490).

[194] Aus diesem Grund wendet sich T. I. H. Detter ebenfalls gegen diese Auffassung. Sie schlägt eine andere Lösung vor: Das Organ mit den meisten Befugnissen sollte auch die Vertragsabschlußkompetenz besitzen. See The organs of international organizations ... Ibid., p. 423, 426. Zu Nuancierungen dieser Auffassung see ausführlicher T. Ansbach: Die Vertragsfähigkeit internationaler Organisationen mit Koexistenzcharakter und angrenzende Aspekte ihrer Völkerrechtssubjektivität, Dissertation A. Leipzig 1977, p. 106.

[195] A/CONF.129/A, p. 23.

[196] Vgl. in: A/CONF.129/5, p. 117.

[197] Vgl. in: Ibid., p. 118.

[198] Vgl. in: Ibid., p. 121.

[199] Vgl. in: Ibid., p. 120.

[200] Vgl. in: Ibid., p. 121.

[201] Vgl. in: Ibid., p. 119.

[202] Vgl. in: Ibid., p. 11 7.

[203] Es wurde zugleich empfohlen, den Artikelentwurf 6 nicht gegen die Vertragsfähigkeit der Organisationen zu interpretieren. See in: Ibid., p. 119.

[204] Vgl. in: Ibid., p. 122.

[205] Vgl. in: Ibid., p. 119, 121.

[206] So die Vertreter der EWG, der Schweiz, Ägyptens, Dänemarks, der UNIDO, Ungarns und der damaligen DDR. Letzterer schlug aber vor, den Begriff „rules" genauer zu definieren. See

in: A/CONF.129/C.1/SR.6, pp. 8–12. Eindeutig dagegen war nur der iranische Vertreter (ibid., p. 6).

[207] Z. B. die Vertreter Indiens („Kompromiß zwischen konträren Auffassungen"), Spaniens („wie ein salomonisches Urteil"), Dänemarks („Ausgleich verschiedener Schulen"), Islands, der WHO (realistisches Herangehen und Flexibilität), Australiens, der Ernährungs- und Landwirtschaftsorganisation (vernünftig, pragmatisch, realistisch), des Internationalen Fonds für Landwirtschaftsentwicklung (flexibel) und der OAS. See in: Ibid., pp. 6–12.

[208] So die Vertreter der Ukraine und Rumäniens. See in: Ibid., pp. 2, 4.

[209] So die Vertreter der Ukraine und der ČSR. See in: A/CONF.129/C.1/SR.6, pp. 2, 4.

[210] So der Vertreter Griechenlands. See in: Ibid., p. 3.

[211] So der Vertreter Venezuelas. See in: Ibid., p. 9.

[212] Z. B. der Vertreter der BRD. See in: Ibid., p. 7.

[213] Z. B. der Vertreter der FAO. See in: Ibid., p. 11.

[214] So die Vertreter der WHO und der Schweiz. See in: Ibid., pp. 9–11.

[215] Der Vertreter des Europarates meinte, daß sich die Vertragsfähigkeit aus dem Völkerrecht ergibt, während die „rules" nur die Grenzen und die Bedingungen für die Ausübung der Vertragsfähigkeit festlegen. See in: Ibid., p. 12.

[216] So der Vertreter Ägyptens. See in: Ibid., p. 9.

[217] A/CONF.129/C.1/L.3.

[218] Vgl. in: Ibid., p. 13.

[219] Vgl. A/CONF.129/C.l/L.7.

[220] Vgl. speziell die Erklärungen der Vertreter der UNIDO, der UNESCO und der FAO (A/CONF.129/C.1/SR.6, pp. 11/12).

[221] Vgl. die Änderungsvorschläge der Regierungsdelegationen Österreichs (A/CONF.129/C.1/ L.8), Tunesiens (L.13), Frankreichs (L.20), Kubas (L.25), Japans und Großbritanniens (L.26) und der UdSSR (L.29). Sie bezogen sich hauptsächlich auf Formulierungen.

[222] Vgl. A/CONF.129/C.l/L.16.

[223] So vor allem die Vertreter Großbritanniens, der UNESCO, der UNO und der Schweiz (A/CONF.129/C.1/SR.7, pp. 5–12) sowie die Vertreter Kuwaits, der BRD and der Niederlande (SR.8, pp. 9/10).

[224] Vgl. insbesondere die Erklärungen der Vertreter Nigerias, Irans und der UdSSR (A/CONF.129/C.1/SR.7, pp. 11/12) sowie jene der Vertreter Polens, Perus und Venezuelas (SR.8, pp. 2, 5).

[225] Vgl. A/CONF.129/C.l/L.43.

[226] Vgl. T. Ansbach/P. Terz: Zum Stand der Kodifikation des Vertragsrechts der internationalen Organisationen. In: Deutsche Außenpolitik. 1980, Nr. 7, S. 74; auch P. Terz/T. Ansbach: Die Kodifizierung des Vertragsrechts internationaler Organisationen. – Theoretische Probleme. In: Wissenschaftliche Zeitschrift der Universität Leipzig. Leipzig 1982, Nr. 4, S. 373.

[227] Völkerrecht, Lehrbuch, Vol. 1. Berlin 1981, S. 188.

[228] In den Artikeln 19–23 werden die Modalitäten bezüglich der Erklärung von Vorbehalten, der Einsprüche dagegen, der Rechtsfolgen und der Verfahrensfragen geregelt. See Doc. A/CONF.39/27. In: A/CONF.39/11/Add. 2, pp. 288, 291/292.

[229] Dieses methodische Vorgehen entsprach der Konzeption Reuters von der Gleichberechtigung und Gleichbehandlung von Staaten und Organisationen vollauf (A/CN.4/285, pp. 27–32).

[230] Reuter zeigte im ausschließlich den Vorbehalten gewidmeten 5. Bericht Bereitschaft, die zwischen Staaten und internationalen Organisationen wenigstens teilweise zu beachten. Dabei bezogen sich die wichtigsten Neuerungen auf den Absatz 2 des Artikelentwurfs 19bis und den

Absatz 1 des Artikelentwurfs 20bis. Die erste Bestimmung lautete: 2. Ungeachtet der im vorhergehenden Absatz festgelegten Regel kann im Fall eines Vertrages zwischen Staaten und internationalen Organisationen über die Abhaltung einer internationalen Konferenz unter den in Artikel 9, Absatz 2 dieser Artikelentwürfe vorgesehenen Bedingungen, wonach er weder aus der beschränkten Zahl der verhandelnden Staaten noch aus dem Gegenstand und Zweck des Vertrages hervorgeht, daß die Anwendung des Vertrages in seiner Gesamtheit zwischen allen Parteien eine wesentliche Bedingung für die Zustimmung jedes einzelnen ist, durch den Vertrag gebunden zu sein, ein Vorbehalt formuliert werden ... Der Artikelentwurf 20, Absatz 1 lautete: Ein ausdrücklich durch den Vertrag oder in irgendeiner anderen Weise durch alle vertragschließenden Staaten und internationalen Organisationen genehmigter Vorbehalt bedarf keiner späteren Annahme durch die anderen vertragschließenden Staaten oder internationalen Organisationen, wenn nicht der Vertrag dies vorsieht oder es anderweitig festgelegt wurde (A/CN.4/290, pp. 19 and 21).

[231] So Ago (A/CN.4/SR.1430, p. 10, para. 26), Quentin-Baxter, wieder Ago und indirekt auch Reuter (A/CN.4/SR.1431, p. 16, para. 29; A/CN.4/SR.1432, p. 14, para. 26; A/CN.4/SR.1433, pp. 4/5, para. 7), Reuter (A/CN.4/SR.1429, p. 6, para. 6).

[232] So Šahović (A/CN.4/SR.1431, p. 18, para. 37), Vallat und Reuter (A/CN.4/SR.1432, p. 10, para. 17 und A/CN.4/SR.1433, p. 9, para. 14). Reuter trat dafür ein, die Bedingungen zu spezifizieren, unter denen Staaten und Organisationen die gleiche Stellung besitzen würden. An derartige Fälle hätte er gedacht, als er die Artikelentwürfe 19bis und 20bis entwarf. Eindeutig gegen eine Gleichberechtigung von Staaten und Organisationen beim Geltendmachen von Vorbehalten äußerten sich einige Kommissionsmitglieder, darunter insbesondere Quentin-Baxter (A/CN.4/SR.1431, p. 16, para. 29).

[233] So Vallat und Sette Câmara (A/CN.4/SR.1432, pp. 11/12, para. 19 und A/CN.4/SR.1433, pp. 14/15, para. 34), Reuter, (ibid., p, 6, para. 10).

[234] Vgl. A/CN.4/L.261, pp. 7/8, para. 13. Die Möglichkeit für die Organisationen, Vorbehalte abzugeben, wurde ferner mit ihrer Teilnahme an multilateralen Verträgen universellen Charakters in Verbindung gebracht. Die Teilnahme wurde dabei mit der Interessenlage einer Organisation begründet (Reuter, A/CN.4/SR.1433, p. 5, para. 8), die jedoch keine Ähnlichkeit mit der Interessenlage von Staaten aufweist (Ago, A/CN.4/SR.1429, p. 11, para. 16).

[235] Z.B. Šahović (A/CN.4/SR.1430, p. 9, para. 24), Calle y Calle (A/CN.4/SR.1431, p. 6, para. 4) und Reuter (A/CN.4/SR.1433, pp. 7/8, para. 12). Reuter beschränkte die Anwendung des „liberalen Systems" auf die Verträge zwischen internationalen Organisationen.

[236] Z.B. in: A/CN.4/SR.1430, p. 13, para. 33. Diese Auffassung hat sich dann in den von ihm vorgeschlagenen Artikelentwürfen 19 bis 23 widerspiegelt (A/CN.4/L.253).

[237] Z.B. in: A/CN.4/SR.1430, pp. 10/11, para. 27.

[238] in: A/CN.4/SR.1433, p. 11, para. 20.

[239] Z.B. A/CN.4/L.261, p. 5, para. 8. Der ILC-Standpunkt richtete sich eindeutig gegen Ushakovs Auffassung und die von ihm vorgelegten Artikelentwürfe.

[240] Vgl. ibid., pp. 5–8, para. 8–15. Bei dieser differenzierten Betrachtungsweise ging die ILC von der inzwischen weiterentwickelten Konzeption Reuters aus (A/CN.4/SR.1433, p. 10, para. 17).

[241] Vgl. in: A/CN.4/SR.1433, p. 11. para. 19. Ushakov schlug eine Zweiteilung des entsprechenden Artikelentwurfs vor, um die Unterschiede zwischen Staaten und Organisationen berücksichtigen zu können (A/CN.4/SR.1434, pp. 5/6, para.9).

[242] Vgl. A/CN.4/L.261, pp. 19–22. Zur Beratung der Vorbehaltsartikelentwürfe vgl. auch ILC-Yearbook 1977, Vol. I, pp. 70–103 und Vol. II, Part Two, pp. 109–111.

[243] Vgl. Report of the Sixth Committee 1977 (Doc. A/32/433, para. 169–178) und 1978 (Doc. A/33/419, para. 228).
[244] Z.B. in den Stellungnahmen der BRD (A/CN.4/339, p. 12/13) und Ungarns (A/CN.4/339/ Add. 1, p. 2). In der ungarischen Stellungnahme wurde gefordert, die Artikelentwürfe besser und deutlicher zu formulieren.
[245] In den Stellungnahmen der Ukraine (A/CN.4/339, p. 15), Bulgariens (A/CN.4/339/Add. 6, p. 2) und Ungarns (ibid.) wurde auf die Notwendigkeit hingewiesen, auch bei der Erarbeitung der Artikelentwürfe zu den Vorbehalten die begrenzte Rechtsfähigkeit der internationalen Organisationen unbedingt zu beachten. Die damalige DDR schlug vor, in den Artikelentwürfen die Möglichkeit einer stillschweigenden Annahme von Vorbehalten durch die Organisationen auszuschließen (A/CN.4/339/Add. 6, para. 9, auch in: ILC-Report 1981, Annex II, A/CN.4/339/Add. 1–8, p. 424). Nach der kanadischen Stellungnahme sollte die ILC für alternative Formulierungen für die Fälle sorgen, wo die Teilnahme einer Organisation für Gegenstand und Zweck des Vertrages nicht wesentlich ist, um mögliche Kontroversen zu vermeiden (A/CN.4/339, p. 6, auch in: ILC-Report 1981, Annex II, op. cit., p. 419). Rumänien verlangte eine strengere Festlegung der Bedingungen, unter denen Organisationen Einsprüche gegen Vorbehalte erheben dürfen (A/CN.4/339/Add. 7, p. 4). Eine ähnliche Ansicht vertrat übrigens auch der rumänische Vertreter im Rechtskomitee: Regeln, die für Staaten in Frage kommen, können nicht automatisch auf internationale Organisationen angewandt werden (A/C.6/35/SR.46, p. 2).
Die jugoslawische Regierung war gegen die Artikelentwürfe (speziell 19bis), weil Staaten und Organisationen ungleich behandelt werden (A/CN.4/339/Add. 2, p. 4).
[246] Vgl. die Regierungsstellungnahme der ČSR (A/CN.4/339/Add. 3, p. 2).
[247] A/CN.4/341, p. 35, para. 66.
[248] So Calle y Calle (A/CN.4/SR.1648, p. 15). Bereits auf der 29. ILC-Tagung qualifizierte er die Vorbehalte als eine negative Erscheinung in den Vertragsbeziehungen. Deswegen schlug er vor, sie aus den Verträgen zwischen Staaten und Organisationen auszuschalten (A/CN.4/ SR.1434, p. 4). Vallat unterbreitete den Vorschlag, die Frage der Fähigkeit der internationalen Organisationen, bei Vertragsabschlüssen mit Staaten Vorbehalte zu erklären, zurückzustellen (A/CN.4/SR.1648, p. 16).
[249] Vgl. A/CN.4/341, p. 34, para. 64.
[250] Z.B. Reuter (A/CN.4/SR.1648, p. 10), Barboza, Šahović und Quentin-Baxter (A/CN.4/ SR.1649, pp. 4, 9, 15/16). Dies veranlaßte Reuter zu konstatieren, daß die ILC die Gleichberechtigung von Staaten und internationalen Organisationen anerkennt (ibid., p. 11).
[251] Einverständnis Ushakovs, der allerdings eine Vereinfachung des Wortlautes forderte (A/CN.4/SR.1648, p. 13), und Pintos (A/CN.4/SR.1649, p. 6); Ablehnung durch Barboza (A/CN.4/SR.1649, p. 4) und Vallat (A/CN.4/SR.1650, p. 4).
[252] Daher sollte diese besondere Bestimmung bleiben (Calle y Calle und Riphagen, A/CN.4/SR.1651, p. 6). Es wurde empfohlen, sie zu überarbeiten (Ushakov, ibid., pp. 4/5).
[253] Es wurde vorgeschlagen, die Existenzberechtigung des Artikelentwurfs 19ter zu überprüfen (Reuter und Šahović, A/CN.4/SR.1651, pp. 3, 7, 9).
[254] Die Forderung nach Streichung wurde damit begründet, daß der Artikelentwurf 19ter Ungleichheiten zwischen Staaten und Organisationen fixierte (Vallat, A/CN.4/SR.1651, p. 7) bzw. den Organisationen große Schwierigkeiten bereitete (Njenga, ibid., p. 8).
[255] Vgl. in: UN, Treaty Series, 33:261.
[256] Vgl. in: UN-Juridical Yearbook 1964, S. 266, para. 6. Der UN-Generalsekretär richtete seine Rechtsauffassung in Form eines Aide-mémoire an den Vertreter eines Staates. Dabei dürfte es von besonderem Interesse sein, daß hinsichtlich der Einsprüche gegen die Vorbehalte der Staa-

ten die internationalen Organisationen nicht als Vertragspartner betrachtet wurden. Dennoch soll es Verbindungen zwischen den Staaten und den Organisationen gegeben haben, die solche Einsprüche ermöglichten. See in: ILC-Yearbook 1972, Vol. II, A/CN.4/258, p. 194 (Anmerkung 1981).

[257] Vgl. in: Multilateral treaties in respect of which the Secretary-General performs depositary functions (ST/LEG/SER.D/13, p. 335). Genaue Bezeichnung der Konvention: „Customs convention on the International Transport of Goods under Cover of TIR carnet".

[258] Die ILC stellte dann in ihrem Bericht vom 07.07.1982 befriedigt fest, daß die Artikelentwürfe gegenüber der ersten Lesung wesentlich vereinfacht und gestrafft wurden. Vgl. ILC-Report vom Juli 1982, Suppl. No. 10 (A/37/10), p. 66, para. 15. Dieser Auffassung kann entgegengehalten werden, daß die Vereinfachung der Bestimmungen nicht unbedingt ein entscheidendes Kriterium bei der Erarbeitung von Konventionen universellen Charakters sein kann. Die Seerechts-Konvention beweist, daß komplizierte Bestimmungen unter Umständen notwendig sein können.

[259] Die Übernahme des Absatzes 3 wurde erst nach der Annahme des Artikelentwurfs 5 entschieden, dessen Behandlung in der allerletzten Phase der ILC-Arbeit zu diesem Projekt erfolgte. Vgl. A/CN.4/353, pp. 21/22, para. 49/50, auch in: ILC-Report vom Juli 1982, Suppl. No. 10 (A/37/10), pp. 69/70, para. 3/4.

[260] Vgl. ILC-Report vom Juli 1982, Suppl. No. 10 (A/37/10), p. 71, para. 6. Dies ist offenkundig Ausdruck einer resignativen Stimmung in der ILC, die ihre Grenzen erkannt hatte.

[261] Vgl. die Regierungsstellungnahme Bulgariens von 1982 (A/CONF.129/5, p. 137).

[262] Vgl. die Regierungsstellungnahme Jamaicas von 1982 (ibid., p. 138).

[263] So Uruguay in der Regierungsstellungnahme von 1983 (ibid., p. 139).

[264] Z. B. die Vertreter des Europarates, der damaligen EWG und Rumäniens (A/CONF.129/C.1/SR.11, pp. 5, 7/8) sowie die Vertreter Lesothos, Irans, der OAS, Pakistans, des Irak, Chinas und Kenyas (SR.12, pp. 2–8).

[265] A/CONF.129/4, p. 35.

[266] A/CONF.129/C.1/L.36.

[267] So der Vertreter Dänemarks (A/CONF.129/C.1/SR.12, p. 8).

[268] A/CONF.129/C.1/L.34.

[269] Nur zwei Delegationen unterstützten diesen Änderungsvorschlag: der Europarat (A/CONF.129/C.1/SR.11, p. 7) und Iran (SR.12, p. 3).

[270] A/CONF.129/C.1/L.38.

[271] Vgl. auch die Erklärung der Vertreter Rumäniens und der ČSR (A/CONF.129/C.1/SR.11, p. 11).

[272] So der britische und der griechische Vertreter (ibid., pp. 8, 11).

[273] So der Vertreter Lesothos (A/CONF.129/C.1/SR.12, pp. 2, 8).

[274] Diesen schweren Vorwurf machten die Delegierten der WHO und Indiens gegenüber der sowjetischen Delegation (ibid., pp. 5/6).

[275] Vgl. A/AONF.129/C.1/L.40. Er wurde jedoch nicht akzeptiert.

[276] Vgl. in: A/CONF.129/C.1/SR.11, p. 3.

[277] Vgl. in: Ibid., pp. 3/4.

[278] Vgl. hierzu ausführlich die Erklärung des ukrainischen Vertreters (A/CONF.129/C.1/SR.12, p. 4).

[279] Vgl. die Erklärung des bulgarischen Vertreters (ibid., p. 9).

[280] So die Vertreter des Europarates, der Schweiz und der EWG (A/CONF.129/C.1/SR.11, pp. 5–7) sowie die Vertreter der OAS, Indiens, der Niederlande, Kanadas, Kenyas und Ägyptens (SR.12, pp. 3–8).

[281] A/CONF.129/4, p. 35.
[282] So in der Stellungnahme der IBRD von 1983 (A/CONF.129/5, p. 143).
[283] Vgl. die Stellungnahmen Australiens von 1982, Perus von 1984, der IAEA, der WHO und der EWG von 1983 (ibid., pp. 140–144).
[284] Vgl. in: A/CONF.129/C.1/SR.12, p. 13; SR.13, pp. 3–9; SR.14, p. 4. Gegen den Artikelentwurf wandte sich nur der Delegierte der UdSSR (SR.14, pp. 2/3).
[285] Z.B. die Delegierten Großbritanniens, der Türkei, Österreichs, Mozambiques, Venezuelas (A/CONF.129/C.1/SR.19, p. 12; SR.13, pp. 5–9) und Algeriens (SR.14, p. 4). Gegen diese Frist äußerten sich die Vertreter der UNIDO (SR.12, p. 12), der Schweiz, der FAO (SR.13, pp. 3–5), der UdSSR und der BRD (SR.14, pp. 3, 5).
[286] Z.B. A/CONF.129/C.1/L.18.
[287] Zu nennen sind die Vertreter der UNESCO, obwohl das Exekutivbüro zwei Mal jährlich tagt (A/CONF.129/C.1/SR.13, p. 6) und der WHO (SR.14, p. 4).
[288] Z.B. die Vertreter der Schweiz, Kenyas, Senegals, Zyperns (A/CONF.129/C.1/SR.13, pp. 3–9) sowie Kubas und Kanadas (SR.14, pp. 2/3).
[289] Vgl. A/CONF.129/C.1/L.32.
[290] Vgl. die Erklärungen der Vertreter der IAEA (A/CONF.129/C.1/SR.12, p. 13) und der Internationalen Meeresorganisation (SR.13, p. 2).
[291] Vgl. in: A/CONF.129/C.1/SR.12. pp. 3–9 und SR.14. pp. 2, 4. Dagegen waren nur Portugal, die Türkei (SR.13, pp. 2, 5) und Algerien (SR.14, p. 4).
[292] A/CONF.129/C.1/L.33.
[293] Vgl. in: A/CONF.129/C.1/SR.13, pp. 3–9 und SR.14, pp. 2–5.
[294] Vgl. A/CONF.129/C.1/L.35.
[295] Vgl. in: A/CONF.129/C.1/SR.13, pp. 7–9 und SR.14, pp. 2–5.
[296] A/CONF.129/C.1/L.41.
[297] Vgl. especially die Erklärungen der EWG, der Schweiz (A/CONF.129/C.1/SR.13, p. 3) Kanadas und der BRD (SR.14, pp. 3, 5).
[298] So der Vertreter der Ukraine (A/CONF.129/C.1/SR.12, p. 14).
[299] Z.B. der Vertreter Polens (A/CONF.129/C.1/SR.12, p. 12).
[300] So der bulgarische Vertreter (ibid., SR.14, p. 2).
[301] Vgl. die Erklärung des griechischen Delegierten (ibid., SR.13, p. 4).
[302] Vgl. seine Meinungsäußerung in: A/CONF.129/C.1/SR.13, p. 7. Ähnlich auch die Vertreter der FAO, Schwedens (ibid., pp. 5–7) und Schwedens (SR.14, p. 3).
[303] Vgl. insbesondere die Meinungsäußerungen der Vertreter der OAS, / (ibid., SR.13, p. 9) und der Türkei (ibid., p. 5).
[304] Vgl. in: A/CONF.129/C.1/SR.12, p. 14 und SR.12, pp. 2/3, 5.
[305] Vgl. also S. V. Tshernitshenko: Die Völkerrechtsnormen … Ibid., S.542.
[306] Die ungewöhnlich ausführliche Begründung, eine Art Kommentar dieser Bestimmung, stützte sich auf die wichtigsten wissenschaftlichen Beiträge einiger Juristen zu der entsprechenden Theorie und Praxis im EG-Bereich (A/CN.4/298, pp. 22–32).
[307] In: ILC (XXX) DC. 31 (Drafting Committee, Working Paper No. 31), 08.06.1978, p. 2. Der Wortlaut des Artikelentwurfs 36bis entsprach jenem der ersten Lesung (ILC (XXXIII)/Conf. Room Doc. 2, 04.05.1981, p. 21).
[308] Sucharitkul nannte neueste Beispiele aus der Praxis südostasiatischer und internationaler Organisationen (A/CN.4/SR.1510, p. 7, para. 13). Es wurde ferner die Bedeutung solcher Bestimmungen nicht nur für die EWG, sondern auch für die UNO und andere internationale Organisationen unterstrichen (Francis, A/CN.4/SR.1511, p. 10, para. 20 und Vallat, A/CN.4/

SR.1512, p. 4, para. 7). Castañeda schätzte den Artikelentwurf 36bis ebenfalls als nützlich und korrekt ein (ibid., p. 7, para. 17).

[309] So Jagota (A/CN.4/SR.1511, p. 3, para. 1). Im Verlauf der Diskussion gab Reuter zu, daß sich der von ihm vorgelegte Artikelentwurf teilweise auf die EWG bezog. Er meinte aber auch, man sollte den Fall der EWG nicht berücksichtigen, weil diese Organisation begrenzten Charakters ist. Auf die UNO könnte aber nicht verzichtet werden. Aus dem Hauptquartier-Abkommen zwischen der UNO und den USA erwüchsen z.B. Verpflichtungen für die UN-Mitglieder als Dritte, die diese Verpflichtungen stillschweigend akzeptierten (A/CN.4/SR.1510, p. 4, para. 4).

[310] Bezüglich des Hauptquartier-Abkommens zwischen der UNO und den USA könnten die den UN-Mitgliedern gewährten Rechte im Prinzip akzeptiert werden. Die Verpflichtungen aber müßten ausdrücklich und schriftlich angenommen werden (Ushakov, A/CN.4/SR.1510, p. 3, para. 2 und 5; SR.1511, p. 4, para. 3; p. 14, para. 33). Der Artikelentwurf 36bis wurde auch von Njenga (SR.1512, p. 7, para. 15) und Tsuruoka abgelehnt. Letzterer empfahl, den Grundsatz zu beachten, daß ein faires Gleichgewicht zwischen den Interessen der Mitgliedstaaten einer internationalen Organisation, die Vertragspartner sind, und den Interessen jener Vertragspartnerstaaten, die nicht Mitglied einer Organisation sind, herrschen muß (A/CN.4/SR.1510, p. 10, para. 28 und SR.1511, p. 10, para. 18). Tsuruoka schlug ferner vor, den Artikelentwurf der UN-Generalversammlung vorzulegen (SR.1512, p. 8, para. 18).

Einige Kommissionsmitglieder bezogen eine neutrale Position (Quentin-Baxter und Šahović A/CN.4/SR.1511, p. 6, para. 6 und p. 7; para. 10; Yankov, SR.1512, p. 6, para. 12).

[311] Vgl. in: ILC-Report 1981, Annex II, A/CN.4/339/Add. 1–8, pp. 430, 444, 469.

[312] Vgl. in: Ibid., pp. 417, 421, 423, 431/432, 436, 437, 451. Es ist zumindest von Interesse zu konstatieren, daß die ILO (ibid., p. 463) und die IAEA (A/CN.4/350/Add. 2, p. 7) ebenfalls gegen den Artikelentwurf waren. Sie gingen dabei von ihrer eigenen Praxis aus.

Im Rechtskomitee wandten sich Regierungsvertreter der ehemaligen sozialistischen Staaten ebenfalls gegen diese Bestimmung (z.B. der ČSR-Vertreter, A/C.6/35/SR.54, p. 5 und der ungarische Vertreter, A/C.6/35/SR.55, p. 5).

[313] Z.B. in den Regierungsstellungnahmen der ČSR, der BRD, Großbritanniens und Jugoslawiens. Vgl. in: ILC-Report 1981, Annex II, A/CN.4/339/Add. 1–8, pp. 421, 430, 444, 451. Die BRD schlug vor, den Begriff „third state“ durch jenen des „Nichtpartners“ zu ersetzen (ibid., p. 430).

[314] Z.B. A/CN.4/341/Add. 1, p. 12. In der Diskussion gab Reuter zu, daß die im 10. Bericht leicht modifizierte Fassung des Artikelentwurfs 36bis für die internationalen Organisationen besonders günstig war (A/CN.4/SR.1678, p. 14). Er unterstrich ferner die Flexibilität dieser Bestimmung, um künftige Entwicklungen einzufangen (ibid., p. 15).

[315] Einzelne Einwände wurden nur zu Detailproblemen erhoben. Barboza war z.B. dagegen, daß die Mitgliedstaaten ihre Zustimmung schriftlich geben sollen. Nach seiner Meinung sollte sich die Zustimmung vielmehr aus der Satzung der betreffenden Organisation ergeben (A/CN.4/SR.1677, p. 7). Šahović forderte die Überarbeitung des Artikelentwurfs (SR.1676, pp. 9/10). Ushakov polemisierte gegen das Argument, daß der Artikelentwurf den Interessen der „Dritten Welt“ entspräche (SR.1679, p. 4).

[316] Vgl. A/CN.4/353, pp. 12–14. Reuter wies auf die Konsequenzen für andere Artikelentwürfe, vor allem für den 37 hin.

[317] Vgl. A/CN.4/SR.1705, pp. 2–4. Reuter meinte außerdem, daß, obwohl er ursprünglich an die EWG gedacht hatte, der Artikelentwurf auch auf andere internationale Organisationen ausgedehnt werden könnte (A/CN.4/SR.1719, p. 8).

[318] So z.B. Balanda (A/CN.4/SR.1705, pp. 8/9 und SR.1707, pp. 9/10).

[319] In diesem Zusammenhang wurde die Bereitschaft der Entwicklungsländer hervorgehoben, zugunsten einer ökonomischen Integration von ihrer Souveränität Abstriche zu machen (Al Quaysi, Razafindralambo, Thiam, A/CN.4/SR.1707, pp. 6, 9, 11).

[320] So McCaffray (A/CN.4/SR.1706, pp. 3/4) und Calero Rodrigues, Pirzada, Lacleta Muñoz (A/CN.4/SR.1706, pp. 10, 14, 16).

[321] So Sucharitkul und Ni (A/CN.4/1707, pp. 8, 12). Ni legte sogar einen eigenen Artikelentwurf vor, der diese Bestimmung als Ausnahme formulierte und die ausdrückliche Zustimmung der Mitgliedstaaten als Voraussetzung für die Übernahme von Rechten und Pflichten, begründet durch eine Organisation, unterstrich (A/CN.4/SR.1706, p. 8). Es wurde außerdem klargestellt, daß es keinen internationalen Trend auf diesem Gebiet gibt und daß die afrikanischen Staaten bei der Übertragung von Souveränitätsrechten auf Organisationen besonders vorsichtig sind (Njenga, A/CN.4/SR.1706, p. 12). Es wurde ferner das Argument verwendet, daß aus einer solchen Bestimmung eigentlich zugunsten der EWG möglicherweise nachteilige Folgen für die Entwicklungsländer erwachsen könnten (A/CN.4/SR.1707, p. 2/3).

[322] Ushakov erwähnte demgegenüber das Beispiel des RGW, dessen Verträge mit anderen Staaten seine Mitgliedsländer nicht automatisch binden. Es bedarf vielmehr des Abschlusses von Zusatzabkommen mit den RGW-Mitgliedern (A/CN.4/SR.1705, pp. 10/11, SR.1707, pp. 15/16, SR.1719, pp. 2–5).

[323] Vgl. A/CN.4/SR.1704, pp. 13–16.

[324] Vgl. A/CN.4/SR.1706, pp. 17/18. Nach Balanda sei bei supranationalen Organisationen ein Mitgliedstaat kein „Third", denn er habe ja teilweise auf die Souveränität verzichtet und bereits zugestimmt, daß die Organisation ihn ohne weitere Zustimmung binden könne (A/CN.4/SR.1705, p. 9).

[325] So Ogiso (ibid., pp. 14/15).

[326] Vgl. Ogiso (A/CN.4/SR.1740, p. 36).

[327] Diese Meinung wurde vor allem von Ogiso, interessanterweise von Reuter, der seine Position allmählich modifizierte, und von Francis vertreten (ibid., pp. 35/36, 38).

[328] Reuter stellte dies resignierend fest (ibid., p. 36), weil er in diesem Fall seine Konzeption nicht durchsetzen konnte.

[329] R. Bernhardt plädiert z. B. für die Einführung der „Gemeinschaftsgebundenheit" („Gemeinschaftsbindung") als ein neues Grundprinzip des Völkerrechts. Dies sollte seiner Meinung nach „auf Kosten der Staatlichen Souveränität" geschehen. Vgl. Ungeschriebenes Völkerrecht. In: Zeitschrift für ausländisches öffentliches Recht und Völkerrecht. Stuttgart 1–3/1976, pp. 58–60 und 71. Es wird ferner vor geschlagen, im Interesse der Kooperation für die Entwicklung und eines „Entwicklungsvölkerrechts" das Souveränitätsverständnis zu Gunsten der Solidarität zu revidieren. So M. Flory, Droit international du Développement. Paris 1977, p. 37.

[330] In: A/CONF.129/4, p. 43. Nach dem ILC-Kommentar sollte der neue Artikelentwurf dazu beitragen, größere Rechtssicherheit zu schaffen (ibid., p. 93, para. 10).

[331] Vgl. in: A/CONF.129/5, p. 163.

[332] Vgl. in: Ibid., p. 173.

[333] Vgl. especially die Stellungnahmen der ILO (1983) und der UNESCO (1984). In: Ibid., pp. 176/177.

[334] A/CONF.129/4, p. 43.

[335] So z. B. die Vertreter der ILO, Indiens und Großbritanniens – nach seiner Meinung werde ein Mitgliedstaat zu einem Dritten, wenn seine Organisation einen Vertrag abgeschlossen hat – (A/CONF.129/SR.19, pp. 5/6) sowie Griechenlands, Australiens und Chinas (SR.20, pp. 2/3, 8).

Der australische Vertreter berichtete über Erfahrungen seines Landes mit Verträgen im Sinne des Artikelentwurfs 36bis.

[336] A/CONF.129/C.1/L.49.

[337] Vgl. in: A/CONF.129/C.l/SR.19, p. 2.

[338] So die Vertreter Polens, Kameruns (A/CONF.129/C.1/SR.19, pp. 8/9) und Argentiniens (SR.20, p. 4).

[339] Vgl. die Meinungsäußerung des Vertreters der FAO (ibid., p. 5).

[340] Vgl. in: Ibid., p. 10.

[341] Vgl. die Erklärung des Vertreters der Internetionalen Meeresorganisation (A/CONF.129/ C.1/SR.20, p. 11).

[342] So die Vertreter der USA (ibid., p. 13).

[243] Vgl. A/CONF.129/C.1/SR.20 und SR.25.

[344] Vgl. A/CONF.129/C.l/L.51.

[345] Vgl. A/CONF.129/C.1/L.50. Der Vertreter der Niederlande begründete diesen Vorschlag vorwiegend durch konstruierte Beispiele (A/CONF.129/C.1/SR.19, p. 3).

[346] Vgl. in: Ibid., p. 8.

[347] Vgl. A/CONF.129/C.1/L.56. Es wurde vorgeschlagen, den Buchtaben (a) durch eine andere Formulierung zu ersetzen. Demnach sollten Rechte und Pflichten für die Mitgliedstaaten „von den Regeln der Organisation bestimmt werden".

[348] Die sowjetische Delegation schlug vor, den Buchstaben (a) durch folgende Formulierung zu ersetzen: die Mitgliedstaaten der Organisation haben ihre Zustimmung ad hoc und definitiv ausgedrückt, durch die erwähnten Vertragsbestimmungen gebunden zu sein (A/CONF.129/ C.1/L.62).

[349] Vgl. die ausführlichen und grundsätzlichen Erklärungen der Vertreter Bjelorusslands und der UdSSR (A/CONF.129/C.1/SR.19, pp. 3, 8). Vgl. ferner die Meinungsäußerungen der Vertreter Argentiniens, des Iran, Chinas und der ČSR (SR.20, pp. 4/5, 8, 11).

[350] Vgl. die Einschätzungen der Vertreter Großbritanniens, Portugals und Perus (A/CONF.129/ C.1/SR.19, pp. 6, 8, 10).

[351] A/CN.4/319, pp. 13–17. Der Artikelentwurf lautet, abgesehen von der zugefügten Formulierung „oder eine internationale Organisation", genauso wie die adäquate Bestimmung der WVRK1.

[352] Hierbei handelt es sich um Jagota (A/CN.4/SR.1548, p. 9, para. 22), Diaz González und Schwebel (A/CN.4/SR.1549, p. 4, para·. 6 und p. 9, para. 21).

[353] A/CN.4/319, p. 14. Der Verweis auf die „relevant rules" der Organisation konnte unter Berücksichtigung der in dieser Formulierung enthaltenen Probleme nicht unbedingt als ein positiver Schritt angesehen werden.

[354] Vgl. ibid., p. 15, para. 2. Mehrere Kommissionsmitglieder befürworteten die Variante B (z.B. Pinto und Njenga, A/CN.4/SR.1548, p. 8, para. 19 und p. 10, para. 29, Francis A/CN.4/SR.1549, p. 6, para. 14). Ushakov war auch dafür, betonte jedoch die Nichtanwendbarkeit dieser Regelung für den Artikelentwurf 46 (A/CN.4/SR.1549, p. 7, para. 18/19).

[355] Der Vorschlag wurde von Quentin-Baxter und Reuter (A/CN.4/SR.1549, p. 10, para. 27 und p. 14, para. 42) sowie von Jagota (A/CN.4/SR.1550, p. 3, para. 1–3) unterbreitet. Er wurde von mehreren Kommissionsmitgliedern (z.B. Sucharitkul, Tabibi, Verosta, Francis und Pinto, ibid., p. 4, para. 4 und 6; p. 6, para. 10; p. 5, para. 8; p. 6, para. 13) unterstützt.

[356] Vgl. ILC (XXXIII)/Conf. Room Doc. 3, 04.05.1981, p. 26.

[357] Für eine·solche Gleichbehandlung plädierten Jagota, Calero Rodrigues und Ni (A/CN.4/SR.1720, pp. 6, 7 und 11). Für die Beachtung der Unterschiede zwischen den Staaten

und den Organisationen und damit gegen die Anwendung des Grundsatzes der stillschweigenden Zustimmung waren McCaffrey, Lacleta Munoz, Njenga, Sucharitkul, interessanterweise Reuter und Ushakov (A/CN.4/SR.1720, pp. 6–10). Njenga begründete seine ablehnende Haltung mit der Notwendigkeit, die Mitgliedstaaten vor Fehlern der Beamten von internationalen Organisationen zu schützen.

358 Vgl. in. ILC-Report vom Juli 1982, Suppl. No. 10 (A/37/10), pp. 105/106, para. 7.

359 A/CONF.129/15, p. 50.

360 Vgl. in: A/CONF.129/5, p. 183.

361 Vgl. in: Ibid.

362 Vgl. z. B. die Erklärungen der Vertreter der ČSR, Rumäniens, der damaligen DDR und der UdSSR (A/CONF.129/C.1/SR.17, pp. 3–6).

363 So der griechische Delegierte (ibid., p. 4).

364 Vgl. A/CONF.129/C.1/L.46.

365 Vgl. in: A/CONF.129/C.1/SR.17, p. 2.

366 Vgl. A/CONF.129/C.1/L.47.

367 Vgl. in: A/CONF.129/C.1/SR.17, p. 2. Der argentinische Vertreter meinte ähnlich, daß das Verhalten einer Organisation nicht nur aus dem Verhalten jener Organe resultiere, die Vertragsabschlußbefugnis besitzen (ibid., p. 6).

368 So sehr überzeugend der polnische Vertreter (ibid., p. 7).

369 Vgl. in: A/CONF.129/15, p. 32.

370 Publ. in Neues Deutschland vom 06.04.1973.

371 Vgl. Archiv der Gegenwart vom 15.–17.10.1973. Die veränderte Situation wurde vom neuseeländischen Ministerpräsidenten folgendermaßen erläutert: Die SEATO sei als Instrument der Isolierung Chinas eingerichtet worden. Wenn in Südostasien aber Frieden herrschen solle, sei es nötig, mit China ins Einvernehmen zu kommen, deshalb sei ein Instrument wie die SEATO nunmehr überflüssig. Vgl. Archiv der Gegenwart vom 12.06.1973.

372 Vgl. auch Course of international law in six vol., II. Moscow 1967, p. 278 (in Russian), wo die rechtsbildende Bedeutung ökonomischer und politischer Umwälzungen hervorgehoben wird.

373 Vgl. report of the ILC über die Arbeit ihrer 15. Session 1963. In: AJIL 1/1964, p. 241.

374 Vgl. A/CONF.39/11/Add. 2, p. 79.

375 Die grundsätzliche Annahme des Young-Planes erfolgte auf der ersten Haager Konferenz 1929, die endgültige durch das Haager Abkommen vom 20. Januar 1930. Der Young-Plan wurde durch den Hoover-Plan revidiert, wodurch in gewisser Hinsicht eine Milderung für Deutschland eintrat. Vgl. A. Werth-Regendanz: Die Clausula rebus sic stantibus im Völkerrecht, insbesondere in ihrer Anwendung auf den Young-Plan. Göttingen 1931, pp. 10, 11, 179.

376 Vgl. E. v. Bogaert: Le sens de la clause „rebus sic stantibus“ dans le droit du gens. In: RGDIP 1/1966, p. 69.

377 Publ. in: Europa-Archiv 13/1974, p. D 295.

378 Vgl.: Bin Cheng: General Principles of Law as applied by International Courts and Tribunals. London 1953, pp. 48, 113, 262, 274, 278; S. Rosenne: The World Court. Leyden, New York 1962, pp. 44, 66, 83, 85, 95, 154, 171; Wörterbuch des Völkerrechts, Vol. 1. Berlin 1960, p. 60.

379 A/CONF./39/27.

380 Bei diesem Fall handelt es sich um die Frage der Zulässigkeit von Enteignungen nach dem deutsch-polnischen Oberschlesien-Abkommen vom 15. Mai 1922. Der Ständige Internationale Gerichtshof hielt die von Polen durchgeführte Liquidation der Chorzov-Werke für unzulässig

und die Schadenersatzansprüche Deutschlands für gerechtfertigt. See: Bin Cheng: General Principles ..., op. cit., pp. 149/150, 351; S. Rosenne: The International Court of Justice. Leyden 1957, p. 335.

[381] Fürst Bismarcks Reden, ed. von Ph. Stein, Bd. XII. Leipzig 1899, S. 135/136.

[382] G. Jellinek: Die rechtliche Natur der Staatenverträge. Wien 1880, S. 40.

[383] E. Kaufmann: Das Wesen des Völkerrechts und die clausula rebus sic stantibus, Tübingen 1911, S. 201.

[384] A/CONF./39/27.

[385] See E. de Vattel: Le droit des Gens ou principes de la loi naturelle, 1758. Tübingen 1959, S. 332.

[386] Aus den Ausführungen G. Tunkins ist zu ersehen, daß der Vorschlag, die Wendung „Doktrin rebus sic stantibus" zu streichen, von Lachs ausging. Tunkin unterstützte diesen Vorschlag uneingeschränkt. See ILC-Yearbook 1963, Vol. I, p. 145.

[387] Vgl. Doc. A/CN.4/156/Add. 1.

[388] A/CONF.39/11/Add. 2, p. 78.

[389] Eine im Prinzip ähnliche Unterteilung nimmt auch J. A. P. Ridruejo vor. See La doctrine „rebus sic stantibus". á la Conférence de Vienne 1968. In: Annuaire suisse de droit international V/1968, p. 81.

[390] Völkerrecht, Dokumente, Vol. 3. Berlin 1973, S. 1358.

[391] Weitere Verfechter sind: der indische Jurist Pal, der die in jedem Vertrag „stillschweigend enthaltene Klausel" sogar als Vorbehalt betrachtet. Vgl. ILC-Yearbook 1963, Vol. I, p. 254; K. Gentzke: Ausweich- und Katastrophenklauseln im internationalen Wirtschaftsrecht. Göttingen 1959, S. 174; es gibt unter den Juristen aber auch Gegener dieser Theorie, wie e.g. D. O'Conell: International Law, Vol. I. London, New York 1965, p. 38: „Es ist empfehlenswert, diese Angelegenheit ... eher als eine Rechtsregel als eine implizierte Bedingung" (aufzufassen).

[392] Nach W. Sauer sei die „C. r. s. s." „ein stillschweigender Vorbehalt, und es fragt sich, ob der Vertrag im Sinne der Vertragsparteien so auszulegen ist, daß die Klausel als mitvereinbart gilt." Er schreibt weiter: „Ebenso wie der Vertrag selbst dient auch die sogenannte Klausel, gewissermaßen ein Sondervertrag gegenüber dem ersten, nur jenem in der Völkerrechtsidee gelegenen Zweck: Die Konstruktion eines Sondervertrags ist eine Korrektur des Vertrages, wo dieser versagt. Die ‚stillschweigende Vereinbarung' ist nur eine doppelte Konstruktion, eine Fiktion von etwas, das gar nicht vorliegt. Die Frage: was hätten die Parteien auch ohne eine entsprechende Erklärung gewollt? ist richtiger so gestellt: was hatten die Parteien gewollt, wenn sie die zukünftige Entwicklung der Interessenlage gekannt hätten?". Vgl. System des Völkerrechts. Bonn 1952, S. 389/390.

[393] Nach W. Lissovski würde die Annahme dieser These praktisch die Negierung des völkerrechtlichen Vertrags bedeuten. Vgl. Völkerrecht. Moskau 1970, S. 108 (in Russisch).

[394] D. Anzilotti beachtete zwar die objektiven Veränderungen, gab jedoch den Veränderungen im Hinblick auf den Willen der Vertragspartner den absoluten Vorrang. So schrieb er u. a.: „Das Völkerrecht läßt aus den Verträgen Verpflichtungen und Ansprüche erwachsen, wobei es auf den Willen der Parteien abhebt, mit anderen Worten: diese sind verpflichtet, wenn und soweit sie sich verpflichten wollen. Wenn sie bestimmte oder tatsächliche Verhältnisse zur Voraussetzung der Übernahme gewisser Verpflichtungen gemacht haben, so ist die Folge ihres Aufhörens, dieser Verhältnisse eben, daß man sich nicht mehr auf den Boden des durch den Vertrag audgedrückten Willens befindet, des Vertrags, welcher die Annahme der Verpflichtungen gerade von dem Bestehen der genannten Verhältnisse abhängig gemacht hat. Auch hier kann man, wie in den Fällen, wo der Krieg den Auflösungsgrund bildet, sagen, daß es nicht die Verände-

rung der Verhältnisse als solcher ist, welche den Vertrag zum Erlöschen bringt; dies tat der Wille der Parteien, welcher das Bestehen des Vertrages von der Fortdauer gewisser Umstände, unter denen er und für die er abgeschlossen wurde, abhängig macht." D. Anzilotti, Lehrbuch des Völkerrechts, Vol. 1, Berlin und Leipzig 1929, S. 356. Etwas modifiziert ist die Meinung von J. Brierly, nach dem die Veränderung sich auf die Verhältnisse beziehen müsse, „die ein Faktor in den Köpfen der Parteien waren und sie zum Abschluß des Vertrages veranlaßt haben". Grundlagen des Völkerrechts. Berlin 1948, S. 173.

[395] So O. Lissitzyn: Treaties and changed circumstances. In: AJIL, No. 4, 1967, p. 896. Ähnliche Ansichten vertritt auch McNair, der sich dabei von Regelungen in der privatrechtlichen Sphäre leiten läßt. See Law of Treaties. Oxford 1961, pp. 436 und 687. See also C. Hill: The Doktrine of „Rebus sic stantibus" in International law. Columbia 1934, p. 75.

[396] So heißt es im „Restatement Second, Foreign Relations Law of the United states", 1965, p. 467, in bezug auf die wesentlichen Veränderungen der Umstände: „The rule stated in this Section is a rule of interpretation designed to ascertain the intended obligations of the parties rather than a principle that relieves a party from performing its obligations ..." Zit. nach O. Lissitzyn, ibid., p. 901.

[397] A/CONF39/11/Add. 2, p. 78. Der objektive Charakter der Veränderungen wurde von einzelnen Experten, wie M. Bartos, hervorgehoben. See ILC-Yearbook 1963, Vol. I, p. 148.

[398] V. Pechota verbindet den „genau eingegrenzten Raum" der Regel mit der Entwicklung und Vervollkommnung der Regeln des Völkerrechts, nach denen sich die Fragen der Gültigkeit von Verträgen richten. See The termination of international treaties due to the application of the rule concerning fundamental change of circumstances. In: Studie z mezinárodniho práva 10/1965, S. 20 (in Tschechisch).

[399] Die Anwendung der Regel nur in Ausnahmesituationen wurde in der ILC vor allem von ehemaligen sozialistischen Experten hervorgehoben.
Der Ausnahmecharakter der Regel wird in der Fachliteratur häufig unterstrichen. See e.g.: H. Lauterpacht: The function of law in the international community. Hamden, Connecticut 1966, p. 276; H. F. Köck: Altes und neues zur clausula rebus sic stantibus. In: Völkerrecht und Rechtsphilosophie, Internationale Festschrift für St. Verosta, Berlin 1981, S. 81.

[400] G. Tunkin relativierte 1963 in der ILC die Bedeutung der Regel, indem er dieses Prinzip nur als ein zusätzliches Mittel zur Überprüfung von Verträgen betrachtete. G. Tunkin meinte ferner, das Leben befinde sich in einer beständigen Entwicklung, die evolutionär oder revolutionär sein könne, und diese Entwicklung könne zur Folge haben, daß ein Vertrag veraltet. Außer der Regel gäbe es weitere Rechtsprinzipien, durch die die Änderung eines Vertrages möglich sei. See ILC-Yearbook 1963, Vol. I, p. 155. See also P. Terz: On the Non-Application of the clausula rebus sic stantibus and the succession of state on the treaties about boundaries. In: Przeglad Stosunków Miedzynarodowych 3/1978, p. 49 (in Polish).

[401] See also C. Sepulveda: Derecho Internacional. Méxiko 1978, p. 131/142 and O. I. Tiunov: The Principle of the conscientious fulfilment of international obligations and the Doctrine rebus sic stantibus. In: SEMP 1978, Moscow 1980, p. 109 (in Russisch).

[402] Die jugoslawische Vertretung machte die Bedeutung der Regel davon abhängig, ob bei dessen Anwendung die Grundsätze der UN-Charta und das ständige Interesse der „internationalen Gemeinschaft" beachtet wird oder nicht. See A/CONF.39/5 (Vol. II), 1968, p. 354.

[403] Nach A. Rivier ist „selbstverständlich", daß die Veränderung der Verhältnisse vom Staate, der sie behauptet, nachgewiesen werden muß. See Lehrbuch des Völkerrechts. Stuttgart 1899, S. 352. Ähnlicher Meinung ist auch P. Guggenheim. See Traité de droit international public, Tome I. Genéve 1967, p. 235.

[404] Text publ. in: RGDIP, 2/1966, p. 539.
[405] Ibid., p. 543.
[406] Vgl. in: Bulletin des Presse- und Informationsdienstes der Bundesregierung vom 22. März 1966, No. 39.
[407] P. Reuter sieht für die Lösung dieser Frage drei Möglichkeiten: Es gibt keine Autorität über den Parteien; Möglichkeit eines Gerichtsentscheids; Möglichkeit einer politischen Autorität über den Parteien. See Droit international Public. Paris 1958, p. 82.
[408] Einige Juristen dagegen meinen, daß ein Staat nach seinen Interessen und seinem Gutdünken entscheiden kann, ob eine wesentliche Änderung der Umstände eingetreten ist. Denn dadurch wäre der eine Vertragspartner schutzlos der Willkür des anderen ausgeliefert. So schrieb z. B. H. Lammasch: „Wenn jeder Staat, wie dies in der Auffassung der Verteidiger der Klausel liegt, nach seinen Interessen und nach seinem Gutdünken darüber entscheidet, ob eine wesentliche Änderung der Umstände eingetreten sei, so würde man dadurch den einen Vertragsteil schutzlos der Willkür des anderen ausliefern. Es stünde das im schärfsten Widerspruch mit dem Zweck des Vertrages, die Verhältnisse für die Zukunft sicherzustellen, und würde dem bösen Willen die Möglichkeit gewähren, den frivolsten Rechtsbruch zu begehen, ohne ihn brutal als solchen zugeben zu müssen." Wörterbuch des Völkerrechts. Ed. von K. Strupp, II, Stuttgart 1925, p. 336. See also A. Verdross/B. Simma: Universelles Völkerrecht. Berlin 1976, S. 424.
[409] A. Bolintineanu spricht sogar davon, daß die anderen Staaten die Möglichkeit haben müßten, von ihrem Standpunkt aus die Richtigkeit und die Begründetheit der Behauptung ihres Vertragspartners über das Vorliegen einer grundlegenden Veränderung der Umstände „unter Zweifel" zu stellen. Er gibt aber auch zu, daß dies in den meisten Fällen zu keinem positiven Ergebnis führt. Vgl. The stability of treatics as a essential problem of the codification of the law of treaties. In: Revista româna de drept, Nr. 1, 1969, p. 66 (in Rumänisch).
[410] Vgl. die bemerkenswerten Ausführungen von D. Anzilotti. Er schreibt u. a.: „Sind die Parteien dagegen darüber uneins, so gelten die Meinung und der Wille der einen Partei ebensoviel wie die der anderen; wir haben es dann mit einem internationalen Streitfall zu tun, der beigelegt werden muß wie jeder andere Streitfall dieser Art. Es folgt daraus jedoch nicht, daß die Auflösung des Vertrages hier auf wechselseitigen Dissens zurückzuführen ist. Die Partei, die sich auf die clausula rebus sic stantibus beruft, macht kein Vertragsangebot, sondern macht damit ein Recht geltend, und die anderen Parteien anerkennen entweder oder bestreiten durch ihre Einlassung das Vorliegen der Voraussetzungen für die Ausübung dieses Rechts." Lehrbuch des Völkerrechts, Band 1 Berlin und Leipzig 1929, S. 358.
[411] Für die Einleitung von Verhandlungen treten viele Völkerrechtler ein, wie z.B.: P. Reuter: Droit international Public. Paris 1958, p. 83; M. Bartos, in: ILC-Yearbook 1963, Vol. I, p. 148; V. Pechota leitet diese Verhandlungs- bzw. Verständigungspflicht aus der Anwendung der Prinzipien der friedlichen Koexistenz in den zwischenstaatlichen Beziehungen ab. Dieser Meinung kann gefolgt werden, weil die Verhandlungen das beste Mittel sind, entstandene Schwierigkeiten und Widersprüche zu überwinden bzw. zu lösen. See The termination of international treaties ... Ibid., p. 20.
[412] Diese Auffassung wird von F. Berber vertreten. See Lehrbuch des Völkerrechts, Band I. München 1960, S. 464.
[413] See also I. Seidl-Hohenveldern: Völkerrecht. Köln et alt. 1969, S. 78.
[414] Nach M. Bartos käme dies einer Bestrafung der sich etwas verspätet auf die grundlegende Veränderung berufenden Vertragspartei gleich. See in: ILC-Yearbook 1963, Vol. I, p. 149.
[415] A/CONF.39/27.

[416] Gemäß Art. 78 der WVRK1 erfolgt die Notifizierung direkt an die Staaten, für die sie gedacht ist, oder sie wird dem Depositar übermittelt, falls es einen gibt. Sie kann erst dann von dem betreffenden Staat als ausgeführt betrachtet werden, wenn sie bei dem Staat, an den sie gerichtet ist, eingegangen ist. See O. R. 1968/1969, A/CONF.39/11/Add. 2, p. 300.
[417] A/CONF.39/27.
[418] Goodrich/Hambro/Simons, Charter of the United Nations. Comm. and Doc., 1969.
[419] V. Pechota: Die Beendigung der Gültigkeit internationaler Verträge ... Ibid., p. 9.
[420] Vgl. auch G. Tunkin, der 1963 im Rahmen der ILC in Übereinstimmung mit Ago meinte, daß über die Anwendung der Regel ein Streit entstehen könne und daß in einem solchen Falle alle Formen der friedlichen Beilegung von Streitigkeiten für die betreffenden Staaten zulässig seien. ILC-Yearbook 1963, Vol. I, p. 145.
[421] Vgl. A/CONF.39/11/Add. 2, p. 301. Die Schlichtungskommission wird gebildet, nachdem der Staat oder die Staaten, die Streitparteien sind, einen Schlichtungsbeauftragten der Staatsangehörigkeit dieses Staates oder eines dieser Staaten und einen Schlichtungsbeauftragten, der nicht die Staatsangehörigkeit dieses Staates oder dieser Staaten besitzt, ernannt haben. Beim UN-Generalsekretär gibt es eine Liste von Schlichtungsbeauftragten, bestehend aus qualifizierten Juristen. Zu diesem Zweck wird vom Generalsekretär jedes UN-Mitglied aufgefordert, zwei Schlichtungsbeauftragte zu nominieren. Die Namen der so nominierten Personen bilden die Liste. Die Streitparteien ernennen zwei weitere Schlichtungsbeauftragte, die nicht in der Liste des Generalsekretärs enthalten sind. Die vier Schlichtungsbeauftragten wählen aus der Liste einen fünften Beauftragten, der als Vorsitzender wirken soll. Die Schlichtungskommission beschließt ihre eigene Geschäftsordnung. Sie kann mit der Zustimmung der Streitparteien jeden Vertragspartner einladen, der Kommission mündlich oder schriftlich ihre Ansichten zu übermitteln. Sie soll zwölf Monate nach ihrer Bildung Bericht erstatten. Der Bericht der Schlichtungskommission und ihre Schlußfolgerungen haben nur Empfehlungscharakter. Die Empfehlungen sollen eine gütliche Beilegung erleichtern.
[422] V. Schurschalow bejaht mit Recht die Notwendigkeit, einen Streit über die Auslegung und die Anwendung der Regel im Gerichtsverfahren zu behandeln, jedoch nur für außergewöhnliche Fälle. Wenn z.B. die Staaten nicht zu einer befriedigenden Lösung gekommen sind, aber die Vertragspartei, die die Beseitigung des Vertrages fordert, auch weiterhin auf ihrer Forderung beharrt. See The foundation of the validity of international treaties. Moscow 1957, p. 128 (in Russisch).
[423] Daraus ergibt sich natürlich die Verpflichtung, sich der Entscheidung des Gerichts bzw. des Schiedsgerichts unterzuordnen. Vgl. auch Course of international law in six vol., II. Moscow 1967, p. 280.
[424] So verneint W. Sauer die einseitige Aufhebung eines Vertrages nach ergebnislosen Verhandlungen. Er meint, nur ein internationales Gericht könnte dies tun. Vgl. System des Völkerrechts. Bonn 1952, S. 389.
[425] Diese Feststellung wurde auch von S. Filippow getroffen. See Reservations to an international treaty in theory and practice. Moscow 1958, S. 68 (in Russisch).
[426] Ausgehend vom Art. 435 des Friedensvertrages von Versailles und der damit zusammenhängenden Veränderungen versuchte Frankreich, sich von den auf vertraglicher Grundlage in den Jahren 1815/1816 an die Schweiz gewährten Servituten zu befreien. Frankreich verlangte diesbezüglich eine den neuen Verhältnissen entsprechende Neuordnung. Die Schweiz berief sich jedoch auf ihre „unverjährbaren Rechte". Der Streitfall wurde dem Ständigen Internationalen Gerichtshof zur Entscheidung überwiesen, der meinte, daß die Rechte der Schweiz weder durch Art. 435 des Friedensvertrages von Versailles noch durch die „C. r. s. s." hinfällig geworden

seien. See A/CONF.39/11/Add. 2, p. 76. See also McNair: The Law of Treaties. Oxford 1961, p. 689.

[427] Ch. Hill spricht davon, daß manche Juristen zwischen namentlicher Anrufung der „C. r. s. s." und den verschiedenen Stufen eines weniger ausdrücklichen Gebrauchs des Arguments veränderter Umstände als Grund für die Vertragsbeendigung unterscheiden. Vgl. The Doktrine of „Rebus sic stantibus" in international Law. Columbia 1934, p. 25. Nach der schweizer Völkerrechtsauffassung muß die Geltendmachung der „Clausula" ausdrücklich erfolgen. Also kein automatisches Erlöschen der Vertragspflichten. Vgl. P. Guggenheim: Lehrbuch des Völkerrechts, Bd. 1. Basel 1948, S. 116.

[428] Publ. in: ZaöRV, Nr. 4, S. 145, 1934.

[429] Zit. nach P. Guggenheim: Lehrbuch des Völkerrechts, Vol. I. Bsel 1948, S. 113/114.

[430] In dieser Konvention wurde durch Deutschland, Großbritannien, das damalige zaristische Rußland und Frankreich die Unabhängigkeit Norwegens garantiert. See C. Hurst: The effect of war on treaties. In: British Yearbook of International Law, No. 22, p. 41, 1921.

[431] Es wurde überprüft, wie die Kreditverträge zustande gekommen waren, und ob sie dem technischen und wirtschaftlichen Fortschritt des ghanesischen Staates dienen. Die Tilgung der anerkannten Verbindlichkeiten soll sich nach den äußerst günstigen Kreditbedingungen der Internationalen Entwicklungsgesellschaft richten (Laufzeit der Kredite etwa 50 Jahre, zinsfrei, Belastung nur mit einer Verwaltungsgebühr von 0,75 %). Vgl. M. Timmler: Ghana auf der Basis Self-reliance. In: Außenpolitik, Nr. 1, 1973, .p. 98.

[432] Die ILC meinte in ihrem Kommentar in Auseinandersetzung mit jenen Juristen, die die Regel auf die sogenannten ewigen Verträge beschränkt wissen wollten, daß es gegenwärtig keinen Grund gibt, zwischen „ewigen" und „langfristigen" Verträgen Unterschiede zu machen. See A/CONF.39/11/Add. 2, p. 78.

[433] Hierbei handelt es sich um die NATO-Satzung in der Fassung des Protokolls zum Nordatlantikvertrag über den Beitritt Griechenlands und der Türkei vom 17. Oktober 1951. Diese Satzung trat am 15.02.1952 in Kraft. Die ursprüngliche Satzung vom 4. April 1949 trat am 24. August desselben Jahres in Kraft. See in: Völkerrecht, Dokumente, Vol. I. Berlin 1973, p. 292.

[434] See: H. Briggs: The Law of Nations. London 1953, p. 452; A/CONF.39/11/Add. 2, p. 77; P. Guggenheim: Traité de Droit international public, Tome I, Genéve 1967, p. 230.

[435] So e.g. von V. Schurschalow, für den die Begriffe Dauerhaftigkeit oder Fristlosigkeit der völkerrechtlichen Verträge relativ sind. See The foundation of the validity of ... Ibid., p. 121. Vgl. auch V. Pechota: The termination of international treaties ... Ibid. Er macht zutreffend darauf aufmerksam, daß die Entwicklung in der Zukunft in bezug auf tiefgreifende Umwandlungen ein noch schnelleres Tempo haben wird, als nach dem zweiten Weltkrieg. See also E. Chomiak: The fundamental change of circumstances in the law of treaties. In: Pánstwo i Prawo, Nr. 1, 1972, p., 95 (in Polnisch). E. Chomiak begründet diese Ansicht mit dem Hinweis auf die rasche und gewaltige Veränderung der Umstände in der Gegenwart.

[436] Als Beispiel aus der älteren Völkerrechtslehre vgl.: D. Anzilotti: Lehrbuch des Völkerrechts, Bd. 1. Berlin und Leipzig 1929, S. 470. F. Liszt: Das Völkerrecht systematisch dargestellt. Berlin 1898, S. 118. Aus der neueren Völkerrechtslehre G. Dahm, der die vorzeitige Lösung vom Vertrag in erster Linie für langfristige bzw. unbefristete Verträge bejaht. See: Völkerrecht, Band 3. Stuttgart 1961, S. 151; P. Reuter: Droit international Public. Paris 1958, p. 82; W. Wengler: Völkerrecht, Band I. Berlin, Göttingen, Heidelberg 1964, S. 375; E. Langen: Internationale Zahlungsabkommen. Tübingen 1958, S. 86.

Es wäre jedoch falsch, von diesen Beispielen ausgehend zu verallgemeinern, denn es gibt ebenfalls Juristen, die auch Verträge von begrenzter Dauer der „C. r. s. s." unterordnen möchten. So

brachte Amado 1963 in der ILC seine Freude darüber zum Ausdruck, daß die Mehrheit der ILC diese Meinung vertrat. See in: ILC-Yearbook 1963, Band I, S. 142.
I. Seidl-Hohenveldern, der meint: „Insbesondere schließt eine Befristung von Verträgen die Berufung auf die clausula nicht aus.“ Völkerrecht, 2. Band. Köln et alt. 1969, S. 79.
[437] A/CONF./39/27. Eine ähnliche Bestimmung enthält auch die WVRK2.
Die Unantastbarkeit der Grenzverträge wird auch in der „Vienna Convention on succession of States in respect of treaties“ bekräftigt (UN-Doc. A/CONF.80/31).
[438] Vgl. A/CONF.39/11/Add. 2, p. 79.
[439] Vgl. E. Hambro: The Case Law of the International Court 1947 – 1958. Leyden 1966, p. 163.
[440] Bemerkenswert ist die bereits im vergangenen Jahrhundert von dem Völkerrechtler A. Rivier vertretene Auffassung, nach der die „C. r. s. s.“ auf Handels-, Schiffahrts-, Post-, Telegraphenverträge usw., aber nicht auf Grenzverträge angewandt werde. Er bezeichnete die Friedens- und Grenzverträge als Dispositivverträge, die auf „ewige Zeiten“ geschlossen werden. Vgl. Lehrbuch des Völkerrechts. 2. Band. Stuttgart 1899, S. 337.
[441] A/CONF.39/27.
[442] Zu dieser Schlußfolgerung gelangt auch G. Tunkin, der aber die Frage stellt, was der Inhalt der Rechte und Verpflichtungen sei, die sich aus diesem Völkerrechtsgrundsatz ergeben könnten. See in: ILC-Yearbook 1963, Vol. I, p. 145.
[443] Der indische Jurist Pal meinte 1963, die „C. r. s. s.“ schiene gleichbedeutend zu sein mit dem Recht verschiedener Staaten, die eine wesentliche Veränderung von Umständen als Grund für die Aufhebung eines Vertrages betrachteten. Aber die „C. r. s. s.“ gäbe einem Staat nur das Recht zu fordern, durch den Vertragspartner von den Pflichten befreit zu werden. Keinen Schritt weiter tun, hieße m. E., die Regel verneinen. See in: ILC-Yearbook 1963, Vol. I, p. 137.
[444] Nach V. Pechota sind die Verhandlungen und die Verständigung zwischen den Vertragsparteien das Hauptmittel der praktischen Anwendung der Regel. Ibid., S. 21. Grundsätzlich kann dieser Meinung zugestimmt werden. Es darf allerdings nicht vergessen werden, daß nicht selten von vornherein mit einem Scheitern der Verhandlungen zu rechnen ist.
[445] Diese Auffassung wird vor allem von sozialistischen Völkerrechtlern vertreten. So von V. Schurschalow, der die einseitige Beendigung des Vertrages bejaht, wenn Verhandlungen nicht möglich sind oder wenn die Gegenpartei Verhandlungen ablehnt. See The foundation of the validity ... Ibid., p. 319. See also G. Tunkin. In: ILC-Yearbook 1963, Vol. I, p. 145.
[446] Anhänger der Theorie über die automatischen Vertragsbeendigungen waren vor dem zweiten Weltkrieg mehrere Juristen. Stellvertretend seien nur einige als Beispiele genannt: F. Williams: The Permanence of Treaties. In: AJIL 1928, p. 91. Nach ihm würde der Vertrag schon durch die Tatsache der grundlegenden Veränderung, d.h. ohne das Zutun der betreffenden Vertragspartei, seine Gültigkeit verlieren; A. Werth-Regendandz: Die Clausula rebus sic stantibus im Völkerrecht, insbesondere in ihrer Anwendung auf den Young-Plan. Göttingen 1931, p. 101.
Nach dem Zweiten Weltkrieg wurde die automatische Vertragsbeendigung von vielen Völkerrechtlern abgelehnt. So e. g. von W. Schaumann, in: Wörterbuch des Völkerrechts, Vol. 1, ed. von Strupp-Schlochauer. Berlin 1960, S. 310.
[447] In erster Linie von diesem Aspekt ließen sich die Juristen Finnlands und Kanadas leiten, als sie für die Aufnahme der Aussetzung der Vertragswirksamkeit in den Art. 62, Ziffer 3, plädierten. Der kanadische Jurist Wershof operierte ferner mit dem Argument, daß die Möglichkeit einer Aussetzung nur ausgeschlossen würde, daß eine grundlegende Veränderung mit einer unwiderruflichen, ständigen und unveränderlichen Veränderung identisch sei. Er verneinte natürlich eine solche Identität (A/CONF.39/11, p. 366). Noch bis 1966 war jedoch die ILC anderer

Meinung. Ausgehend vom Fehlen einer obligatorischen Gerichtsbarkeit bei der Anwendung der Regel wurden die Vertragsbeendigung oder der Austritt aus dem Vertrag als Folgen vorgesehen. Die Aussetzung wurde abgelehnt. See in: ILC-Yearbook 1966, Vol. II, p. 260.

[448] Vgl. O. Lissitzyn: Treaties and changed circumstances (rebus sic stantibus). In: AJIL, No. 4, 1967, p. 910.

[449] See Text des Artikelentwurfs 62 in: A/CN.4/327, p. 7/8. Meinungsäußerungen Reuters auf der 32. ILC-Session (A/CN.4/SR.1587, p. 10) und auf der 34. Session (A/CN.4/SR.1723, p. 11).

[450] Die besondere Bedeutung des Prinzips Pacta sunt servanda wird von der Mehrheit der Völkerrechtler hervorgehoben. Stellvertretend für mehrere seien genannt: V. M. Shurshalov: Juridical content of the principle pacta servanda sunt and its realization in international relations. In: SEMP 1958, Moscow 1959, p. 150; O. I. Tjunov: The principle of the conscientious fulfilment of international obligations and the Doctrine rebus sic stantibus. In: SEMP 1978. Moskau, S. 101; A. S. Gaverdovskij: The implementation of the norms of international law. Kiew 1980, p. 57 (alle Titel in Russisch); H. Lauterpacht: The Function of Law in the International community. Hamden, Connecticut 1966, p. 418; L. Henkin: How Nations behave (Law and Foreign Policy). London 1968, p. 20; R. Pinto: Le Droit des Relations Internationales. Paris 1972, p. 127.

[451] P. Terz: Die Nichtanwendung der clausula rebus sic stantibus and ... Ibid., S. 49.

[452] Vgl. zu a) Ushakov (A/CN.4/SR.1587, p. 4), zu b) Reuter (ibid., p. 10 und SR.1586, p. 14) und Schwebel (ibid., p. 12), zu c) Vallat (ibid., p. 14 und SR.1587, p. 6), Pinto (SR.1586, p. 13 und SR.1587, p. 8) und zum Teil auch Francis (ibid., p. 7) und zu d) Tabibi (ibid., p. 5). Letzterer scheint der einzige Jurist zu sein, der eine derart radikale und höchst fragwürdige These aufstellt. Schließlich wurde vorgeschlagen, im Kommentar zu betonen, daß künftige Entwicklungen nicht ausgeschlossen sind (Reuter, einen entsprechenden Gedanken Verostas aufgreifend, ibid., p. 12).

[453] In: A/CN.4/SR.1587, p. 12. Diesem Vorschlag liegt offensichtlich das traditionelle Grenzverständnis zugrunde. Deshalb sind die Staaten Subjekte eines Grenzvertrages, durch den Organisationen Funktionen übertragen werden können.

[454] Zugleich stellte aber der Regierungsvertreter von Trinidad und Tobago fest, daß die neue Seerechtskonvention nur von Staaten festgelegte Gewässerbegrenzungen vorsieht (A/C.6/35/SR.46, 12.11.1980, p. 4, para. 8).

[455] Besonders prononciert in diesem Sinne äußerte sich der nigerianische Regierungsvertreter (A/C.6/35/SR.53, 19.11.1980, p. 3, para.7). Der Vertreter der damaligen DDR trat für die Beibehaltung des traditionellen Grenzbegriffs und damit für die Beschränkung des Artikelentwurfs 62 auf die Staatsgrenze ein (A/C.6/35/SR.47, 12.11.1980, p. 6, para. 16).

[456] Vgl. A/CN.4/350/Add. 6. Die UdSSR äußerte sich ebenfalls gegen den Absatz 2, jedoch indirekt. Sie betrachtete das Ganze als „eine offene Frage" (A/CN.4/350/Add. 8).

[457] Aus diesem Grund sollte nach Auffassung der damaligen DDR geprüft werden, ob es beim Artikelentwurf 62 angebracht wäre, zwischen Partnerstaaten und Partnerorganisationen eines Vertrages zu unterscheiden (A/CN.4/350/Add. 4, 30.04.1982, p. 2).

[458] ILC-Report on July 1982, Suppl. No. 10 (A/37/10), pp. 125–130. Über den Sinn des Absatzes 2 herrschte keine Einmütigkeit. Während Reuter und Flitan (A/CN.4/SR.1723, pp. 11/12, 13) die Nützlichkeit dieser Bestimmung unterstrichen, waren Ni, Calero Rodrigues und Francis (ibid., pp. 8/9) der entgegengesetzten Ansicht. Dennoch wurde ihre Streichung von keinem Kommissionsmitglied verlangt. Für den Grenzbegriff im Sinne der WVRK1 äußerten sich Flitan und Ushakov (ibid., pp. 11/12), für eine Begriffserweiterung (maritime Grenzen) hingegen sprach sich nur Sucharitkul (ibid., p. 9) aus.

[459] A/CONF.129/4, p. 59.
[460] So der argentinische Vertreter (A/CONF.129/C.1/SR.21, p. 2).
[461] Vgl. z.B. die Erklärung der Vertreter der UdSSR, der Schweiz und der ČSR (ibid., pp. 3, 8/9).
[462] Vgl. in: Ibid., pp. 6–9 and in: A/CONF.129/C.1/SR.22, pp. 2–5.
[463] A/CONF.129/C.1/L.59.
[464] So der Delegierte der ehemaligen DDR. See in: A/CONF.129/C.1/SR.21, p. 6. Der Delegierte von Burkina Faso hob die Vorzüge des sowjetischen Vorschlages hervor, denn er machte zwei Punkte klarer: a) Nur ein Staat ist berechtigt, einen Grenzvertrag abzuschließen; b) Grenzen werden nur von Staaten festgelegt (ibid., pp. 5/6).
[465] Vgl. A/CONF.129/C.1/L.57.
[466] Vgl. in: A/CONF.129/C.1/SR.21, pp. 2–5.
[467] Vgl. especially hierzu vor allem die ausführlichen Erklärungen der Vertreter der ČSR, Bulgariens (A/CONF.129/C.1/SR.21, p. 8) und Polens (SR.22, p. 2). See also die Meinungsäußerungen der Vertreter Ägyptens, Nigerias (SR.21, pp. 4,6), Belgiens, Marokkos, Angolas, Chinas, Algeriens und der Vereinigten Arabischen Emirate (SR.22, pp. 3–5).
[468] So der bulgarische Vertreter (A/CONF.129/C.1/SR.21, p. 8).
[469] So der ägyptische Vertreter (ibid., p. 4).
[470] Diese Position wurde insbesondere von den Vertretern Argentiniens, der UdSSR, Chiles, Frankreichs, Irans, der Schweiz (A/CONF.129/C.1/SR.21, pp. 2–6), Perus, Belgiens, Venezuelas, Chinas und Angolas (SR.22, pp. 3–5) bezogen.
[471] Vgl. die Begründungen der Vertreter Indiens (A/CONF.129/C.1/SR.21, p. 7) und der Vereinigten Arabischen Emirate (SR.22, p. 5).
[472] Z.B. der Delegationen der ČSR, der Schweiz (A/CONF.129/C.1/SR.21, pp. 8/9) und Polens (SR.22, p. 2).
[473] Vgl. A/CN.4/327, 28.02.1980, pp. 14/15. Auf der Basis der beiden Buchstaben (a) und (b) des Artikels 66 der WVRK1 schuf Reuter zwei Absätze mit jeweils zwei Buchstaben.
[474] Vgl. A/CN.4/SR.1589, p. 5. Darin wurde Reuter von Vallat und Tsuruoka (ibid., p. 15) sowie von Barboza (A/CN.4/SR.1590, p. 4) unterstützt.
[475] Reuter wurde dabei von Schwebel und Quentin-Baxter (A/CN.4/SR.1589, pp. 12, 15) sowie von Francis (SR.1590, p. 3) unterstützt. Gegen die Verbindlichkeit von IGH-Gutachten sprachen sich Ushakov (SR.1589, p. 7) und Šahović aus, der hauptsächlich in den Beziehungen zwischen Staaten und internationalen Organisationen Schwierigkeiten sah (SR.1590, p. 6).
Pinto und Quentin-Baxter wollten die kompetenten Organe aufgezählt sehen (A/CN.4/SR.1589, pp. 13, 16). Ausgehend von dem Ius cogens-Konzept, betrachtete Vallat nur die UN-Organe als kompetent, Gutachten im Sinne des Artikelentwurfs 66 zu beantragen (ibid., p. 11).
[476] So Vallat und Jagota (A/CN.4/SR.1593, pp. 8, 11) sowie Šahović (SR.1598, p. 10). Bezüglich der Liste der Schlichtungsbeauftragten wurde einhellig die Aufstellung einer einheitlichen Beauftragtenliste sowohl der Staaten als auch der internationalen Organisationen befürwortet.
[477] Vgl. A/CN.4/L.314/Add. 1, 04.07.1980, p. 17.
[478] Die BRD forderte z.B. eine Stärkung der Rolle des I.C.J. auch bezüglich der internationalen Organisationen. Sie meinte ferner, daß die Gleichbehandlung von Staaten und Organisationen nicht in ausreichendem Maße gesichert sei (A/CN.4/350, p. 4).
[479] Dieser Standpunkt wurde vor allem von Kanada (A/CN.4/350/Add. 5, p. 4) Großbritannien (ibid., Add. 9, p. 3) sowie von der EWG vertreten (ibid., Add. 2, p. 9).
[480] In der Regierungsstellungnahme der damaligen DDR vom 30.04.1982 wurde außerdem das Prinzip der freien Wahl der Mittel hervorgehoben (ibid., Add. 4, p. 3). Die ČSR wandte sich in

ihrer Stellungnahme vom 19.05.1982 gegen die obligatorische Gerichtsbarkeit des I. C. J., weil in ihr eine starke Einschränkung der Entscheidungsfreiheit bei der freien Wahl der Mittel erblickt wurde (A/CN.4/350/Add. 6, p. 3). Die UdSSR, die Ukraine und Bjelorussland übten in ihren Stellungnahmen vom 7., 4. und 17.06.1982 an dem Artikelentwurf 66 ebenfalls Kritik und machten auf die Zustimmung aller Streitparteien als Voraussetzung für die Anrufung des I. C. J. aufmerksam (ibid., Add. 6, p. 6, 7, 8).

[481] Vgl. A/CN.4/353, 26.03.1982, pp. 19/20, para. 45.

[482] Es wurde hervorgehoben, daß die Akzeptierung des obligatorischen Schlichtungsverfahrens eine allgemeine Tendenz sei. In diesem Zusammenhang nannte Jagota die WVRK1 und die neue Seerechtskonvention (A/CN.4/SR.1724, p. 10). Ushakov forderte, das Verfahren dadurch flexibler zu gestalten, daß die Angelegenheit dem UN-Generalsekretär nur dann unterbreitet werden muß, wenn sich die Parteien nicht anders über die Einleitung des Schlichtungsverfahrens einigen könnten (A/CN.4/SR.1726, p. 2). Darin wurde er von Ni, Calero Rodrigues und Lacleta Munoz unterstützt, die sich für die Aufnahme einer Formulierung einsetzten, derzufolge die Parteien durch Vereinbarung jede Bestimmung des Anhangs ändern können (ibid., p. 2).

[483] Vgl. A/CN.4/SR.1726. p. 9. Reuter brachte interessanterweise die Möglichkeit der Streichung des Artikelentwurfs in Zusammenhang damit ins Gespräch, daß die Annahme der vorliegenden Artikelentwürfe auch die Form einer Empfehlung der UN-Generalversammlung haben könnte (ibid.).

[484] Vg. Fassung des Entwurfskomitees in: A/CN.4/L.341, 01.07.1982, p. 22 bzw. A/CN.4/SR.1740, 13.07.1982, p. 18. Als ILC-Fassung (2. Lesung) in: A/CN.4/L.344/Add. 5, 13.07.1982, p. 2 oder in: ILC-Report vom Juli 1982, suppl. No. 10 (A/37/10), p. 136.

[485] A/CONF.129/4, p. 64.

[486] Vgl. in: Ibid., p. 163. Bei der Veränderung des Anhangs nahm die ILC den Anhang VII der Seerechtskonvention zum Modell, und zwar aus folgenden Gründen: Es handelt sich um einen modernen Text, der von einer großen Anzahl von Staaten angenommen wurde; er betrifft eine analoge Situation, nämlich ein Schiedsgericht, das auch kompetent ist, wenn sich ein Partner weigert, an der Ernennung von Schiedsrichtern oder am Verfahren selbst teilzunehmen; er räumt den Partnern größtmögliche Freiheit bei der Vereinbarung von Verfahrensbestimmungen ein.

[487] Deswegen ist ein solcher Entwurf unrealistisch. Die Praxis bietet außerdem keine Be ispiele für die Beteiligung internationaler Organisationen an Schiedsverfahren. Daher sollte der Buchstabe (a) gestrichen werden (Ushakov, A/CN.4/SR.1740, p. 46).

[488] UN-Doc. A/CONF.67/16. Von dieser souveränitätsfreundlichen Regelung unterscheidet sich jene der „Convention on the privileges and immunities of the specialized agencies“ on 21 Nov. 1947. Der § 32 dieser Konvention lautet wie folgt: „All differences arising out of the interpretation or application of the present Convention shall be referred to the I. C. J. unless in any case it is agreed by the parties to have recourse to another mode of settlement. If a difference arises between one of the specialized agencies on the one hand, and a member on the other hand, a request shall be made for an advisory opinion on any legal question involved in … of the Statute of the Court … The opinion given by the Court shall be accepted as decisive by the parties“ (UN-Doc. ST/LEG/4/Rev. 1).

[489] Stell vertretend für mehrere sind zu nennen: D. B. Levin: Das Prinzip der friedlichen Regelung internationaler Streitigkeiten. Berlin 1980, p. 81; Völkerrecht, Lehrbuch. Berlin 1982, p. 166, 171 und die dort angegebene Literatur.

[490] Das geht aus der Erklärung des britischen Regierungsvertreters im Rechtskomitee hervor, der zwar im Prinzip für den Artikelentwurf eintrat, jedoch für eine Stärkung der Rolle des I.C.J. bei der friedlichen Streitbeilegung plädierte (A/C.6/35/SR.45, para. 24).

[491] In dem vom UN-Sekretariat zusammengestellten „Analytical Compilation“ der Kommentare und Bemerkungen der Staaten und der wichtigsten internationalen Organisationen (A/CONF.129/5 vom 08.10.1985) wurden allein für den Artikelentwurf 30 Seiten beansprucht (pp. 208–233). Das geht über die anderen Artikelentwürfe weit hinaus.

[492] So z.B. die Regierungsstellungnahmen der ČSR von 1982 und der Ukraine von 1983 (A/CONF.129/5, pp. 213, 225).

[493] So die türkische Regierungsstellungnahme von 1983 (ibid., p. 226).

[494] Vgl. die Regierungsstellungnahme der UdSSR von 1983 (ibid., p. 226).

[495] Vgl. z.B. die Regierungsstellungnahmen Osterreichs und Brasiliens von 1982 (ibid., pp. 209/210).

[496] Vgl. in: A/CONF.129/5, pp. 212, 225.

[497] Vgl. especially die Regierungsstellungnahmen Argentiniens, der ČSR (beide von 1982), der ehemaligen DDR von 1983, Indonesiens von 1982, der UdSSR von 1983 und Zaires von 1982 (ibid., pp. 208, 213–215, 217, 226).

[498] z.B. die Regierungsstellungnahmen der USA, Großbritanniens und Österreichs (alle von 1982), ibid., pp. 209, 226/227. In der Regierungsstellungnahme Venezuelas von 1983 wurde hingegen die Meinung vertreten, daß die Forderung nach der Einführung der obligatorischen Zuständigkeit des IGH nur theoretisch Erfolg hätte. Die Praxis würde jedoch ganz anders aussehen, weil die meisten Staaten derartiges nicht akzeptieren würden (ibid., pp. 228/229).

[499] Vgl. die Regierungsstellungnahmen Bjelorusslands und der UdSSR (ibid., pp. 211, 225).

[500] So in den Stellungnahmen Großbritanniens, der UNESCO von 1984, der WHO von 1983 und der IAEA von 1983 (ibid., pp. 226, 231/232).

[501] Vgl. A/CONF.129/C.1/L.60.

[502] Vgl. A/CONF.129/C.1/L.68.

[503] Vgl. in: A/CONF.129/C.1/SR.24, p. 5.

[504] Vgl. A/CONF.129/C.1/L.69, Rev. 1 und 2.

[505] Vgl. die Erklärungen der Vertreter der UdSSR und Irans (A/CONF.129/C.1/SR.27, p. 9 und SR.28, p. 14).

[506] So die Vertreter Bulgariens und der Ukraine (A/CONF.129/C.1/SR.27, p. 15 und SR.28, p. 3).

[507] z.B. die Vertreter der UdSSR, der Türkei und Irans (A/CONF.129/C.1/SR.24, p. 2; SR.26, p. 3 und SR.27, p. 9).

[508] UN-Doc. A/CONF.80/31 sowie in: AJIL 72 (1978), p. 971.

[509] UN-Doc. A/CONF.117/14 sowie in: ILM 22 (1983), p. 306.

[510] Vgl. especially the discussion in: A/CONF.129/C.1/SR.26, pp. 6/7, 9, 11 und SR.27, pp. 9, 13.

[511] A/CONF.129/11/Add. 3 bzw. als Konventionstext A/CONF.129/5, pp. 42/43.

3 Dokumente der UNO und der Völkerrechtskommission (International Law Commission)

United Nations Conference on the Law of Treaties: 1968, A/CONF.39/5 (Vol. I, II); 1969, A/CONF.39/11/Add. 1; 1968/1969, Documents of the Conference, A/CONF.39, Vienna Convention (Doc. A/CONF.39/27)

United Nations Conference on the Law of Treaties between States and International Organizations or between International Organizations 1986, Vienna Convention (Doc. A/CONF.129/15)

International Law Commission
a) Yearbooks (Yearbook of the International Law Commission):
1950, Vol. II (A/CN.4/23);
1953, Vol. II (A/CN.4/63);
1954, Vol. II (A/CN.4/87);
1956, Vol. II (A/CN.4/101);
1962, Vol. II (A/CN.4/144);
1963, Vol. I (A/CN.4/SER. A/1963), Vol. II (A/CN.4/SER. A/1963/Add. 1);
1966, Vol. I, Part II (A/CN.4/SER. A/1966),
Vol. II (A/CN.4/SER. A/1966/Add. 1), Vol. II (Doc. A/6309/Rev. 1);
1970, Vol. II (Doc. A/8010/Rev. 1);
1971, Vol. II, Part One (Doc. A/8410/Rev. 1, chap. IV, Annex);
1972, Vol. I (A/CN.4/SER. A/1972), Vol. II (A/CN.4/SER. A/1972/Add. 1);
1973, Vol. II; 1974, Vol. II, Part One (Doc. A/9610/Rev. 1);
1979, Vol. II, Part One; 1981, Vol. II (Suppl., A/36/10).

b) Sessions-Reports:
23. (1971), A/CN.4/L.161/Add. 1, Add. 2);
26. (1974), A/CN.4/SR.1274–1279, 1291;
29. (1977), A/CN.4/SR.1429, 1434, 1439;
30. (1978), A/CN.4/L.269, A/CN.4/SR.1507–1512;
31. (1979), A/CN.4/SR.1546–1576;
32. (1980) A/CN.4/SR.1546–1596, A/CN.4/L.312, A/CN.4/L.314;
33. (1981), A/CN.4/339/Add. 2, A/CN.4/SR.1643–1682;

34. (1982), A/CN.4/350, A/CN.4/SR.1705 – 1749, A/CN.4/L.344, Add. 1 – 6, 1982, Suppl., No. 10 (A/37/10)

c) Draft articles:
ILC (XXXVIII)/Conf. Room Doc. 4, 9.6.1976;
A/CN.4/L.277, 14.7.1978;
ILC (XXXI)/Conf. Room Doc. 3, 1.6.1979;
ILC (XXXII)/Conf. Room Doc. 1, 7.5.1980;
ILC (XXXIII)/Conf. Room Doc. 2, 4.5.1981;
2nd reading: A/CN.4/L.344/Add. 1, 7.7. – Add. 5, 13.7.1982 or in:
Report of the International Law Commission on the work of its thirty-fourth session 1982, Suppl. No. 10 (A/37/10).

d) Reports by P. Reuter as Special Reporter oft he ILC (Report on the question of treaties concluded between states and international organizations or between two or more international organizations):
1., A/CN.4/258, 03.04.1972;
2., A/CN.4/271, 15.05.1973;
3., A/CN.4/279, 29.03.1974;
4., A/CN.4/285, 21.03.1975;
5., A/CN.4/290, 10.02.1976 and A/CN.4/290/Add. 1, 05.04.1976;
6., A/CN.4/298, 11.02.1977;
7., A/CN.4/312, 01.06.1978;
8., A/CN.4/319, 28.02.1980;
9., A/CN.4/327, 28.02.1980;
10., A/CN.4/341, 03.04.1981 and A/CN.4/341/Add. 1, 06.04.1981;
11., A/CN.4/353, 26.03.1982.

4 Literaturverzeichnis

1. Abi-Saab, G.: La notion d'organisation internationale: essai de synthèse. In: Le concept d'organisation internationale. Paris 1980.

2. Ad-Daqqāq: The International Organization. Beirut 1982 (in Arabisch).

3. Arangio-Ruiz, G.: The normative role of the General Assembly of the United Nations and the Declaration of principles of friendly relations. In: RdC 1972 (III) 137, p. 453.

4. Aréchaga, E. J.: Derecho constitucional de las Naciones Unidas. Madrid 1958.

5. Asamoah, O. Y.: The legal significance of the declarations of the General Assembly of the United Nations. The Hague 1966.

6. Balladore Pallieri, G.: La personalità delle organizzazioni internazionali. In: Diritto internazionale. No. 3, p 230. Milano 1960.

7. Bernhardt, R.: Qualifikation und Anwendungsbereich des internationalen Rechts der internationalen Organisationen. In: Berichte der Deutschen Gesellschaft für Völkerrecht, Karlsruhe 1973, Vol. 12, S. 7

8. Bin Cheng: United Nations Resolutions on outer space: „Instant" international customary law? In: Indian Journal of International Law, 5, p. 33. Bombay 1965.

9. Bos, M.: The interpretation of decisions of international organizations. In: Netherlands international law review, Nr. 1, p. 1. Leiden 1981.

10. Bote, L.: The capacity of international organizations to conclude Headquarter Agreements and some features of these agreements. In: Zemanek, K. (Ed.): Agreements of international organizations and the Vienna Convention on the law of treaties. p. 57. Wien, New York 1971.

11. Buirette-Maurau, P.: La participation du Tiers-Monde à l'élaboration du droit international. Paris 1983.

12. Cahier, Ph.: Le droit interne des organisations internationales. In: Revue Général de Droit International Public, Tome 67, p. 563. Paris 1963.

13. Cambell, A. I. L.: The limits of the powers of international organizations. In: International and Comparative Law Quarterly, No. 2, p. 523. London 1982.

14. Castañeda, J.: Legal effects of United Nations resolutions. New York, London 1969.

15. Detter, T. I. H.: The organs of international organizations exercising their treaty-making power. In: The British Yearbook of International Law 1962, Vol. 38, p. 421, London 1964.
16. Id.: Law Making by International Organizations. Stockholm 1965.
17. Doering, K.: Internationale Organisationen und staatliche Souveränität. In: Festgabe für E. Forsthoff, S. 108. München 1967.
18. Dupuy, R.-J.: Le droit des relations entre les organisations internationales. In: Recueil de Cours, Académie de droit international, Tome II/100, p. 461. Den Haag 1960.
19. Id.: L'application des règles du droit international général des traités aux accords conclus par les organisations internationales. In: Annuaire de l'Insitut de Droit International, Vol. 55, p. 214. Rom, Basel 1973.
20. Id.: Droit déclaratoire et droit programmatoire: de la coutume sauvage á la „soft law". In: L'élaboration du droit international public, p. 132. Paris 1975.
21. Econimidès, C. P.: Nature juridique des actes des organisations internationales et leurs effets en droit interne. In: Revue Hellénique de Droit International, No. 1–4, p. 225. Athènes 1970.
22. Elias, T. O.: Modern sources of international law. In: Transnational law. In: Transnational law in a changing society. Essays in honour of Ph. C. Jessup, p. 51. New York, London 1972.
23. Id.: The Modern Law of Treaties. Leiden 1974.
24. Ermacora, F.: Das Problem der Rechtsetzungsbefugnis durch internationale Organisationen im Rahmen der UNO. In: Berichte der Deutschen Gesellschaft für Völkerrecht, Band 10, p. 51. Karlsruhe 1971.
25. Frowein, J.: Der Beitrag der internationalen Organisationen zur Entwicklung des Völkerrechts. In: ZaöRV, 1976, Nr. 1–3, S. 150.
26. Gaja, E. (1987): A „new" Vienna Convention on Treaties between States an International Organizations or between International Organizations. In: British Yearbook of International Law, Vol. 58, p. 253.
27. Gold, J.: Strengthening the soft international law of exchange arrangements. In: The American Journal of International Law, No. 1, p. 443. Washington 1983.
28. Geiser, H.-J.: Les effets des accords conclus par les organisations internationales; étude en droit des traités des organisations internationales à la lumière de la Convention de Vienne de 1969. Berne 1977.

29. Golsong, H.: Das Problem der Rechtsetzung durch internationale Organisationen (insbesondere im Rahmen der UNO). In: Berichte der Deutschen Gesellschaft für Völkerrecht, Vol. 10, S. 1. Karlsruhe 1979.
30. Göttelmann, W.: Die Delegation hoheitlicher Befugnisse internationaler Organisationen und ihrer Organe. Saarbrücken 1968.
31. Grüningen, M.: Die Resolutionen der Generalversammlung der Vereinten Nationen und ihr Einfluß auf die Fortbildung des Völkerrechts. In: Festschrift für R. Bindschedler, S. 200. Bern 1980.
32. Halttunen, J.: Befugnisse internationaler Organisationen, völkerrechtliche Verträge abzuschließen unter Berücksichtigung der Vereinten Nationen und ihrer Sonderorganisationen. In: Tidskrift utgiven av juridiska föringen i Finland, Vol. 113, S. 51. Helsinki 1977.
33. Hartmann, G.: The capacity of international organizations to conclude treaties. in: K. Zemanek (Ed.), (bei Bota), p. 127.
34. Higgins, R.: The development of international law through the political organs of the United Nations. Oxford, New York 1969.
35. Jaenicke, G.: Die Sicherung des übernationalen Charakters der Organe der internationalen Organisationen. In: ZaöRV, 1951, Nr. 1–2, S. 46.
36. Jenks, C. W.: The legal personality of international organizations. In: The British Yearbook of International Law, Vol. 22, p. 267. London 1945.
37. Id.: The proper law of international Organizations. London 1962.
Kasme, Badr, Le capacité de l'Organisation des Nations Unies de conclure des traités: Paris 1960.
38. Kewenig, W. (Ed.): Die Vereinten Nationen im Wandel. Berlin 1975.
39. Kimminich, O.: Einführung in das Völkerrecht. München et alt. 1990.
40. Klein, E./M. Pechstein: Das Vertragsrecht internationaler Organisationen. Berlin 1985.
41. Klimenko, B. M./B. F. Petrovskij/J. M. Rybakow (Ed.): Wörterbuch des Völkerrechts. Moskau 1982 (in Russisch).
42. Köck, H. F./P. Fischer: Grundzüge des Rechts der internationalen Organisationen. Eisenstadt 1981.
43. Kurs des Völkerrechts in sechs Bänden. Moskau 1969 (in Russisch).
44. Lachs, M.: Le rôle des organisations internationales dans la formation du droit international. In: Mélanges offerts à H. Rolin, p. 157. Paris 1964.

45. Lukaschuk, I. I.: Partner internationaler Verträge. Moskau 1966 (in Russisch).
46. Id.: Der Regelungsmechanismus des Völkerrechts. Kiew 1980 (in Russisch).
47. Malintoppi, A.: Le reccomandazioni internazionali. Milano 1958.
48. McNair: The Law of Treaties. Oxford 1961.
49. McRae, D. M.: Co-operation agreements and the law relating to agreements concluded by international organizations. In: Zemanek, K. (Ed.), (bei Bota), p. 1.
50. Id.: Legal obligations and international organizations. In: Canadian Yearbook of International Law 1973, Vol. 11, p. 87. Vancouver 1974.
51. Moca, G.: Problèmes actuells de droit des organisations internationales. In: Revue roumaine d'études internationales, No. 1, p. 43. Bucharest 1969.
52. Moravetski, V.: Funktionen der internationalen Organisationen. Moskau 1976 (in Russisch).
53. Morozov, G. I.: Die internationalen Organisationen. Moskau 1969 (in Russisch).
54. Mosler, H.: Die Erweiterung des Kreises der Völkerrechtssubjekte. In: ZaöRV 1962, Vol. 2, S. 23.
55. Neuhold, H.: Organs competent to conclude treaties for international organizations and the international procedure leading to the decision to be bount by a treaty. In: K. Zemanek (Ed.), (vgl. bei Bota).
56. Osieke, E.: The legal validity of ultra vires decisions of international organizations. In: The American Journal of International Law, No. 2, p. 239. Washington 1983.
57. Id.: Ultra vires acts in international organizations – The experience of the International Labour Organizations. In: The British Yearbook of International Law, p. 259. London 1976/1977.
58. Peláez Marón, J. M.: La personalidad jurídica de las organizaciones administradoras de los acuerdos sobre productos básicos. In: Revista Española de Derecho Internacional, No. 1, p. 1. Madrid 1982.
59. Pernice, I. (1988): Völkerrechtliche Verträge internationaler Organisationen. In: ZaöRV, Vol. 48, S. 229.
60. Peruzzo, G.: Das Problem der implied powers der Organe der Europäischen Gemeinschaften. Marburg/Lahn 1979.

61. Rama-Montaldo, M.: International legal personality and implied powers of international organizations. In: The British Yearbook of International Law 1970, Vol. 44, p. 111. London.
62. Reuter, P.: Organisations internationales et l'évolution du droit. Paris 1956.
63. Id.: Les organes subsidiaires des organisations internationales. In: Hommage d'une génération de juristes au Président Basdevant, p. 415. Paris 1960.
64. Id.: Introduction au Droit des Traités. Paris 1985.
65. Id.: Ordre juridique international et les traités des organisations internationales. In: R. Bernhardt (Ed.): Völkerrecht als Rechtsordnung, internationale Gerichtsbarkeit, Menschenrechte: Festschrift für Hermann Mosler, S. 745. Berlin 1983.
66. Rosenne, Sh.: Is the constitution of an international organization an international treaty? In: Communicazioni e studi, Tom. XIII, p. 50. Milano 1966.
67. Schibajewa, E. A.: Die Spezialorganisationen der Vereinten Nationen. Moskau 1966 (in Russisch).
68. Id.: Rechtsstatus internationaler Organisationen. Moskau 1972 (in Russisch).
69. Schibajewa, E. A./M. Potočny: Recht des Aufbaus und der Tätigkeit internationaler Organisationen. Moskau 1980 (in Russisch).
70. Schneider, J. W.: Treaty Making Power of International organizations. Genf 1959.
71. Schreuer, Chr.: Die Bedeutung internationaler Organisationen im heutigen Völkerrecht. In: Archiv des Völkerrechts, Nr. 4, p. 378. Tübingen 1984.
72. Schwelb, E.: Neue Etappe der Fortentwicklung des Völkerrechts durch die Vereinten Nationen. in: Archiv des Völkerrechts, S. 51. Tübingen 1966/1967.
73. Seidl-Hohenveldern, I.: The legal personality of international and supranational organizations. In: Revue égyptienne de droit international, Vol. 21, p. 35. Le Caire 1965.
74. Id.: Das Recht der internationalen Organisationen einschließlich der supranationalen Gemeinschaften. Köln et. alt. 1984.

75. Sereni, A. P.: Le organizzazione internazionali. Milano 1959.
76. Seyersted, F.: Objective international personality of intergovernmental organizations. Copenhagen 1963.
77. Id.: International personality of intergovernmental organizations: Do their capacities really depend upon their constitutions? In: The Indian Journal of International Law, p. 1. Bombay 1964/4.
78. Id.: The legal nature of international organizations. In: Nordisk Tidsskrift for international Ret 1982, Nr. 3–4, p. 203.
79. Id.: Treaty-making capacity of intergovernmental organizations. In: Österreichische Zeitschrift für öffentliches Recht und Völkerrecht, Nr. 3–4, p. 261. Wien 1983.
80. Smith, D. D.: The conclusion of international agreements by international organizations. In: Loyola University of Chicago Law Journal, p. 27. Chicago 1971/2.
81. Socini, R.: Gli accordi internazionali delle organizzazioni intergovernative. Padova 1962.
82. Sonnenfeld, R.: International organizations as parties to treaties. In: Polish Yearbook of International Law 1981–1982, Vol. 11, p. 177. Warszawa 1984.
83. Souliotis, Y.: La capacité des organisations internationales de conclure des accords d'après leurs actes constitutifs et la pratique. In: Revue Hellénique de Droit International, Tome 25, p. 194. Athénes 1972.
84. Syblesma-Knoll, N. (1985): The New Law of Treaties. The codification oft he Law of Treaties between States and international Organizations or between two or more international Organizations. In: Georgia Journal of Comparativ Law, Vol. 15, No. 3.
85. Talalajew, A. N.: Der Rechtscharakter der internationalen Organisationen. Moskau 1963 (in Russisch).
86. Tammes, J. P. A.: Soft law. In: Essays on international and comparativ law in honour of Erades, p. 192. The Hague 1983.
87. Terz, P.: Zur Bedeutung der Norm der grundlgegenden Veränderung der Umstände in den internationalen Vertragsbeziehungen und zu ihrem Verhältnis zum Prinzip Pacta sunt servanda (Ein Beitrag zur Theorie des völkerrechtlichen Vertrages). Habilitationsschrift, Universität Leipzig, 1975.

88. Id.: Zu der Abgrenzung der Norm der grundlegenden Veränderung der Umstände von einigen speziellen Bestimmungen der Wiener Vertragsrechtskonvention. In: Jogtudomanyi Közlöni, Nr. 3, S. 162. Akademie der Wissenschaften. Budapest 1977 (in Ungarisch).
89. Id.: Zum Stand der Kodifikation des Vertragsrechts der internationalen Organisationen. In: Deutsche Außenpolitik, Nr. 7, S. 70. Berlin 1978.
90. Id.: Zum Jus cogens im demokratischen Völkerrecht. In: Staat und Recht, Nr. 7, S. 615. Berlin 1978.
91. Id.: Wesen und mögliche Auswirkungen von grundlegenden Veränderungen der Umstände auf die Gültigkeit zwischenstaatlicher Verträge. In: Przeglad Stosunkow Miedzynarodowych, Nr. 6, S. 115. Opole 1979 (in Polnisch).
92. Id.: Kritische Analyse der Doktrin von der Unveränderlichkeit der Umstände im Recht der internationalen Verträge. In: Westnik Kievskowo Universiteta 1982, Nr. 15, S. 42 (in Russisch).
93. Id.: Wesen und Bedeutung des Pactum de negotiando und des Pactum de contrahendo im Völkerrecht. In: Jogtudomanyi Közlöni, Nr. 4, S. 320. Akademie der Wissenschaften. Budapest 1982 (in Ungarisch).
94. Terz, P./Ansbach, T.: Die Kodifizierung des Vertragsrechts internationaler Organisationen – Theoretische Probleme. In: Wissenschaftliche Zeitschrift der Universität Leipzig, Nr. 4, S. 367. Leipzig 1982.
95. Terz. P.: Die Normbildungstheorie (Eine völkerrechtsphilosophische, völkerrechtssoziologische und völkerrechtstheoretische Studie). Fasc. 9, Tom XXXIV, Acta Universitatis Szegediensis, Acta Juridica et Politica, Sonderheft. Szeged 1985.
96.: Id.: Das Grundprinzip der Vertragstreue. Das Vertragsrecht (Kapitel 4 vom Grundriß Völkerrecht), S. 105–125. Berlin 1988.
97. Id.: For a modern theory oft he creation of norms in the nuclearcosmic era. In: Misc. in honorem D. S. Constantopuli. Universitas Thessalonicensis, Vol B, p. 1163. Thessaloniki 1990.
98. Id.: Die Polydimensionalität der Völkerrechtswissenschaft oder scientia lata juris inter gentes. In: Archiv des Völkerrechts 1992, Vol. 3, Nr. 4, S. 443.
99. Id.: Cuestiones teóricas fundamentales del proceso de formation de las normas internationales. Con especial análisis de las resoluciones de la ONU. Universidad Cali 1999.

100. Id.: Die Völkerrechtsphilosophie. Versuch einer Grundlegung in den Hauptzügen. Pro scienta ethica iuris inter gentes. In: Archiv für Rechts- und Sozialphilosophie, Band 86, Nr. 2, S. 322.
101. Id.: Die Völkerrechtssoziologie. Versuch einer Grundlegung in den Hauptzügen. Defensio Scientiae Iuris inter Gentes. In: Papel Politico, Vol. 11, Nr. 1, p. 259. Bogota 2006.
102. Tunkin, G. I.: Theorie des Völkerrechts. Moskau 1970 (in Russisch).
103. Id.: Völkerrecht. Moskau 1982 (in Russisch).
104. Uschakow, N. A.: Subjekte des gegenwärtigen Völkerrechts. In: Sowietskij jeschewodnik meschdu narodnowa prawa 1964–1965, p. 60. Moskau 1966 (in Russisch).
105. Verdross, A.: Kann die Generalversammlung der Vereinten Nationen das Völkerrecht weiterbilden? In: ZaöRV 1966, Vol. 26, S. 690.
106. Virally, M.: Le valeur juridique des recommandations des organisations internationales. In: Annuaire Français de droit international, Vol. II, p. 82. Paris 1956.
107. Id.: L'Organisation mondiale. Paris 1972.
108. Id.: Définition et classification des organisations internationales: approche juridique. In: G. Abi-Saab (Éd.): Le concept d'organisation internationale, p. 57. Paris 1980.
109. Weil, P.: La nature du lien de function publique dans les organisations internationales. In: Revue Générale de Droit International Public, No. 2, p. 273. Paris 1963.
110. Id.: Vers une normativité relative en droit international? In: Revue Générale de Droit International Public, No. 1, p. 5. Paris 1982.
111. Zemanek, K.: Das Vertragsrecht der internationalen Organisationen. Wien 1957.
112. Id.: Aggreements concluded by international organizations and the Vienna Convention on the Law of Treaties. In: University of Toledo law review, Vol. 89, p. 145. Toledo 1971.
113. Id.: International organizations, treaty-making power. In: Encyclopedia of public international law. Vol. 5, p. 168. Amsterdam 1983.
114. Ziccardi, P.: Règles d'organisation et règles de conduite en droit international. In: Recueil de Cours, Académie de droit international, Tome IV/152, p. 125. Den Haag 1976.

5 Abkürzungen

A/CONF.39/11/Add. 2	United Nations Conference on the Law of Treaties, First and second sessions, Vienna, 26 March – 24 May 1968 and 9 April – 22 May 1969, Official Records
A/CONF.129/4	United Nations Conference on the Law of Treaties between States and International Organizations or between International Organizations (Reprint of the Chapter II of the Report of the International Law Commission on the Work of its Thirty-Fourth Session (1982)
AdV	Archiv des Völkerrechts, Tübingen
AFDI	Annuaire Français de Droit International, Paris
AJIL	The American Journal of International Law, Washington
BGBL	Bundesgesetzblatt
Charta 1974	Charter of Economic Rights and Duties of States (1974)
ECE	Economic Commission for Europe
ECOSOC	Economic and Social Council
FAO	Food and Agriculture Organization
GATT	General Agreement on Tariffs and Trade
GBL	Gesetzblatt
IAEA	International Atomic Energy Agency
IBRD	International Bank for Reconstruction and Development
ICAO	International Civil Aviation Organization
I. C. J.	International Court of Justice
ILC	International Law Commission
ILC-Report on July 1982	Report of the International Law Commission on the work of its thirty-fourth session (1982)
ILC-Yearbook	Yearbook of the International Law Commission, New York

ILO	International Labour Organization
IMCO	Intergovernmental Maritime Consultative Organization
IMF	International Monetary Fund
NIEO	New International Economic Order
ÖZöRV	Österreichische Zeitschrift für öffentliches Recht und Völkerrecht, Wien
RdC	Recueil de Cours, Academie de Droit International, Den Haag, Leiden
RGDIP	Revue Général de Droit International Public, Paris
SEMP	Sovetskij ezhewodnik mezhdunarodnowo prava, Moskva
SGiP	Sovetskoje gosudarstvo i pravo, Moskva
UNCTAD	United Nations Conference on Trade and development
UNESCO	United Nations Educational, Scientific and Cultural Organization
UNIDO	United Nations Industrial Development Organization
UNITAR	United Nations Institut for Training and Research
UN-Principles-Declaration 1970	Declaration on Principles of International Law concerning Friendly Relations and Co-operation among States in accordance with the Charter of the United Nations (1970)
WVRK1 oder A/CONF.39/27	Vienna Convention on the Law of Treaties (1969)
WVRK2 oder A/CONF.129/15	Vienna Convention on the Law of treaties between States and International Organizations or between International Organizations (1986)
ZaöRV	Zeitschrift für ausländisches öffentliches Recht und Völkerrecht, Stuttgart

6 Anhang: Konvention über das Vertragsrecht der internationalen Organisationen

Wiener Übereinkommen über das Recht der Verträge zwischen Staaten und internationalen Organisationen oder zwischen internationalen Organisationen

Die Vertragsparteien dieses Übereinkommens

in Anbetracht der grundlegenden Rolle der Verträge in der Geschichte der internationalen Beziehungen;

in der Erkenntnis, dass Verträge auf Einvernehmen beruhen und dass ihre Bedeutung als Quelle des Völkerrechts ständig zunimmt;

im Hinblick darauf, dass die Grundsätze der freien Zustimmung und von Treu und Glauben sowie der Rechtsgrundsatz pacta sunt servanda allgemein anerkannt sind;

in Bekräftigung der Bedeutung einer Stärkung des Prozesses der Kodifizierung und fortschreitenden Entwicklung des Völkerrechts in weltweitem Rahmen;

überzeugt, dass die Kodifizierung und fortschreitende Entwicklung der Regeln betreffend Verträge zwischen Staaten und internationalen Organisationen oder zwischen internationalen Organisationen Mittel zur Stärkung der Rechtssicherheit in den internationalen Beziehungen und zur Verwirklichung der Ziele der Vereinten Nationen sind;

im Bewusstsein der in der Charta der Vereinten Nationen enthaltenen völkerrechtlichen Grundsätze, darunter der Grundsätze der Gleichberechtigung und Selbstbestimmung der Völker, der souveränen Gleichheit und Unabhängigkeit aller Staaten, der Nichteinmischung in die inneren Angelegenheiten der Staaten, des Verbots der Androhung oder Anwendung von Gewalt sowie der allgemeinen Achtung und Wahrung der Menschenrechte und Grundfreiheiten für alle;

eingedenk der Bestimmungen des Wiener Übereinkommens von 1969 über das Recht der Verträge;

in Erkenntnis des Verhältnisses zwischen dem Recht der Verträge zwischen Staaten und dem Recht der Verträge zwischen Staaten und internationalen Organisationen oder zwischen internationalen Organisationen;

in Anbetracht der Bedeutung der Verträge zwischen Staaten und internationalen Organisationen oder zwischen internationalen Organisationen als nützliches Mittel zur Entwicklung der internationalen Beziehungen und zur Sicherung der Voraussetzungen für eine friedliche Zusammenarbeit zwischen den Völkern ungeachtet ihrer Verfassungs- und Gesellschaftssysteme;

im Bewusstsein der Besonderheiten der Verträge, denen internationale Organisationen als von Staaten verschiedene Völkerrechtssubjekte als Vertragsparteien angehören;

im Hinblick darauf, dass internationale Organisationen die für die Wahrnehmung ihrer Aufgaben und die Verwirklichung ihrer Ziele notwendige Fähigkeit besitzen, Verträge zu schließen;

in der Erkenntnis, dass die Übung internationaler Organisationen hinsichtlich des Abschlusses von Verträgen mit Staaten oder untereinander im Einklang mit ihren Gründungsurkunden stehen soll;

in Bekräftigung des Grundsatzes, dass dieses Übereinkommen nicht dahingehend ausgelegt werden soll, dass es die Beziehungen zwischen einer internationalen Organisation und ihren Mitgliedern berührt, die sich nach den Vorschriften der Organisation bestimmen, sowie in Bekräftigung des Grundsatzes, dass Streitigkeiten über Verträge wie andere internationale Streitigkeiten durch friedliche Mittel nach den Grundsätzen der Gerechtigkeit und des Völkerrechts im Einklang mit der Charta der Vereinten Nationen beigelegt werden sollen,

sowie in Bekräftigung des Grundsatzes, dass die Sätze des Völkergewohnheitsrechts weiterhin für Fragen gelten, die in diesem Übereinkommen nicht geregelt sind,

haben folgendes vereinbart:

Teil I Einleitung

Artikel 1 – Geltungsbereich dieses Übereinkommens

Dieses Übereinkommen findet Anwendung

a) auf Verträge zwischen einem oder mehreren Staaten und einer oder mehreren internationalen Organisationen und

b) auf Verträge zwischen internationalen Organisationen.

Artikel 2 – Begriffsbestimmungen

(1) Im Sinne dieses Übereinkommens

a) bedeutet »Vertrag« eine vom Völkerrecht bestimmte und in Schriftform geschlossene internationale Übereinkunft

i) zwischen einem oder mehreren Staaten und einer oder mehreren internationalen Organisationen oder

ii) zwischen internationalen Organisationen,

gleichviel ob diese Übereinkunft in einer oder in mehreren zusammengehörigen Urkunden enthalten ist und welche besondere Bezeichnung sie hat;

b) bedeutet »Ratifikation« die so bezeichnete völkerrechtliche Handlung, durch die ein Staat im internationalen Bereich seine Zustimmung bekundet, durch einen Vertrag gebunden zu sein;

bbis) bedeutet »Akt der förmlichen Bestätigung« eine der Ratifikation durch einen Staat entsprechende völkerrechtliche Handlung, durch die eine internationale Organisation im internationalen Bereich ihre Zustimmung bekundet, durch einen Vertrag gebunden zu sein;

bter) bedeutet »Annahme«, »Genehmigung« und »Beitritt« jeweils die so bezeichnete völkerrechtliche Handlung, durch die ein Staat oder eine internationale Organisation im internationalen Bereich ihre Zustimmung bekunden, durch einen Vertrag gebunden zu sein;

c) bedeutet »Vollmacht« eine vom zuständigen Organ eines Staates oder vom zuständigen Organ einer internationalen Organisation errichtete Urkunde, durch die einzelne oder mehrere Personen benannt werden, um in Vertretung des Staates oder der Organisation den Text eines Vertrags auszuhandeln oder als authentisch festzulegen, die Zustimmung des Staates oder der Organisation auszudrücken, durch einen Vertrag gebunden zu sein, oder sonstige Handlungen in Bezug auf einem Vertrag vorzunehmen;

d) bedeutet »Vorbehalt« eine wie auch immer formulierte oder bezeichnete, von einem Staat oder einer internationalen Organisation bei der Unterzeichnung, Ratifikation, förmlichen Bestätigung, Annahme oder Genehmigung eines Vertrags oder bei dem Beitritt zu einem Vertrag abgegebene einseitige Erklärung, durch die der Staat oder die internationale Organisation bezweckt, die Rechtswirkung einzelner Vertragsbestimmungen in der Anwendung auf diesen Staat oder diese Organisation auszuschließen oder zu ändern;

e) bedeutet »Verhandlungsstaat« und »Verhandlungsorganisation«

i) einen Staat beziehungsweise

ii) eine internationale Organisation,

die am Abfassen und Annehmen des Vertragstextes teilgenommen haben;

f) bedeutet »Vertragsstaat« und »Vertragsorganisation«

i) einen Staat beziehungsweise

ii) eine internationale Organisation, die zugestimmt haben, durch den Vertrag gebunden zu sein, gleichviel ob der Vertrag in Kraft getreten ist oder nicht;

g) bedeutet »Vertragspartei« einen Staat oder eine internationale Organisation, die zugestimmt hat, durch den Vertrag gebunden zu sein und für die der Vertrag in Kraft ist;

h) bedeutet »Drittstaat« und »Drittorganisation«

i) einen Staat beziehungsweise

ii) eine internationale Organisation, die nicht Vertragspartei sind;

i) bedeutet »internationale Organisation« eine zwischenstaatliche Organisation;

j) bedeutet »Vorschriften der Organisation« insbesondere die Gründungsurkunden, die im Einklang damit angenommenen Beschlüsse und Entschließungen sowie die feststehende Übung der Organisation.

(2) Die Bestimmungen des Absatzes 1 über die in diesem Übereinkommen verwendeten Begriffe beeinträchtigen weder die Verwendung dieser Begriffe noch die Bedeutung, die ihnen im innerstaatlichen Recht oder nach

den Vorschriften einer internationalen Organisation gegebenenfalls zukommt.

Artikel 3 – Nicht in den Geltungsbereich dieses Übereinkommens fallende internationale Übereinkünfte

Der Umstand, dass dieses Übereinkommen

i) auf internationale Übereinkünfte, denen ein oder mehrere Staaten, eine oder mehrere internationale Organisationen und ein oder mehrere Völkerrechtssubjekte, die nicht Staaten oder Organisationen sind, als Vertragsparteien angehören;

ii) auf internationale Übereinkünfte, denen eine oder mehrere internationale Organisationen und ein oder mehrere Völkerrechtssubjekte, die nicht Staaten oder Organisationen sind, als Vertragsparteien angehören;

iii) auf nicht schriftliche internationale Übereinkünfte zwischen einem oder mehreren Staaten und einer oder mehreren internationalen Organisationen oder zwischen internationalen Organisationen oder

iv) auf internationale Übereinkünfte zwischen Völkerrechtssubjekten, die nicht Staaten oder internationale Organisationen sind, nicht Anwendung findet, berührt nicht

a) die rechtliche Gültigkeit solcher Übereinkünfte;

b) die Anwendung einer der in diesem Übereinkommen niedergelegten Regeln auf sie, denen sie auch unabhängig von diesem Übereinkommen auf Grund des Völkerrechts unterworfen wären;

c) die Anwendung des Übereinkommens auf die Beziehungen zwischen Staaten und internationalen Organisationen oder auf die Beziehungen zwischen internationalen Organisationen untereinander, wenn diese Beziehungen durch internationale Übereinkünfte, denen auch andere Völkerrechtssubjekte als Vertragsparteien angehören, geregelt werden.

Artikel 4 – Nichtrückwirkung dieses Übereinkommens

Unbeschadet der Anwendung der in diesem Übereinkommen niedergelegten Regeln, denen Verträge zwischen einem oder mehreren Staaten und einer oder mehreren internationalen Organisationen oder zwischen internationalen Organisationen unabhängig von dem Übereinkommen auf Grund des Völkerrechts unterworfen wären, findet das Übereinkommen nur auf derartige Verträge Anwendung, die geschlossen werden, nachdem das Übereinkommen für diese Staaten und Organisationen in Kraft getreten ist.

Artikel 5 – Gründungsverträge internationaler Organisationen und im Rahmen einer internationalen Organisation angenommene Verträge

Dieses Übereinkommen findet auf jeden Vertrag zwischen einem oder mehreren Staaten und einer oder mehreren internationalen Organisationen Anwendung, der die Gründungsurkunde einer internationalen Organisation bildet, sowie auf jeden im Rahmen einer internationalen Organisation angenommenen Vertrag, unbeschadet aller einschlägigen Vorschriften der Organisation.

Teil II Abschluss und Inkrafttreten von Verträgen

Abschnitt 1 Abschluss von Verträgen

Artikel 6 – Vertragsfähigkeit der internationalen Organisationen

Die Fähigkeit einer internationalen Organisation, Verträge zu schließen, bestimmt sich nach den Vorschriften dieser Organisation.

Artikel 7 – Vollmacht

(1) Eine Person gilt hinsichtlich des Annehmens des Textes eines Vertrags oder der Festlegung seines authentischen Textes oder der Abgabe der Zustimmung eines Staates, durch einen Vertrag gebunden zu sein, als Vertreter eines Staates,

a) wenn diese Person eine gehörige Vollmacht vorlegt oder

b) wenn aus der Übung oder aus anderen Umständen hervorgeht, daß die beteiligten Staaten und internationalen Organisationen die Absicht hatten, diese Person ohne Vorlage einer Vollmacht als Vertreter des Staates für die genannten Zwecke anzusehen.

(2) Kraft ihres Amtes werden, ohne eine Vollmacht vorlegen zu müssen, als Vertreter ihres Staates angesehen

a) Staatsoberhäupter, Regierungschefs und Außenminister zur Vornahme aller sich auf den Abschluss eines Vertrags zwischen einem oder mehreren Staaten und einer oder mehreren internationalen Organisationen beziehenden Handlungen;

b) die von Staaten bei einer internationalen Konferenz beglaubigten Vertreter zum Annehmen des Textes eines Vertrags zwischen Staaten und internationalen Organisationen;

c) die von Staaten bei einer internationalen Organisation oder einem ihrer Organe beglaubigten Vertreter zum Annehmen des Textes eines Vertrags im Rahmen der Organisation oder des Organs;

d) Chefs ständiger Missionen bei einer internationalen Organisation zum Annehmen des Textes eines Vertrags zwischen den Entsendestaaten und der Organisation.

(3) Eine Person gilt hinsichtlich des Annehmens des Textes eines Vertrags oder der Festlegung seines authentischen Textes oder der Abgabe der Zustimmung einer Organisation, durch einen Vertrag gebunden zu sein, als Vertreter dieser internationalen Organisation,

a) wenn diese Person eine gehörige Vollmacht vorlegt oder

b) wenn aus den Umständen hervorgeht, dass die beteiligten Staaten und internationalen Organisationen die Absicht hatten, diese Person ohne Vorlage einer Vollmacht als Vertreter der Organisation für die genannten Zwecke im Einklang mit den Vorschriften der Organisation anzusehen.

Artikel 8 – Nachträgliche Bestätigung einer ohne Ermächtigung vorgenommenen Handlung

Eine sich auf den Abschluss eines Vertrags beziehende Handlung, die von einer Person vorgenommen wird, welche nicht nach Artikel 7 als zur Vertretung eines Staates oder einer internationalen Organisation zu diesem Zweck ermächtigt angesehen werden kann, ist ohne Rechtswirkung, sofern sie nicht nachträglich von dem Staat oder der Organisation bestätigt wird.

Artikel 9 – Annehmen des Textes

(1) Der Text eines Vertrags wird durch Zustimmung aller Staaten und internationalen Organisationen beziehungsweise aller internationalen Organisationen, die an seiner Abfassung beteiligt waren, angenommen, soweit Absatz 2 nichts anderes vorsieht.

(2) Auf einer internationalen Konferenz wird der Text eines Vertrags nach dem Verfahren angenommen, das von den Teilnehmern an der Konferenz vereinbart wurde. Wird jedoch keine Einigung über ein solches Verfahren erzielt, so wird der Text mit den Stimmen von zwei Dritteln der anwesenden und abstimmenden Teilnehmer angenommen, sofern sie nicht mit der gleichen Mehrheit die Anwendung einer anderen Regel beschließen.

Artikel 10 – Festlegung des authentischen Textes

(1) Der Text eines Vertrags zwischen einem oder mehreren Staaten und einer oder mehreren internationalen Organisationen wird als authentisch und endgültig festgelegt

a) nach dem Verfahren, das darin vorgesehen oder von den an seiner Abfassung beteiligten Staaten und Organisationen vereinbart wurde, oder,

b) in Ermangelung eines solchen Verfahrens, durch Unterzeichnung, Unterzeichnung ad referendum oder Paraphierung des Vertragswortlauts oder einer den Wortlaut enthaltenden Schlußakte einer Konferenz durch die Vertreter dieser Staaten und Organisationen.

(2) Der Text eines Vertrags zwischen internationalen Organisationen wird als authentisch und endgültig festgelegt

a) nach dem Verfahren, das darin vorgesehen oder von den an seiner Abfassung beteiligten Organisationen vereinbart wurde, oder,

b) in Ermangelung eines solchen Verfahrens, durch Unterzeichnung, Unterzeichnung ad referendum oder Paraphierung des Vertragswortlauts oder einer den Wortlaut enthaltenden Schlussakte einer Konferenz durch die Vertreter dieser Organisationen.

Artikel 11 – Arten der Zustimmung, durch einen Vertrag gebunden zu sein

(1) Die Zustimmung eines Staates, durch einen Vertrag gebunden zu sein, kann durch Unterzeichnung, Austausch von Urkunden, die einen Vertrag bilden, Ratifikation, Annahme, Genehmigung oder Beitritt oder auf eine andere vereinbarte Art ausgedrückt werden.

(2) Die Zustimmung einer internationalen Organisation, durch einen Vertrag gebunden zu sein, kann durch Unterzeichnung, Austausch von Urkunden, die einen Vertrag bilden, Akt der förmlichen Bestätigung, Annahme,

Genehmigung oder Beitritt oder auf eine andere vereinbarte Art ausgedrückt werden.

Artikel 12 – Zustimmung, durch einen Vertrag gebunden zu sein, durch Unterzeichnung

(1) Die Zustimmung eines Staates oder einer internationalen Organisation, durch einen Vertrag gebunden zu sein, wird durch Unterzeichnung seitens des Vertreters dieses Staates oder dieser Organisation ausgedrückt,

a) wenn der Vertrag vorsieht, dass der Unterzeichnung diese Wirkung zukommen soll;

b) wenn anderweitig feststeht, dass die Verhandlungsstaaten und Verhandlungsorganisationen beziehungsweise die Verhandlungsorganisationen der Unterzeichnung einvernehmlich diese Wirkung beilegen wollten, oder

c) wenn die Absicht des Staates oder der Organisation, der Unterzeichnung diese Wirkung beizulegen, aus der Vollmacht des Vertreters des Staates oder der Organisation hervorgeht oder während der Verhandlung zum Ausdruck gebracht wurde.

(2) Im Sinne des Absatzes 1

a) gilt die Paraphierung des Textes als Unterzeichnung des Vertrags, wenn feststeht, daß die Verhandlungsstaaten und Verhandlungsorganisationen beziehungsweise die Verhandlungsorganisationen dies vereinbart haben;

b) gilt die Unterzeichnung eines Vertrags ad referendum durch den Vertreter eines Staates oder einer internationalen Organisation als unbedingte Vertragsunterzeichnung, wenn sie von dem Staat oder der Organisation bestätigt wird.

Artikel 13 – Zustimmung, durch einen Vertrag gebunden zu sein, durch Austausch der einen Vertrag bildenden Urkunden

Die Zustimmung von Staaten oder internationalen Organisationen, durch einen Vertrag gebunden zu sein, der durch zwischen ihnen ausgetauschte Urkunden begründet wird, findet in diesem Austausch ihren Ausdruck,

a) wenn die Urkunden vorsehen, dass ihrem Austausch diese Wirkung zukommen soll, oder

b) wenn anderweitig feststeht, dass diese Staaten und Organisationen beziehungsweise diese Organisationen dem Austausch der Urkunden einvernehmlich diese Wirkung beilegen wollten.

Artikel 14 – Zustimmung, durch einen Vertrag gebunden zu sein, durch Ratifikation, Akt der förmlichen Bestätigung, Annahme oder Genehmigung

(1) Die Zustimmung eines Staates, durch einen Vertrag gebunden zu sein, wird durch Ratifikation ausgedrückt,

a) wenn der Vertrag vorsieht, dass diese Zustimmung durch Ratifikation ausgedrückt wird;

b) wenn anderweitig feststeht, dass die Verhandlungsstaaten und Verhandlungsorganisationen die Ratifikation einvernehmlich für erforderlich hielten;

c) wenn der Vertreter des Staates den Vertrag unter Vorbehalt der Ratifikation unterzeichnet hat oder

d) wenn die Absicht des Staates, den Vertrag unter Vorbehalt der Ratifikation zu unterzeichnen, aus der Vollmacht seines Vertreters hervorgeht oder während der Verhandlungen zum Ausdruck gebracht wurde.

(2) Die Zustimmung einer internationalen Organisation, durch einen Vertrag gebunden zu sein, wird durch einen Akt der förmlichen Bestätigung ausgedrückt,

a) wenn der Vertrag vorsieht, dass diese Zustimmung durch einen Akt der förmlichen Bestätigung ausgedrückt wird;

b) wenn anderweitig feststeht, dass die Verhandlungsstaaten und Verhandlungsorganisationen beziehungsweise die Verhandlungsorganisationen einen Akt der förmlichen Bestätigung einvernehmlich für erforderlich hielten;

c) wenn der Vertreter der Organisation den Vertrag unter Vorbehalt eines Aktes der förmlichen Bestätigung unterzeichnet hat oder

d) wenn die Absicht der Organisation, den Vertrag unter Vorbehalt eines Aktes der förmlichen Bestätigung zu unterzeichnen, aus der Vollmacht ihres Vertreters hervorgeht oder während der Verhandlungen zum Ausdruck gebracht wurde.

(3) Die Zustimmung eines Staates oder einer internationalen Organisation, durch einen Vertrag gebunden zu sein, wird durch Annahme oder Genehmigung unter ähnlichen Bedingungen ausgedrückt, wie sie für die Ratifikation beziehungsweise einen Akt der förmlichen Bestätigung gelten.

Artikel 15 – Zustimmung, durch einen Vertrag gebunden zu sein, durch Beitritt

Die Zustimmung eines Staates oder einer internationalen Organisation, durch einen Vertrag gebunden zu sein, wird durch Beitritt ausgedrückt,

a) wenn der Vertrag vorsieht, dass die Zustimmung von diesem Staat oder dieser Organisation durch Beitritt ausgedrückt werden kann;

b) wenn anderweitig feststeht, dass die Verhandlungsstaaten und Verhandlungsorganisationen beziehungsweise die Verhandlungsorganisationen vereinbart haben, dass die Zustimmung von diesem Staat oder dieser Organisation durch Beitritt ausgedrückt werden kann, oder

c) wenn alle Vertragsparteien nachträglich vereinbart haben, dass die Zustimmung von diesem Staat oder dieser Organisation durch Beitritt ausgedrückt werden kann.

Artikel 16 – Austausch oder Hinterlegung von Ratifikationsurkunden, Urkunden der förmlichen Bestätigung, Annahme-, Genehmigungs- oder Beitrittsurkunden

(1) Sofern der Vertrag nichts anderes vorsieht, begründen Ratifikationsurkunden, Urkunden betreffend einen Akt der förmlichen Bestätigung, Annahme-, Genehmigungs- oder Beitrittsurkunden die Zustimmung eines Staates oder einer internationalen Organisation, durch einen Vertrag zwischen einem oder mehreren Staaten und einer oder mehreren internationalen Organisationen gebunden zu sein, im Zeitpunkt

a) ihres Austausches zwischen den Vertragsstaaten und Vertragsorganisationen;

b) ihrer Hinterlegung bei dem Verwahrer oder

c) ihrer Notifizierung an die Vertragsstaaten und die Vertragsorganisationen oder den Verwahrer, wenn dies vereinbart wurde.

(2) Sofern der Vertrag nichts anderes vorsieht, begründen Urkunden betreffend einen Akt der förmlichen Bestätigung Annahme, Genehmigungs- oder Beitrittsurkunden die Zustimmung einer internationalen Organisation, durch einen Vertrag zwischen internationalen Organisationen gebunden zu sein, im Zeitpunkt

a) ihres Austausches zwischen den Vertragsorganisationen;

b) ihrer Hinterlegung bei dem Verwahrer oder

c) ihrer Notifizierung an die Vertragsorganisationen oder den Verwahrer, wenn dies vereinbart wurde.

Artikel 17 – Zustimmung, durch einen Teil eines Vertrags gebunden zu sein, sowie Wahl zwischen unterschiedlichen Bestimmungen

(1) Unbeschadet der Artikel 19 bis 23 ist die Zustimmung eines Staates oder einer internationalen Organisation, durch einen Teil eines Vertrags gebunden zu sein, nur wirksam, wenn der Vertrag dies zulässt oder die Vertragsstaaten und Vertragsorganisationen beziehungsweise die Vertragsorganisationen dem zustimmen.

(2) Die Zustimmung eines Staates oder einer internationalen Organisation, durch einen Vertrag gebunden zu sein, der eine Wahl zwischen unterschiedlichen Bestimmungen zulässt, ist nur wirksam, wenn klargestellt wird, auf welche Bestimmungen sich die Zustimmung bezieht.

Artikel 18 – Verpflichtung, Ziel und Zweck eines Vertrags vor seinem Inkrafttreten nicht zu vereiteln

Ein Staat oder eine internationale Organisation sind verpflichtet, sich aller Handlungen zu enthalten, die Ziel und Zweck eines Vertrags vereiteln würden,

a) wenn dieser Staat oder diese Organisation unter Vorbehalt der Ratifikation, des Aktes der förmlichen Bestätigung, der Annahme oder der Genehmigung den Vertrag unterzeichnet oder Urkunden ausgetauscht haben, die einen Vertrag bilden, solange der Staat oder die Organisation ihre Absicht nicht klar zu erkennen gegeben haben, nicht Vertragspartei zu werden, oder

b) wenn dieser Staat oder diese Organisation ihre Zustimmung, durch den Vertrag gebunden zu sein, ausgedrückt haben, und zwar bis zum Inkrafttreten des Vertrags und unter der Voraussetzung, daß sich das Inkrafttreten nicht ungebührlich verzögert.

Abschnitt 2 Vorbehalte

Artikel 19 – Anbringen von Vorbehalten

Ein Staat oder eine internationale Organisation können bei der Unterzeichnung, Ratifikation, förmlichen Bestätigung, Annahme oder Genehmigung eines Vertrags oder beim Beitritt einen Vorbehalt anbringen, sofern nicht

a) der Vertrag den Vorbehalt verbietet;

b) der Vertrag vorsieht, dass nur bestimmte Vorbehalte gemacht werden dürfen, zu denen der betreffende Vorbehalt nicht gehört, oder

c) in den unter Buchstabe a oder b nicht bezeichneten Fällen der Vorbehalt mit Ziel und Zweck des Vertrags unvereinbar ist.

Artikel 20 – Annahme von Vorbehalten und Einsprüche gegen Vorbehalte

(1) Ein durch einen Vertrag ausdrücklich zugelassener Vorbehalt bedarf der nachträglichen Annahme durch die Vertragsstaaten und Vertragsorganisationen beziehungsweise die Vertragsorganisationen nur, wenn der Vertrag dies vorsieht.

(2) Geht aus der begrenzten Zahl der Verhandlungsstaaten und Verhandlungsorganisation beziehungsweise der Verhandlungsorganisationen sowie aus Ziel und Zweck eines Vertrags hervor, dass die Anwendung des Vertrags in seiner Gesamtheit zwischen allen Vertragsparteien eine wesentliche Voraussetzung für die Zustimmung jeder Vertragspartei ist, durch den Vertrag gebunden zu sein, so bedarf ein Vorbehalt der Annahme durch alle Vertragsparteien.

(3) Bildet ein Vertrag die Gründungsurkunde einer internationalen Organisation und sieht er nichts anderes vor, so bedarf ein Vorbehalt der Annahme durch das zuständige Organ der Organisation.

(4) In den nicht in den Absätzen 1 bis 3 bezeichneten Fällen und sofern der Vertrag nichts anderes vorsieht,

a) macht die Annahme eines Vorbehalts durch einen Vertragsstaat oder eine Vertragsorganisation den Vorbehalt anbringenden Staat oder die den Vorbehalt anbringende internationale Organisation zur Vertragspartei im Verhältnis zu dem annehmenden Staat oder der annehmenden Organisation, sofern der Vertrag für den den Vorbehalt anbringenden Staat oder die den Vorbehalt anbringende Organisation und für den annehmenden Staat oder die annehmende Organisation in Kraft getreten ist oder sobald er für sie in Kraft tritt;

b) schließt der Einspruch eines Vertragsstaats oder einer Vertragsorganisation gegen einen Vorbehalt das Inkrafttreten des Vertrags zwischen dem den Einspruch erhebenden Staat oder der den Einspruch erhebenden internationalen Organisation und dem den Vorbehalt anbringenden Staat oder der den Vorbehalt anbringenden Organisation nicht aus, sofern nicht der den Einspruch erhebende Staat oder die den Einspruch erhebende Organisation ihre gegenteilige Absicht eindeutig zum Ausdruck bringen;

c) wird eine Handlung, mit der die Zustimmung eines Staates oder einer internationalen Organisation, durch den Vertrag gebunden zu sein, ausgedrückt wird und die einen Vorbehalt in sich schließt, wirksam, sobald mindestens ein Vertragsstaat oder eine Vertragsorganisation den Vorbehalt angenommen hat.

(5) Im Sinne der Absätze 2 und 4 und sofern der Vertrag nichts anderes vorsieht, gilt ein Vorbehalt als von einem Staat oder einer internationalen Organisation angenommen, wenn diese bis zum Ablauf von zwölf Monaten, nachdem ihnen der Vorbehalt notifiziert worden ist, oder bis zu dem Zeitpunkt, wenn dies der spätere ist, in dem sie ihre Zustimmung ausge-

drückt haben, durch den Vertrag gebunden zu sein, keinen Einspruch gegen den Vorbehalt erheben.

Artikel 21 – Rechtswirkungen von Vorbehalten und von Einsprüchen gegen Vorbehalte

(1) Ein gegenüber einer anderen Vertragspartei nach den Artikeln 19, 20 und 23 bestehender Vorbehalt

a) ändert für den Vorbehalt anbringenden Staat oder die den Vorbehalt anbringende internationale Organisation im Verhältnis zu der anderen Vertragspartei die Vertragsbestimmungen, auf die sich der Vorbehalt bezieht, in dem darin vorgesehenen Ausmaß und

b) ändert diese Bestimmungen für die andere Vertragspartei im Verhältnis zu dem den Vorbehalt anbringenden Staat oder der den Vorbehalt anbringenden internationalen Organisation in demselben Ausmaß.

(2) Der Vorbehalt ändert die Vertragsbestimmungen für die anderen Vertragsparteien untereinander nicht.

(3) Haben ein Staat oder eine internationale Organisation, die einen Einspruch gegen einen Vorbehalt erhoben haben, dem Inkrafttreten des Vertrags zwischen sich und dem den Vorbehalt anbringenden Staat oder der den Vorbehalt anbringenden Organisation nicht widersprochen, so finden die Bestimmungen, auf die sich der Vorbehalt bezieht, in dem darin vorgesehen Ausmaß zwischen dem den Vorbehalt anbringenden Staat oder der den Vorbehalt anbringenden Organisation und dem den Einspruch erhebenden Staat oder der den Einspruch erhebenden Organisation keine Anwendung.

Artikel 22 – Zurückziehen von Vorbehalten und von Einsprüchen gegen Vorbehalte

(1) Sofern der Vertrag nichts anderes vorsieht, kann ein Vorbehalt jederzeit zurückgezogen werden; das Zurückziehen bedarf nicht der Zustimmung eines Staates oder einer internationalen Organisation, die den Vorbehalt angenommen haben.

(2) Sofern der Vertrag nichts anderes vorsieht, kann ein Einspruch gegen einen Vorbehalt jederzeit zurückgezogen werden.

(3) Sofern der Vertrag nichts anderes vorsieht oder sofern nichts anderes vereinbart ist,

a) wird das Zurückziehen eines Vorbehalts im Verhältnis zu einem Vertragsstaat oder einer Vertragsorganisation erst wirksam, wenn dieser Staat oder diese Organisation eine Notifizierung des Zurückziehens erhalten haben;

b) wird das Zurückziehen eines Einspruchs gegen einen Vorbehalt erst wirksam, wenn der Staat oder die internationale Organisation, die den Vorbehalt angebracht haben, eine Notifizierung des Zurückziehens erhalten haben.

Artikel 23 – Verfahren bei Vorbehalten

(1) Ein Vorbehalt, die ausdrückliche Annahme eines Vorbehalts und der Einspruch gegen einen Vorbehalt bedürfen der Schriftform und sind den Vertragsstaaten und Vertragsorganisationen sowie sonstigen Staaten und internationalen Organisationen mitzuteilen, die Vertragsparteien zu werden berechtigt sind.

(2) Wenn der Vertrag vorbehaltlich der Ratifikation, des Aktes der förmlichen Bestätigung, der Annahme oder der Genehmigung unterzeichnet und hierbei ein Vorbehalt angebracht wird, so ist dieser von dem ihn anbrin-

genden Staat oder der ihn anbringenden internationalen Organisation in dem Zeitpunkt förmlich zu bestätigen, zu dem dieser Staat oder diese Organisation ihre Zustimmung ausdrücken, durch den Vertrag gebunden zu sein. In diesem Fall gilt der Vorbehalt als im Zeitpunkt seiner Bestätigung angebracht.

(3) Die vor Bestätigung eines Vorbehalts erfolgte ausdrückliche Annahme des Vorbehalts oder der vor diesem Zeitpunkt erhobene Einspruch gegen den Vorbehalt bedarf selbst keiner Bestätigung.

(4) Das Zurückziehen eines Vorbehalts oder des Einspruchs gegen einen Vorbehalt bedarf der Schriftform.

Abschnitt 3 Inkrafttreten und vorläufige Anwendung von Verträgen

Artikel 24 – Inkrafttreten

(1) Ein Vertrag tritt in der Weise und zu dem Zeitpunkt in Kraft, die er vorsieht oder die von den Verhandlungsstaaten und Verhandlungsorganisationen beziehungsweise den Verhandlungsorganisationen vereinbart werden.

(2) In Ermangelung einer solchen Bestimmung oder Vereinbarung tritt ein Vertrag in Kraft, sobald die Zustimmung aller Verhandlungsstaaten und Verhandlungsorganisationen beziehungsweise aller Verhandlungsorganisationen vorliegt, durch den Vertrag gebunden zu sein.

(3) Wird die Zustimmung, durch einen Vertrag gebunden zu sein, von einem Staat oder einer internationalen Organisation erst nach dem Zeitpunkt des Inkrafttretens erteilt, so tritt der Vertrag für diesen Staat oder diese Organisation zu diesem Zeitpunkt in Kraft, sofern er nichts anderes vorsieht.

(4) Vertragsbestimmungen über die Festlegung des authentischen Textes, die Zustimmung, durch den Vertrag gebunden zu sein, die Art und den Zeitpunkt seines Inkrafttretens sowie über Vorbehalte, die Aufgaben des

Verwahrers und sonstige sich notwendigerweise vor dem Inkrafttreten des Vertrags ergebende Fragen gelten von dem Zeitpunkt an, zu dem sein Text angenommen wird.

Artikel 25 – Vorläufige Anwendung

(1) Ein Vertrag oder ein Teil eines Vertrags wird bis zu seinem Inkrafttreten vorläufig angewendet,

a) wenn der Vertrag dies vorsieht oder

b) wenn die Verhandlungsstaaten und Verhandlungsorganisationen beziehungsweise die Verhandlungsorganisationen dies auf andere Weise vereinbart haben.

(2) Sofern der Vertrag nichts anderes vorsieht oder die Verhandlungsstaaten und Verhandlungsorganisationen beziehungsweise die Verhandlungsorganisationen nichts anderes vereinbart haben, endet die vorläufige Anwendung eines Vertrags oder eines Teiles eines Vertrags hinsichtlich eines Staates oder einer internationalen Organisation, wenn dieser Staat oder diese Organisation den Staaten und Organisationen, zwischen denen der Vertrag vorläufig angewendet wird, ihre Absicht notifizieren, nicht Vertragspartei zu werden.

Teil III Einhaltung, Anwendung und Auslegung von Verträgen

Abschnitt 1 Einhaltung von Verträgen

Artikel 26 – Pacta sunt servanda

Ist ein Vertrag in Kraft, so bindet er die Vertragsparteien und ist von ihnen nach Treu und Glauben zu erfüllen.

Artikel 27 – Innerstaatliches Recht, Vorschriften internationaler Organisationen und Einhaltung von Verträgen

(1) Ein Staat, der Vertragspartei eines Vertrags ist, kann sich nicht auf sein innerstaatliches Recht berufen, um die Nichterfüllung des Vertrags zu rechtfertigen.

(2) Eine internationale Organisation, die Vertragspartei eines Vertrags ist, kann sich nicht auf die Vorschriften der Organisation berufen, um die Nichterfüllung des Vertrags zu rechtfertigen.

(3) Die in den Absätzen 1 und 2 enthaltenen Bestimmungen lassen Artikel 46 unberührt.

Abschnitt 2 Anwendung von Verträgen

Artikel 28 – Nichtrückwirkung von Verträgen

Sofern keine abweichende Absicht aus dem Vertrag hervorgeht oder anderweitig festgestellt ist, binden seine Bestimmungen eine Vertragspartei nicht in Bezug auf eine Handlung oder Tatsache, die vor dem Inkrafttreten des Vertrags hinsichtlich der betreffenden Vertragspartei vorgenommen wurde oder eingetreten ist, sowie in bezug auf eine Lage, die vor dem genannten Zeitpunkt zu bestehen aufgehört hat.

Artikel 29 – Räumlicher Geltungsbereich von Verträgen

Sofern keine abweichende Absicht aus dem Vertrag hervorgeht oder anderweitig festgestellt ist, bindet ein Vertrag zwischen einem oder mehreren Staaten und einer oder mehreren internationalen Organisationen jeden Staat, der Vertragspartei ist, hinsichtlich seines gesamten Hoheitsgebiets.

Artikel 30 – Anwendung aufeinanderfolgender Verträge über denselben Gegenstand

(1) Die Rechte und Pflichten von Staaten und internationalen Organisationen, die Vertragsparteien aufeinanderfolgender Verträge über denselben Gegenstand sind, bestimmen sich nach den folgenden Absätzen.

(2) Bestimmt ein Vertrag, dass er einem früher oder später geschlossenen Vertrag untergeordnet ist oder nicht als mit diesem unvereinbar anzusehen ist, so hat der andere Vertrag Vorrang.

(3) Sind alle Vertragsparteien eines früheren Vertrags zugleich Vertragsparteien eines späteren, ohne dass der frühere Vertrag beendet oder nach Artikel 59 suspendiert wird, so findet der frühere Vertrag nur insoweit Anwendung, als er mit dem späteren Vertrag vereinbar ist.

(4) Gehören nicht alle Vertragsparteien des früheren Vertrags zu den Vertragsparteien des späteren,

a) so findet zwischen zwei Vertragsparteien, von denen jede Vertragspartei beider Verträge ist, Absatz 3 Anwendung;

b) so regelt zwischen einer Vertragspartei beider Verträge und einer Vertragspartei nur eines der beiden Verträge der Vertrag, dem beide als Vertragsparteien angehören, ihre gegenseitigen Rechte und Pflichten.

(5) Absatz 4 gilt unbeschadet des Artikels 41 sowie unbeschadet aller Fragen der Beendigung oder der Suspendierung eines Vertrags nach Artikel 60 und aller Fragen der Verantwortlichkeit, die sich für einen Staat oder eine internationale Organisation aus Abschluss oder Anwendung eines Vertrags ergeben können, dessen Bestimmungen mit ihren Pflichten gegenüber einem Staat oder einer Organisation auf Grund eines anderen Vertrags unvereinbar sind.

(6) Die Absätze 1 bis 5 gelten unbeschadet dessen, daß bei einem Widerspruch zwischen Verpflichtungen aus der Charta der Vereinten Nationen und Verpflichtungen aus einem Vertrag die Verpflichtungen aus der Charta Vorrang haben.

Abschnitt 3 Auslegung von Verträgen

Artikel 31 – Allgemeine Auslegungsregel

(1) Ein Vertrag ist nach Treu und Glauben in Übereinstimmung mit der gewöhnlichen, seinen Bestimmungen in ihrem Zusammenhang zukommenden Bedeutung und im Lichte seines Zieles und Zweckes auszulegen.

(2) Für die Auslegung eines Vertrags bedeutet der Zusammenhang außer dem Vertragswortlaut samt Präambel und Anlagen

a) jede sich auf den Vertrag beziehende Übereinkunft, die zwischen allen Vertragsparteien anlässlich des Vertragsabschlusses getroffen wurde;

b) jede Urkunde, die von einer oder mehreren Vertragsparteien anlässlich des Vertragsabschlusses abgefasst und von den anderen Vertragsparteien als eine sich auf den Vertrag beziehende Urkunde angenommen wurde.

(3) Außer dem Zusammenhang sind in gleicher Weise zu berücksichtigen

a) jede spätere Übereinkunft zwischen den Vertragsparteien über die Auslegung des Vertrags oder die Anwendung seiner Bestimmungen;

b) jede spätere Übung bei der Anwendung des Vertrags, aus der die Übereinstimmung der Vertragsparteien über seine Auslegung hervorgeht;

c) jeder in den Beziehungen zwischen den Vertragsparteien anwendbare einschlägige Völkerrechtssatz.

(4) Eine besondere Bedeutung ist einem Ausdruck beizulegen, wenn feststeht, dass die Vertragsparteien dies beabsichtigt haben.

Artikel 32 – Ergänzende Auslegungsmittel

Ergänzende Auslegungsmittel, insbesondere die vorbereitenden Arbeiten und die Umstände des Vertragsabschlusses, können herangezogen werden, um die sich unter Anwendung des Artikels 31 ergebende Bedeutung zu bestätigen oder die Bedeutung zu bestimmen, wenn die Auslegung nach Artikel 31

a) die Bedeutung mehrdeutig oder dunkel lässt oder

b) zu einem offensichtlich sinnwidrigen oder unvernünftigen Ergebnis führt.

Artikel 33 – Auslegung von Verträgen mit zwei oder mehr authentischen Sprachen

(1) Ist ein Vertrag in zwei oder mehr Sprachen als authentisch festgelegt worden, so ist der Text in jeder Sprache in gleicher Weise maßgebend, sofern nicht der Vertrag vorsieht oder die Vertragsparteien vereinbaren, dass bei Abweichungen ein bestimmter Text vorgehen soll.

(2) Eine Vertragsfassung in einer anderen Sprache als einer der Sprachen, deren Text als authentisch festgelegt wurde, gilt nur dann als authentischer Wortlaut, wenn der Vertrag dies vorsieht oder die Vertragsparteien dies vereinbaren.

(3) Es wird vermutet, dass die Ausdrücke des Vertrags in jedem authentischen Text dieselbe Bedeutung haben.

(4) Außer in Fällen, in denen ein bestimmter Text nach Absatz 1 vorgeht, wird, wenn ein Vergleich der authentischen Texte einen Bedeutungsunterschied aufdeckt, der durch die Anwendung der Artikel 31 und 32 nicht aus-

geräumt werden kann, diejenige Bedeutung zugrunde gelegt, die unter Berücksichtigung von Ziel und Zweck des Vertrags die Wortlaute am besten miteinander in Einklang bringt.

Abschnitt 4 Verträge und Drittstaaten oder Drittorganisationen

Artikel 34 – Allgemeine Regel betreffend Drittstaaten und Drittorganisationen

Ein Vertrag begründet für einen Drittstaat oder eine Drittorganisation ohne die Zustimmung dieses Staates oder dieser Organisation weder Pflichten noch Rechte.

Artikel 35 – Verträge zu Lasten von Drittstaaten oder Drittorganisationen

Ein Drittstaat oder eine Drittorganisation wird durch eine Vertragsbestimmung verpflichtet, wenn die Vertragsparteien beabsichtigen, durch die Vertragsbestimmung eine Verpflichtung zu begründen, und der Drittstaat oder die Drittorganisation diese Verpflichtung ausdrücklich in Schriftform annimmt. Die Annahme einer solchen Verpflichtung durch die Drittorganisation bestimmt sich nach den Vorschriften dieser Organisation.

Artikel 36 – Verträge zugunsten von Drittstaaten oder Drittorganisationen

(1) Ein Drittstaat wird durch eine Vertragsbestimmung berechtigt, wenn die Vertragsparteien beabsichtigen, durch die Vertragsbestimmung dem Drittstaat oder einer Staatengruppe, zu der er gehört, oder allen Staaten ein Recht einzuräumen, und der Drittstaat dem zustimmt. Sofern der Vertrag nichts anderes vorsieht, wird die Zustimmung vermutet, solange nicht das Gegenteil erkennbar wird.

(2) Eine Drittorganisation wird durch eine Vertragsbestimmung berechtigt, wenn die Vertragsparteien beabsichtigen, durch die Vertragsbestimmung der Drittorganisation oder einer Gruppe internationaler Organisationen, zu

der sie gehört, oder allen Organisationen ein Recht einzuräumen, und die Drittorganisation dem zustimmt. Die Zustimmung bestimmt sich nach den Vorschriften der Organisation.

(3) Ein Staat oder eine internationale Organisation, die ein Recht nach Absatz 1 oder 2 ausüben, haben die hierfür in dem Vertrag niedergelegten oder im Einklang mit ihm aufgestellten Bedingungen einzuhalten.

Artikel 37 – Aufhebung oder Änderung der Pflichten oder Rechte von Drittstaaten oder Drittorganisationen

(1) Ist nach Artikel 35 einem Drittstaat oder einer Drittorganisation eine Verpflichtung erwachsen, so kann diese nur mit Zustimmung der Vertragsparteien und des Drittstaats oder der Drittorganisation aufgehoben oder geändert werden, sofern nicht feststeht, daß sie etwas anderes vereinbart hatten.

(2) Ist nach Artikel 36 einem Drittstaat oder einer Drittorganisation ein Recht erwachsen, so kann dieses von den Vertragsparteien nicht aufgehoben oder geändert werden, wenn feststeht, dass beabsichtigt war, dass das Recht nur mit Zustimmung des Drittstaats oder der Drittorganisation aufgehoben oder geändert werden kann.

(3) Die in den Absätzen 1 und 2 vorgesehene Zustimmung einer internationalen Organisation, die Vertragspartei des Vertrags ist, oder einer Drittorganisation bestimmt sich nach den Vorschriften dieser Organisation.

Artikel 38 – Vertragsbestimmungen, die kraft internationaler Gewohnheit für Drittstaaten oder Drittorganisationen verbindlich werden

Die Artikel 34 bis 37 schließen nicht aus, dass eine vertragliche Bestimmung als ein Satz des Völkergewohnheitsrechts, der als solcher anerkannt ist, für einen Drittstaat oder eine Drittorganisation verbindlich wird.

Teil IV Änderung und Modifikation von Verträgen

Artikel 39 – Allgemeine Regel über die Änderung von Verträgen

(1) Ein Vertrag kann durch Übereinkunft zwischen den Vertragsparteien geändert werden. Teil II findet auf eine solche Übereinkunft insoweit Anwendung, als der Vertrag nichts anderes vorsieht.

(2) Die Zustimmung einer internationalen Organisation zu einer in Absatz 1 vorgesehenen Übereinkunft bestimmt sich nach den Vorschriften dieser Organisation.

Artikel 40 – Änderung mehrseitiger Verträge

(1) Sofern der Vertrag nichts anderes vorsieht, richtet sich die Änderung mehrseitiger Verträge nach den folgenden Absätzen.

(2) Vorschläge zur Änderung eines mehrseitigen Vertrags mit Wirkung zwischen allen Vertragsparteien sind allen Vertragsstaaten und Vertragsorganisationen zu notifizieren; jeder oder jede von ihnen ist berechtigt,

a) an dem Beschluss über das auf einen solchen Vorschlag hin zu Veranlassende teilzunehmen;

b) am Aushandeln und am Abschluss einer Übereinkunft zur Änderung des Vertrags teilzunehmen.

(3) Jeder Staat oder jede internationale Organisation, die berechtigt sind, Vertragspartei des Vertrags zu werden, sind auch berechtigt, Vertragspartei des geänderten Vertrags zu werden.

(4) Die Änderungsübereinkunft bindet keinen Staat und keine internationale Organisation, die schon Vertragspartei des Vertrags sind, jedoch nicht Vertragspartei der Änderungsübereinkunft werden; auf einen solchen Staat

oder eine solche Organisation findet Artikel 30 Absatz 4 Buchstabe b Anwendung.

(5) Ein Staat oder eine internationale Organisation, die nach Inkrafttreten der Änderungsübereinkunft Vertragspartei des Vertrags werden, gelten, sofern dieser Staat oder diese Organisation nicht eine abweichende Absicht äußern,

a) als Vertragspartei des geänderten Vertrags und

b) als Vertragspartei des nicht geänderten Vertrags im Verhältnis zu einer Vertragspartei, die durch die Änderungsübereinkunft nicht gebunden ist.

Artikel 41 – Übereinkünfte zur Modifikation mehrseitiger Verträge zwischen einzelnen Vertragsparteien

(1) Zwei oder mehr Vertragsparteien eines mehrseitigen Vertrags können eine Übereinkunft schließen, um den Vertrag ausschließlich im Verhältnis zueinander zu modifizieren,

a) wenn die Möglichkeit einer solchen Modifikation in dem Vertrag vorgesehen ist oder

b) wenn die betreffende Modifikation durch den Vertrag nicht verboten ist und

i) die anderen Vertragsparteien in dem Genuss ihrer Rechte auf Grund des Vertrags oder in der Erfüllung ihrer Pflichten nicht beeinträchtigt und

ii) sich nicht auf eine Bestimmung bezieht, von der abzuweichen mit der vollen Verwirklichung von Ziel und Zweck des gesamten Vertrags unvereinbar ist.

(2) Sofern der Vertrag in einem Fall des Absatzes 1 Buchstabe a nichts anderes vorsieht, haben die betreffenden Vertragsparteien den anderen Ver-

tragsparteien ihre Absicht, eine Übereinkunft zu schließen, sowie die darin vorgesehene Modifikation zu notifizieren.

Teil V Ungültigkeit, Beendigung und Suspendierung von Verträgen

Abschnitt 1 Allgemeine Bestimmungen

Artikel 42 – Gültigkeit und Weitergeltung von Verträgen

(1) Die Gültigkeit eines Vertrags oder der Zustimmung eines Staates oder einer internationalen Organisation, durch einen Vertrag gebunden zu sein, kann nur in Anwendung dieses Übereinkommens angefochten werden.

(2) Die Beendigung eines Vertrags, seine Kündigung oder der Rücktritt einer Vertragspartei kann nur in Anwendung der Bestimmungen des Vertrags oder dieses Übereinkommens erfolgen. Das gleiche gilt für die Suspendierung eines Vertrags.

Artikel 43 – Pflichten, die das Völkerrecht unabhängig von einem Vertrag auferlegt

Die Ungültigkeit, Beendigung oder Kündigung eines Vertrags, der Rücktritt einer Vertragspartei vom Vertrag oder seine Suspendierung beeinträchtigen, soweit sie sich aus der Anwendung dieses Übereinkommens oder des Vertrags ergeben, in keiner Hinsicht die Pflicht eines Staates oder einer internationalen Organisation, eine in dem Vertrag enthaltene Verpflichtung zu erfüllen, der dieser Staat oder diese Organisation auch unabhängig von dem Vertrag auf Grund des Völkerrechts unterworfen ist.

Artikel 44 – Trennbarkeit von Vertragsbestimmungen

(1) Das in einem Vertrag vorgesehene oder sich aus Artikel 56 ergebende Recht einer Vertragspartei, zu kündigen, zurückzutreten oder den Vertrag zu suspendieren, kann nur hinsichtlich des gesamten Vertrags ausgeübt werden, sofern der Vertrag nichts anderes vorsieht oder die Vertragsparteien nichts anderes vereinbaren.

(2) Ein in diesem Übereinkommen anerkannter Grund dafür, einen Vertrag als ungültig zu erklären, ihn zu beenden, von ihm zurückzutreten oder ihn zu suspendieren, kann nur hinsichtlich des gesamten Vertrags geltend gemacht werden, sofern in den folgenden Absätzen oder in Artikel 60 nichts anderes vorgesehen ist.

(3) Trifft der Grund nur auf einzelne Bestimmungen zu, so kann er hinsichtlich dieser allein geltend gemacht werden,

a) wenn diese Bestimmungen von den übrigen Vertragsbestimmungen getrennt angewendet werden können;

b) wenn aus dem Vertrag hervorgeht oder anderweitig feststeht, dass die Annahme dieser Bestimmungen keine wesentliche Grundlage für die Zustimmung der anderen Vertragsparteien war, durch den gesamten Vertrag gebunden zu sein, und

c) wenn die Weiteranwendung der übrigen Vertragsbestimmungen nicht unbillig ist.

(4) In den Fällen der Artikel 49 und 50 können ein Staat oder eine internationale Organisation, die berechtigt sind, Betrug oder Bestechung geltend zu machen, dies entweder hinsichtlich des gesamten Vertrags oder, vorbehaltlich des Absatzes 3, nur hinsichtlich einzelner Bestimmungen tun.

(5) In den Fällen der Artikel 51, 52 und 53 ist die Abtrennung einzelner Vertragsbestimmungen unzulässig.

Artikel 45 – Verlust des Rechtes, Gründe dafür geltend zu machen, einen Vertrag als ungültig zu erklären, ihn zu beenden, von ihm zurückzutreten oder ihn zu suspendieren

(1) Ein Staat kann Gründe nach den Artikeln 46 bis 50 oder 60 und 62 nicht länger geltend machen, um einen Vertrag als ungültig zu erklären, ihn zu beenden, von ihm zurückzutreten oder ihn zu suspendieren, wenn, nachdem dem Staat der Sachverhalt bekanntgeworden ist,

a) er ausdrücklich zugestimmt hat, dass der Vertrag – je nach Lage des Falles – gültig ist, in Kraft bleibt oder weiterhin angewendet wird, oder

b) auf Grund seines Verhaltens angenommen werden muss, er habe – je nach Lage des Falles – der Gültigkeit des Vertrags, seinem In kraft bleiben oder seiner Weiteranwendung stillschweigend zugestimmt.

(2) Eine internationale Organisation kann Gründe nach den Artikeln 46 bis 50 oder 60 und 62 nicht länger geltend machen, um einen Vertrag als ungültig zu erklären, ihn zu beenden, von ihm zurückzutreten oder ihn zu suspendieren, wenn, nachdem der Organisation der Sachverhalt bekanntgeworden ist,

a) sie ausdrücklich zugestimmt hat, dass der Vertrag – je nach Lage des Falles – gültig ist, in Kraft bleibt oder weiterhin angewendet wird, oder

b) auf Grund des Verhaltens des zuständigen Organs angenommen werden muss, sie habe auf das Recht, diesen Grund geltend zu machen, verzichtet.

Abschnitt 2 Ungültigkeit von Verträgen

Artikel 46 – Innerstaatliche Bestimmungen eines Staates und Vorschriften einer internationalen Organisation über die Zuständigkeit zum Abschluss von Verträgen

(1) Ein Staat kann sich nicht darauf berufen, dass seine Zustimmung, durch einen Vertrag gebunden zu sein, unter Verletzung einer Bestimmung seines innerstaatlichen Rechts über die Zuständigkeit zum Abschluss von Verträgen ausgedrückt wurde und daher ungültig sei, sofern nicht die Verletzung offenkundig war und eine innerstaatliche Rechtsvorschrift von grundlegender Bedeutung betraf.

(2) Eine internationale Organisation kann sich nicht darauf berufen, dass ihre Zustimmung, durch einen Vertrag gebunden zu sein, unter Verletzung der Vorschriften der Organisation über die Zuständigkeit zum Abschluss von Verträgen ausgedrückt wurde und daher ungültig sei, sofern nicht die Verletzung offenkundig war und eine Vorschrift von grundlegender Bedeutung betraf.

(3) Eine Verletzung ist offenkundig, wenn sie für jeden Staat oder jede internationale Organisation, die sich hierbei im Einklang mit der allgemeinen Übung der Staaten und gegebenenfalls der internationalen Organisationen und nach Treu und Glauben verhalten, objektiv erkennbar ist.

Artikel 47 – Besondere Beschränkungen der Ermächtigung, die Zustimmung eines Staates oder einer internationalen Organisation zum Ausdruck zu bringen

Ist die Ermächtigung eines Vertreters, die Zustimmung eines Staates oder einer internationalen Organisation auszudrücken, durch einen bestimmten Vertrag gebunden zu sein, einer besonderen Beschränkung unterworfen worden, so kann nur dann geltend gemacht werden, dass diese Zustimmung wegen Nichtbeachtung der Beschränkung ungültig sei, wenn die Beschränkung den Verhandlungsstaaten und Verhandlungsorganisationen notifiziert worden war, bevor der Vertreter die Zustimmung zum Ausdruck brachte.

Artikel 48 – Irrtum

(1) Ein Staat oder eine internationale Organisation können geltend machen, dass ihre Zustimmung, durch den Vertrag gebunden zu sein, wegen eines Irrtums im Vertrag ungültig sei, wenn sich der Irrtum auf eine Tatsache oder Lage bezieht, deren Bestehen der Staat oder die internationale Organisation im Zeitpunkt des Vertragsabschlusses annahmen und die eine wesentliche Grundlage für die Zustimmung des Staates oder der Organisation bildete.

(2) Absatz 1 findet keine Anwendung, wenn der betreffende Staat oder die betreffende internationale Organisation durch ihr eigenes Verhalten zu dem Irrtum beigetragen haben oder nach den Umständen mit der Möglichkeit eines Irrtums rechnen mussten.

(3) Ein ausschließlich redaktioneller Irrtum berührt die Gültigkeit eines Vertrags nicht; in diesem Fall findet Artikel 80 Anwendung.

Artikel 49 – Betrug

Ein Staat oder eine internationale Organisation, die durch das betrügerische Verhalten eines Verhandlungsstaats oder einer Verhandlungsorganisation zum Vertragsabschluß veranlasst worden sind, können geltend machen, daß ihre Zustimmung, durch den Vertrag gebunden zu sein, wegen des Betrugs ungültig sei.

Artikel 50 – Bestechung eines Vertreters eines Staates oder einer internationalen Organisation

Ein Staat oder eine internationale Organisation, deren Zustimmung, durch einen Vertrag gebunden zu sein, unmittelbar oder mittelbar durch Bestechung ihres Vertreters durch einen Verhandlungsstaat oder eine Verhandlungsorganisation herbeigeführt worden ist, können geltend machen, dass ihre Zustimmung, durch den Vertrag gebunden zu sein, wegen der Bestechung ungültig sei.

Artikel 51 – Zwang gegen einen Vertreter eines Staates oder einer internationalen Organisation

Wurde die Zustimmung eines Staates oder einer internationalen Organisation, durch einen Vertrag gebunden zu sein, durch Zwang gegen den Vertreter dieses Staates oder dieser Organisation mittels gegen diesen gerichteter Handlungen oder Drohungen herbeigeführt, so hat sie keine Rechtswirkung.

Artikel 52 – Zwang gegen einen Staat oder eine Internationale Organisation durch Androhung oder Anwendung von Gewalt

Ein Vertrag ist nichtig, wenn sein Abschluss durch Androhung oder Anwendung von Gewalt unter Verletzung der in der Charta der Vereinten Nationen niedergelegten Grundsätze des Völkerrechts herbeigeführt wurde.

Artikel 53 – Verträge im Widerspruch zu einer zwingenden Norm des allgemeinen Völkerrechts (ius cogens)

Ein Vertrag ist nichtig, wenn er im Zeitpunkt seines Abschlusses im Widerspruch zu einer zwingenden Norm des allgemeinen Völkerrechts steht. Im Sinne dieses Übereinkommens ist eine zwingende Norm des allgemeinen Völkerrechts eine Norm, die von der internationalen Staatengemeinschaft in ihrer Gesamtheit angenommen und anerkannt wird als eine Norm, von der nicht abgewichen werden darf und die nur durch eine spätere Norm des allgemeinen Völkerrechts derselben Rechtsnatur geändert werden kann.

Abschnitt 3 Beendigung und Suspendierung von Verträgen

Artikel 54 – Beendigung eines Vertrags oder Rücktritt vom Vertrag auf Grund seiner Bestimmungen oder durch Einvernehmen zwischen den Vertragsparteien

Die Beendigung eines Vertrags oder der Rücktritt einer Vertragspartei vom Vertrag kann erfolgen

a) nach Maßgabe der Vertragsbestimmungen oder

b) jederzeit durch Einvernehmen zwischen allen Vertragsparteien nach Konsultierung der Vertragsstaaten und Vertragsorganisationen.

Artikel 55 – Abnahme der Zahl der Vertragsparteien eines mehrseitigen Vertrags auf weniger als die für sein in kraft treten erforderliche Zahl

Sofern der Vertrag nichts anderes vorsieht, erlischt ein mehrseitiger Vertrag nicht schon deshalb, weil die Zahl der Vertragsparteien unter die für sein Inkrafttreten erforderliche Zahl sinkt.

Artikel 56 – Kündigung eines Vertrags oder Rücktritt von einem Vertrag, der keine Bestimmung über Beendigung, Kündigung oder Rücktritt enthält

(1) Ein Vertrag, der keine Bestimmung über seine Beendigung enthält und eine Kündigung oder einen Rücktritt nicht vorsieht, unterliegt weder der Kündigung noch dem Rücktritt, sofern

a) nicht feststeht, dass die Vertragsparteien die Möglichkeit einer Kündigung oder eines Rücktritts zuzulassen beabsichtigten, oder

b) ein Kündigungs- oder Rücktrittsrecht sich nicht aus der Natur des Vertrags herleiten lässt.

(2) Eine Vertragspartei hat ihre Absicht, nach Absatz 1 einen Vertrag zu kündigen oder von einem Vertrag zurückzutreten, mindestens zwölf Monate im Voraus zu notifizieren.

Artikel 57 – Suspendierung eines Vertrags auf Grund seiner Bestimmungen oder durch Einvernehmen zwischen den Vertragsparteien

Ein Vertrag kann gegenüber allen oder einzelnen Vertragsparteien suspendiert werden

a) nach Maßgabe der Vertragsbestimmungen oder

b) jederzeit durch Einvernehmen zwischen allen Vertragsparteien nach Konsultierung der Vertragsstaaten und Vertragsorganisationen.

Artikel 58 – Suspendierung eines mehrseitigen Vertrags auf Grund einer Übereinkunft zwischen einzelnen Vertragsparteien

(1) Zwei oder mehr Vertragsparteien eines mehrseitigen Vertrags können eine Übereinkunft zur zeitweiligen, nur zwischen ihnen wirksamen Suspendierung einzelner Vertragsbestimmungen schließen,

a) wenn eine solche Suspendierungsmöglichkeit im Vertrag vorgesehen ist oder

b) wenn die Suspendierung durch den Vertrag nicht verboten ist, vorausgesetzt,

i) dass sie die anderen Vertragsparteien im Genuss ihrer Rechte auf Grund des Vertrags oder in der Erfüllung ihrer Pflichten nicht beeinträchtigt und

ii) dass sie mit Ziel und Zweck des Vertrags nicht unvereinbar ist.

(2) Sofern der Vertrag in einem Fall des Absatzes 1 Buchstabe a nichts anderes vorsieht, haben diese Vertragsparteien den anderen Vertragsparteien

ihre Absicht, die Übereinkunft zu schließen, sowie diejenigen Vertragsbestimmungen zu notifizieren, die sie suspendieren wollen.

Artikel 59 – Beendigung oder Suspendierung eines Vertrags durch Abschluss eines späteren Vertrags

(1) Ein Vertrag gilt als beendet, wenn alle Vertragsparteien später einen sich auf denselben Gegenstand beziehenden Vertrag schließen und

a) aus dem späteren Vertrag hervorgeht oder anderweitig feststeht, dass die Vertragsparteien beabsichtigen, den Gegenstand durch den späteren Vertrag zu regeln, oder

b) die Bestimmungen des späteren Vertrags mit denen des früheren Vertrags in solchem Maße unvereinbar sind, dass die beiden Verträge eine gleichzeitige Anwendung nicht zulassen.

(2) Der frühere Vertrag gilt als nur suspendiert, wenn eine solche Absicht der Vertragsparteien aus dem späteren Vertrag hervorgeht oder anderweitig feststeht.

Artikel 60 – Beendigung oder Suspendierung eines Vertrags infolge Vertragsverletzung

(1) Eine erhebliche Verletzung eines zweiseitigen Vertrags durch eine Vertragspartei berechtigt die andere Vertragspartei, die Vertragsverletzung als Grund für die Beendigung des Vertrags oder für seine gänzliche oder teilweise Suspendierung geltend zu machen.

(2) Eine erhebliche Verletzung eines mehrseitigen Vertrags durch eine Vertragspartei

a) berechtigt die anderen Vertragsparteien, einvernehmlich den Vertrag ganz oder teilweise zu suspendieren oder ihn zu beenden

i) entweder im Verhältnis zwischen ihnen und dem vertragsbrüchigen Staat oder der vertragsbrüchigen internationalen Organisation

ii) oder zwischen allen Vertragsparteien;

b) berechtigt eine durch die Vertragsverletzung besonders betroffene Vertragspartei, die Verletzung als Grund für die gänzliche oder teilweise Suspendierung des Vertrags im Verhältnis zwischen ihr und dem vertragsbrüchigen Staat oder der vertragsbrüchigen internationalen Organisation geltend zu machen;

c) berechtigt jede Vertragspartei außer dem vertragsbrüchigen Staat oder der vertragsbrüchigen internationalen Organisation, die Vertragsverletzung als Grund für die gänzliche oder teilweise Suspendierung des Vertrags in Bezug auf sich selbst geltend zu machen, wenn der Vertrag so beschaffen ist, seine erhebliche Verletzung seiner Bestimmungen durch eine Vertragspartei die Lage jeder Vertragspartei hinsichtlich der weiteren Erfüllung ihrer Vertragsverpflichtungen grundlegend ändert.

(3) Eine erhebliche Verletzung im Sinne dieses Artikels liegt

a) in einer nach diesem Übereinkommen nicht zulässigen Ablehnung des Vertrags oder

b) in der Verletzung einer für die Erreichung des Vertragsziels oder des Vertragszwecks wesentlichen Bestimmung.

(4) Die Absätze 1 bis 3 lassen Vertragsbestimmungen unberührt, die bei einer Verletzung des Vertrags anwendbar sind.

(5) Die Absätze 1 bis 3 finden keine Anwendung auf Bestimmungen über den Schutz der menschlichen Person in Verträgen humanitärer Art, insbesondere auf Bestimmungen zum Verbot von Repressalien jeder Art gegen die durch derartige Verträge geschützten Personen.

Artikel 61 – Nachträgliche Unmöglichkeit der Erfüllung

(1) Eine Vertragspartei kann die Unmöglichkeit der Vertragserfüllung als Grund für die Beendigung des Vertrags oder den Rücktritt vom Vertrag geltend machen, wenn sich die Unmöglichkeit aus dem endgültigen Verschwinden oder der Vernichtung eines zur Ausführung des Vertrags unerlässlichen Gegenstands ergibt. Eine vorübergehende Unmöglichkeit kann nur als Grund für die Suspendierung des Vertrags geltend gemacht werden.

(2) Eine Vertragspartei kann die Unmöglichkeit der Vertragserfüllung nicht als Grund für die Beendigung des Vertrags, den Rücktritt vom Vertrag oder seine Suspendierung geltend machen, wenn sie die Unmöglichkeit durch die Verletzung einer Vertragsverpflichtung oder einer sonstigen, gegenüber einer anderen Vertragspartei bestehenden internationalen Verpflichtung selbst herbeigeführt hat.

Artikel 62 – Grundlegende Änderung der Umstände

(1) Eine grundlegende Änderung der beim Vertragsabschluß gegebenen Umstände, die von den Vertragsparteien nicht vorausgesehen wurde, kann nicht als Grund für die Beendigung des Vertrags oder den Rücktritt von ihm geltend gemacht werden, es sei denn,

a) das Vorhandensein jener Umstände bildete eine wesentliche Grundlage für die Zustimmung der Vertragsparteien, durch den Vertrag gebunden zu sein, und

b) die Änderung der Umstände würde das Ausmaß der auf Grund des Vertrags noch zu erfüllenden Verpflichtungen tiefgreifend umgestalten.

(2) Eine grundlegende Änderung der Umstände kann nicht als Grund für die Beendigung eines Vertrags zwischen zwei oder mehr Staaten und einer oder mehreren internationalen Organisationen oder den Rücktritt von ihm geltend gemacht werden, wenn der Vertrag eine Grenze festlegt.

(3) Eine grundlegende Änderung der Umstände kann nicht als Grund für die Beendigung des Vertrags oder den Rücktritt von ihm geltend gemacht werden, wenn die Vertragspartei, welche die grundlegende Änderung der Umstände geltend macht, diese durch Verletzung einer Vertragsverpflichtung oder einer sonstigen, gegenüber einer anderen Vertragspartei bestehenden internationalen Verpflichtung selbst herbeigeführt hat.

(4) Kann eine Vertragspartei nach den Absätzen 1 bis 3 eine grundlegende Änderung der Umstände als Grund für die Beendigung des Vertrags oder den Rücktritt von ihm geltend machen, so kann sie die Änderung auch als Grund für die Suspendierung des Vertrags geltend machen.

Artikel 63 – Abbruch der diplomatischen oder konsularischen Beziehungen

Der Abbruch der diplomatischen oder konsularischen Beziehungen zwischen Staaten, die Vertragsparteien eines Vertrags zwischen zwei oder mehr Staaten und einer oder mehreren internationalen Organisationen sind, lässt die zwischen diesen Staaten durch den Vertrag begründeten Rechtsbeziehungen unberührt, es sei denn, das Bestehen diplomatischer oder konsularischer Beziehungen ist für die Anwendung des Vertrags unerlässlich.

Artikel 64 – Entstehung einer neuen zwingenden Norm des allgemeinen Völkerrechts (ius cogens)

Entsteht eine neue zwingende Norm des allgemeinen Völkerrechts, so wird jeder zu dieser Norm im Widerspruch stehende Vertrag nichtig und erlischt.

Abschnitt 4 Verfahren

Artikel 65 – Verfahren bei Ungültigkeit oder Beendigung eines Vertrags, beim Rücktritt von einem Vertrag oder bei Suspendierung eines Vertrags

(1) Macht eine Vertragspartei auf Grund dieses Übereinkommens entweder einen Mangel in ihrer Zustimmung, durch einen Vertrag gebunden zu sein, oder einen Grund zur Anfechtung der Gültigkeit eines Vertrags, zu seiner Beendigung, zum Rücktritt vom Vertrag oder zu seiner Suspendierung geltend, so hat sie den anderen Vertragsparteien ihren Anspruch zu notifizieren. In der Notifizierung sind die in Bezug auf den Vertrag beabsichtigte Maßnahme und die Gründe dafür anzugeben.

(2) Erhebt innerhalb einer Frist, die – außer in besonders dringenden Fällen – nicht weniger als drei Monate nach Empfang der Notifizierung beträgt, keine Vertragspartei Einspruch, so kann die notifizierende Vertragspartei in der in Artikel 67 vorgesehenen Form die angekündigte Maßnahme durchführen.

(3) Hat jedoch eine andere Vertragspartei Einspruch erhoben, so bemühen sich die Vertragsparteien um eine Lösung durch die in Artikel 33 der Charta der Vereinten Nationen genannten Mittel.

(4) Die Notifizierung oder der Einspruch, die durch eine internationale Organisation erfolgen, bestimmen sich nach den Vorschriften dieser Organisation.

(5) Die Absätze 1 bis 4 berühren nicht die Rechte oder Pflichten der Vertragsparteien auf Grund in Kraft befindlicher und für die Vertragsparteien verbindlicher Bestimmungen über die Beilegung von Streitigkeiten.

(6) Unbeschadet des Artikels 45 hindert der Umstand, dass ein Staat oder eine internationale Organisation die nach Absatz 1 vorgeschriebene Notifizierung noch nicht abgegeben hat, den Staat oder die Organisation nicht daran, eine solche Notifizierung als Antwort gegenüber einer anderen

Vertragspartei abzugeben, die Vertragserfüllung fordert oder eine Vertragsverletzung behauptet.

Artikel 66 – Verfahren zur gerichtlichen oder schiedsgerichtlichen Beilegung oder zum Vergleich

(1) Ist innerhalb von zwölf Monaten nach Erhebung eines Einspruchs keine Lösung nach Artikel 65 Absatz 3 erzielt worden, so sind die in den folgenden Absätzen bezeichneten Verfahren anzuwenden.

(2) Bei einer Streitigkeit über die Anwendung oder Auslegung des Artikels 53 oder 64

a) kann ein Staat, wenn er Partei der Streitigkeit mit einem oder mehreren Staaten ist, die Streitigkeit durch eine Klageschrift dem Internationalen Gerichtshof zur Entscheidung unterbreiten;

b) kann ein Staat, wenn er Partei der Streitigkeit ist, bei der eine oder mehrere internationale Organisationen Parteien sind, falls erforderlich durch einen Mitgliedstaat der Vereinten Nationen, die Generalversammlung oder den Sicherheitsrat oder gegebenenfalls das zuständige Organ einer internationalen Organisation, die Partei der Streitigkeit ist und nach Artikel 96 der Charta der Vereinten Nationen ermächtigt ist, ersuchen, ein Gutachten des Internationalen Gerichtshofs nach Artikel 65 des Statuts des Gerichtshofs anzufordern;

c) können die Vereinten Nationen oder eine internationale Organisation, die nach Artikel 96 der Charta der Vereinten Nationen ermächtigt ist, wenn sie Partei der Streitigkeit sind, ein Gutachten des Internationalen Gerichtshofs nach Artikel 65 des Statuts des Gerichtshofs anfordern;

d) kann eine andere internationale Organisation als die unter Buchstabe c genannten, wenn sie Partei der Streitigkeit ist, durch einen Mitgliedstaat der Vereinten Nationen das unter Buchstabe b bezeichnete Verfahren anwenden;

e) wird das nach Buchstabe b, c oder d abgegebene Gutachten von allen Parteien der Streitigkeit als entscheidend angenommen;

f) kann jede der Parteien der Streitigkeit, wenn dem Antrag nach Buchstabe b, c oder d auf ein Gutachten des Gerichtshofs nicht stattgegeben wird, sie durch eine schriftliche Notifizierung an die andere Partei oder die anderen Parteien einem Schiedsverfahren nach den Bestimmungen des Anhangs zu diesem Übereinkommen unterwerfen.

(3) Absatz 2 findet Anwendung, sofern nicht alle Parteien einer in dem genannten Absatz bezeichneten Streitigkeit einstimmig beschließen, die Streitigkeit einem Schiedsverfahren einschließlich des im Anhang zu diesem Übereinkommen bezeichneten zu unterwerfen.

(4) Bei einer Streitigkeit über die Anwendung oder Auslegung einzelner Artikel des Teiles V dieses Übereinkommens mit Ausnahme der Artikel 53 und 64 kann jede Partei der Streitigkeit das im Anhang zu dem Übereinkommen bezeichnete Vergleichsverfahren durch einen diesbezüglichen Antrag an den Generalsekretär der Vereinten Nationen einleiten.

Artikel 67 – Urkunden zur Ungültigerklärung oder Beendigung eines Vertrags, zum Rücktritt von einem Vertrag oder zur Suspendierung eines Vertrags

(1) Die Notifizierung nach Artikel 65 Absatz 1 bedarf der Schriftform.

(2) Eine Handlung, durch die ein Vertrag auf Grund seiner Bestimmungen oder nach Artikel 65 Absatz 2 oder 3 dieses Übereinkommens für ungültig erklärt oder beendet wird, durch die der Rücktritt vom Vertrag erklärt oder dieser suspendiert wird, ist durch eine den anderen Vertragsparteien zu übermittelnde Urkunde vorzunehmen. Ist die von einem Staat stammende Urkunde nicht vom Staatsoberhaupt, Regierungschef oder Außenminister unterzeichnet, so kann der Vertreter des die Urkunde übermittelnden Staates aufgefordert werden, seine Vollmacht vorzulegen. Stammt die Urkunde von einer internationalen Organisation, so kann der Vertreter der die Ur-

kunde übermittelnden Organisation aufgefordert werden, seine Vollmacht vorzulegen.

Artikel 68 – Rücknahme von Notifizierungen und Urkunden nach den Artikeln 65 und 67

Eine Notifizierung oder eine Urkunde nach den Artikeln 65 und 67 kann jederzeit zurückgenommen werden, bevor sie wirksam wird.

Abschnitt 5 Folgen der Ungültigkeit, der Beendigung oder der Suspendierung eines Vertrags

Artikel 69 – Folgen der Ungültigkeit eines Vertrags

(1) Ein Vertrag, dessen Ungültigkeit auf Grund dieses Übereinkommens festgestellt wird, ist nichtig. Die Bestimmungen eines nichtigen Vertrags haben keine rechtliche Gültigkeit.

(2) Sind jedoch, gestützt auf einen solchen Vertrag, Handlungen vorgenommen worden,

a) so kann jede Vertragspartei von jeder anderen Vertragspartei verlangen, dass diese in ihren gegenseitigen Beziehungen soweit wie möglich die Lage wiederherstellt, die bestanden hätte, wenn die Handlungen nicht vorgenommen worden wären;

b) so werden Handlungen, die vor Geltendmachung der Ungültigkeit in gutem Glauben vorgenommen wurden, nicht schon durch die Ungültigkeit des Vertrags rechtswidrig.

(3) In den Fällen des Artikels 49, 50, 51 oder 52 findet Absatz 2 keine Anwendung in Bezug auf die Vertragspartei, welcher der Betrug, die Bestechung oder der Zwang zuzurechnen ist.

(4) Ist die Zustimmung eines bestimmten Staates oder einer bestimmten internationalen Organisation, durch einen mehrseitigen Vertrag gebunden zu sein, mit einem Mangel behaftet, so finden die Absätze 1 bis 3 im Verhältnis zwischen diesem Staat oder dieser Organisation und den Vertragsparteien Anwendung.

Artikel 70 – Folgen der Beendigung eines Vertrags

(1) Sofern der Vertrag nichts anderes vorsieht oder die Vertragsparteien nichts anderes vereinbaren, hat die nach den Bestimmungen des Vertrags oder nach diesem Übereinkommen eingetretene Beendigung des Vertrags folgende Wirkungen:

a) Sie befreit die Vertragsparteien von der Verpflichtung, den Vertrag weiterhin zu erfüllen;

b) sie berührt nicht die vor Beendigung des Vertrags durch dessen Durchführung begründeten Rechte und Pflichten der Vertragsparteien und ihre dadurch geschaffene Rechtslage.

(2) Kündigen ein Staat oder eine internationale Organisation einen mehrseitigen Vertrag oder treten sie von ihm zurück, so gilt Absatz 1 in den Beziehungen zwischen diesem Staat oder dieser Organisation und jeder anderen Vertragspartei vom Zeitpunkt des Wirksamwerdens der Kündigung oder des Rücktritts an.

Artikel 71 – Folgen der Ungültigkeit eines Vertrags, der im Widerspruch zu einer zwingenden Norm des allgemeinen Völkerrechts steht

(1) Im Fall eines nach Artikel 53 nichtigen Vertrags haben die Vertragsparteien

a) soweit wie möglich die Folgen von Handlungen zu beseitigen, die, gestützt auf eine zu der zwingenden Norm des allgemeinen Völkerrechts im Widerspruch stehende Bestimmung, vorgenommen wurden, und

b) ihre gegenseitigen Beziehungen mit der zwingenden Norm des allgemeinen Völkerrechts in Einklang zu bringen.

(2) Im Fall eines Vertrags, der nach Artikel 64 nichtig wird und erlischt, hat die Beendigung folgende Wirkungen:

a) Sie befreit die Vertragsparteien von der Verpflichtung, den Vertrag weiterhin zu erfüllen;

b) sie berührt nicht die vor Beendigung des Vertrags begründeten Rechte und Pflichten der Vertragsparteien und ihre dadurch geschaffene Rechtslage; solche Rechte, Pflichten und Rechtslagen dürfen danach jedoch nur insoweit aufrechterhalten werden, als ihre Aufrechterhaltung als solche nicht im Widerspruch zu der neuen zwingenden Norm des allgemeinen Völkerrechts steht.

Artikel 72 – Folgen der Suspendierung eines Vertrags

(1) Sofern der Vertrag nichts anderes vorsieht oder die Vertragsparteien nichts anderes vereinbaren, hat die nach den Bestimmungen des Vertrags oder nach diesem Übereinkommen erfolgte Suspendierung des Vertrags folgende Wirkungen:

a) Sie befreit die Vertragsparteien, zwischen denen der Vertrag suspendiert ist, in ihren gegenseitigen Beziehungen während der Suspendierung von der Verpflichtung, den Vertrag zu erfüllen;

b) sie berührt anderweitig die durch den Vertrag zwischen den Vertragsparteien begründeten Rechtsbeziehungen nicht.

(2) Während der Suspendierung haben sich die Vertragsparteien aller Handlungen zu enthalten, die der Wiederanwendung des Vertrags entgegenstehen könnten.

Teil VI Verschiedene Bestimmungen

Artikel 73 – Verhältnis zum Wiener Übereinkommen über das Recht der Verträge

Zwischen Staaten, die Vertragsparteien des Wiener Übereinkommens von 1969 über das Recht der Verträge sind, bestimmen sich die Beziehungen auf Grund eines Vertrags zwischen zwei oder mehr Staaten und einer oder mehreren internationalen Organisationen nach dem genannten Übereinkommen.

Artikel 74 – Durch dieses Übereinkommen nicht berührte Fragen

(1) Dieses Übereinkommen lässt Fragen unberührt, die sich hinsichtlich eines Vertrags zwischen einem oder mehreren Staaten und einer oder mehreren internationalen Organisationen aus der Nachfolge von Staaten, aus der völkerrechtlichen Verantwortlichkeit eines Staates oder aus dem Ausbruch von Feindseligkeiten zwischen Staaten ergeben können.

(2) Dieses Übereinkommen lässt Fragen unberührt, die sich hinsichtlich eines Vertrags aus der völkerrechtlichen Verantwortlichkeit einer internationalen Organisation, aus der Beendigung des Bestehens der Organisation oder aus der Beendigung der Beteiligung eines Staates als Mitglied der Organisation ergeben können.

(3) Dieses Übereinkommen lässt Fragen unberührt, die sich hinsichtlich der Schaffung von Pflichten und Rechten für Staaten, die Mitglieder einer internationalen Organisation sind, auf Grund eines Vertrags, dem die Organisation als Vertragspartei angehört, ergeben können.

Artikel 75 – Diplomatische und konsularische Beziehungen und der Abschluss von Verträgen

Der Abbruch oder das Fehlen diplomatischer oder konsularischer Beziehungen zwischen zwei oder mehr Staaten steht dem Abschluss von Verträgen zwischen zwei oder mehr dieser Staaten und einer oder mehreren internationalen Organisationen nicht entgegen. Der Abschluss eines derartigen Vertrags ist als solcher ohne Wirkung in Bezug auf diplomatische oder konsularische Beziehungen.

Artikel 76 – Fall eines Angreiferstaats

Dieses Übereinkommen berührt keine mit einem Vertrag zwischen einem oder mehreren Staaten und einer oder mehreren internationalen Organisationen zusammenhängenden Verpflichtungen, welche sich für einen Angreiferstaat infolge von Maßnahmen ergeben können, die auf den Angriff des betreffenden Staates hin im Einklang mit der Charta der Vereinten Nationen getroffen wurden.

Teil VII Verwahrer, Notifizierungen, Berichtigungen und Registrierung

Artikel 77 – Verwahrer von Verträgen

(1) Der Verwahrer eines Vertrags kann von den Verhandlungsstaaten und Verhandlungsorganisationen beziehungsweise von den Verhandlungsorganisationen im Vertrag selbst oder in sonstiger Weise bestimmt werden. Einzelne oder mehrere Staaten, eine internationale Organisation oder der leitende Verwaltungsbeamte einer internationalen Organisation können Verwahrer sein.

(2) Die Aufgaben des Verwahrers haben internationalen Charakter; der Verwahrer ist verpflichtet, diese Aufgaben unparteiisch wahrzunehmen. Insbesondere wird diese Verpflichtung nicht davon berührt, dass ein Ver-

trag zwischen einzelnen Vertragsparteien nicht in Kraft getreten ist oder dass zwischen einem Staat oder einer internationalen Organisation und einem Verwahrer über die Erfüllung von dessen Aufgaben Meinungsverschiedenheiten aufgetreten sind.

Artikel 78 – Aufgaben des Verwahrers

(1) Sofern der Vertrag nichts anderes vorsieht oder die Vertragsstaaten und Vertragsorganisationen beziehungsweise die Vertragsorganisationen nichts anderes vereinbaren, hat ein Verwahrer insbesondere folgende Aufgaben:

a) die Urschrift des Vertrags und der dem Verwahrer übergebenen Vollmachten zu verwahren;

b) beglaubigte Abschriften der Urschrift sowie weitere Texte des Vertrags in den nach dem Vertrag erforderlichen zusätzlichen Sprachen zu erstellen und sie den Vertragsparteien und den Staaten und internationalen Organisationen zu übermitteln, die berechtigt sind, Vertragsparteien zu werden;

c) Unterzeichnungen des Vertrags entgegenzunehmen sowie alle sich auf den Vertrag beziehenden Urkunden, Notifizierungen und Mitteilungen entgegenzunehmen und zu verwahren;

d) zu prüfen, ob die Unterzeichnung und jede sich auf den Vertrag beziehende Urkunde, Notifizierungen oder Mitteilung in guter und gehöriger Form sind, und, falls erforderlich, den betreffenden Staat oder die betreffende internationale Organisation darauf aufmerksam zu machen;

e) die Vertragsparteien sowie die Staaten und internationalen Organisationen, die berechtigt sind, Vertragsparteien zu werden, von Handlungen, Notifizierungen und Mitteilungen zu unterrichten, die sich auf den Vertrag beziehen;

f) die Staaten und internationalen Organisationen, die berechtigt sind, Vertragsparteien zu werden, von dem Zeitpunkt zu unterrichten, zu dem die für das Inkrafttreten des Vertrags erforderliche Anzahl von Unterzeichnungen oder von Ratifikationsurkunden, Urkunden betreffend einen Akt der förmlichen Bestätigung, Annahme-, Genehmigungs- oder Beitrittsurkunden vorliegt oder hinterlegt wurde;

g) den Vertrag beim Sekretariat der Vereinten Nationen registrieren zu lassen;

h) die in anderen Bestimmungen dieses Übereinkommens bezeichneten Aufgaben zu erfüllen.

(2) Treten zwischen einem Staat oder einer internationalen Organisation und dem Verwahrer über die Erfüllung von dessen Aufgaben Meinungsverschiedenheiten auf, so macht dieser

a) die Unterzeichnerstaaten und Unterzeichnerorganisationen und die Vertragsstaaten und Vertragsorganisationen oder,

b) wenn angebracht, das zuständige Organ der internationalen Organisation darauf aufmerksam.

Artikel 79 – Notifizierungen und Mitteilungen

Sofern der Vertrag oder dieses Übereinkommen nichts anderes vorsieht, gilt für Notifizierungen und Mitteilungen, die ein Staat oder eine internationale Organisation auf Grund dieses Übereinkommens abzugeben hat, folgendes:

a) Ist kein Verwahrer vorhanden, so sind sie unmittelbar den Staaten und Organisationen zu übersenden, für die sie bestimmt sind; ist ein Verwahrer vorhanden, so sind sie diesem zu übersenden;

b) sie gelten erst dann als von dem betreffenden Staat oder der betreffenden Organisation abgegeben, wenn sie – je nach Lage des Falles – der Staat oder die Organisation, denen sie übermittelt werden, oder der Verwahrer empfangen haben;

c) werden sie einem Verwahrer übermittelt, so gelten sie erst in dem Zeitpunkt als von dem Staat oder der Organisation, für die sie bestimmt sind, empfangen, zu dem diese nach Artikel 78 Absatz 1 Buchstabe e von dem Verwahrer unterrichtet wurden.

Artikel 80 – Berichtigung von Fehlern im Text oder in den beglaubigten Abschriften von Verträgen

(1) Kommen die Unterzeichnerstaaten und unterzeichnenden internationalen Organisationen sowie die Vertragsstaaten und Vertragsorganisationen nach Festlegung des authentischen Textes eines Vertrags übereinstimmend zu der Ansicht, dass er einen Fehler enthält, so wird dieser, sofern diese Staaten und Organisationen nicht ein anderes Verfahren zur Berichtigung beschließen, wie folgt berichtigt:

a) Der Text wird entsprechend berichtigt und die Berichtigung von gehörig ermächtigten Vertretern paraphiert;

b) über die vereinbarte Berichtigung wird eine Urkunde errichtet oder werden mehrere Urkunden ausgetauscht oder

c) ein berichtigter Text des gesamten Vertrags wird nach demselben Verfahren hergestellt wie der ursprüngliche Text.

(2) Ist für einen Vertrag ein Verwahrer vorhanden, so notifiziert dieser den Unterzeichnerstaaten und unterzeichnenden internationalen Organisationen sowie den Vertragsstaaten und Vertragsorganisationen den Fehler und den Berichtigungsvorschlag und setzt eine angemessene Frist, innerhalb welcher Einspruch gegen die vorgeschlagene Berichtigung erhoben werden kann. Ist nach Ablauf dieser Frist

a) kein Einspruch erhoben worden, so nimmt der Verwahrer die Berichtigung am Text vor und paraphiert sie; ferner fertigt er eine Niederschrift über die Berichtigung an und übermittelt von dieser je eine Abschrift den Vertragsparteien und den Staaten und Organisationen, die berechtigt sind, Vertragsparteien zu werden;

b) Einspruch erhoben worden, so teilt der Verwahrer den Unterzeichnerstaaten und Unterzeichnerorganisationen sowie den Vertragsstaaten und Vertragsorganisationen den Einspruch mit.

(3) Die Absätze 1 und 2 finden auch Anwendung, wenn der Text in zwei oder mehr Sprachen als authentisch festgelegt wurde und sich ein Mangel an Übereinstimmung herausstellt, der nach einhelliger Auffassung der Unterzeichnerstaaten und unterzeichnenden internationalen Organisationen sowie der Vertragsstaaten und Vertragsorganisationen behoben werden soll.

(4) Der berichtigte Text tritt ab initio an die Stelle des mangelhaften Textes, sofern die Unterzeichnerstaaten und unterzeichnenden internationalen Organisationen sowie die Vertragsstaaten und Vertragsorganisationen nichts anderes beschließen.

(5) Die Berichtigung des Textes eines registrierten Vertrags ist dem Sekretariat der Vereinten Nationen zu notifizieren.

(6) Wird in einer beglaubigten Abschrift eines Vertrags ein Fehler festgestellt, so fertigt der Verwahrer eine Niederschrift über die Berichtigung an und übermittelt den Unterzeichnerstaaten und unterzeichnenden internationalen Organisationen sowie den Vertragsstaaten und Vertragsorganisationen von dieser je eine Abschrift.

Artikel 81 – Registrierung und Veröffentlichung von Verträgen

(1) Verträge werden nach ihrem Inkrafttreten dem Sekretariat der Vereinten Nationen zur Registrierung beziehungsweise Aufnahme in die Akten (filing and recording) und zur Veröffentlichung übermittelt.

(2) Ist ein Verwahrer bestimmt, so gilt er als befugt, die in Absatz 1 genannten Handlungen vorzunehmen.

Teil VIII Schlussbestimmungen

Artikel 82 – Unterzeichnung

Dieses Übereinkommen liegt bis zum 31. Dezember 1986 im Bundesministerium für Auswärtige Angelegenheiten der Republik Österreich und danach bis zum 30. Juni 1987 am Sitz der Vereinten Nationen in New York

a) für alle Staaten,

b) für Namibia, vertreten durch den Rat der Vereinten Nationen für Namibia,

c) für die internationalen Organisationen, die zur Teilnahme an der Konferenz der Vereinten Nationen über das Recht der Verträge zwischen Staaten und internationalen Organisationen oder zwischen internationalen Organisationen eingeladen wurden, zur Unterzeichnung auf.

Artikel 83 – Ratifikation oder Akt der förmlichen Bestätigung

Dieses Übereinkommen bedarf der Ratifikation durch Staaten und durch Namibia, vertreten durch den Rat der Vereinten Nationen für Namibia, sowie Akten der förmlichen Bestätigung durch internationale Organisationen. Die Ratifikationsurkunden und die Urkunden betreffend Akte der förmlichen Bestätigung werden beim Generalsekretär der Vereinten Nationen hinterlegt.

Artikel 84 – Beitritt

(1) Dieses Übereinkommen steht jedem Staat, Namibia, vertreten durch den Rat der Vereinten Nationen für Namibia, und jeder internationalen Organisation, die die Fähigkeit besitzt, Verträge zu schließen, zum Beitritt offen.

(2) Die Beitrittsurkunde einer internationalen Organisation enthält eine Erklärung, dass die Organisation die Fähigkeit besitzt, Verträge zu schließen.

(3) Die Beitrittsurkunden werden beim Generalsekretär der Vereinten Nationen hinterlegt.

Artikel 85 – Inkrafttreten

(1) Dieses Übereinkommen tritt am dreißigsten Tag nach Hinterlegung der fünfunddreißigsten Ratifikations- oder Beitrittsurkunde durch Staaten oder durch Namibia, vertreten durch den Rat der Vereinten Nationen für Namibia, in Kraft.

(2) Für jeden Staat oder für Namibia, vertreten durch den Rat der Vereinten Nationen für Namibia, die das Übereinkommen ratifizieren oder ihm beitreten, nachdem die in Absatz 1 bezeichnete Voraussetzung erfüllt worden ist, tritt es am dreißigsten Tag nach Hinterlegung der Ratifikations- oder Beitrittsurkunde durch diesen Staat oder durch Namibia in Kraft.

(3) Für jede internationale Organisation, die eine Urkunde betreffend einen Akt der förmlichen Bestätigung oder eine Beitrittsurkunde hinterlegt, tritt das Übereinkommen am dreißigsten Tag nach dieser Hinterlegung oder zum Zeitpunkt des Inkrafttretens des Übereinkommens nach Absatz 1, wenn dies der spätere ist, in Kraft.

Artikel 86 – Authentische Texte

Die Urschrift dieses Übereinkommens, dessen arabischer, chinesischer, englischer, französischer, russischer und spanischer Wortlaut gleichermaßen verbindlich ist, wird beim Generalsekretär der Vereinten Nationen hinterlegt.

Zu Urkund dessen haben die unterzeichneten, von ihren Regierungen gehörig befugten Bevollmächtigten und die gehörig befugten Vertreter des Rates der Vereinten Nationen für Namibia und der internationalen Organisationen dieses Übereinkommen unterschrieben.

Geschehen zu Wien am 21. März 1986.

UN-doc. A/CONF.129/15, Übersetzung in: BGBl. 1990 II S. 1415

Kolibri 360 GmbH
Ferdinand-Jühlke-Straße 7
99095 Erfurt, Deutschland
produktsicherheit@kolibri360.de

Druck:
CPI Druckdienstleistungen GmbH
im Auftrag der
Kolibri 360 GmbH
Ferdinand-Jühlke-Str. 7
99095 Erfurt